Brödermann · Rosengarten | Internationales Privat- und
Zivilverfahrensrecht (IPR/IZVR)

Internationales Privat- und Zivilverfahrensrecht (IPR/IZVR)

Anleitung zur systematischen Fallbearbeitung

von

Professor Dr. Eckart Brödermann

LL. M. (Harvard), Licencié und Maître en Droit (Paris V), FCIArb. (London)
Universität Hamburg
Rechtsanwalt (Hamburg), Attorney-at-law (New York)

und

Dr. Joachim Rosengarten

LL. M. (Berkeley)
Rechtsanwalt (Frankfurt a. M.)

unter Mitarbeit von

Dr. Katharina Klingel

Licenciée und Maître en droit (Paris X)
Rechtsanwältin (Hamburg), ehem. wiss. Mitarbeiterin (Universität Potsdam)

6., überarbeitete Auflage

Verlag Franz Vahlen München 2012

www.vahlen.de

ISBN 978 3 8006 4192 2

© 2012 Verlag Franz Vahlen GmbH
Wilhelmstraße 9, 80801 München

Satz: Druckerei C. H. Beck, Nördlingen (Adresse wie Verlag)
Druck: Druckhaus Nomos, In den Lissen 12, 76547 Sinzheim
Umschlagkonzeption: Martina Busch, Grafikdesign, Fürstenfeldbruck

Gedruckt auf säurefreiem, alterungsbeständigem Papier
(hergestellt aus chlorfrei gebleichtem Zellstoff)

Bearbeiter:

1. Teil (Rn. 1–323)	Brödermann
2. Teil	Brödermann (Rn. 324–468; Rn. 526–569)
	Klingel (Rn. 469–525; Familien- und Erbrecht)
3. Teil	Rosengarten (Rn. 570–804)
	Brödermann/Rosengarten (Rn. 733–791)
Anhang (Rn. 805–813)	Brödermann/Rosengarten

Die Autoren stehen hinter dem Gesamtwerk, das ursprünglich die Autoren Brödermann und Rosengarten gemeinsam verfasst hatten. Als Herausgeber hat jeder auch die Teile des anderen durchgearbeitet. Im Hinblick auf den Umfang der erforderlichen Überarbeitung binnen kurzer Zeit wurde die redaktionelle Verantwortung in dieser Auflage jedoch wieder geteilt.

Prof. Dr. Eckart Brödermann hat in Paris (V), Harvard und Hamburg studiert und 1994 über *Das Europäische Gemeinschaftsrecht als Quelle und Schranke des Internationalen Privatrechts* promoviert. Er unterrichtet seit 1997 an der Universität Hamburg, von der er 2011 den akademischen Grad »Professor« erhielt. Professor Brödermann ist Gründungspartner der überwiegend international tätigen Hamburger Sozietät Brödermann & Jahn Rechtsanwaltsgesellschaft mbH (www.German-law.com). Er unterrrichtet zu Fragen des internationalen Privat- und Prozessrechts, einschließlich praktischer Fragen des internationalen Wirtschaftsrecht (Vertragsgestaltung, Risikomanagement, Schiedsverfahrensrecht). Er ist Autor oder Co-Autor diverser Aufsätze und Bücher, unter anderem Co-Autor des Internationalen Gesellschaftsrechts und von großen Teilen zu Rom I im Kommentar *Prütting/Wegen/Weinreich* zum BGB (7. Aufl. 2012). Er ist unter anderem Mitglied des Ausschusses »Internationales Privat- und Verfahrensrecht« der Bundesrechtsanwaltskammer.

Dr. Joachim Rosengarten hat in Hamburg, Lausanne und Berkeley (LL. M.) studiert und über *Punitive damages und ihre Anerkennung und Vollstreckung in der Bundesrepublik Deutschland* promoviert. Während seiner Tätigkeit als Wissenschaftlicher Mitarbeiter an der Universität Hamburg entstand 1989 die 1. Auflage dieses Buches. Dr. Rosengarten ist seit 1992 international tätiger Rechtsanwalt (seit 1997 als Partner) bei der Sozietät Hengeler Mueller (www.hengeler.com). Während seiner Anwaltstätigkeit hat Dr. Rosengarten immer wieder an verschiedenen Universitäten (unter anderem Heidelberg, Frankfurt a. M., Bochum, Bucerius Law School in Hamburg, Berkeley) Lehrveranstaltungen zu internationalen Themen durchgeführt.

Dr. Katharina Klingel hat in Potsdam und Paris (X) studiert und zum Thema *Die Principles of European Law on Personal Security als neutrales Recht für internationale Bürgschaftsverträge* promoviert. Seit 2007, im Anschluss an ihre Tätigkeit als Wissenschaftliche Mitarbeiterin an der Universität Potsdam, ist sie als Rechtsanwältin bei der Hamburger Sozietät Brödermann & Jahn Rechtsanwaltsgesellschaft mbH tätig.

Vorwort

Diese ›Anleitung zur systematischen Fallbearbeitung‹ führt ein in

- das **Internationale Privatrecht** (das aus mehreren in Betracht kommenden nationalen Rechtsordnungen das anwendbare materielle Recht bestimmt, »**IPR**«) und
- das **Internationale Zivilverfahrensrecht** (das – unabhängig von der Entscheidung des IPR – bestimmt, wer, wo und wie seine Rechte aus privaten Rechtsverhältnissen einklagen oder vollstrecken kann, »**IZVR**«).

Unterstützt von der Rechtsvergleichung, dem Europarecht und Teilen des Völkerrechts bieten das IPR und das IZVR den **Schlüssel zur Lösung grenzübergreifender, privatrechtlicher Fälle.** Wegen der Anforderungen, die das internationale gesellschaftliche Leben an diesen Schlüssel stellt, ist dieser nicht mehr mit einem klassischen Türschlüssel, sondern eher mit einem raffinierten digital codierten Schlüssel zu vergleichen. Aber man kann den Code knacken! Dabei will dieses Buch helfen.

Wieder hat sich viel geändert seit der Vorauflage (2010):

- Der europäische Gesetzgeber war weiter aktiv. Insbesondere die **Entwicklungen im intenationalen Familienrecht** (siehe EuUnthVO, Rom III) setzen die internationalprivatrechtliche **Rechtsvereinheitlichung in der EU** fort. Nach Jahren der Ungewissheit zeichnen sich nun auch im Familienrecht klare Strukturen ab.
- Wir haben strukturell die **Bedeutung der Anwendung zwingenden Rechts** etwas mehr betont (→ Rn. 234 ff.) und die über die Jahre angewachsene Übersicht über den Besonderen Teil des IPR in einen eigenen Teil ausgelagert.
- Wir sind froh, den **Autorenkreis** mit *Katharina Klingel* um eine junge Kollegin mit internationaler praktischer und universitärer Lehrerfahrung erweitert zu haben, die besondere Freude am Internationalen Familien- und Erbrecht hat und uns dort unterstützt.
- Der Kauf der Reihe »*Academia Iuris*« durch die **Beck-Gruppe** hat zu einem weiteren Verlagswechsel geführt; wir danken dem Verlag Franz Vahlen für die freundliche Aufnahme (und haben, seiner Anregung folgend, die Belege und Quellen im Haupttext nunmehr in Fussnoten verbannt).

Der eigentliche **Quantensprung** im IPR geschah bereits im Jahr 2009: Mit Beginn der Geltung der so genannten *Rom I und Rom II*-Verordnungen der (seit dem 1. 12. 2009 in der Europäischen Union aufgegangenen) Europäischen Gemeinschaft ist das Internationale Privatrecht in den wichtigen Bereichen des Vertragsrechts und des Rechts der außervertraglichen Schuldverhältnisse in den 27 Mitgliedstaaten der EU vereinheitlicht worden. Soweit nicht völkerrechtliches Einheitsrecht oder IPR Vorrang verlangt, gilt im gesamten Binnenmarkt **für alle Unionsbürger** und die ihnen nach dem *Vertrag über die Arbeitsweise der Europäischen Union* (AEUV, iE der frühere EG-Vertrag) gleichgestellten Gesellschaften **einheitliches IPR**. Das zum 17. 12. 2009 (dem Tag des Inkrafttretens von *Rom I*) ebenfalls abgeänderte **nationale deutsche IPR** gilt nur ergänzend. Der deutsche IPR-Student studiert damit im Jahr 2012 weitgehend dieselben IPR-Normen wie jede IPR-Studentin in allen anderen Mitgliedstaaten.

Dieser – sich seit einem Jahrzehnt anbahnende – Umsturz hat uns in extremen Maße an die **Anfänge dieses Buches als Scriptum** im Jahr 1988/89 erinnert: Damals gab es nur wenige IPR-Bücher, die (aus Studentensicht) meist überlang waren. Die letzte große IPR-Reform des Jahres 1986 hatte vieles wesentlich verändert. Wir ließen damals radikal alles Alte draußen, und konnten unbefangen frisch neu aufsetzen. In diesem radikalen Sinne haben wir auch nach Europäisierung der IPR 2009 gehandelt und uns in diesem **Kurzlehrbuch** konsequent auf das neue Recht konzentriert (für die Lösung von Altfällen verweisen wir auf die 4. Aufl.). Da kein Mensch (und damit auch kein Student) alles wissen kann, haben wir im Team versucht, alles für die Lösung von grenzübergreifenden Fällen Wesentliche in klarer Sprache zusammenzufassen. Dabei haben wir das IPR und das IZVR auf ihre **Grundstrukturen** zurückgeführt, mit deren Hilfe die Lösung internationaler Fälle in der Regel gut möglich ist und Freude macht. Soweit andere »Fächer« gebraucht werden (zB das Europa- oder Völkerrecht), haben wir das Notwendige mit angesprochen, sodass sich das IPR/IZVR dem Leser möglichst einfach in dieser ›Anleitung‹ erschließt. Mit den Vorauflagen – über Jahre von Studenten als ›**Geheimtipp**‹ gehandelt – haben viele unserer heutigen Kollegen ihr Examen vorbereitet und bestanden. Wir hoffen, dass dies auch mit dieser Auflage gelingt!

Für die zuverlässige Unterstützung bei den Recherchen danken wir unserer rumänischen Kollegin *Andreea Condurache* (seit 2007 Teil des Teams), Hamburg, und Herrn ref. iur. *Nils Maack*, Frankfurt.

Dem Leser sei nun viel Freude (und gegebenenfalls Erfolg im Examen oder bei der praktischen Falllösung) gewünscht! Sollten Sie bei der Lektüre Fehler entdecken (bei über 3.000 Rechtsakten pro Jahr allein in der Europäischen Union ist kein Jurist vor Fehlern gefeit), bitten wir um Nachsicht und Nachricht. Das Buch ist auf dem Stand vom 31. 12. 2011.

Hamburg/Frankfurt, den 1. 3. 2012 *Eckart Brödermann*
Joachim Rosengarten

Arbeitshinweise

Die vorliegende ›Anleitung‹ vermittelt in didaktisch eingängiger und erprobter Weise einen **schnellen Einstieg** in die **systematische Bearbeitung** von **Fällen** mit Auslandsbezug. Zugleich soll sie durch gezielte Hinweise auf Literatur und Rechtsprechung eine **Wiederholung** bzw. **Vertiefung** (insbesondere vor dem Examen) ermöglichen. Der gesamte Stoff wird auf drei Ebenen dargestellt: **Grundstrukturen (i)** werden im Text, Hinweise zur **Ergänzung (ii)** und zur **Vertiefung (iii)** werden in den Arbeitsblöcken dargestellt. Diese umfassen auch die erforderlichen Hinweise auf das Europarecht, das Völkerrecht und die Rechtsvergleichung, sodass das Buch auch für die Studenten lesbar wird, die sich mit diesen Nachbarfächern (noch) nicht auseinandergesetzt haben.

Im ersten Teil der Darstellung haben wir die **Grundlagen des Internationalen Privatrechts** anhand von Beispielsfällen aus dem völkerrechtlichen, unionsrechtlichen und autonomen IPR erörtert. Wegen des häufigen Nebeneinanders des Völkerrechts, des europäischen Unionsrechts und des nationalen Rechts haben wir – soweit dies sinnvoll war – **Beispiele für alle drei Rechtsquellen in der Reihenfolge ihrer Anwendbarkeit** vorgestellt. Ferner haben wir den **Stoff** der eigentlichen IPR-Prüfung dabei soweit wie möglich **nach seinem Schwierigkeitsgrad geordnet**: Zunächst wird das Grundprinzip der Anknüpfung vorgestellt. Es folgen die Korrekturen (zB Qualifikation und Renvoi). Anschließend werden einige Sonderprobleme dargestellt, wie zB Verweisungen auf das Recht von Mehrrechtsstaaten wie den USA oder die in der Praxis wie im Studium (und im Examen) wichtige Frage der Beachtung zwingenden Rechts. Ferner wird die Fallrelevanz von **einheitlichem Sachrecht** (einschließlich des unionsrechtlichen Sachrechts) aufgezeigt, das dem Anfänger häufig besondere Schwierigkeiten bereitet. Es folgt ein **zusammenfassendes Aufbauschema** zum IPR, in dem die Probleme in der Reihenfolge zusammengefasst werden, in der sie in der Praxis gelegentlich einer IPR-Prüfung zu beantworten sind. **In einem zweiten Teil** werden die **Grundzüge des Besonderen Teils** vorgestellt.

Der dritte Teil ist den **Grundlagen des Internationalen Zivilverfahrensrechts** gewidmet. Hierzu zählen Fragen der Gerichtsbarkeit, der Zuständigkeit und der Anerkennung und Vollstreckung staatlicher Urteile, aber auch Fragen des internationalen **Schiedsverfahrensrechts**, das vor allem im Internationalen Wirtschaftsrecht von großer Bedeutung ist. Darauf weist heutzutage schon die Tagespresse immer wieder hin, so titelte zB FAZ am 25. 11. 2009 einen Artikel »*Langsame Justiz ist teuer – Bei Verträgen mit Italien an Schiedsgerichte denken*«.

Die gesamte Darstellung enthält eine Reihe von **Prüfungsschemata**, die den Einstieg erleichtern sollen (vgl. zB das Schema zur internationalen Zuständigkeit nach der EuGVO/dem Luganer Übereinkommen [→ Rn. 592]). Das Auffinden dieser Schemata wird durch das Stichwortverzeichnis erleichtert.

Wer den **Schnelleinstieg** sucht, um sich zunächst einen Überblick zu verschaffen, kann sich beim ersten Lesen auf die Lektüre des in normalem Schriftbild abgefassten Textes beschränken. Wer zur vertieften Einarbeitung oder Wiederholung antritt, muss auch die **Arbeitsblöcke** zur Ergänzung und/oder zur Vertiefung durcharbeiten. Sie enthalten zusätzliche Erläuterungen und geeignete Hinweise auf Rechtsprechung und Literatur.

Wir empfehlen dringend, Normen auch tatsächlich **nachzulesen**. Im Übrigen wird für die Fallbearbeitung auf die praktischen Tipps im Anhang verwiesen. Bei der Lektüre dieses Kurzlehrbuchs sollte der Leser die in Taschenbuchausgabe erschienene Quellensammlung von *Jayme/Hausmann* (die Angaben in diesem Buch beziehen sich auf die 15. Aufl. 2010) benutzen, in der die wichtigsten Rechtsquellen des Internationalen Privat- und Verfahrensrechts abgedruckt sind.

Inhaltsübersicht

Bearbeiter	V
Vorwort	VII
Arbeitshinweise	IX
Inhaltsverzeichnis	XIII
Abkürzungsverzeichnis	XVII
Literaturverzeichnis	XXV
1. Teil. Grundlagen des Internationalen Privatrechts	1
A. Das Grundprinzip der Anknüpfung	1
I. Drei Ausgangsfälle	1
II. Auswertung: Anknüpfung und Statut	6
III. Zusammenfassung der Rechtsquellen im IPR	11
B. Erste Korrekturen des Prinzips	22
I. Auswahl der Kollisionsnorm: Qualifikation	22
II. Sachnorm- oder Gesamtverweisung (renvoi-Prüfung)?	28
III. Renvoi kraft anderer Qualifikation	33
C. Weitere Korrekturen des Prinzips	34
I. Vorfragen und Erstfragen	34
II. Gesetzesumgehung	39
III. Ordre public (Vorbehaltsklauseln)	40
IV. Angleichung	45
D. Sonderprobleme	50
I. Familien- und Erbrecht: Einzelstatut vor Gesamtstatut	50
II. Intertemporales Recht	52
III. Interlokales Recht (Mehrrechtsstaaten)	54
IV. Mehrstaater und Staatenlose	57
E. Beachtung zwingenden Rechts	60
I. Völkerrechtliche Verträge	60
II. Unionsrechtliches IPR	62
III. Nationales Recht	68
F. IPR und einheitliches Sachrecht	72
I. Verdrängung des nationalen IPR durch unionsrechtliches Sachrecht (›EU-Sachrecht‹)	73
II. Verdrängung des nationalen IPR durch staatsvertraglich vereinheitlichtes Sachrecht	75
III. Anwendung von einheitlichem Sachrecht nach Anwendung von IPR	78
G. Zusammenfassung und Aufbauschema	82
2. Teil. Übersicht über den Besonderen Teil des IPR	87
A. Allgemeiner Teil des BGB	87
I. Rechtsfähigkeit und Geschäftsfähigkeit natürlicher Personen	87
II. Vollmacht (Stellvertretung)	88
III. Form	90
IV. Verjährung	92
V. Namensrecht	92
B. Schuldvertragsrecht	94
I. Rechtsquellen	94
II. Anknüpfungsregeln	95
III. Besonderheiten	100
C. Gesetzliche Schuldverhältnisse	107
I. Deliktsrecht	107
II. Ungerechtfertigte Bereicherung	114
III. Geschäftsführung ohne Auftrag	115
IV. Verschulden bei Vertragsverhandlungen (culpa in contrahendo)	116

D. Sachenrecht 117
    I. Rechtsquellen 117
    II. Anknüpfungsregeln 117
E. Familienrecht 120
    I. Eherecht 120
    II. Unterhaltsrecht 125
    III. Eingetragene Lebenspartnerschaft 128
    IV. Kindschaftsrecht 130
    V. Vormundschaft und Pflegschaft 133
F. Erbrecht 134
    I. Rechtsquellen 134
    II. Anknüpfungsregeln 135
G. Gesellschaftsrecht 137
    I. Rechtsquellen 137
    II. Anknüpfungsregeln 139
H. Insolvenzrecht 145
    I. Rechtsquellen 145
    II. Anknüpfungsregeln 146

3. Teil. Die Anwendung des Internationalen Privatrechts in der Praxis 149
A. Kollisionsfälle vor staatlichen Gerichten 149
    I. Internationales Zivilverfahrensrecht I (Prozessvoraussetzungen) 149
    II. Internationales Zivilverfahrensrecht II (Anerkennung und Vollstreckung) ... 175
B. Exkurs: Kollisionsfälle vor Schiedsgerichten 186
    I. Grundzüge 186
    II. Rechtsquellen 188
    III. Einzelheiten 191

Anhang: Aufbauschema und praktische Tipps 209
A. Prüfungsschritte bei der Bearbeitung eines Falles mit Auslandsbezug 209
B. Praktische Tipps 209
    I. Völkerrechtliche Verträge 210
    II. Unionsrecht 211
    III. Autonomes Recht 211

Stichwortverzeichnis 213

Inhaltsverzeichnis

Bearbeiter	V
Vorwort	VII
Arbeitshinweise	IX
Inhaltsübersicht	XI
Abkürzungsverzeichnis	XVII
Literaturverzeichnis	XXV
1. Teil. Grundlagen des Internationalen Privatrechts	1
A. Das Grundprinzip der Anknüpfung	1
I. Drei Ausgangsfälle	1
1. Anwendung von völkervertraglichem IPR	1
2. Anwendung von unionsrechtlichem IPR	3
3. Anwendung des nationalen Kollisionsrechts	5
II. Auswertung: Anknüpfung und Statut	6
1. Anknüpfung/Anknüpfungspunkt/Anknüpfungsgegenstand	6
2. Statut	6
3. Durch Anknüpfung zum Statut	7
III. Zusammenfassung der Rechtsquellen im IPR	11
1. Völkervertragliches IPR	12
a) Nationales Recht	12
b) Auslegung	12
c) Vorrang als Grundsatz	12
d) Identität	14
2. Unionsrechtliches IPR	14
a) Europäischer Gesetzgeber	14
b) Auslegung	14
c) Vorrang mit Ausnahmen	15
d) Identität mit Ausnahmen	15
3. Nationales deutsches IPR	15
a) Vorsicht beim Begriff »national«: zwei Arten von nationalem Recht	15
b) Ergänzende Anwendung des nationalen neben unionsrechtlichem IPR	17
4. Auswertung	17
B. Erste Korrekturen des Prinzips	22
I. Auswahl der Kollisionsnorm: Qualifikation	22
1. Abgrenzung zwischen völkerrechtlichem und nationalem IPR	22
2. Qualifikation bei Anwendung von unionsrechtlichem IPR	24
3. Anwendung nationalen Kollisionsrechts	26
II. Sachnorm- oder Gesamtverweisung (renvoi-Prüfung)?	28
1. Sachnormverweisungen im völkerrechtlichen IPR	28
2. Sachnormverweisungen im unionsrechtlichen IPR	28
3. Gesamtverweisungen im nationalen IPR (mit Ausnahmen)	28
a) Gesamtverweisungen im autonomen deutschen IPR	29
b) Sachnormverweisungen im auf EU-Recht oder Völkerrecht basierendem nationalen IPR	30
III. Renvoi kraft anderer Qualifikation	33
C. Weitere Korrekturen des Prinzips	34
I. Vorfragen und Erstfragen	34
1. Bei Anwendung von völkerrechtlichem IPR	34
2. Bei Anwendung von unionsrechtlichem IPR	36
3. Bei Anwendung von nationalem IPR	37
II. Gesetzesumgehung	39
III. Ordre public (Vorbehaltsklauseln)	40

Inhaltsverzeichnis

1. Völkerrechtliches IPR	41
2. Bei Anwendung von unionsrechtlichem IPR	42
3. Bei Anwendung von nationalem IPR	43
IV. Angleichung	45
D. Sonderprobleme	50
I. Familien- und Erbrecht: Einzelstatut vor Gesamtstatut	50
II. Intertemporales Recht	52
1. Völkerrechtliches IPR	52
2. Unionsrechtliches IPR	53
3. Nationales IPR	53
III. Interlokales Recht (Mehrrechtsstaaten)	54
1. Völkerrechtliches IPR	54
2. Unionsrechtliches IPR	55
3. Nationales IPR	55
IV. Mehrstaater und Staatenlose	57
E. Beachtung zwingenden Rechts	60
I. Völkerrechtliche Verträge	60
II. Unionsrechtliches IPR	62
1. Allgemeine Regeln zur Anwendung international zwingender Eingriffsnormen (Art. 9 Rom I-VO, Art. 16 Rom II-VO)	62
2. Besondere Regeln für bestimmte Rechtsgebiete oder Sachverhalte	65
a) International zwingendes Recht zu Formfragen	65
b) Einfach zwingendes Unionsrecht nach der Binnenmarktklausel bei »Abwahl von EU-Recht«	66
c) Einfach zwingendes nationales Recht	66
III. Nationales Recht	68
1. Kollisionsrechtliche Anwendungsgebote	68
2. Berücksichtigung von ausländischem zwingenden Recht nach deutschem Sachrecht	70
F. IPR und einheitliches Sachrecht	72
I. Verdrängung des nationalen IPR durch unionsrechtliches Sachrecht (›EU-Sachrecht‹)	73
II. Verdrängung des nationalen IPR durch staatsvertraglich vereinheitlichtes Sachrecht	75
III. Anwendung von einheitlichem Sachrecht nach Anwendung von IPR	78
G. Zusammenfassung und Aufbauschema	82
2. Teil. Übersicht über den Besonderen Teil des IPR	87
A. Allgemeiner Teil des BGB	87
I. Rechtsfähigkeit und Geschäftsfähigkeit natürlicher Personen	87
1. Rechtsquellen	87
2. Anknüpfungsregeln	87
II. Vollmacht (Stellvertretung)	88
1. Rechtsquellen	88
2. Anknüpfungsregeln	89
III. Form	90
1. Rechtsquellen	90
2. Anknüpfungsregeln	90
IV. Verjährung	92
1. Rechtsquellen	92
2. Anknüpfungsregeln	92
V. Namensrecht	92
1. Rechtsquellen	92
2. Anknüpfungsregeln	93
B. Schuldvertragsrecht	94
I. Rechtsquellen	94
II. Anknüpfungsregeln	95
1. Rechtswahl (subjektive Anknüpfung)	95
2. Keine Rechtswahl (objektive Anknüpfung)	96
III. Besonderheiten	100
C. Gesetzliche Schuldverhältnisse	107
I. Deliktsrecht	107
1. Rechtsquellen	107

2. Anknüpfungsregeln der vorrangigen Rom II-VO 108
　　　　　a) Rechtswahl 109
　　　　　b) Objektive Anknüpfung 109
　　　3. Anknüpfungsregeln des nationalen IPR 112
　　II. Ungerechtfertigte Bereicherung 114
　　　1. Rechtsquellen 114
　　　2. Anknüpfungsregeln der Rom II-VO 114
　　　3. Anknüpfungsregeln des nationalen Kollisionsrechts 114
　　III. Geschäftsführung ohne Auftrag 115
　　　1. Rechtsquellen 115
　　　2. Anknüpfungsregeln der Rom II-VO 115
　　　3. Anknüpfungsregeln des nationalen Kollisionsrechts 115
　　IV. Verschulden bei Vertragsverhandlungen (culpa in contrahendo) 116
　　　1. Rechtsquellen 116
　　　2. Anknüpfungsregeln der Rom II-VO 116
　　　3. Anknüpfungsregeln des nationalen Kollisionsrechts 117
D. Sachenrecht 117
　　I. Rechtsquellen 117
　　II. Anknüpfungsregeln 117
E. Familienrecht 120
　　I. Eherecht 120
　　　1. Eheschließung 120
　　　　　a) Rechtsquellen 120
　　　　　b) Anknüpfungsregeln 121
　　　2. Ehewirkungen 121
　　　　　a) Rechtsquellen 121
　　　　　b) Anknüpfungsregeln 122
　　　3. Ehelicher Güterstand 122
　　　　　a) Rechtsquellen 122
　　　　　b) Anknüpfungsregeln 123
　　　4. Ehescheidung 124
　　　　　a) Rechtsquellen 124
　　　　　b) Anknüpfungsregeln 124
　　II. Unterhaltsrecht 125
　　　1. Rechtsquellen 125
　　　2. Anknüpfungsregeln 127
　　　　　a) Art. 15 EuUnthVO iVm UnthProt 127
　　　　　b) Haager Übereinkommen 128
　　III. Eingetragene Lebenspartnerschaft 128
　　　1. Rechtsquellen 128
　　　2. Anknüpfungsregeln 128
　　IV. Kindschaftsrecht 130
　　　1. Statusbegründende Rechtsvorgänge 130
　　　　　a) Rechtsquellen 130
　　　　　b) Anknüpfungsregeln 130
　　　　　c) Besonderheiten 131
　　　2. Statusverändernde Rechtsvorgänge 132
　　　　　a) Legitimation 132
　　　　　b) Adoption 132
　　　　　　　aa) Rechtsquellen 132
　　　　　　　bb) Anknüpfungsregeln 133
　　V. Vormundschaft und Pflegschaft 133
　　　1. Rechtsquellen 133
　　　2. Anknüpfungsregeln 134
F. Erbrecht 134
　　I. Rechtsquellen 134
　　II. Anknüpfungsregeln 135
G. Gesellschaftsrecht 137
　　I. Rechtsquellen 137

1. Innerhalb der EU und des EWR 137
2. Außerhalb der EU und des EWR (Drittstaatenbezug) 138
   a) Im Anwendungsbereich eines bilateralen Staatsvertrages 138
   b) Nationale Rechtsprechung 139
II. Anknüpfungsregeln 139
1. Innerhalb der EU und des EWR 139
2. Außerhalb der EU und des EWR (Drittstaatenbezug) 140
   a) Im Anwendungsbereich eines bilateralen Staatsvertrages 140
   b) Nationale Rechtsprechung 141
H. Insolvenzrecht 145
   I. Rechtsquellen 145
   II. Anknüpfungsregeln 146
3. Teil. Die Anwendung des Internationalen Privatrechts in der Praxis 149
A. Kollisionsfälle vor staatlichen Gerichten 149
   I. Internationales Zivilverfahrensrecht I (Prozessvoraussetzungen) 149
      1. Deutsche Gerichtsbarkeit 149
         a) Immunität staatlicher Repräsentanten 150
         b) Staatenimmunität 151
      2. Internationale Zuständigkeit 152
         a) EU-Recht und völkerrechtliche Verträge 153
            aa) Das Grundregime der EuGVO 153
            bb) Völkerrechtliche Regelungen für Fälle mit Bezug zu EFTA-Staaten 163
            cc) Besondere Regelungen für familienrechtliche Fälle 163
         b) Nationales Recht 165
      3. Sonstige Prozessvoraussetzungen und Verfahrensfragen 168
      4. Exkurs: Freiwillige Gerichtsbarkeit 173
         a) Minderjährigenschutz 173
         b) Nachlassverfahren 174
   II. Internationales Zivilverfahrensrecht II (Anerkennung und Vollstreckung) 175
      1. EuGVO und Völkerrechtliche Verträge 176
      2. Autonomes Recht 182
      3. Exkurs: Freiwillige Gerichtsbarkeit 185
B. Exkurs: Kollisionsfälle vor Schiedsgerichten 186
   I. Grundzüge 186
   II. Rechtsquellen 188
   III. Einzelheiten 191
      1. Schiedsgerichtsarten 192
      2. Wirksamkeit der Schiedsvereinbarung 196
      3. Besetzung des Schiedsgerichts 198
      4. Anwendbares Verfahrensrecht 200
      5. Hauptvertragsstatut 203
      6. Anerkennung und Vollstreckung 205

Anhang: Aufbauschema und praktische Tipps 209
A. Prüfungsschritte bei der Bearbeitung eines Falles mit Auslandsbezug 209
B. Praktische Tipps 209
   I. Völkerrechtliche Verträge 210
      1. Allgemeine Hinweise 210
      2. Völkervertragliches Sachrecht 210
      3. Völkervertragliches Kollisionsrecht 211
   II. Unionsrecht 211
   III. Autonomes Recht 211
      1. Deutsches IPR 211
      2. Fremdes Recht 211
         a) Allgemeine Hinweise (zum Kollisions- und Sachrecht) 211
         b) Nachweise speziell zum fremden Kollisionsrecht 212
         c) Nachweise speziell zum fremden Sachrecht 212

Stichwortverzeichnis 213

Abkürzungsverzeichnis

aA .... andere Ansicht
aaO .... angegebenen Ort
abgedr. .... abgedruckt
ABl. .... Amtsblatt (der Europäischen Gemeinschaft bzw. Europäischen Union)
Abs. .... Absatz
Abschn. .... Abschnitt
aE .... am Ende
AEntG .... Arbeitnehmerentsendegesetz v. 20. 4. 2009, BGBl. I 799
AEUV .... Vertrag über die Arbeitsweise der Europäischen Union
aF .... alte Fassung
AG .... Amtsgericht
AGB .... Allgemeine Geschäftsbedingungen
Alt. .... Alternative
Anh. .... Anhang
Anm. .... Anmerkung
ArbG .... Arbeitsgericht
ArbGG .... Arbeitsgerichtsgesetz idF v. 24. 11. 2011, BGBl. I 2302
arg. .... argumentum aus
Art. .... Artikel
AT .... Allgemeiner Teil
Aufl. .... Auflage
AUG .... Auslandsunterhaltsgesetz idF v. 23. 5. 2011, BGBl. I 898
AusfG .... Ausführungsgesetz
AVAG .... Gesetz zur Ausführung zwischenstaatlicher Verträge und zur Durchführung von Verordnungen der Europäischen Gemeinschaft auf dem Gebiet der Anerkennung und Vollstreckung in Zivil- und Handelssachen v. 19. 2. 2001, BGBl. I 288, ber. 436; *Jayme/Hausmann* Nr. 160 a

BAG .... Bundesarbeitsgericht
BayObLGZ .... Sammlung der Entscheidungen des Bayrischen Obersten Landesgerichts für Zivilsachen
BB .... Betriebsberater
BBG .... Bundesbeamtengesetz v. 5. 2. 2009, BGBl. I 160
Bd. .... Band
Begr. Reg-E .... Begründung zum Regierungsentwurf eines Gesetzes zur Neuregelung des Internationalen Privatrechts v. 20. 10. 1983, BT-Drs. 10/504
Bek. .... Bekanntmachung
Ber.DGVR .... Berichte der Deutschen Gesellschaft für Völkerrecht
BGB .... Bürgerliches Gesetzbuch idF v. 2. 1. 2002, BGBl. I 42
BGBl. .... Bundesgesetzblatt
BGH .... Bundesgerichtshof
BGHZ .... Sammlung der Entscheidungen des BGH in Zivilsachen
BIT .... Bilateral Investment Treaty
BLAH .... Baumbach/Lauterbach/Albers/Hartmann
BR-Drs. .... Bundesrats-Drucksache
BT .... Besonderer Teil
BT-Drs. .... Bundestags-Drucksache
BVerfGE .... Sammlung der Entscheidungen des Bundesverfassungsgerichts
bzw. .... beziehungsweise

ca. .... circa
CEAC .... Chinese European Arbitration Centre

CELA	Chinese European Legal Association
CFR	Common Frame of Reference
c. i. c.	culpa in contrahendo
CIEC	Commission Internationale de l'État Civil, Internationale Kommission für das Zivilstandswesen
CISG	Convention on the International Sale of Goods – Wiener UN-Übereinkommen über Verträge über den internationalen Warenkauf v. 11. 4. 1980, BGBl. 1989 II 588; *Jayme/Hausmann* Nr. 77
CMI	Comité Maritime International
CMR	Convention relative au Contrat de transport international de marchandises par route – Genfer Übereinkommen über den Beförderungsvertrag im internationalen Straßengüterverkehr v. 19. 5. 1956, BGBl. 1961 II 1120, und Gesetz zu dem Übereinkommen v. 19. 5. 1956 über den Beförderungsvertrag im internationalen Straßengüterverkehr v. 16. 8. 1961, BGBl. 1961 II 1119; *Jayme/Hausmann* Nr. 153, 153 a
COD	Co-Decision
COTIF	Übereinkommen über den internationalen Eisenbahnverkehr v. 9. 5. 1980, BGBl. 1985 II 130
DB	Der Betrieb
DCFR	Draft Common Frame of References
DepotG	Depotgesetz v. 11. 1. 1995, BGBl. I 34
ders.	derselbe
dh	das heißt
DIP	Droit International Privé
DIS	Deutsche Institution für Schiedsgerichtsbarkeit
Diss.	Dissertation
DNotZ	Deutsche Notar-Zeitschrift
ECE	Economic Commission for Europe (der EU)
ECOSOC	Economic and Social Council
EFTA	European Free Trade Association (Europäische Freihandelsassoziation)
EG	Europäische Gemeinschaft
EGAUG	Gesetz zur Durchführung der Verordnung (EG) Nr. 4/2009 und zur Neuordnung bestehender Aus- und Durchführungsbestimmungen auf dem Gebiet des internationalen Unterhaltsverfahrensrechts vom 23. 5. 2011, BGBl. I 898, 2094
EGBGB	Einführungsgesetz zum Bürgerlichen Gesetzbuch
EG-Vertrag	Römischer Vertrag zur Gründung der Europäischen Gemeinschaft v. 25. 3. 1957 in der Fassung des Vertrages von Nizza v. 26. 2. 2001, BGBl. II 1667
EGZPO	Gesetz betreffend die Einführung der Zivilprozessordnung idF v. 22. 12. 2011, BGBl. I 3044
EhegüterRVO-V	Vorschlag für eine Verordnung des Rates über die Zuständigkeit, das anzuwendende Recht, die Anerkennung und die Vollstreckung von Entscheidungen im Bereich des Ehegüterrechts vom 16. 3. 2011, KOM (2011) 126 endg
Einl.	Einleitung
einschl.	einschließlich
endg.	endgültig
engl.	englisch
EPG	Europäische Privatgesellschaft
ESÜ	Haager Übereinkommen über den internationalen Schutz von Erwachsenen v. 13. 1. 2000, BGBl. 2007 I 314
EU	Europäische Union
EuBagatellVO	Verordnung (EG) Nr. 861/2007 zur Einführung eines europäischen Verfahrens für geringfügige Forderungen v. 11. 7. 2007, ABl. EG L 199, 1 ff.
EuBVO	Verordnung (EG) Nr. 1206/2001 des Rates über die Zusammenarbeit zwischen den Gerichten der Mitgliedstaaten auf dem Gebiet der Beweisaufnahme in Zivil- oder Handelssachen v. 28. 5. 2001, ABl. EG L 174, 1; *Jayme/Hausmann* Nr. 225

EuEheVO (aF)	Verordnung (EG) Nr. 1347/2000 des Rates über die Zuständigkeit und Anerkennung und Vollstreckung von Entscheidungen in Ehesachen und in Verfahren betreffend die elterliche Verantwortung für die gemeinsamen Kinder der Ehegatten (EuEheVO, auch EheGVO oder Brüssel II-VO genannt) v. 29. 5. 2000, ABl. EG L 160, 19
EuEheVO (II)	Verordnung (EG) Nr. 2201/2003 des Rates über die Zuständigkeit und die Anerkennung und Vollstreckung von Entscheidungen in Ehesachen und in Verfahren betreffend die elterliche Verantwortung und zur Aufhebung der Verordnung (EG) Nr. 1347/2000 v. 27. 11. 2003, ABl. EU L 338, 1; *Jayme/Hausmann* Nr. 162
EuErbVO-V	Vorschlag für eine Verordnung (EU) des Europäischen Parlaments und des Rates über die Zuständigkeit, das anzuwendende Recht, die Anerkennung und die Vollstreckung von Entscheidungen und öffentlichen Urkunden in Erbsachen sowie zur Einführung eines Europäischen Nachlasszeugnisses v. 14. 10. 2009, KOM. [2009] 154 endg.
EuGH	Gerichtshof der Europäischen Gemeinschaften
EuGVO/ EuGVVO	Verordnung (EG) Nr. 44/2001 des Rates über die gerichtliche Zuständigkeit und die Anerkennung und Vollstreckung von Entscheidungen in Zivil- und Handelssachen v. 22. 12. 2000, ABl. EG 2001 L 12, 1; *Jayme/Hausmann* Nr. 160
EuGVÜ	Brüsseler EWG-Übereinkommen über die gerichtliche Zuständigkeit und die Vollstreckung gerichtlicher Entscheidungen in Zivil- und Handelssachen v. 27. 9. 1968 idF des 4. Beitrittsübereinkommens v. 29. 11. 1996, BGBl. 1998 II 810; *Jayme/Hausmann* Nr. 150
EuInsVO	Verordnung (EG) Nr. 1346/2000 des Rates über Insolvenzverfahren v. 29. 5. 2000, ABl. EG L 160, 1; *Jayme/Hausmann* Nr. 260
EuMahnVO	Verordnung (EG) Nr. 1896/2006 des Europäischen Parlaments und des Rates zur Einführung eines Europäischen Mahnverfahrens v. 12. 12. 2006, ABl. EG L 399, 1; *Jayme/Hausmann* Nr. 185
EUR	Euro
EuÜ	Europäisches (Genfer) Übereinkommen über die internationale Handelsgerichtsbarkeit v. 21. 4. 1961, BGBl. 1964 II 426
EuUnthVO	Verordnung (EG) Nr. 4/2009 des Rates über die Zuständigkeit und das anwendbare Recht in Unterhaltssachen, die Anerkennung und Vollstreckung von Unterhaltsentscheidungen und die Zusammenarbeit im Bereich der Unterhaltspflichten v. 18. 12. 2008, ABl. EU 2009 L 7, 1; *Jayme/Hausmann* Nr. 161
EuVTVO	Verordnung (EG) Nr. 805/2004 des Europäischen Parlaments und des Rates zur Einführung eines europäischen Vollstreckungstitels für unbestrittene Forderungen v. 21. 4. 2004, ABl. EG L 143, 15; *Jayme/Hausmann* Nr. 184
EÜZ	Pariser Vereinbarung über die Anwendung des Europäischen Übereinkommens über die internationale Handelsschiedsgerichtsbarkeit v. 17. 12. 1962, BGBl. 1964 II 449; *Jayme/Hausmann* Nr. 242
EuZVO	Verordnung (EG) Nr. 1348/2000 des Rates über die Zustellung gerichtlicher und außergerichtlicher Schriftstücke in Zivil- oder Handelssachen in den Mitgliedstaaten v. 29. 5. 2000, ABl. EG L 160, 37
EuZW	Europäische Zeitschrift für Wirtschaftsrecht
e. V.	eingetragener Verein
evtl.	eventuell
EVÜ	Römisches EWG-Übereinkommen über das auf vertragliche Schuldverhältnisse anzuwendende Recht v. 19. 6. 1980 idF des 4. Beitrittsübereinkommens v. 14. 4. 2005, BGBl. 2006 II 348; *Jayme/Hausmann* Nr. 70–74
EWG	Europäische Wirtschaftsgemeinschaft
EWIV	Europäische Wirtschaftliche Interessenvereinigung
EWIV-Verordnung	Verordnung (EWG) Nr. 2137/85 des Rates über die Schaffung einer Europäischen wirtschaftlichen Interessenvereinigung v. 25. 7. 1985, ABl. EWG L 199, 1
EWR	Europäischer Wirtschaftsraum
f.	folgende(-r)
FamFG	Gesetz über das Verfahren in Familiensachen und in den Angelegenheiten der freiwilligen Gerichtsbarkeit v. 17. 12. 2008, BGBl. I 2586

Abkürzungsverzeichnis

FamRZ .... Zeitschrift für das gesamte Familienrecht
FernUSG .... Gesetz zum Schutz der Teilnehmer am Fernunterricht idF der Bek. v. 4. 12. 2000, BGBl. I 670
ff. .... fortfolgende
FGPrax .... Praxis der freiwilligen Gerichtsbarkeit
Fn. .... Fußnote
FPR .... Familie, Partnerschaft und Recht
frz. .... französisch
FS .... Festschrift

GA .... Genfer Abkommen zur Vollstreckung ausländischer Schiedssprüche v. 26. 9. 1927, RGBl. 1930 II 1068
GG .... Grundgesetz für die Bundesrepublik Deutschland idF v. 21. 7. 2010, BGBl. I 944
gem. .... gemäß
GemeinschaftsR .. Gemeinschaftsrecht
GenG .... Gesetz betreffend die Erwerbs- und Wirtschaftsgenossenschaften idF v. 25. 5. 2009, BGBl. I 1102
ggf. .... gegebenenfalls
GmbH .... Gesellschaft mit beschränkter Haftung
GmbHG .... GmbH-Gesetz idF v. 20. 5. 1898, RGBl. 369, 846
GP .... Genfer Protokoll über die Schiedsklauseln v. 24. 9. 1923, RGBl. 1925 II 47
GRR .... Gemeinsamer Referenzrahmen
GVG .... Gerichtsverfassungsgesetz idF v. 7. 12. 2011, BGBl. I 2582
GWB .... Gesetz gegen Wettbewerbsbeschränkungen idF der Bek. v. 15. 7. 2005, BGBl. I 2114

HBÜ .... Haager Übereinkommen über die Beweisaufnahme im Ausland in Zivil- oder Handelssachen v. 18. 3. 1970, BGBl. 1977 II 1472; *Jayme/Hausmann* Nr. 212
HGB .... Handelsgesetzbuch v. 10. 5. 1897, RGBl. 1897 219
HKEntfÜ .... Haager Übereinkommen über die zivilrechtlichen Aspekte internationaler Kindesentführung v. 25. 10. 1980, BGBl. 1990 II 207; *Jayme/Hausmann* Nr. 222
hM .... herrschende Meinung
Hmb. Amtl. Anz. . Hamburger Amtlicher Anzeiger
Hrsg. .... Herausgeber
hrsg. .... herausgegeben
Hs. .... Halbsatz
HUVÜ (1973) ..... Haager Übereinkommen über die Anerkennung und Vollstreckung von Unterhaltsentscheidungen v. 2. 10. 1973, BGBl. 1986 II 826; 1987 II 118; *Jayme/Hausmann* Nr. 181
HZPÜ .... Haager Übereinkommen über den Zivilprozess v. 1. 3. 1954, BGBl. 1958 II 577; *Jayme/Hausmann* Nr. 210
HZÜ (1965) .... Haager Übereinkommen über die Zustellung gerichtlicher und außergerichtlicher Schriftstücke im Ausland in Zivil- oder Handelssachen v. 15. 11. 1965, BGBl. 1977 II 1453; *Jayme/Hausmann* Nr. 211

IATA .... International Air Transport Association
IBA .... International Bar Association
ICAC .... International Arbitration Court at the Chamber of Commerce and Industry of the Russian Federation
ICAO .... International Civil Aviation Organization
ICC .... International Chamber of Commerce
ICSID .... International Centre for Settlement of Investment Disputes
idF .... in der Fassung
idR .... in der Regel
iSe .... im engeren Sinne
IGH .... Internationaler Gerichtshof
IHR .... Internationales Handelsrecht

ILM	International Legal Materials
INCOTERMS	International Commercial Terms
insbes.	insbesondere
InsO	Insolvenzordnung v. 5. 10. 1994, BGBl. I 2866
Int. A. L. R.	International American Law Review (USA)
IntBeweisR	Internationales Beweisrecht
IntDevisenR	Internationales Devisenrecht
IntFamRG	Gesetz zur Aus- und Durchführung bestimmter Rechtsinstrumente auf dem Gebiet des internationalen Familienrechts v. 26. 1. 2005, BGBl. I 162; *Jayme/ Hausmann* Nr. 162 a
IntGesR	Internationales Gesellschaftsrecht
IntSachenR	Internationales Sachenrecht
IntSchuldR	Internationales Schuldrecht
IntRechtsverkehr	Internationaler Rechtsverkehr
IntUrteils-anerkennung	Internationale Urteilsanerkennung
IntZivilProzR	Internationales Zivilprozessrecht
IPR	Internationales Privatrecht
IPRax	Praxis des internationales Privat- und Verfahrensrechts
IPRG	Schweizerisches Bundesgesetz über das Internationale Privatrecht
IPRspr.	Die deutsche Rechtsprechung auf dem Gebiete des Internationalen Privatrechts (Entscheidungssammlung)
iSd	im Sinne des
iSv	im Sinne von
ital.	italienisch
iÜ	im Übrigen
iVm	in Verbindung mit
IZPR	Internationales Zivilprozessrecht
IZVR	Internationales Zivilverfahrensrecht
Jahrbuch	Jahrbuch für die Praxis der Schiedsgerichtsbarkeit
JuS	Juristische Schulung
JZ	Juristen-Zeitung
Kap.	Kapitel
KartellR	Kartellrecht
KG	Kammergericht (Berlin)
KindRG	Kindschaftsrechtsreformgesetz v. 16. 12. 1997, BGBl. I 2942
KMW	Koch/Magnus/Winkler v. Mohrenfels
KOM	Kommissionsdokumente
KostO	Kostenordnung – Gesetz über die Kosten in Angelegenheiten der freiwilligen Gerichtsbarkeit
KSÜ	Abkommen über die Zuständigkeit, das anzuwendende Recht, die Anerkennung, Vollstreckung und Zusammenarbeit auf dem Gebiet der elterlichen Verantwortung und der Maßnahmen zum Schutz von Kindern v. 19. 10. 1996, BGBl. 2009 II 603; *Jayme/Hausmann* Nr. 53
KultGüRückG	Gesetz zur Umsetzung der Richtlinie 93/7/EWG des Rates über die Rückgabe von unrechtmäßig aus dem Hoheitsgebiet eines Mitgliedstaats verbrachten Kulturgütern und zur Änderung des Gesetzes zum Schutz deutschen Kulturgutes gegen Abwanderung idF v. 15. 10. 1998, BGBl. I 3162
lat.	lateinisch
LCIA	London Court of International Arbitration
LG	Landgericht
li.	linke(r)
lit.	littera (= Buchstabe)
LPartG	Gesetz über die Eingetragene Lebenspartnerschaft idF v. 16. 1. 2001, BGBl. I 266
LuftFzgG	Gesetz über Rechte an Luftfahrzeugen idF v. 26. 2. 1959, BGBl. 2007 I 370

LuftverkehrsG .... Luftverkehrsgesetz idF v. 5. 8. 2010, BGBl. I 1126
LugÜ .... Revidiertes Übereinkommen von Lugano über die die gerichtliche Zuständigkeit und die Anerkennung und Vollstreckung von Entscheidungen in Zivil- und Handelssachen v. 30. 10. 2007, ABl. EU Nr. L 339„ 3; *Jayme/Hausmann* Nr. 152

m. .... mit
MDR .... Monatsschrift für Deutsches Recht
MoMiG .... Gesetz zur Modernisierung des GmbH Rechts und zur Bekämpfung von Missbräuchen
MPI .... Max-Planck-Institut für ausländisches und internationales Privat- und Prozessrecht
MSA .... Haager Übereinkommen über die Zuständigkeit der Behörden und das anzuwendende Recht auf dem Gebiet des Schutzes von Minderjährigen v. 5. 10. 1961, BGBl. 1971 II 217; *Jayme/Hausmann* Nr. 52
mwN .... mit weiteren Nachweisen

nF .... neue Fassung
NJW .... Neue Juristische Wochenschrift
NJW-RR .... NJW-Rechtssprechungsreport
Nr. .... Nummer

oHG .... offene Handelsgesellschaft
OLG .... Oberlandesgericht

PACS .... Pacte de solidarité civil
PECL .... Principles of European Contract Law
PIL .... Private International Law
PStG .... Personenstandsgesetz
PStRG .... Personenstandsrechtsreformgesetz

RabelsZ .... Rabels Zeitschrift für ausländisches und internationales Privatrecht
re. .... rechte(r)
Rec. .... Recueil des Cours
RefE .... Referentenentwurf
RGBl. .... Reichsgesetzblatt
RGZ .... Sammlung der Entscheidungen des Reichsgerichts in Zivilsachen
RIW .... Recht der internationalen Wirtschaft
RL .... Richtlinie
Rn. .... Randnummer
Rom I-VO .... Verordnung (EG) Nr. 593/2008 des Europäischen Parlaments und des Rates über das auf vertragliche Schuldverhältnisse anzuwendende Recht (›Rom I‹) v. 17. 6. 2008, ABl. EU 2 L 177, 6; ABl. EU 2009 L 309, 87; *Jayme/Hausmann* Nr. 80
Rom II-VO .... Verordnung (EG) Nr. 864/2007 des Europäischen Parlaments und des Rates über das auf außervertragliche Schuldverhältnisse anzuwendende Recht (›Rom II‹) v. 11. 7. 2007, ABl. EU L 199, 40; Jayme/Hausmann Nr. 101
Rom III-VO ..... Verordnung (EU) Nr. 1259/2010 des Rates zur Durchführung einer Verstärkten Zusammenarbeit im Bereich des auf die Ehescheidung und Trennung ohne Auflösung des Ehebandes anzuwendenden Rechts vom 20. 12. 2010, ABl. EU 2010 L 343, 10
Rspr. .... Rechtsprechung

s. .... siehe
S. .... Seite/Siehe
ScheckG .... Scheckgesetz idF v. 14. 8. 1933, RGBl. I 597
SchiedsVZ .... Zeitschrift für Schiedsverfahren
SE .... Societas Europaea
sec. .... section

SGB	Sozialgesetzbuch
SGECC	Study group on a european civil code
Slg.	Sammlung der Rechtsprechung des EuGH und des Gerichtes Erster Inst
sog.	so genannte
Sp.	Spalte
SPE	Societas Privata Europaea
stRspr.	ständige Rechtsprechung
StAG	Staatsangehörigkeitsgesetz v. 22. 7. 1913, BGBl. 1999 I 1618
StAZ	Das Standesamt, Zeitschrift für Standesamtswesen
str.	streitig
TMG	Telemediengesetz v. 26. 2. 2007, BGBl. I 179
UN	United Nations
UNCITRAL	United Nations Commission on International Trade Law
UNESCO	United Nations Educational, Scientific and Cultural Organization
UNIDROIT	Internationales Institut für die Vereinheitlichung des Privatrechts (Rom)
Unif. L. Rev.	Uniform Law Review
UNO	United Nations Organization
Unterabs.	Unterabsatz
UnthProt	Haager Protokoll über das auf Unterhaltspflichten anzuwendende Recht vom 23. 11. 2007, ABl. EU 2009 L 331, 19; Jayme/Hausmann Nr. 42
UNÜ	New Yorker UN-Übereinkommen über die Anerkennung und Vollstreckung ausländischer Schiedssprüche v. 10. 6. 1958, BGBl. 1961 II 122; II 1971 105; Jayme/Hausmann Nr. 240
Urt.	Urteil
US	United States
USA	United States of America
uU	unter Umständen
UWG	Gesetz gegen den unlauteren Wettbewerb v. 3. 7. 2004, BGBl. I 1414
v.	von bzw. vom
va	vor allem
Verf.	Verfasser
VersR	Zeitschrift für Versicherungsrecht
vgl.	vergleiche
VO	Verordnung
Vol.	Volume
VölkerR	Völkerrecht
Vorb.	Vorbemerkung
WechselG	Wechselgesetz
WG	Wechselgesetz idF v. 21. 6. 1933, RGBl. I 399
WiB	Zeitschrift für Wirtschaftsanwälte und Unternehmensjuristen
WM	Wertpapier-Mitteilungen
WTO	World Trade Organisation
YB. Com. Arbitr.	Yearbook of Commercial Arbitration
zB	zum Beispiel
ZEuP	Zeitschrift für Europäisches Privatrecht
ZfRV	(österreichische) Zeitschrift für Rechtsvergleichung
Ziff.	Ziffer
ZIP	Zeitschrift für Wirtschaftsrecht
zit.	zitiert
ZPO	Zivilprozessordnung
ZRHO	Rechtshilfeordnung für Zivilsachen v. 19. 10. 1956

ZustellG .... Zustellgesetz
ZZP .... Zeitschrift für Zivilprozess
zT .... zum Teil
ZVglRWiss .... Zeitschrift für vergleichende Rechtswissenschaft
ZZPInt .... Zeitschrift für Zivilprozeß International

Literaturverzeichnis

Aden, Menno, Internationale Handelsschiedsgerichtsbarkeit, Kommentar zu den Verfahrensordnungen, 2. Aufl. 2003

Agell, Anders/Malmström, Ake, Civilrätt, 2007

Ancel, Bertrand/Lequette, Yves, Grands Ârrets de la Jurisprudence française de Droit International Privé, 5. Aufl. 2006

Andrae, Marianne, Internationales Familienrecht, 2. Aufl. 2006 (zit. *Andrae* IntFamR)

Ansay, Tugrul/Wallace, Don, Introduction to Turkish Law, 4. Aufl. 1996 (zit. *Ansay/Wallace* Turkish Law)

Aretz, Hans/Korth, Jürgen, Internationales Privat- und Verfahrensrecht, 1989 (zit. *Aretz/Korth* IPR)

Audit, Bernard, Droit International Privé, 3. Aufl. 2000 (zit. *Audit* DIP)

Bar, Christian von, Internationales Privatrecht, Zweiter Band: Besonderer Teil, 1991 (zit. *v. Bar* IPR II)

Bar, Christian von (Hrsg.), Europäisches Gemeinschaftsrecht und Internationales Privatrecht, 1990 (zit. v. Bar/*Bearbeiter* GemeinschaftsR und IPR)

Bar, Christian von/Mankowski, Peter, Internationales Privatrecht, Erster Band: Allgemeine Lehren, 2. Aufl. 2003 (zit. *v. Bar/Mankowski* IPR I)

Batiffol, Henri, Réflexions sur la coordination des systèmes nationaux, in: Académie de Droit International, Rec. des Cours 1967 I, 1968, 165–190

Batiffol, Henri/Lagarde, Paul, Droit International Privé, Band I, 8. Aufl. 1993 (zit. *Batiffol/Lagarde* DIP I)

Baumann, Peter, Die Anerkennung und Vollstreckung ausländischer Entscheidungen in Unterhaltssachen, 1989 (zit. *Baumann* Anerkennung)

Baumbach, Adolf/Lauterbach, Wolfgang/Albers, Jan/Hartmann, Peter, Zivilprozessordnung, 70. Aufl. 2012 (zit. BLAH/*Bearbeiter*)

Bergmann, Alexander/Ferid, Murad/Henrich, Dieter, Internationales Ehe- und Kindschaftsrecht, Loseblatt, 6. Aufl. 1983 (Stand: 191. Lieferung, Mai 2011) (zit. Bergmann/Ferid/*Bearbeiter*)

Bonell, Michael Joachim, An International Restatement of Contract Law, 3. Aufl. 2005 (zit. *Bonell* Contract Law)

Brödermann, Eckart/Iversen, Holger, Europäisches Gemeinschaftsrecht und Internationales Privatrecht, 1994 (zit. *Brödermann/Iversen* Europ. GemeinschaftsR und IPR)

Brödermann, Eckart/Rosengarten, Joachim, IPR/IZVR, Anleitung zur systematischen Fallbearbeitung im Internationalen Privat- und Verfahrensrecht, 4. Aufl. 2007 (zit. *Brödermann/Rosengarten* IPR/IZVR)

Cheshire, G. C./North, P. M./Fawcett, J. J., Private International Law, 14. Aufl. 2008 (zit. *Cheshire/North/Fawcett* PIL)

Coester-Waltjen, Dagmar, Internationales Beweisrecht: das auf den Beweis anwendbare Recht in Rechtsstreitigkeiten mit Auslandsbezug, 1983 (zit. *Coester-Waltjen* IntBeweisR)

Conférence de La Haye de droit international privé, Actes et documents de la douzième session, 2 au 21 octobre 1972, Tome IV, Obligations alimentaires 1975 (zit. Actes et documents, 12ème)

Currie, David P., Die Verfassung der Vereinigten Staaten von Amerika, 1988 (zit. *Currie* Verfassung USA)

Dauses, Manfred A., Handbuch des EU-Wirtschaftsrechts, Loseblattsammlung, 29. Ergänzungslieferung, September 2011 (zit. Dauses/*Bearbeiter*)

Dicey, A. V./Morris, J. H. C./Collins, L., The Conflict of Laws, Bd. I, 14. Aufl. 2006 (zit. *Dicey/Morris/Collins* Conflict)

Dietze, Philipp von/Janssen, Helmut, Kartellrecht in der anwaltlichen Praxis, 4. Aufl. 2011 (zit. *v. Dietze/Janssen* KartellR)

Doehring, Karl, Völkerrecht, 2. Aufl. 2004 (zit. *Doehring* VölkerR)

Dölle, Hans, Internationales Privatrecht, 2. Aufl. 1972

Ebke, Werner F., Internationales Devisenrecht, 1991 (zit. *Ebke* IntDevisenR)

Literaturverzeichnis

Eilers, Anke, Maßnahmen des einstweiligen Rechtsschutzes im europäischen Zivilrechtsverkehr: internationale Zuständigkeit, Anerkennung und Vollstreckung, 1991
Ferid, Murad, Internationales Privatrecht, 3. Aufl. 1986 (zit. *Ferid* IPR)
Ferid, Murad/Firsching, Karl (Begründer) *Dörner, Heinrich/Hausmann, Rainer* (Hrsg.) Internationales Erbrecht (Quellensammlung), Bd. I–VII, Loseblattsammlung, 1984 (Stand: 84. Ergänzungslieferung, Dezember 2011) (zit. *Ferid/Firsching/Bearbeiter*)
Ferid, Murad/Sonnenberger, Hans Jürgen, Das französische Zivilrecht, Bd. 3, 2. Aufl. 1987
Ferrari, Franco/Leible, Stefan, Rome I Regulation – The Law Applicable to Contractual Obligations in Europe, 2009 (zit. *Ferrari/Leible/Bearbeiter*)
Firsching, Karl, Einführung in das internationale Privatrecht, 3. Aufl. 1987 (zit. *Firsching* IPR)
Frisch, Wolfgang, Das internationale Schuldrecht der nordischen Länder im Vergleich zu dem europäischen Übereinkommen über das auf Schuldverträge anwendbare Recht, 1985 (zit. *Frisch* IntSchuldR)
Geimer, Reinhold, Internationales Zivilprozessrecht, 6. Aufl. 2009 (zit. *Geimer* IntZivilProzR)
Geimer, Reinhold/Schütze, Rolf A., Internationale Urteilsanerkennung Bd. I, 1983 (1. Halbband)/ 1984 (2. Halbband) (zit. *Geimer/Schütze* IntUrteilsanerkennung)
Geimer, Reinhold/Schütze, Rolf A., Europäisches Zivilverfahrensrecht: Kommentar zur EuGVVO, EuEheVO, EuZustellungsVO, EuInsVO, EuVTVO, zum Lugano-Übereinkommen und zum nationalen Kompetenz- und Anerkennungsrecht, 3. Aufl. 2010 (zit. *Geimer/Schütze* Europ. Zivil-VerfahrensR)
Geimer, Reinhold/Schütze, Rolf A. (vormals *Bülow/Böckstiegel*), Internationaler Rechtsverkehr in Zivil- und Handelssachen, Bd. I–V, Stand: 42. Ergänzungslieferung, Oktober 2011 (zit. *Geimer/Schütze* IntRechtsverkehr)
Grabitz, Eberhard/Hilf, Meinhard (Hrsg.), Das Recht der Europäischen Union, Loseblattsammlung, Stand: 46. Lieferung, Oktober 2011 (zit. *Grabitz/Hilf/Bearbeiter*)
Groeben, Hans v. d./Schwarze, Jürgen, Kommentar zum Vertrag über die Europäische Union und zur Gründung der Europäischen Gemeinschaft, 6. Aufl. 2004 (zit. *Groeben/Schwarze/Bearbeiter* EG)
Großfeld, Bernhard, Internationales Unternehmensrecht: das Organisationsrecht transnationaler Unternehmen, 2. Aufl. 1995 (zit. *Großfeld* Int. UnternehmensR)
Gutzwiller, Max, Geschichte des Internationalprivatrechts: von den Anfängen bis zu den großen Privatrechtskodifikationen, 1977 (zit. *Gutzwiller* Geschichte IPR)
Hachenburg, Max/Ulmer, Peter, Großkommentar zum GmbH-Gesetz, Bd. I, 8. Aufl. 1992 (zit. Hachenburg/Ulmer/*Bearbeiter*)
Hay, Peter/Krätzschmar, Tobias, Internationales Privat- und Zivilverfahrensrecht, 4. Aufl. 2010
Hrsg. Max-Planck-Institut, Handbuch des Internationalen Zivilverfahrensrechts, Bd. I (1982), Bd. III/1 (1984), Bd. III/2 (1984) (zit. HdB. IZVR/*Bearbeiter* Bd.)
Hoffmann, Bernd von/Thorn, Karsten, Internationales Privatrecht, 9. Aufl. 2007 (zit. *v. Hoffmann/Thorn* IPR)
Herdegen, Matthias, Völkerrecht, 9. Aufl. 2010 (zit. *Herdegen* VölkerR)
Hohloch, Gerhard, Das Deliktsstatut, 1984 (zit. *Hohloch* Deliktsstatut)
Immenga, Ulrich/Mestmäcker, Ernst-Joachim, EG-Wettbewerbsrecht 5. Aufl. 2011 (zit. Immenga/Mestmäcker/*Bearbeiter*)
Ipsen, Knut, Völkerrecht, 6. Aufl. 2012 (zit. *Ipsen* VölkerR)
Jayme, Erik/Hausmann, Rainer, Internationales Privat- und Verfahrensrecht (Textausgabe), 15. Aufl. 2010 (zit. *Jayme/Hausmann*)
Juenger, Friedrich, General Course on Private International Law (1983), in: Académie de Droit International, Rec. des Cours 1985 IV, Lancaster 1986, 119–387
Junker, Abbo, Internationales Privatrecht, 1998 (zit. *Junker* IPR)
Junker, Abbo, Discovery im deutsch-amerikanischen Rechtsverkehr, 1987 (zit. *Junker* Discovery)
Kahn, Franz, Abhandlungen zum internationalen Privatrecht, Bd. I, 1928 (zit. *Kahn* IPR I)
Kegel, Gerhard/Schurig, Klaus, Internationales Privatrecht, 9. Aufl. 2004 (zit. *Kegel/Schurig* IPR)
Keidel, Theodor/Engelhardt, Helmut/Sternal, Werner, FamFG – Kommentar zum Gesetz über das Verfahren in Familiensachen und die Angelegenheiten der freiwilligen Gerichtsbarkeit – Familienverfahren Freiwillige Gerichtsbarkeit, 16. Aufl. 2009

Keller, Max/Siehr, Kurt, Allgemeine Lehren des internationalen Privatrechts, 1986 (zit. *Keller/Siehr* IPR)

Knoepfler, François/Schweizer, Philippe, Précis de droit international privé, suisse, 3. Aufl. 2004 (zit. *Knoepfler/Schweizer* DIP)

Koch, Harald/Magnus, Ulrich/Winkler von Mohrenfels, Peter, IPR und Rechtsvergleichung, 4. Aufl. 2010 (zit. KMW IPR)

Kreuzer, Karl, Ausländisches Wirtschaftsrecht vor deutschen Gerichten – Zum Einfluß fremdstaatlicher Eingriffsnormen auf private Rechtsgeschäfte, 1986 (zit. *Kreuzer* Ausl. WirtschaftsR)

Kropholler, Jan, Internationales Einheitsrecht, 1975 (zit. *Kropholler* EinheitsR)

Kropholler, Jan/von Hein, Jan, Europäisches Zivilprozessrecht, Kommentar zu EuGVO und Lugano-Übereinkommen 2007, EuVTVO, EuMVVO und EuGFVO, 9. Aufl. 2011 (zit. *Kropholler/v. Hein* EuGVO)

Kropholler, Jan, Internationales Privatrecht, 6. Aufl. 2006 (zit. *Kropholler* IPR)

Kunz, Karl-Heinz, Internationales Privatrecht, 4. Aufl. 1998 (zit. *Kunz* IPR)

Lachmann, Jens-Peter, Handbuch für die Schiedsgerichtsbarkeit, 3. Aufl. 2008 (zit. *Lachmann* HdB Schiedsgerichtsbarkeit)

Leipold, Dieter, Lex fori, Souveränität, Discovery, Grundfragen des internationalen Zivilprozessrechts, 1989 (zit. *Leipold* Lex fori)

Lüderitz, Alexander, Internationales Privatrecht, 3. Aufl. 1992 (zit. *Lüderitz* IPR)

Magnus, Ulrich/Mankowski, Peter, Brussels I Regulation, 2. Aufl. 2012 (zit. Magnus/Mankowski/*Bearbeiter*)

Maier, Hans Jakob, Handbuch der Schiedsgerichtsbarkeit, 1979 (zit. *Maier* HdB Schiedsgerichtsbarkeit)

Mansel, Heinz-Peter, Personalstatut, Staatsangehörigkeit und Effektivität, 1988 (zit. *Mansel* Personalstatut)

Meyer-Landrut, Andreas, Die Europäische Wirtschaftliche Interessenvereinigung, 1988 (zit. *Meyer-Landrut* Europ. Wirtschaftl. Interessenvereinigung)

Meyer-Sparenberg, Wolfgang, Staatsvertragliche Kollisionsnormen, 1990 (zit. *Meyer-Sparenberg* Staatsvertragl. Kollisionsnormen)

Müller, Holger/Hök, Götz-Sebastian, Deutsche Vollstreckungstitel im Ausland (Anerkennung, Vollstreckbarerklärung, Vollstreckung und Verfahrensführung in den einzelnen Ländern), Loseblattsammlung (Stand: Mai 2003)

Münchener Kommentar zum BGB, Hrsg. v. *Rebmann, Kurt/ Säcker, Franz-Jürgen,* 5. Aufl. ab 2001 (zit. MüKoBGB/*Bearbeiter*)

Münchener Kommentar zur Zivilprozessordnung, Hrsg. von *Luke, Gerhard/Walchshöfer, Alfred,* 3. Aufl. ab 2007 (zit. MüKoZPO/*Bearbeiter*)

Nagel, Heinrich/Gottwald, Peter, Internationales Zivilprozessrecht, 6. Aufl. 2007 (zit. *Nagel/Gottwald* IntZivilProzR)

Neuhaus, Paul Heinrich, Die Grundbegriffe des internationalen Privatrechts, 2. Aufl. 1976 (zit. *Neuhaus* Grundbegriffe IPR)

Nicolaysen, Gert, Europarecht I, Die Europäische Integrationsverfassung, 2. Aufl. 2002 (zit. *Nicolaysen* EuropaR I)

Nicolaysen, Gert, Europarecht II, Das Wirtschaftsrecht im Binnenmarkt, 1996 (zit. *Nicolaysen* EuropaR II)

Overbeck, Alfred E. v., Cours général de droit international privé, Rec. des Cours 1982 III, 9–258, 1983

Palandt, Otto, Bürgerliches Gesetzbuch, 71. Aufl. 2012 (zit. Palandt/*Bearbeiter*)

Pfennig, Günter, Die internationale Zustellung in Zivil- und Handelssachen, 1988 (zit. *Pfennig* IntZustellung)

Piltz, Burghard, UN-Kaufrecht: Gestaltung von Export- und Importverträgen, 3. Aufl. 2001 (zit. *Piltz* UN-KaufR)

Piltz, Burghard, Internationales Kaufrecht, 1988

Pirrung, Jörg, Internationales Privat- und Verfahrensrecht, 1987 (zit. *Pirrung* IPR)

Prütting, Hanns/Wegen, Gerhard/Weinreich, Gerd, BGB Kommentar, 7. Aufl. 2012 (zit. PWW/ *Bearbeiter*)

Raape, Leo, Internationales Privatrecht, 5. Aufl. 1961 (zit. *Raape* IPR)

Raape, Leo/Sturm, Fritz, Internationales Privatrecht, Bd. I: Allgemeine Lehren, 6. Aufl. 1977 (zit. *Raape/Sturm* IPR I)

Raeschke-Kessler, Hilmar/Berger, Klaus Peter, Recht und Praxis des Schiedsverfahrens, 3. Aufl. 1999 (zit. *Raeschke-Kessler/Berger* Schiedsverfahren)

Rauscher, Thomas (Hrsg.), Europäisches Zivilprozess- und Kollisionsrecht (EuZPR/EuIPR), Bearbeitung 2010/11 (zit. Rauscher/*Bearbeiter* Bd.)
  Bd. 1: Brüssel I-VO, LugÜbk 2007, Bearbeitung 2011
  Bd. 2: EG-VollstrTitelVO, EG-MahnVO, EG-BagatellVO, EGZustVO 2007, EG-BewVO, EG-InsVO, Bearbeitung 2010
  Bd. 3: Rom I-VO, Rom II-VO, Bearbeitung 2011
  Bd. 4: Brüssel IIa-VO, EG-UntVO, EG-ErbVO-E, HUntStProt 2007, Bearbeitung 2010

Rauscher, Thomas, Internationales Privatrecht, 2009 (zit. *Rauscher* IPR)

Reithmann, Christoph/Martiny, Dieter, Internationales Vertragsrecht, 7. Aufl. 2010 (zit. Reithmann/ Martiny/*Bearbeiter*)

Rosengarten, Joachim, Punitive damages und ihre Anerkennung und Vollstreckung in der Bundesrepublik Deutschland, 1994 (zit. *Rosengarten* Punitive Damages)

Rowedder, Heinz/Schmidt-Leithoff, Christian, Kommentar zum GmbHG, 4. Aufl. 2009 (zit. Rowedder/Schmidt-Leithoff/*Bearbeiter*)

Rühl, Christine, Rechtswahlfreiheit und Rechtswahlklauseln in allgemeinen Geschäftsbedingungen, 1999

Sandrock, Otto (Hrsg.), Handbuch der internationalen Vertragsgestaltung, Bd. 1, 1980 (zit. Sandrock/ *Bearbeiter*)

Savigny, Friedrich Carl von, System des heutigen Römischen Rechts, Bd. VIII, Neudruck, 1961 (zit. *v. Savigny*)

Schack, Haimo, Höchstrichterliche Rechtsprechung zum Internationalen Privat- und Verfahrensrecht, 2. Aufl. 2000 (zit. *Schack* Höchstrichterl. Rspr. IPR)

Schack, Haimo, Internationales Zivilverfahrensrecht, 5. Aufl. 2010 (zit. *Schack* IntZivilverfahrensR)

Schlechtriem, Peter/Schwenzer, Ingeborg, Kommentar zum Einheitlichen UN-Kaufrecht, 5. Aufl. 2008 (zit. Schlechtriem/Schwenzer/*Bearbeiter*)

Schlosser, Peter F., EU-Zivilprozessrecht, EuGVVO, AVAG, VTVO, MahnVO, BagatellVO, HZÜ, EuZVO, HBÜ, EuBVO, 3. Aufl. 2009

Schlosshauer-Selbach, Stefan, Internationales Privatrecht, 1989 (zit. *Schlosshauer-Selbach* IPR)

Schotten, Günther, Das Internationale Privatrecht in der notariellen Praxis, 2. Aufl. 2007

Schroeter, Ulrich G., UN-Kaufrecht und Europäisches Gemeinschaftsrecht: Verhältnis und Wechselwirkungen, 2005

Schütze, Rolf, Prozessführung und -risiken im deutsch-amerikanischen Rechtsverkehr, 2004 (zit. *Schütze* Prozessführung)

Schütze, Rolf, Rechtsverfolgung im Ausland: Prozessführung vor ausländischen Gerichten und Schiedsgerichten 4. Aufl. 2009 (zit. *Schütze* Rechtsverfolgung)

Schütze, Rolf, Deutsches Internationales Zivilprozessrecht unter Einschluss des Europäischen Zivilprozessrechts, 2. Aufl. 2005 (zit. *Schütze* IntZivilProzR)

Schütze, Rolf/Tschernig, Dieter/Wais, Walter, Handbuch des Schiedsverfahrens, 2. Aufl. 1990 (zit. Schütze/Tschernig/Wais/*Bearbeiter*)

Schwab, Karl Heinz/Walter, Gerhard, Schiedsgerichtsbarkeit, 7. Aufl. 2005 (zit. *Schwab/Walter* Schiedsgerichtsbarkeit)

Scoles, Eugen F./Hay Peter/Borchers, Patrick J./Symeonides, Symeon C., Conflict of Laws, 4. Aufl. 2004 (zit. *Scoles/Hay/Borchers/Symeonides* Conflict)

Soergel, Hans Theodor, Bürgerliches Gesetzbuch, (Hrsg.) Siebert, Wolfgang, Bd. 10, Einführungsgesetz, 13. Aufl. 2009 (zit. Soergel/*Bearbeiter* EGBGB)

J. v. Staudingers, Kommentar zum Bürgerlichen Gesetzbuch mit Einführungsgesetz und Nebengesetzen, 13. Bearbeitung, ab 1994 (zit. Staudinger/*Bearbeiter*)

Stein, Torsten/ v.Buttlar, Christian, Völkerrecht, 12. Aufl. 2009 (zit. *Stein/v. Buttlar* VölkerR)

Stein/Jonas, Kommentar zur Zivilprozessordnung, 22. Aufl. ab 2004 (zit. Stein/Jonas/*Bearbeiter*)

Straatmann, Kuno/Ulmer, Peter/Timmermann, Franz-Hubert, Handelsrechtliche Schiedsgerichts-Praxis, Bd. 2, 1982 (zit. *Straatmann/Ulmer/Timmermann* HandelsR Schiedsgerichtspraxis)

Ulmer, Peter/Habersack, Mathias/Winter, Martin (Hrsg.), Großkommentar zum GmbH-Gesetz, 2005–2008 (zit. UHW/*Bearbeiter*)

Verdross, Alfred/Simma, Bruno, Universelles Völkerrecht Theorie und Praxis, 3. Aufl. 1984 (zit. *Verdross/Simma* VölkerR)

Walch, Georg, Gespaltene Normen und Parallelnormen im deutschen internationalen Privatrecht, 1991

Weber, Helmut, Die Theorie der Qualifikation, 1986

Wienke, Torger W., Zur Anknüpfung der Vorfrage bei international-privatrechtlichen Staatsverträgen, 1977

Zimmer, Daniel, Internationales Gesellschaftsrecht, 1996

Zöller, Richard, Kommentar zur Zivilprozessordnung, 28. Aufl. 2010 (zit. Zöller/*Bearbeiter*)

1. Teil. Grundlagen des Internationalen Privatrechts

Die Bearbeitung von Fällen, deren Sachverhalt einen Bezug zum Ausland aufweist, verlangt – insbesondere aufgrund der fortschreitenden europäischen Integration – zunehmend mehr Detailkenntnisse. Umso wichtiger ist es, sich die strukturellen Grundlagen zu erarbeiten, deren Kenntnis der Schlüssel zu den Details ist, die für die Lösung des einzelnen Falles benötigt werden. 1

Im Folgenden sollen diese **Grundlagen** des Internationalen Privatrechts an Hand von Fällen dargestellt werden. Zu den Grundlagen des Internationalen Privatrechts zählen 2
- das Grundprinzip der Anknüpfung (**A**);
- mögliche Korrekturen des Grundprinzips der Anknüpfung (**B; C**);
- die Beherrschung einiger Sonderprobleme (**D**);
- die Frage nach der Bedeutung zwingenden Rechts (**E**);
- das Verhältnis des IPR zum Einheitsrecht (**F**);
- der **Zusammenhang** zwischen diesen Fragen (Zusammenfassung und Aufbauschema, **G**);
- ergänzend werden im 2. Teil die **wichtigsten Anknüpfungsregelungen** aus dem Besonderen Teil des IPR vorgestellt.

Mit dem Beherrschen dieser »IPR-Technik« lassen sich internationalprivatrechtliche Fragestellungen unabhängig davon bearbeiten, welcher Rechtsquelle die heranzuziehenden »IPR-Normen« entstammen. Zugleich ist die IPR-Technik Voraussetzung für den Umgang mit den praktischen Fragen des Internationalen Zivilverfahrensrechts (zB → Rn. 588). 3

A. Das Grundprinzip der Anknüpfung

I. Drei Ausgangsfälle

1. Anwendung von völkervertraglichem IPR

> **Fall 1:** Eine liechtensteinische Familie lebt jahrelang in Köln. Nach der Scheidung der Eltern bleibt der 13-jährige Sohn Franz bei seiner Mutter. Der Vater zieht nach Stuttgart. Im Januar 2012 verklagt Franz seinen Vater auf Zahlung von Unterhalt für die Zeit ab Juli 2011. Welches Recht ist anwendbar? 4

Eine deutsche Familienrichterin sieht sich bei der Bearbeitung eines derartigen Falles vor ein Problem gestellt. Abweichend von ihrer Alltagspraxis hat der Fall **Auslandsbezug:** Zwar haben sowohl Franz als auch sein Vater ihren gewöhnlichen Aufenthalt in Deutschland, doch sind beide liechtensteinische Staatsangehörige. Soll die Richterin aufgrund der vorhandenen Bezüge zu Liechtenstein das liechtensteinische (Unterhalts-) Recht anwenden oder reichen die gleichfalls vorhandenen Bezüge zur Bundesrepublik aus, um deutsches Recht zur Anwendung zu bringen? 5

Die Richterin steht hier vor der Kollision (dem Konflikt) zweier Rechtsordnungen: Das fremde (liechtensteinische) und das deutsche Recht kollidieren; nur eines und nicht beide zugleich können in der Regel Maßstab für die Beurteilung der Rechtsfrage (Unterhaltsleistung) sein.

6 Um derartige Konflikte zu lösen, enthält jede Rechtsordnung **Kollisionsnormen** (*conflict of law rules, règles de conflit*). Dies sind Normen, die bei einem Fall mit Auslandsbezug diejenige Rechtsordnung **berufen**, die auf den konkreten Sachverhalt anzuwenden ist. Man sagt auch: »Die Kollisionsnormen **verweisen** auf das anwendbare Recht« und spricht von **Verweisungsnormen**. Die Gesamtheit dieser Normen bildet das **Internationale Privatrecht (IPR)** einer Rechtsordnung. Eine Legaldefinition enthält Art. 3 EGBGB.[1]

Jede Rechtsordnung besitzt grundsätzlich selbst gesetztes bzw. **autonomes** Kollisionsrecht. In Deutschland ist es weitgehend in Art. 3–46 c EGBGB (in wesentlichen Teilen zuletzt geändert durch Gesetz v. 25. 6. 2009 zur Anpassung der Vorschriften des Internationalen Privatrechts an die Verordnung (EG) Nr. 593/2008)[2] kodifiziert. Man spricht vom **autonomen deutschen IPR** oder vom **nationalen deutschen IPR**.

7 Vielfach werden die Regeln des nationalen deutschen IPR jedoch durch international vereinheitlichte Kollisionsnormen verdrängt. Diese Vereinheitlichung kann vor allem in Form völkerrechtlicher Verträge und in Form von Verordnungen der Europäischen Union erfolgen:

Häufig haben die Staaten in völkerrechtlichen Verträgen (Staatsverträgen) einheitliche, für alle Vertragsstaaten **gemeinsame Kollisionsnormen** geschaffen (**völkervertragliches oder staatsvertragliches Kollisionsrecht**). Durch die Anwendung dieser einheitlichen Normen wird das anwendbare **Sachrecht** unabhängig davon bestimmt, in welchem Staat eine Rechtsfrage zu entscheiden ist (im Fall 1: in der Bundesrepublik oder in Liechtenstein). Für alle Vertragsstaaten führt dies zu einheitlichen Falllösungen bzw. **internationalem Entscheidungseinklang**.

Völkervertragliches Kollisionsrecht geht – im deutschen Recht nach Art. 3 Nr. 2 EGBGB – dem **nationalen Kollisionsrecht vor**. Ein Gericht hat daher stets zu prüfen, ob auf den zu entscheidenden Sachverhalt ein völkerrechtlicher Vertrag anwendbar ist. In Betracht kommt häufig die Anwendung von **Übereinkommen** (Konventionen), die zwischen **mehreren** Staaten vereinbart wurden (sie sind mehrseitig bzw. multilateral). Daneben können auch **Abkommen** anzuwenden sein, die zwischen **zwei** Staaten vereinbart wurden (sie sind zweiseitig bzw. bilateral).

Hinweis: Diese Unterscheidung ist gängig, wird aber nicht überall durchgehalten. Insbesondere tragen einige Übereinkommen irreführenderweise den Titel »Abkommen«.

8 Der **Europäische Gesetzgeber** hat in einigen Bereichen **Verordnungen** geschaffen, die **kraft eigenen Geltungswillens** des EU-Rechts (Art. 288 II Vertrag über die Arbeitsweise der Europäischen Union, AEUV)[3] **unmittelbar in allen Mitgliedstaaten der EU** zur Anwendung kommen und in vielen Fällen auch Kollisionsnormen enthalten. Diese **verdrängen** ebenfalls **nationales IPR**; daran erinnert Art. 3 Nr. 1 EGBGB.

---

1 Vgl. *Schönfelder* Nr. 21 (*Jayme/Hausmann* Nr. 1).
2 BGBl. I 1574.
3 ABl. EU 2008 C 115, 47.

I. Drei Ausgangsfälle

Hinweis: Am 1. 12. 2009 ist in den 27 Mitgliedstaaten der Europäischen Union (»EU«) der am 13. 12. 2007 unterzeichnete Vertrag von Lissabon in Kraft getreten. Durch diesen Vertrag sind der EU-Vertrag (»EUV«) und der frühere EG-Vertrag abgeändert worden. Die Europäische Union ist seitdem Rechtsnachfolgerin der Europäischen Gemeinschaft (Art. 1 III EUV nF). Deshalb trägt der frühere EG-Vertrag seitdem den neuen Namen »Vertrag über die Arbeitsweise der Europäischen Union« (»AEUV«). Zusammen werden der EUV und der AEUV als »die Verträge« bezeichnet (Art. 1 III 1 EUV; Art. 1 II 2 AEUV); sie sind rechtlich gleichrangig (Art. 1 III 2 EUV, Art. 1 II 2 AEUV). Für diejenigen, die sich schon früher mit dem Europarecht oder dem IPR beschäftigt haben, werden in dieser Auflage teilweise die alten Bezeichnungen in Klammern mitgenannt.

Im Fall 1 geht es um Unterhaltsrecht. Ein Regelungswerk, das Kollisionsnormen im Bereich des Unterhaltsrechts enthält, ist die Verordnung des Rates über die Zuständigkeit und das anwendbare Recht in Unterhaltssachen, die Anerkennung und Vollstreckung von Unterhaltsentscheidungen und die Zusammenarbeit im Bereich der Unterhaltspflichten (»EuUnthVO«).[4] Diese enthält in Art. 69 eine Regelung zum Verhältnis zu bestehenden internationalen Übereinkommen und Vereinbarungen. Danach hat die EuUnthVO im Verhältnis ihrer Mitgliedstaaten zueinander Vorrang gegenüber Übereinkommen oder bilateralen oder mulitlateralen Vereinbarungen. Sie tritt dagegen gegenüber internationalen Übereinkommen oder Vereinbarungen zurück, wenn auch ein Nichtmitgliedstaat der EuUnthVO betroffen ist. Hier kommt eine Anwendung des Haager Übereinkommens über das auf Unterhaltsverpflichtungen gegenüber Kindern anzuwendende Recht v. 24. 10. 1956[5] in Betracht, dem sowohl die Bundesrepublik als auch Liechtenstein angehören (beachte Art. 6 Haager Unterhaltsübereinkommen). Da Liechtenstein kein Mitgliedstaat der EuUnthVO ist, tritt diese gem. Art. 69 I EuUnthVO gegenüber dem Haager Übereinkommen zurück. In Art. 1 I dieses Übereinkommens (lesen!) ist festgelegt, dass für Unterhaltsansprüche das am gewöhnlichen Aufenthalt des Kindes geltende Recht maßgebend ist. Da Franz seinen gewöhnlichen Aufenthalt in der Bundesrepublik hat, ist deutsches Unterhaltsrecht anzuwenden. Die Frage nach dem anwendbaren Recht ist damit entschieden. Art. 1 I des Haager Unterhaltsübereinkommens hat deutsches Recht berufen (= auf deutsches Recht verwiesen). Eine liechtensteinische Richterin hätte die Frage nach dem anwendbaren Recht nicht anders beantwortet, da auch sie das Übereinkommen von 1956 zu befolgen gehabt hätte. Zur Anwendung des nationalen Kollisionsrechts (Art. 3 ff. EGBGB) kommt es in diesen Fällen wegen Art. 3 Nr. 2 EGBGB nicht.

9

Hinweis: Zu der Frage, wie man im Einzelfall selbst prüft, ob völkervertragliche Kollisionsnormen anwendbar sind → Rn. 807 ff. (Praktische Tipps).

2. Anwendung von unionsrechtlichem IPR

Fall 2: Eine russische Reederei beauftragt im Dezember 2011 eine deutsche Werft, die ihren Hauptverwaltungssitz in Hamburg hat, mit einer Reparatur der Steuerungsanlage eines russischen Schiffes (Verkauf und Einbau einer neuen Steuerungsanlage; Lieferung und Einbau von Standard-Software zum Betrieb der Steuerungsanlage; ergänzende Programmierarbeiten). Die Reparatur wird in Hamburg an Bord des russischen Schiffes durchgeführt; die Kommunikation erfolgt teils auf englisch, teils auf russisch. Eine Rechtswahl wird nicht vereinbart. Kurz nach dem Verlassen deutscher Gewässer tritt der Defekt trotz erfolgter Reparatur erneut auf; das Schiff ist nur beschränkt manövrierfähig. Das russische Unternehmen möchte Ansprüche wegen Schlechtleistung geltend machen und beauftragt eine Hamburger Rechtsanwaltskanzlei mit der Durchsetzung seiner Rechte vor einem Gericht in Hamburg. Nach welchem Recht hat der Hamburger Richter den Fall zu beurteilen?

10

Wie die Kölner Richterin im Fall 1 steht nun der Hamburger Richter vor der Kollision zweier Rechtsordnungen. Soll er aufgrund der vorhandenen Bezüge zu Russland das russische Werkver-

11

---

[4] ABl. EU 2009 L 7, 1.
[5] BGBl. 1961 II 1013; 1962 II 16 (*Jayme/Hausmann* Nr. 40).

tragsrecht anwenden oder reichen die gleichfalls vorhandenen Bezüge zur Bundesrepublik aus, um deutsches Recht zur Anwendung zu bringen? Ist es von Bedeutung, dass der Fall einerseits einen Mitgliedstaat der EU (Deutschland) und andererseits einen Staat außerhalb der EU (Russland) betrifft? Wieder beginnt die Prüfung mit der Suche nach möglicherweise anwendbarem völkervertraglichen oder unionsrechtlichen IPR, das dem nationalen deutschen IPR vorgehen würde (Art. 3 EGBGB).

12   Im Verhältnis zu Russland gibt es keinen völkerrechtlichen Vertrag, der eine Kollisionsnorm für den Bereich des Schuldvertragsrechts enthält. Dagegen hat die Europäische Union im Rahmen der Umsetzung des **Haager Programms** zur Stärkung von Freiheit, Sicherheit und Recht in der Europäischen Union[6] auf der Grundlage von Rechtssetzungskompetenzen im damaligen EG-Vertrag (die mittlerweile in Art. 81 II lit. c AEUV enthalten sind) zwei Verordnungen mit **unionsrechtlichem IPR** geschaffen und dadurch das internationale Privatrecht der 27 Mitgliedstaaten der EU bereits für einige Bereiche des Zivilrechts vereinheitlicht:
- Seit 11. 1. 2009 gilt die **Verordnung (EG) Nr. 864/2007** des Europäischen Parlaments und des Rates v. 11. 7. 2007 **über das auf außervertragliche Schuldverhältnisse anzuwendende Recht (»Rom II-VO«)**.[7]
- Seit 17. 12. 2009 gilt die **Verordnung (EG) Nr. 593/2008** des Europäischen Parlaments und des Rates v. 17. 6. 2008 **über das auf vertragliche Schuldverhältnisse anzuwendende Recht (»Rom I-VO«)**.[8]

Solch europäische Verordnungen gelten **kraft eigenen Geltungswillens des EU-Rechts** (Art. 288 II AEUV) unmittelbar in allen Mitgliedstaaten der EU. Sie verdrängen nationales IPR (Art. 3 Nr. 1 EGBGB).

13   Da es im Fall 2 um werkvertragliche Ansprüche und damit Schuldrecht geht, prüft der Richter die **Rom I-VO** und stellt zunächst fest, dass die Verordnung **auch Sachverhalte mit Bezug zu »Drittstaaten«** wie Russland erfasst. Die Kollisionsnormen in der Rom I-VO (gleiches gilt für die Rom II-VO) gelten ohne Unterscheidung, ob das Recht eines Mitgliedsstaates der EU oder das Recht eines Drittstaates zur Anwendung gelangen würde (Art. 2 Rom I-VO, Art. 3 Rom II-VO). Solche Verweisungen nennt man **»allseitige Kollisionsnormen«** für *alle* Fallgestaltungen: mit oder ohne Bezug zur EU. Die Verordnungen sind damit **universell anwendbar**. Dies gilt nur dann nicht, wenn im Verhältnis zu dem Drittstaat (zB Russland) ein völkerrechtlicher Vertrag bestünde, der ebenfalls einschlägige Kollisionsnormen (hier für Schuldrecht) enthielte; denn bestehende völkerrechtliche Verträge mit Drittstaaten können nicht durch späteres Unionsrecht verdrängt werden.

14   Der **sachliche Anwendungsbereich** der Rom I-VO ist ebenfalls eröffnet, da der Fall ein vertragliches Schuldverhältnis in einer **Zivil- und Handelssache** betrifft, die eine **Verbindung zum Recht verschiedener Staaten** (Russland, Deutschland) aufweist (Art. 1 I Rom I-VO, vgl. auch für außervertragliche Schuldverhältnisse Art. 1 I Rom II-VO (lesen!)). Ein denkbarer Ausschluss vom Anwendungsbereich nach Art. 1 II Rom I-VO (zB für Personenstandsfragen, Familienrecht, Scheck- und Wechselrecht, Gesellschaftsrecht – vgl. die Auflistungen im Verordnungstext selbst!) ist nicht einschlägig. Eine Rechtswahl haben die Parteien im Fall 2 nicht getroffen; andernfalls

---

6 ABl. 2005 C 53, 1, s. Anhang, Ziff. 4.3.
7 ABl. EU 2007 L 199, 40; s. Art. 32 Rom II-VO (*Jayme/Hausmann* Nr. 101).
8 ABl. EU 2008 L 177, 6; ABl. EU 2009 L 309, 87; s. Art. 28 Rom I-VO (*Jayme/Hausmann* Nr. 80).

würde diese vorgehen (Art. 3 Rom I-VO). Für bestimmte Vertragsarten (zB Kaufvertrag, Dienstleistungsvertrag, Vertrag über dingliche Rechte, Franchisevertrag, Vertriebsvertrag) enthält Art. 4 I Rom I-VO eine besondere Kollisionsnorm. Der Vertrag beinhaltet kauf-, werk- und dienstleistungsvertragliche Elemente (wobei der Werkvertrag unionsrechtlich als Dienstleistungsvertrag iSv Art. 4 I lit. b Rom I-VO einzuordnen ist, → Rn. 384). Da der Vertrag damit durch mehr als einen Buchstaben von Art. 4 I Rom I-VO abgedeckt ist (lit. a: Kaufvertrag und lit b: Dienstleistungsvertrag), ist die Generalklausel (Auffangklausel) in Art. 4 II Rom I-VO anzuwenden. Nach Art. 4 II Rom I-VO ist auf vertragliche Ansprüche das Recht des Staates anzuwenden, in dem die Partei, welche die für den Vertrag **charakteristische Leistung** zu erbringen hat, ihren **gewöhnlichen Aufenthalt** hat. Bei einem Werkvertrag liegt die charakteristische Leistung in der Werkerbringung (Reparatur) und nicht in der Zahlung (die Bezahlung ist die den meisten Vertragsarten gemeine – und deshalb nicht charakteristische – Gegenleistung). Entscheidend für die Bestimmung des anwendbaren Sachrechts ist damit der gewöhnliche Aufenthalt der deutschen Werft als Erbringer der charakteristischen Leistung. Was dieser Begriff bedeutet, ist (soweit möglich) autonom mit Hilfe des Unionsrechts zu klären. Die Rom I-VO enthält dafür in Art. 19 I Rom I-VO eine ausdrückliche Regelung bereit, die bestimmt, dass für die Zwecke der Verordnung im Falle von Gesellschaften der Ort ihrer Hauptverwaltung als der Ort des gewöhnlichen Aufenthalts anzusehen ist. Im Fall 2 liegt der Ort der Hauptverwaltung in Hamburg und damit in Deutschland. Da Art. 4 III Rom I-VO keine Ausnahme von der Anwendung von Abs. 2 wegen einer »*offensichtlich engeren Verbindung*« zu einem anderen Staat gebietet (auch das ist sicherheitshalber stets zu prüfen!), ist deutsches (Werkvertrags-) Recht anzuwenden.

> **Hinweis:** Bei der Falllösung darf man sich nie von Hinweisen im Sachverhalt (hier: zur Sprache und zum Ort der Reparatur an Bord des russischen Schiffes) missleiten lassen. Welche Sachverhaltselemente für die Lösung der IPR-Frage gebraucht werden, ergibt sich allein aus der einschlägigen IPR-Norm (zB stellt im Fall 2 Art. 4 iVm Art. 19 Rom I-VO auf den gewöhnlichen Aufenthalt des deutschen Werkunternehmers ab).

3. Anwendung des nationalen Kollisionsrechts

> **Fall 3:** Der 30-jährige Schwede Ole Olsen, wohnhaft in München, ist mit der Deutschen Susanne Meier verlobt, als er im Dezember 2011 nach langer Krankheit in München stirbt. Testamentarische Alleinerbin ist Susanne. Der 60-jährige schwedische Vater von Ole reist nach München, um seinen Pflichtteil vor dem LG München einzuklagen. Andere Verwandte hatte der Verstorbene nicht. Welches Recht ist anwendbar?

15

> Wie im Fall 1 und 2 steht das Gericht im Fall 3 vor der Kollision zweier Rechtsordnungen. Soll deutsches Recht maßgebend sein – etwa weil Ole in Deutschland wohnte und dort verstarb – oder kommt schwedisches Recht zur Anwendung – zB weil Ole Schwede war? Gerade im vorliegenden Fall zeigt sich die (häufig) große praktische Relevanz des Kollisionsrechts. Nach deutschem Recht hätte Oles Vater einen Pflichtteilsanspruch (§ 2303 II 1 BGB), während das schwedische Recht keinen Pflichtteil für Eltern kennt.[9]

16

> Wieder beginnt die Prüfung mit der Suche nach möglicherweise einschlägigem unionsrechtlichen oder völkerrechtlichen IPR, das dem autonomen nationalen IPR vorgehen würde (Art. 3 EGBGB). Zwischen der Bundesrepublik und Schweden gilt kein völkervertragliches Kollisionsrecht, welches

17

---

9 Schwedisches Erbgesetz v. 12. 12. 1958, 7. Kap. § 1 iVm 2. Kap. § 1 I, abgedr. bei Ferid/Firsching/*Carsten* Bd. VII Schweden Texte Nr. 1.

das anwendbare Recht für die Rechtsnachfolge von Todes wegen bestimmt. Unionsrechtliches IPR zum Erbrecht ist erst in der Planung (→ Rn. 53). Deshalb kommt autonomes nationales IPR zur Anwendung. Nach Art. 25 I EGBGB richtet sich die Rechtsnachfolge von Todes wegen nach dem Recht jenes **Staates**, dem der Erblasser zum Zeitpunkt seines Todes **angehörte**. Da Ole Schwede war, ist für den deutschen Richter grundsätzlich schwedisches Recht maßgebend. Der Vater wird ohne Pflichtteil nach Schweden zurück reisen müssen (→ Rn. 25).

18 **Ergebnis:** Die Fälle 1, 2 und 3 haben gezeigt, dass zur Lösung von Fällen mit Auslandsbezug Kollisionsnormen heranzuziehen sind, die sich entweder (vorrangig) in völkerrechtlichen Verträgen oder unionsrechtlichen Verordnungen oder (subsidiär) im nationalen deutschen IPR (dh in der Regel im EGBGB) finden.

II. Auswertung: Anknüpfung und Statut

19 Auch im IPR kommt man nicht ohne Fachausdrücke aus. Deshalb sollen anhand der drei Einstiegsfälle bereits einige Grundbegriffe des Kollisionsrechts geklärt werden.

1. Anknüpfung/Anknüpfungspunkt/Anknüpfungsgegenstand

20 Der **Anknüpfungspunkt** (= **Anknüpfungsmoment**) ist jener Teil der Kollisionsnorm, der die Verbindung zur anwendbaren Rechtsordnung herstellt. So richtet sich zB nach Art. 25 I EGBGB das anwendbare Erbrecht nach der Staatsangehörigkeit des Erblassers. Anknüpfungspunkt ist hier also die *Staatsangehörigkeit* (so im Fall 3). Anders dagegen in Art. 1 des Haager Unterhaltsübereinkommens von 1956 und Art. 4 II Rom I-VO (Fälle 1 und 2): Hier wird an den *gewöhnlichen Aufenthalt* **angeknüpft**. Ein weiterer möglicher Anknüpfungspunkt ist zB der *Wohnsitz*.

Beispiel: Art. 12 des Genfer UN-Abkommens über die Rechtsstellung der Flüchtlinge v. 28. 7. 1951.[10]

21 Vom Anknüpfungspunkt zu unterscheiden ist der **Anknüpfungsgegenstand** einer Kollisionsnorm. Hierbei handelt es sich um die Frage, **was** (sachlich) **angeknüpft** wird. So ist der Anknüpfungsgegenstand in Art. 1 des Haager Unterhaltsübereinkommens von 1956 die *Unterhaltspflicht*, in Art. 4 Rom I-VO der *schuldrechtliche Vertrag* und in Art. 25 I EGBGB die *Rechtsnachfolge von Todes wegen*.

Die Verbindung von Anknüpfungsgegenstand und Anknüpfungspunkt bezeichnet man als **Anknüpfung**.

2. Statut

22 Der Begriff **Statut** bezeichnet die **Rechtsordnung, nach der ein IPR-Fall zu lösen ist**. Statut ist also das anwendbare (berufene) Recht. Der Begriff wird jedoch in verschiedenartigen Wortzusammensetzungen gebraucht (zB Erbstatut, Personalstatut) und gewinnt dadurch unterschiedlichen Charakter:[11]

23 Eine Anwendung des Begriffs orientiert sich am Anknüpfungsgegenstand (zB Erbrecht). So bezeichnet der Begriff **Erbstatut** jene Rechtsordnung, die auf einen konkreten Erbfall anzuwenden ist.

---

10 BGBl. 1953 II 560, 1954 II 619 (*Jayme/Hausmann* Nr. 10).
11 Angelehnt an *Ferid* IPR Rn. 1–43 bis 1–49.

> **Beispiel:** Im Fall 3 ist schwedisches Recht Erbstatut, während im Fall 1 deutsches Recht **Unterhaltsstatut** ist. In einem Scheidungsfall spricht man vom **Scheidungsstatut**. Im Fall 2 wurde das **Vertragsstatut** ermittelt.

Eine andere Anwendung des Begriffs **Statut** ist technischer Natur und beschreibt das Mittel, mit dessen Hilfe das anwendbare Recht auszusuchen ist. So liegt in dem Begriff **Personalstatut** die Aussage, dass die anwendbare Rechtsordnung mit Hilfe der Person gefunden wird, nämlich durch Anknüpfung an ihre Staatsangehörigkeit, ihren gewöhnlichen Aufenthalt oder ihren Wohnsitz. So ist im Fall 1 das deutsche Aufenthaltsrecht Personalstatut; im Fall 3 dagegen ist das schwedische Staatsangehörigkeitsrecht (= »Heimatrecht«) Personalstatut. Andere Hilfsmittel sind zB im Deliktsrecht der Ort der Handlung (man spricht dann vom **Handlungsstatut**) oder im Sachenrecht der Ort der Belegenheit der Sache (man spricht dann vom **Realstatut**, lat. *lex rei sitae*).

Der vielschichtige Begriff des Statuts ist von der historischen Entwicklung des IPR geprägt und wird sich dem Anfänger erst nach und nach durch weiteren Umgang mit dem IPR erhellen.

3. Durch Anknüpfung zum Statut

Mit Hilfe der soeben geklärten Begriffe sollen die Schritte zur Lösung der Einstiegsfälle noch einmal nachvollzogen werden:

- **Erster Schritt** ist die Subsumtion des Lebenssachverhalts unter den Anknüpfungsgegenstand (die Unterhaltspflicht im Fall 1, der Vertrag im Fall 2 und die Rechtsnachfolge von Todes wegen im Fall 3) der richtigen Kollisionsnorm. Dabei gehen die Kollisionsnormen in unionsrechtlichen Verordnungen und aus internationalen Konventionen den Kollisionsnormen des (nationalen/autonomen) Rechts vor.
- Den **zweiten Schritt** hat der Gesetzgeber (bei Übereinkommen: die unterzeichnenden Vertragsstaaten; bei europäischen Verordnungen: der Europäischen Gesetzgeber) vorbestimmt: In der Kollisionsnorm hat er den Anknüpfungsgegenstand an einen Anknüpfungspunkt angeknüpft:
Im Fall 1 ist die Unterhaltspflicht als Anknüpfungsgegenstand mit dem gewöhnlichen Aufenthalt des Kindes als Anknüpfungspunkt verbunden. Im Fall 2 wird der Vertrag als Anknüpfungsgegenstand durch die Rom I-VO mit dem »gewöhnlichen Aufenthalt« der Werft als Anknüpfungspunkt verbunden (und Art. 19 Rom I-VO definiert näher, dass unter diesem Begriff bei einer Gesellschaft der Sitz der Hauptverwaltung zu verstehen ist). Im Fall 3 knüpft die IPR-Regelung im EGBGB die Rechtsnachfolge von Todes wegen an die Staatsangehörigkeit des Erblassers an.
- In einem **dritten Schritt** ist der in der Kollisionsnorm abstrakt beschriebene Anknüpfungspunkt (zB der gewöhnliche Aufenthalt des Kindes im Fall 1) mit Hilfe der Sachverhaltsangaben für den zu lösenden Fall konkret festzustellen. Diese »Ausfüllung« des Anknüpfungspunktes führt zum Statut:
Im Fall 1 führt der gewöhnliche Aufenthalt des Kindes in Deutschland zum deutschen Unterhaltsstatut.
Im Fall 2 führt bei der Anwendung der Rom I-VO der »gewöhnliche Aufenthalt« der Werft (im Sinne seines Hamburger Hauptverwaltungssitzes) zum deutschen Vertragsstatut; bei der Anwendung der Rom II-VO führt dieses zum deutschen Bereicherungsrecht.

Im Fall 3 führt die schwedische Staatsangehörigkeit des Erblassers zum schwedischen Erbstatut.

26 Diese Schritte beschreiben das **Grundprinzip der Anknüpfung**, nach dem ein IPR-Fall vom Rechtsanwender zu lösen ist: vom Sachverhalt zum Anknüpfungsgegenstand der Kollisionsnorm; vom Anknüpfungsgegenstand zum Anknüpfungspunkt der Kollisionsnorm; vom Anknüpfungspunkt der Kollisionsnorm zum Statut.

```
                    ┌─────── Kollisionsnorm ───────┐
Sachverhalt ──► Anknüpfungsgegenstand ──► Anknüpfungspunkt ──► Statut
```

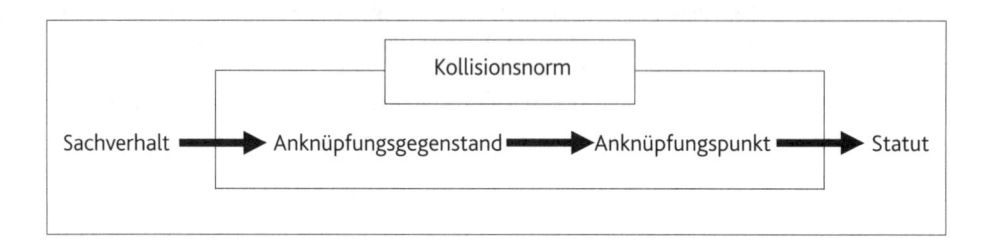

27 In der Praxis lässt sich das Prinzip »durch Anknüpfung zum Statut« nur selten so unkompliziert anwenden wie in den Fällen 1 bis 3. Meistens bedarf es gewisser Korrekturen oder ergänzender Überlegungen, denen im Folgenden Schritt für Schritt nachgegangen wird (→ Rn. 75 ff.); erst nach Erarbeitung dieser Wege zur »Feinjustierung« der IPR-Prüfung erschließt sich das Gesamtbild. Vorab ist es wegen der im IPR besonders großen praktischen Bedeutung der in den Einstiegsfällen bereits erlebten unterschiedlichen Rechtsquellen wichtig, sich mit diesen etwas näher vertraut zu machen (→ Rn. 43 ff.).

> **Arbeitsblock**
> I. Zur Ergänzung
>
> 28 1. **Funktion des IPR:** Das internationale Privatrecht (»**IPR**«) dient der **horizontalen Abgrenzung** zwischen verschiedenen **nationalen** Rechten. Internationales Privatrecht selbst ist grundsätzlich **nationales** Recht, es sei denn es gilt (wie im Fall 2) als Europarecht unmittelbar (wobei Europa aus Sicht der *World Trade Organisation* auch nur eine Region der Welt ist). Für die meisten Sachverhaltskonstellationen und Rechtsfragen sind sich die Juristen in aller Welt einig, dass eine Rechtsfrage für einen gegebenen Sachverhalt grundsätzlich nach *einer* Rechtsordnung geklärt werden soll. Mit Hilfe der Regeln des **IPR** wird die zur Lösung einer Rechtsfrage heranzuziehende **Rechtsordnung ausgewählt**.
>
> 29 2. **Begriffsbildung:** Der Begriff »Internationales Privatrecht« (»IPR«) ist unter anderem darauf zurückzuführen, dass bei Sachverhalten mit internationalem Bezug zwischen (lat. *inter*) mehreren nationalen Privatrechtsordnungen zu wählen und gegebenenfalls fremdes Recht zur Anwendung zu bringen ist. Der Begriff wurde von dem Amerikaner *Joseph Story* geprägt, vgl. *Raape/Sturm* IPR I 6–7. Zur näheren Klärung und Kritik des Begriffes vgl. – aber erst später – *v. Bar/Mankowski* IPR I § 1 Rn. 2–5 und *Kropholler* IPR § 1 V 7–9.
>
> 30 3. **Zur Anknüpfung:** *Kropholler* IPR § 19, 136–138 und (erst zu späterem Zeitpunkt) *v. Hoffmann/Thorn* IPR § 4 Rn. 3–5.
>
> 31 4. **Statutenwechsel:** Die Anknüpfung an einen bestimmten Anknüpfungspunkt (zB Entscheidung zur Rechtswahl, Staatsangehörigkeit, Aufenthalt) führt dazu, dass das durch die Kollisionsnorm berufene Statut wechselt, wenn sich der Anknüpfungspunkt verändern kann.
> Beispiel: Die Parteien treffen eine neue Entscheidung zur Rechtswahl; jemand zieht um.
> Je leichter der Anknüpfungspunkt durch Sachverhaltsgestaltung zu verändern ist, desto einfacher ist ein Statutenwechsel. Man spricht auch von der **Wandelbarkeit** des Anknüpfungs-

punktes (s. zB PWW/*Mörsdorf-Schulte* EGBGB Art. 3 Rn. 39 f.). Dabei achtet die Rechtsordnung aber (zum Teil) darauf, dass wohl erworbene Rechte dabei nicht verloren gehen (→ Rn. 457 im Besonderen Teil [Sachenrecht]).

5. Zum **Statut**: Der Begriff »Statut« ist eine »Nachwirkung« (*Ferid* IPR Rn. 1–44) der Statutenlehre. Kurz und prägnant *v. Hoffmann/Thorn* IPR § 2 Rn. 33; anschaulich *v. Bar/Mankowski* IPR I § 7 I 1 Rn. 1–11.   32

II. Zur Vertiefung

1. **Geschichte des IPR**
Eine ausführliche Beschäftigung mit der Geschichte des IPR trägt erheblich zum tieferen Verständnis des Kollisionsrechts bei. Sie sei dem Anfänger jedoch erst nach dem Studium der Grundlagen des IPR empfohlen (Teil I dieser Einführung). Dazu: *v. Bar/Mankowski* IPR I § 6 I-V Rn. 1–90 oder *Kegel/Schurig* IPR § 3, 161–188 sowie *Juenger* Rec. 1985 IV, 119–387; grundlegend: *Gutzwiller*, Geschichte des Internationalprivatrechts; klassisch: *v. Savigny* – insbes. § 348, 23–32 und 108 sowie § 349, 32–39 (auch heute noch lesenswert). Das **deutsche IPR** wurde aus historischen Gründen ins Einführungsgesetz des Bürgerlichen Gesetzbuchs (EGBGB) aufgenommen. Es wurde **1986** grundlegend und 1999 ergänzend reformiert (s. *v. Hoffmann/Thorn* IPR § 1 Rn. 134 ff). Der Beginn der Geltung der Rom I- und II-Verordnungen (→ Rn. 12) stellt – zusammen mit den Verordnungen zum Internationalen Scheidungsrecht (Rom III-VO) und zum Internationalen Unterhaltsrecht (→ Rn. 9) – den bislang tiefgreifendsten Eingriff des IPR dar. Das Jahr 2009, in dem auch das EGBGB im Hinblick auf die Einführung der Rom I- und Rom II-VO erneut abgeändert wurde, war damit für das IPR ebenfalls historisch.   33

2. **Wahl der Anknüpfungspunkte**
   a) Bei der Schaffung einer IPR-Norm **entscheidet der** (europäische oder deutsche) **Gesetzgeber** (bzw. die eine Konvention ausarbeitenden Staaten) **über den** Anknüpfungspunkt einer Kollisionsnorm. Dabei wählt er zwischen verschiedenen Anknüpfungsmöglichkeiten aus (vgl. *v. Bar/Mankowski* IPR I § 7 I 2 Rn. 12–93):   34
   - rechtssubjektbezogenen
   Beispiel: Anknüpfung an den »gewöhnlichen Aufenthalt« in Art. 4 Rom I-VO oder an die Staatsangehörigkeit in Art. 25 I EGBGB
   - rechtsobjektbezogenen
   Beispiel: Anknüpfung an den Belegenheitsort der Sache im Sachenrecht in Art. 43 I EGBGB, → Rn. 456
   - handlungsbezogenen
   Beispiel: Anknüpfung an den Ort der letztwilligen Verfügung in Art. 1 I lit. a des Haager Übereinkommens über das auf die Form letztwilliger Verfügungen anzuwendende Recht v. 5. 10. 1961 (Haager Testamentsformübereinkommen), BGBl. 1965 II 1145; 1966 II 11; *Jayme/Hausmann* Nr. 60; oder
   - subjektiven
   Beispiel: Anknüpfung an den Willen der Parteien in Art. 3 Rom I-VO oder Art. 14 Rom II-VO.
   b) Die Auswahl des Anknüpfungspunktes wird nach **Abwägung** verschiedener **rechtspolitischer Interessen** getroffen (*Kegel/Schurig* IPR § 2, 130–161). Zwei Beispiele: 35
   - Bei der Schaffung der Rom I-VO hatte der europäische Gesetzgeber der Rom I-VO von **2008** zu entscheiden, ob er trotz heftigen Widerstands nationaler Institutionen *ausdrücklich* die Wahl von *»auf internationaler oder Gemeinschaftsebene anerkannten Grundsätze und Regeln des materiellen Vertragsrechts«* und damit der UNIDROIT Principles of International Commercial Contracts sowie der Principles of European Law zulässt (dafür: *Brödermann* Uniform Law Review 2006, 749–770; zu der ablehnenden Haltung der Bundesrepublik Deutschland und des Vereinigten Königreichs *Martiny* ZEuP 2006, 60 [68]). Er hat sich dagegen entschieden und sich mit einem Hinweis in den Erwägungsgründen begnügt (Erwägungsgrund 13).

36
- Bei der IPR-Reform des Jahres **1986** hatte der deutsche Gesetzgeber darüber zu entscheiden, ob das Personalstatut durch die Staatsangehörigkeit, den Wohnsitz oder den gewöhnlichen Aufenthalt der Person bestimmt werden soll. Der Gesetzgeber hat sich – von einigen Ausnahmen abgesehen – für das Staatsangehörigkeitsprinzip entschieden (vgl. zB Art. 25 I EGBGB und oben Fall 3 → Rn. 20); die seinerzeit geschaffenen Regelungen gelten noch heute. Dabei waren unter anderem folgende Erwägungen ausschlaggebend (vgl. Begr. Reg-E, BT-Drs. 10/504, 30–31 und *Kegel/Schurig* IPR § 13 II 1 a, 437–439 und § 13 II 3, 443–451):
    - größere Sicherheit bei der Feststellung der Staatsangehörigkeit;
    - weniger Manipulationsmöglichkeiten (die Änderung der Staatsangehörigkeit ist schwerer als die Änderung des Wohnsitzes);
    - Ausdruck der Heimatverbundenheit;
    - Tradition;
    - Förderung des internationalen Entscheidungseinklangs (da viele Länder in ihrem IPR das Personalstatut ebenfalls an die Staatsangehörigkeit angeknüpft haben, wird in diesen Ländern für Fragen zur Person das gleiche Recht berufen: So in Belgien, Frankreich, Italien, den Niederlanden, Österreich, vgl. Begr. Reg-E, BT-Drs. 10/504, 30 re. Sp.).

37
c) **Leitidee bei der Auswahl des Anknüpfungspunktes** ist der **Grundsatz der Gerechtigkeit im IPR**: das richtige Recht am richtigen Platz. Hierhin zu führen ist Aufgabe der Anknüpfungspunkte. Werden diese am **Prinzip der engsten Verbindung** ausgerichtet (frz.: *principe de proximité*, **Näheprinzip**), ist der Weg in die fallnächste Rechtsordnung eröffnet. Diese Herangehensweise führt zur **Einzelfallgerechtigkeit**, geht aber zu Lasten der **Rechtssicherheit**. Je mehr Raum der Gesetzgeber den Rechtsanwendern (Gerichten) im Einzelfall lässt, desto geringer ist die Rechtssicherheit.

38
Beispiel: Das **alte internationale Vertragsrecht** (das für alle bis einschließlich am 16. 12. 2009 abgeschlossenen Verträge gilt, → Rn. 364, s. ABl. EU 2008 L 177) hat in Art. 28 I 2 EGBGB **Vermutungen** aufgestellt, die durch eine *weit gefasste* »**Ausweichklausel**« in Art. 28 V (»engere Verbindung«) widerlegt werden konnte, vgl. *Kropholler* IPR § 4 II, 25–28. Der **europäische Gesetzgeber** hat in Art. 4 I Rom I-VO an Stelle von Vermutungen starre **Regeln** gesetzt und damit zu Lasten der Einzelfallgerechtigkeit für mehr Rechtssicherheit gesorgt (was aus der Hubschrauberperspektive eines multinationalen Rechtsraums, für den ein einheitlicher Binnenmarkt geschaffen werden soll, nachvollziehbar ist). Diese Regeln gelten indes nicht ausnahmslos: In einer nunmehr *enger gefassten* Ausweichklausel lässt der europäische Gesetzgeber Ausnahmen zu, wenn eine »*offensichtlich engere Verbindung zu einem anderen als dem nach Abs. 1 oder 2 bestimmten Staat*« besteht, so Art. 4 III Rom I-VO. (Diese eingeschränkte Ausweichklausel geht auf ein »Kompromisspaket des Vorsitzes« vom 25. 6. 2007 zurück (Vermerk für den Ausschuss der Ständigen Vertreter – Interinstitutionelles Dossier 2005/0261 (COD), Art. 4 III Rom I-VO)). Entsprechende eingeschränkte Ausweichklauseln enthalten Art. 5 III, 7 II UAbs. 2 und 8 IV Rom I-VO, Art. 4 III, 5 II, 10 IV, 11 IV und 12 II c Rom II-VO. Diese eingeschränkten Ausweichklauseln zeigen, dass das Näheprinzip auch den europäischen Gesetzgeber geleitet hat.

39
d) In der Regel werden die Anknüpfungsgegenstände mit einem einzigen Anknüpfungspunkt verbunden. Häufig wählt der Gesetzgeber jedoch mehrere Anknüpfungspunkte (sog. **Mehrfachanknüpfung**).
- Ein Beispiel bietet die **alternative** Anknüpfung in Art. 1 I des Haager Testamentsformübereinkommens (→ Rn. 34): Das Testament ist gültig, wenn es der Form **nur einer** der Rechtsordnungen entspricht, die alternativ durch verschiedene Anknüpfungspunkte (Ort der letztwilligen Verfügung, Staatsangehörigkeit des Erblassers, etc.) berufen werden. Mit dieser Mehrfachanknüpfung wird rechtspolitisch die Wirksamkeit des Testaments begünstigt.

- Umgekehrt erschwert die **kumulative** Anknüpfung die Wirksamkeit eines Rechtsgeschäfts. So in Art. 13 I EGBGB: Die Voraussetzungen der Eheschließung unterliegen grundsätzlich kumulativ dem Heimatrecht beider Verlobten (so eine Formulierung führt ausnahmsweise zur gleichzeitigen Anwendung zweier Rechtsordnungen!).
- Mit Hilfe der **subsidiären** Anknüpfung setzt der Gesetzgeber zuweilen deutsches Recht durch, wenn das an sich berufene fremde Recht nicht den gewünschten Erfolg bringt. **Beispiel:** Art. 17 III 2 EGBGB. Die Kombination mehrerer, jeweils subsidiärer Anknüpfungen führt zu **Anknüpfungsleitern**, bei denen es »Sprosse für Sprosse« auf die jeweils subsidiäre Anknüpfung nur dann ankommt, wenn die vorrangig vorgesehene Anknüpfung tatbestandlich nicht verwirklicht ist (v. Bar/Mankowski IPR I § 7 I 9 a Rn. 95).
Beispiel: Art. 14 EGBGB, → Rn. 476. Zu weiteren Formen der Mehrfachanknüpfung vgl. Lüderitz IPR Rn. 65–71; v. Bar/Mankowski IPR I § 7 I 9 Rn. 94–120.

e) Näheres zur Anknüpfung an die **Staatsangehörigkeit**, den **Wohnsitz** und den (gewöhnlichen) **Aufenthalt** bei Kegel/Schurig IPR § 13 II, 437–466 mit rechtspolitischer Bewertung. Für die **Bestimmung** dieser Anknüpfungspunkte vgl. Kegel/Schurig IPR § 13 III, 466 (Staatsangehörigkeit) und 466 ff. (Wohnsitz und Aufenthalt), auch mit Hinweis auf Art. 5 III EGBGB, nach dessen Regelung die Änderung des Aufenthalts durch einen nicht voll Geschäftsfähigen ohne den Willen des gesetzlichen Vertreters nicht kollisionsrechtlich anerkannt wird. **40**

3. **Grenzen bei Wahl der Anknüpfungspunkte** **41**
Grenzen bei der Auswahl des Anknüpfungspunktes können sich vor allem aus dem Verfassungsrecht oder aus dem Europäischen Unionsrecht ergeben.

a) **Grundgesetz:** So war der Verstoß zahlreicher Bestimmungen des EGBGB aF gegen den Grundsatz der Gleichberechtigung von Mann und Frau (Art. 3 II GG) Anlass für die IPR-Reform im Jahr 1986 (→ Rn. 33). Der Gesetzgeber muss die **Werteordnung der Verfassung** berücksichtigen (s. Kropholler IPR § 5 III, 34–35), – selbstverständlich auch dann, wenn es um die Ausarbeitung oder Zustimmung zu einem internationalprivatrechtlichen Staatsvertrag geht.

b) **Europarecht:** Gleiches gilt für die Berücksichtigung des Europäischen Unionsrechts: Aus dem Vorrang des Unionsrechts gegenüber nationalem Recht jeder Art und Form (→ Rn. 67 [Fundstellen]) folgt, dass auch nationales IPR nicht gegen vorrangiges Unionsrecht verstoßen darf (Gebot der Unionsrechtskonformität, kurz: **Konformitätsgebot**, vgl. Brödermann MDR 1992, 89 [90 f.]), und Brödermann/Iversen Europ. GemeinschaftsR und IPR Rn. 418 ff.; Grabitz/Hilf/v. Bogdandy EGV Art. 10 Rn. 4 ff.). Dies hat im Hinblick auf den **Grundsatz der Unionstreue** (Art. 4 III EUV) zur Folge, dass neue Anknüpfungspunkte nur in Übereinstimmung mit dem Unionsrecht geschaffen werden dürfen. Soweit bestehende Anknüpfungen gegen das Unionsrecht verstoßen, sind sie nicht anwendbar. Dies ist der Fall, wenn entweder eine Anknüpfung einen Unionsbürger oder eine ihm nach Art. 54, 62 AEUV gleichgestellte Gesellschaft in seinen bzw. ihren im Vertrag über die Arbeitsweise der Europäischen Union (AEUV) verankerten Grundfreiheiten beeinträchtigt (für ein Beispiel: → Rn. 226) oder wenn die Anknüpfung gegen das allgemeine Diskriminierungsverbot in Art. 18 AEUV verstößt. So hat der Einfluss des Unionsrechts im Jahr 2003 zu einer Änderung des Internationalen Privatrechts zum Gesellschaftsrecht für den Bereich der Europäischen Union geführt (→ Rn. 551). **42**

III. Zusammenfassung der Rechtsquellen im IPR

Die in Deutschland geltenden Regeln des IPR entstammen (ebenso wie die Regeln anderer Bereiche des Zivilrechts) **unterschiedlichen Rechtsquellen**. Für die (rangkollisionsrechtliche) **Abgrenzung** zwischen diesen Rechtsquellen gelten einige allgemeine Regeln. Für jede Rechtsquelle gelten ähnliche, aber **im Detail unterschiedliche** **43**

Grundsätze zur Auslegung und es sind unterschiedliche **Gerichte** zur bindenden Auslegung berufen. Deshalb sind einige Grundkenntnisse der Rechtsquellenlehre für die Lösung internationalprivatrechtlicher Fragestellungen unabdingbar.

1. Völkervertragliches IPR

a) Nationales Recht

44 Völkerrechtliches IPR entstammt zwar einem Staatsvertrag, ist aber in Deutschland **nationales Recht**, denn der deutsche Gesetzgeber hat den Staatsvertrag gelegentlich des Beitritts der Bundesrepublik Deutschland **in deutsches Recht transformiert** (Näheres im Arbeitsblock unten).

b) Auslegung

45 Für völkervertragliches (auch »völkerrechtliches« bzw. »staatsvertragliches« IPR genannt) gelten die **Auslegungsregeln des Völkerrechts**, die in Art. 31 des Wiener Übereinkommens über das Recht der Verträge vom 23. 5. 1969 (**Wiener Vertragsrechtskonvention**)[12] zusammengefasst sind. Danach sind völkerrechtliche Verträge **nach Treu und Glauben** in Übereinstimmung mit der gewöhnlichen, den Bestimmungen in ihrem Zusammenhang zukommenden Bedeutung und **im Lichte der Ziele und Zwecke des Übereinkommens** auszulegen (Art. 31); nachrangig ist die **Entstehungsgeschichte** der Konvention zu beachten (Art. 32). Ferner muss die **Rechtspraxis in den Vertragsstaaten** berücksichtigt werden.[13] Insgesamt ist das in nationales Recht umgesetzte Völkerrecht nach einer ungeschriebenen Zweifelsregel **im Zweifel völkerrechtsfreundlich auszulegen**.[14]

c) Vorrang als Grundsatz

46 Soweit IPR in völkerrechtlichen Verträgen geregelt ist (s. Fall 1 → Rn. 7) ist dieses **völkervertragliche IPR vorrangig** anzuwenden. Der Vorrang gilt grundsätzlich im **Verhältnis zwischen den Parteien** des völkerrechtlichen Vertrages: Die völkervertraglich vereinbarte Regelung entscheidet über die Abgrenzung zwischen den nationalen Rechten der Vertragsstaaten. Dies folgt aus dem völkerrechtlichen **Prinzip der Gegenseitigkeit**.[15] Der völkerrechtliche Vertragsabschluss **verpflichtet** dazu, vorrangig die völkervertraglich vereinbarten Regelungen zum IPR anzuwenden. In Art. 3 Nr. 2 EGBGB hat der deutsche Gesetzgeber den Vorrang von völkervertraglichem IPR ausdrücklich zumindest für das EGBGB klargestellt. Der europäische Gesetzgeber trägt dem Vorrang in Art. 25 I Rom I-VO für *alle im Zeitpunkt der Annahme dieser Verordnung* geltenden völkervertraglichen IPR-Übereinkommen (s. dazu die im Amtsblatt nach Art. 26 I Rom I-VO veröffentlichte Liste vom 17. 12. 2010, Abl. EU C 343, 3) Rechnung und gestaltet künftig das Entstehen von neuem völkervertraglichem IPR selbst mit: Die Verordnung (EG) Nr. 662/2009 v. 13. 7. 2009[16] räumt der Kommission **Prüfungsrechte und das Recht zur Beobachtung** von Verhand-

---

12 BGBl. 1985 II 926.
13 Vgl. Palandt/*Thorn* EGBGB Einl. v. Art. 3 Rn. 28; PWW/*Mörsdorf-Schulte* EGBGB Art. 3 Rn. 35.
14 Vgl. Leible/Ruffert/*Mansel*, VölkerR und IPR, 2006, 110 f; PWW/*Mörsdorf-Schulte* EGBGB Art. 3 Rn. 24.
15 Vgl. *Verdross/Simma* VölkerR § 64 mwN.
16 ABl. EG L 200, 25.

lungen eines EU-Mitgliedstaates mit einem Drittstaat über völkervertragliche Verträge zu Bereichen, die von Rom I- und Rom II-VO abgedeckt sind, ein.[17]

Von dem Grundsatz des Vorrangs gibt es **zwei wichtige Ausnahmen: (1)** Die eine Ausnahme ist **einschränkend:** Wurde der völkerrechtliche Vertrag **ausschließlich (!) zwischen EU-Mitgliedstaaten** geschlossen, gehen die Rom I-, die Rom II-VO, die Rom III-VO und die EuUnthVO vor (Art. 25 II Rom I-VO, Art. 28 II Rom II-VO, Art. 19 Rom III-VO, Art. 69 EuUnthVO). *Alle* Vertragsparteien des völkerrechtlichen Vertrages weichen hier – über ihre Mitgliedschaft in der EU – *gemeinsam* von ihrer völkervertraglich vereinbarten Pflicht ab. Dies begründet seit 17. 12. 2009 zB die Nichtanwendung des Römischen Übereinkommens über das auf vertragliche Schuldverhältnisse anzuwendende Recht (EVÜ) v. 17. 6. 1980[18] (außer, streitig, in Fällen mit Bezug zu Dänemark, → Rn. 68). Ist nur **ein** Drittstaat an einem Völkervertrag beteiligt, geht das dort enthaltene völkervertragliche IPR dem nationalen **und** dem unionsrechtlichen IPR vor. 47

(2) Die andere Ausnahme ist **erweiternd und häufig:** In internationalen Übereinkommen enthaltene Kollisionsnormen können – ähnlich wie die IPR-Regelungen in der Rom I-VO (s. Fall 2) – auch gegenüber **Nicht-Vertragsstaaten** zur Anwendung kommen. Dies ist der Fall, wenn sich aus dem Text des Übereinkommens ergibt, dass die Vertragsstaaten auf das Prinzip der Gegenseitigkeit verzichtet haben und die Kollisionsregeln allgemein (und nicht nur gegenüber Vertragsstaaten) anwendbar sein sollen. Man nennt solche **allseitigen** Kollisionsregeln des völkervertraglichen Kollisionsrechts *lois uniformes*. 48

Beispiel: Art. 3 des Haager Übereinkommens über das auf Unterhaltspflichten anzuwendende Recht v. 2. 10. 1973:[19] »*Das von diesem Übereinkommen bestimmte Recht ist unabhängig vom Erfordernis der Gegenseitigkeit anzuwenden, auch wenn es das Recht eines Nichtvertragsstaates ist.*« 49

Die Bundesrepublik ist diesem Übereinkommen beigetreten.[20] Wegen seiner Gestaltung als *loi uniforme* kommt es bei der Beurteilung kollisionsrechtlicher Fragen des Unterhaltsrechts grundsätzlich im Verhältnis zu **allen** ausländischen Staaten zur Anwendung. Auch im Fall 1 kam das Unterhaltsübereinkommen von 1973 für eine Anwendung gegenüber Liechtenstein in Betracht, obwohl Liechtenstein kein Vertragsstaat des Unterhaltsübereinkommens v. 2. 10. 1973 ist. Aus Art. 18 I des Unterhaltsübereinkommens von 1973 ergibt sich jedoch, dass das Unterhaltsübereinkommen von 1956 gegenüber denjenigen Staaten anwendbar bleibt, die – wie Liechtenstein – nur das Übereinkommen von 1956 und nicht auch das Übereinkommen von 1973 ratifiziert haben.[21]

> **Hinweis:** Seit dem 18. 6. 2011 bestimmt sich das auf Unterhaltsforderungen anwendbare Recht in der Regel nach der EuUnthVO (zu den Ausnahmen → Rn. 491e), die in ihrem Art. 15 auf das *Haager Protokoll über das auf Unterhaltspflichten anzuwendende Recht* vom 23. 11. 2007 verweist. Das Haager Protokoll ist ebenfalls *loi uniforme* (Art. 2 des Protokolls).

---

17 Vgl. insbes. Art. 1, 4 und 7 der Verordnung (EG) Nr. 662/2009 v. 13. 7. 2009, ABl. EG L 200, 25.
18 *Jayme/Hausmann* Nr. 70–74.
19 BGBl. 1986 II 825 (837) (*Jayme/Hausmann* Nr. 41).
20 BGBl. 1987 II 225.
21 Vgl. PWW/*Martiny* EGBGB Art. 18 Rn. 1, 10; Palandt/*Thorn* EGBGB Anh. zu Art. 18 Rn. 1; *Actes et documents*, 12ème, Bd. IV, 462–463, Anm. 190.

d) Identität

50 Das in einem Mitgliedstaat geltende **völkerrechtliche IPR ist mit dem IPR in anderen Vertragsstaaten** des Staatsvertrages, der die IPR-Regelung enthält, **grundsätzlich identisch.**

> **Ausnahme:** Der Staatsvertrag selbst kann den Vertragsstaaten jedoch die Möglichkeit zu bestimmten, im Staatsvertrag genau bezeichneten völkerrechtlichen Vorbehalten eröffnen und damit, einzelne Bestimmungen des Staatsvertrages nicht zur Anwendung zu bringen. Eröffnet ein Staatsvertrag solche Möglichkeiten, ist im Einzelfall zu prüfen (!), ob ein Vorbehalt erklärt wurde. Solch ein (versteckter, manchmal mühsam zu recherchierender) Vorbehalt führt gelegentlich zu einer anderen Falllösung.
>
> **Beispiel:** Art. 22 I lit. a) EVÜ[22] ermöglichte es den Parteien, bei der Ratifikation zu erklären, dass Art. 7 I EVÜ nicht gelte.

2. Unionsrechtliches IPR

a) Europäischer Gesetzgeber

51 Unionsrechtliches IPR wird vom **europäischen Gesetzgeber** geschaffen. Dabei handelt es sich um das Europäische Parlament und den Rat der Europäischen Union, die in der Regel auf Vorschlag der EU-Kommission – dem »Motor« der europäischen Integration[23] – und nach Stellungnahme des Europäischen Wirtschafts- und Sozialausschusses (engl. ECOSOC für *Economic and Social Council*) handeln.

b) Auslegung

52 Ist unmittelbar geltendes **unionsrechtliches IPR** anzuwenden, gelten die vom **Europäischen Gerichtshof** entwickelten **Auslegungsregeln des Europarechts.** Das unionsrechtliche IPR ist danach **autonom auszulegen.** Ausgangspunkt für die Rechtsanwendung sind die 23 (!) unterschiedlichen, im gesamten Hoheitsgebiet der EU **gleichberechtigten sprachlichen Fassungen,** die unter Berücksichtigung der Ziele der Gemeinschaft und insbesondere der Norm für die Entwicklung des Binnenmarks auszulegen sind (sog. *effet-utile*-Auslegung, → Rn. 69 [Arbeitsblock]). Im Zweifel müssen bzw. können die Gerichte der Mitgliedstaaten der EU Auslegungsfragen zum unionsrechtlichen IPR **dem Gerichtshof der Europäischen Union** nach Art. 267 AEUV **vorlegen** (→ Rn. 69 [Arbeitsblock]). Der Gerichtshof besteht nach Art. 19 EUV aus dem Gerichtshof, dem Gericht und den Fachgerichten. Soweit im Folgenden im Zusammenhang mit Normen des EUV oder AEUV vom **EuGH** gesprochen wird, ist das jeweils zuständige Gericht des Gerichtshofs iSv Art. 267 AEUV gemeint.

> **Hinweis:** Der »EuGH«-Begriff hat sich mit Inkrafttreten des EUV und des AEUV am 1. 12. 2009 verändert. Verweise auf Urteile aus der Zeit vor dem 1. 12. 2009 betreffen den EuGH als Gerichtshof der Europäischen Gemeinschaften.

---

22 *Jayme/Hausmann* Nr. 70–74.
23 So *Walter Hallstein*, 1958–1967 erster Präsident der Kommission der EWG.

c) Vorrang mit Ausnahmen

Soweit **europäisches Unionsrecht** als eigene Rechtsordnung unmittelbar geltende 53
IPR-Regelungen bereit hält (das ist mit der Rom I- und Rom II-VO seit 2009 in Kernbereichen des Zivilrechts der Fall), **gehen** diese innerhalb der EU (dh vor einem Gericht in einem Mitgliedstaat) dem vom **nationalen** Gesetzgeber geschaffenen **IPR vor**. Denn europäisches Unionsrecht geht nationalem Recht der Mitgliedstaaten grundsätzlich als eigene Rechtsordnung vor (→ Rn. 67 [Arbeitsblock]). Für IPR in unionsrechtlichen Verordnungen (»**unionsrechtliches IPR**«) ergibt sich dies aus Art. 288 II AEUV. Im Lauf der nächsten Jahre wird es zunehmend mehr europäische IPR-Verordnungen geben. Seit dem 18. 6. 2011 findet in Unterhaltssachen bereits die *Verordnung des Rates über die Zuständigkeit und das anwendbare Recht in Unterhaltssachen, die Anerkennung und Vollstreckung von Unterhaltsentscheidungen und die Zusammenarbeit im Bereich der Unterhaltspflichten* Anwendung (→ Rn. 9 sowie → Rn. 489 ff.). Ab dem 21. 6. 2012 richtet sich die Internationale Scheidung nach der Rom III-VO (→ Rn. 482 ff.). Ferner arbeit die EU zurzeit an einer Verordnung Ehegüterrecht sowie zum Erbrecht.

Ausnahmen: Der Vorrang des unionsrechtlichen IPR **gegenüber nationalem IPR** gilt nur dann nicht, **soweit die IPR-Verordnung selbst** ergänzend nationales IPR zum Zuge kommen lässt (→ Rn. 59). **Im Verhältnis zum völkervertraglichem IPR** setzt sich das unionsrechtliche IPR ebenfalls durch, wenn keine Drittstaaten an den sonst anzuwendenden Staatsverträgen beteiligt sind (s. Art. 25 II Rom I-VO, 28 II Rom II-VO). Auch EU-Recht soll nicht zu Lasten Dritter gelten.[24]

d) Identität mit Ausnahmen

Das in Deutschland geltende unionsrechtliche IPR ist mit dem IPR in anderen Mit- 54
gliedstaaten der EU identisch (einzige Ausnahme: **Dänemark**, → Rn. 68 [Arbeitsblock]).

3. Nationales deutsches IPR

Soweit kein staatsvertragliches IPR (genauer: nationales IPR völkerrechtlichen Ur- 55
sprungs; zum Sonderfall des Scheckrechts → Rn. 64) oder unionsrechtliches IPR einschlägig ist, ist auf **nationales (deutsches) IPR** nicht völkerrechtlichen Ursprungs zurückzugreifen (a). Gelegentlich kommt es neben unionsrechtlichem IPR zur Anwendung (b).

a) Vorsicht beim Begriff »national«: zwei Arten von nationalem Recht

Beim nationalen IPR ist genauer zu unterscheiden: 56
- Das nationale IPR kann **wahrhaft autonom** sein. Es wurde dann ohne externe Vorgaben und ohne Abstimmung mit fremden Staaten vom deutschen Gesetzgeber geschaffen oder es beruht auf deutschem Richterrecht (man spricht dann von »**autonomem IPR**«). Autonomes nationales IPR gilt nur subsidiär im Verhältnis zu unionsrechtlichem und staatsvertraglichem IPR. Für die Anwendung solcher autonomer nationaler IPR-Bestimmungen gelten ausschließlich die **nationalen (deutschen) Auslegungsregeln**, die eine **Auslegung nach dem Wortlaut**, der

---

24 S. zum Ganzen auch *Brödermann* NJW 2010, 807 ff.

Grammatik, der Systematik, der Rechtsgeschichte und unter Beachtung des Ziels der gesetzlichen Regelung erfordern. Oberste Auslegungsinstanz ist der BGH. Es entspricht moderner **Gesetzgebungstechnik**, auch bei der Schaffung autonomen Rechts rechtsvergleichend fremdes IPR zu recherchieren und in die Entscheidungsfindung mit einzubeziehen.[25] Deswegen kann autonomes IPR fremdem IPR ähnlich sein, ist dies aber nicht notwendigerweise.

57 • Eine nationale (deutsche) Regelung zum Internationalen Privatrecht kann **auf einer europäischen Richtlinie beruhen** (Beispiel: Art. 46 b EGBGB). Anders als das unionsrechtliche IPR in einer Verordnung gilt die IPR-Regelung in einer Richtlinie nicht unmittelbar. Sie bedarf nach Art. 288 III AEUV zunächst der Umsetzung in nationales Recht und ist daher auch oft zusammen mit autonomem IPR im selben deutschen Gesetz zu finden. Aus Richtlinien (EU-weit) umgesetztes IPR bezeichnet man als »**harmonisiertes nationales IPR**« (auch: »**angeglichenes**« IPR). (Begrifflich wird auch hier nicht immer sauber unterschieden: Gelegentlich wird in Abgrenzung zum unionsrechtlichen und staatsvertraglichen IPR vom »autonomen IPR« in einer Weise gesprochen, die harmonisiertes IPR einbezieht). **Auslegung:** Für die Auslegung von harmonisiertem IPR gelten die allgemeinen, dem Europarecht entstammenden Auslegungsgrundsätze für EU-Recht. Solche IPR-Regelungen sind **richtlinienkonform**[26] auszulegen. Oberste Auslegungsinstanz für die Auslegung der dem deutschen IPR zu Grunde liegenden Richtlinien ist der **Gerichtshof der Europäischen Union** (vgl. Art. 19 EUV). Der Instanzenrichter kann, der letztinstanzliche Richter muss eine Auslegungsfrage zu einer harmonisierten IPR-Regelung dem **EuGH vorlegen (Art. 267 AEUV)**.[27] Auch auf dieser nationalen Ebene ist also wieder Europarecht wichtig! Bei jedem nationalen Gesetz mit IPR-Regelung ist vor der Anwendung festzustellen, ob es einen Richtlinienhintergrund hat oder autonom entstanden ist.

> **Hinweis:** In der Praxis erschließt sich dies oft schon aus der Formulierung des Gesetzes, zumindest aber durch einen Blick in einen einschlägigen Kommentar. Die insoweit für die IPR-Fallbearbeitung erforderliche Vorgehensweise unterscheidet sich hier nicht von der Methode und Gründlichkeit, die etwa auch für die Anwendung des BGB verlangt wird, das mittlerweile auch zahlreiche auf Richtlinienrecht beruhende (und entsprechend anders auszulegende) Regelungen enthält.

Die **Unterscheidung** zwischen (wahrhaft) autonomem deutschen IPR und auf Richtlinien basierendem deutschen IPR (harmonisiertem IPR) ist damit für die Auslegung und den Instanzenzug zur obersten Auslegungsinstanz **erheblich!**

58 **Harmonisiertes IPR** ist mit dem IPR in anderen Mitgliedstaaten, die die zugrunde liegende Richtlinie ebenfalls umgesetzt haben, **ähnlich – aber nicht identisch**. Die Umsetzungsfreiheit des Mitgliedstaates ist anders gelagert als bei einem Staatsvertrag, in dem lediglich zwischen unter Umständen vorgegebenen völkerrechtlichen Vorbehalten ausgewählt werden kann.

---

25 So zB Begr. Reg-E, BT-Drs. 10/504, 30.
26 S. nur PWW/*Mörsdorf-Schulte* Einleitung Rn. 2; EuGH 4. 2. 1988 – C-157/86 Slg. 88, 673 Rn. 11 – Murphy; vgl. MüKoBGB/*Sonnenberger* Einl. IPR Rn. 215.
27 Vgl. MüKoBGB/*Sonnenberger* Einl. IPR Rn. 216.

b) Ergänzende Anwendung des nationalen neben unionsrechtlichem IPR

Wie bereits erwähnt (→ Rn. 53), kann das grundsätzlich vorrangige europäische Verordnungs-IPR die ergänzende Anwendung von nationalem Recht gebieten. Die **Rom I-VO** verweist zur **ergänzenden Anwendung** auf das auf der Grundlage von Richtlinien **harmonisierte IPR**: So bestimmt zB **Art. 23 Rom I-VO**, dass die Rom I-VO nicht die Anwendung von Vorschriften des Unionsrechts *berührt* (engl. *»shall not prejudice«*, frz. *»n'affecte pas l'application«*), die in besonderen Bereichen Kollisionsnormen für vertragliche Schuldverhältnisse enthalten (vgl. die fast wortgleiche Regelung in **Art. 27 Rom II-VO**). Auf diese Weise wollte der europäische Gesetzgeber (→ Rn. 12) die Möglichkeit offen halten, im Interesse des reibungslosen Funktionierens des Binnenmarktes **für besondere Bereiche des internationalen Schuldrechts** besondere Kollisionsnormen zu schaffen (Rom I-VO, Erwägungsgrund 40). Als Beispiel nennt die Rom I-VO die auch in Deutschland umgesetzte **e-commerce Richtlinie** (→ Rn. 435). Damit kommt die auf der *Richtlinie 94/47 EG zum Schutze der Erwerber auf bestimmte Aspekte von Verträgen* beruhende, verbraucherschützende Norm in Art. 46 b EGBGB **neben** der verbraucherschützenden Regelung in Art. 6 Rom I-VO und Art. 3 IV Rom I-VO, der ebenfalls dem Verbraucherschutz dienen kann, zum Zuge (→ Rn. 393 f.). Im Einzelnen sind die praktischen Auswirkungen des Nebeneinanders von verordnungsrechtlichem und richtlinienbasiertem IPR noch nicht geklärt. Kommt es (je) zum Konflikt, hat das Verordnungsrecht zwar **grundsätzlich Vorrang** (so wohl der spätere Art. 6 I Rom I-VO im Verhältnis zu Art. 46 b EGBGB), eine auf einer Richtlinie basierende IPR-Norm ist aber auch – insbesondere, wenn sie später geschaffen wurde – vorrangiges **lex specialis**.[28]

59

4. Auswertung

Die Bestandsaufnahme der Rechtsquellen hat gezeigt, dass das von deutschen Gerichten anzuwendende IPR verschiedener Natur und Provenienz sein kann. Es kann sich nämlich handeln um:

60

- nationales IPR völkerrechtlichen Ursprungs (kurz »völkervertragliches IPR«, »völkerrechtliches« oder »staatsvertragliches IPR«);
- unionsrechtliches IPR (in Verordnungen);
- nationales IPR europäischen Ursprungs (»harmonisiertes« oder »angeglichenes« IPR, dh in nationales Recht umgesetzte IPR-Regelungen aus EU-Richtlinien);
- nationales autonomes IPR.

In der nachfolgenden Darstellung des IPR wird diese »Vierteilung« zur Vereinfachung zu einer »**Dreiteilung**« verkürzt: Völkerrecht, Unionsrecht, nationales Recht. Im Einzelnen:

61

a) Unter »**staatsvertraglichem IPR**« wird IPR in Staatsverträgen verstanden. Es wird vernachlässigt, dass auch staatsvertragliches IPR in Deutschland durch ein nationales Gesetz umgesetzt wurde. Anders als bei nationalem IPR im hier verstandenen Sinne ist bei der Anwendung von staatsvertraglichem (oder völkerrechtlichem) IPR direkt die Norm aus dem Staatsvertrag zu zitieren.

---

28 PWW/*Brödermann*/*Wegen* Rom I-VO Art. 23 Rn. 1.

b) Unter »**unionsrechtlichem IPR**« wird nur unmittelbar für Unionsbürger und ihnen gleich gestellte Gesellschaften geltendes IPR (zB Verordnungsrecht) verstanden.

c) Unter dem Begriff »**nationales IPR**« wird **harmonisiertes** (dh erst durch Umsetzung einer europäischen Richtlinie durch den nationalen Gesetzgeber geltendes) **und autonomes IPR** zusammengefasst: Beide Arten von IPR sind nebeneinander im gleichen nationalen Gesetz, dem EGBGB, zu finden, das harmonisierte IPR zum Teil auch außerhalb des EGBGB. Denn nach der in Deutschland üblichen Umsetzungspraxis werden europäische Richtlinien in der Regel nicht in Gänze übernommen, sondern in deutsche Gesetze integriert. Wer die unterschiedlichen Quellen nicht kennt, übersieht unter Umständen den Unterschied. Bei der Darstellung und Anwendung von nationalem IPR ist allerdings zu beachten, dass bei der Anwendung ein Unterschied zwischen harmonisiertem und autonomem IPR besteht. Als oberste Auslegungsinstanz ist im ersten Fall der EuGH, im zweiten Fall der BGH zuständig.

62 Die **Auslegungsmethoden**, die für staatsvertragliches IPR, unionsrechtliches IPR und nationales IPR (harmonisiertes IPR und autonomes nationales IPR) anzuwenden sind, ähneln sich: **Stets** sind der **Wortlaut**, die **Entstehungsgeschichte**, die **Systematik** und der **Sinnzusammenhang** sowie vor allem der **Zweck** der Regelung zu beachten. Dabei macht es aber einen **Unterschied, (i)** ob nur eine oder mehrere sprachliche Fassungen zu berücksichtigen sind, **(ii)** in welchem Kontext der Zweck einer Regelung zu verstehen ist und **(iii)** welchen generellen Zielen eine IPR-Regelung dient (die Schaffung einer zur Weiterentwicklung des europäischen Binnenmarktes entwickelte IPR-Regelung hat neben der Abgrenzung zwischen nationalen Rechten eine weitergehende Funktion, die sich im Einzelfall auf die Auslegung auswirken kann). Deshalb ist es wichtig, stets zu wissen, wo man sich bewegt.

63 Jeder Richter wendet die Regeln des Internationalen Privatrechts an, **die am Gerichtsort** gelten (sog. *lex fori*). Wer einen Vertrag schreibt und dafür das anwendbare Recht bestimmt, muss deshalb stets im Auge haben, dass der Vertrag im Streitfall – je nach Gerichtsort – nach unterschiedlichem Internationalen Privatrecht beurteilt wird. Deshalb erfordert die Beherrschung des Internationalen Privatrechts auch Grundkenntnisse des Internationalen Verfahrensrechts, die im Zweiten Teil dieses Buchs vermittelt werden. Ergänzend sind Grundverständnisse des **rechtsvergleichenden IPR** hilfreich. Diese lassen sich indes oft verhältnismäßig leicht erschließen, da die Systematik des IPR und oft auch die Rechtsquellen (Staatsverträge, europäische Richtlinien) in vielen Staaten der Welt gleich sind; dies wiederum erschließt sich aus der in dieser Einführung zum IPR nicht näher behandelten **Geschichte des IPR**.

Arbeitsblock
I. Zur Ergänzung
64   1. Staatsvertragliches IPR
      a) **Entstehung**: Das **deutsche Verständnis** vom Völkerrecht führt zu einer »**zweistufigen**« (**dualistischen**) Herangehensweise. Die Bundesrepublik verhandelt und unterzeichnet ein **internationales Übereinkommen oder Abkommen** in Abstimmung mit anderen Staaten über einheitliche Kollisionsnormen. Sobald der deutsche Gesetzgeber diesem völkerrechtlichen Vertrag in einem **Gesetz** zugestimmt hat (Zustimmungsgesetz), kann er ratifiziert werden (dh bei »Abkommen« (zwischen zwei Staaten): durch Austausch der Ratifikationsurkunden; bei »Übereinkommen« (zwischen vielen Staaten): in der Regel durch Hinterlegung bei einer im Übereinkommen vereinbarten Hinterlegungsstelle). **Völkerrechtlich** wird

der Vertrag meist mit der Ratifikation bindend (Ausnahmen können sich aus dem Vertrag ergeben: zB Bindungswirkung erst ab einer bestimmten Zahl von Ratifikationen). **Innerstaatlich** kann der Vertrag nach deutschem Verfassungsrecht jedoch nur dann wirken, wenn er durch ein Transformationsgesetz (zwecks inländischer Anwendbarkeit) in innerstaatliches Recht transformiert worden ist. Häufig kommt der Gesetzgeber den völkerrechtlichen und den staatsrechtlichen Anforderungen in einem einzigen **Zustimmungs- und Transformationsgesetz** nach (Ausnahme: Gelegentlich hat der deutsche Gesetzgeber – zB im Scheckrecht (→ Rn. 304) – völkerrechtliche IPR-Normen direkt in ein nationales Gesetz integriert, das zugleich die Sachfragen regelt). Deshalb ist »völkervertragliches« oder »staatsvertragliches« IPR damit **nationales IPR völkervertraglichen Ursprungs**. Solch staatsvertragliches IPR unterscheidet sich von anderem nationalen IPR dadurch, dass der deutsche Gesetzgeber nur zustimmen oder nicht zustimmen kann. Er kann nur im Staatsvertrag selbst ausdrücklich angelegte Freiräume nutzen und dort zugelassene **Vorbehalte** erklären. S. *Herdegen* VölkerR § 15 Rn. 20 ff.; *Stein/v.Buttlar* VölkerR Rn. 74.

b) **Rechtsvergleichung:** In anderen Staaten, zB **Frankreich**, ist dies anders. Dort herrscht ein **monistisches** Verständnis. Staatsverträge bedürfen keiner Transformation in nationales Recht. In Frankreich geht völkerrechtliches IPR nationalem IPR kraft verfassungsrechtlicher Anordnung vor (Art. 55 der frz. Verfassung).   65

c) **Literatur:** S. ergänzend: kurz und prägnant *Lüderitz* IPR Rn. 39–40; *Aretz/Korth* IPR Rn. 5; BVerfGE 1, 396 (410 f.); vgl. auch *v. Bar/Mankowski* IPR I § 3 II 2 a (2), Rn. 100 ff. (mit Hinweis auf die völkerrechtlichen Vertragsabschlussregelungen im **Wiener Übereinkommen über das Recht der Verträge** v. 23. 5. 1969 [Wiener Vertragsrechtskonvention] BGBl. 1985 II 926); *Stein/v.Buttlar* VölkerR Rn. 33 ff.   66

2. **Unionsrechtliches IPR**   67

a) **Vorrang:** Der Vorrang des Europäischen Unionsrechts gegenüber nationalem Recht jeder Art und Form entspricht ständiger Rechtsprechung des Europäischen Gerichtshofs seit EuGH 15. 7. 1964 C-6/64, Slg. 1964, 1251 (1270) – Costa/ENEL; vgl. zB EuGH 19. 11. 1991, C-6/90 und 9/90, Slg. 1991 I-5357 – Francovich und Bonifaci/Italienische Republik, NJW 1992, 165 (s. dazu Groeben/Schwarze/*Zuleeg* EG Art. 1 Rn. 24 ff.; *Nicolaysen* EuropaR I § 3 III, 89–100 mit rechtsvergleichenden Hinweisen zu Unterschieden bei der Akzeptanz des Vorrangs in den Mitgliedstaaten, zur Lektüre empfohlen! → Rn. 249 ff. [Beispiele]). Zu völkerrechtlichen Grenzen des Vorrangs: → Rn. 46. Der Vorrang des EU-Rechts ist europarechtlich **systemimmanent** bzw. »selbstverständlich«. In kollisionsrechtlicher Begriffsbildung verdrängt das EU-Recht kraft seines **rangkollisionsrechtlichen** Geltungswillens das nationale IPR (s. dazu *Brödermann/Iversen* Europ. GemeinschaftsR und IPR Rn. 556).

b) **Dänemark (str.):** Nach Art. 1 IV Rom I- und Rom II-VO **gelten die Rom I- und Rom II-VO nicht für Fälle mit Bezug zu Dänemark**. Im Gegensatz zum Vereinigten Königreich, das sich noch quasi in letzter Minute beteiligt hat, hat sich Dänemark nicht an der Verordnung beteiligt. Aufgrund völkerrechtlich gezogener Grenzen (s. Art. 1, 2 des Protokolls über die Position Dänemarks im Anhang zum EVÜ und EGV) sind die Rom I- und Rom II-VO nicht für Dänemark »*bindend oder anwendbar*« (vgl. Rom I-VO: Erwägungsgrund 46; Rom II-VO: Erwägungsgrund 40). Da die Bundesrepublik und Dänemark damit noch durch das EVÜ völkerrechtlich gebunden sind, ist grundsätzlich dieses an Stelle von Rom I anzuwenden. Hierzu eingehend PWW/*Brödermann/Wegen* Rom I-VO Art. 25 Rn. 1 f.: Denn die Nichtanwendung des EVÜ setzte dessen ordnungsgemäße Kündigung voraus. Nach Art 25 GG seien die allgemeinen Regeln des Völkerrechts (so auch *pacta sunt servanda*, s. auch Art. 26 der Wiener Vertragsrechtskonvention, → Rn. 46) Bestandteil des Bundesrechts, gehen den nationalen Gesetzen vor und erzeugen Rechte und Pflichten unmittelbar für die Bewohner des Bundesgebietes. Die Anwendung der Rom I-VO in Dänemark-Fällen setzte daher – wie seinerzeit bei der EuGVO – den Abschluss einer Sonderkonvention voraus (vgl. ABl. EU 2005 L 299, 62; in Kraft seit 1. 7. 2007, ABl. EU 2007 L 94, 70). Es müsse insoweit bei dem in Art. 25 I verankerten Grundsatz »kein Vertrag, keine Verordnung zu Lasten   68

Dritter« bleiben. Auch Dänemark sieht sich im Verhältnis zu Deutschland an das EVÜ gebunden (telefonische Auskunft des dänischen Justizministeriums vom 22. 12. 2009). Ferner belege die Gesetzgebungsgeschichte der Rom I-VO, dass allen Beteiligten stets die Möglichkeit des Nebeneinanders von Rom I-VO und EVÜ gewärtig war, falls sich ein Mitgliedstaat bei Nutzung bestehender völkerrechtlicher Vorbehalte nicht entschließt, der Rom I-VO »beizutreten« (s. Stellungnahme ECOSOC zum Rom I VO-V, ABl. EU 2006 C 31, 58). Schließlich basiere auch das EU-Recht auf dem Respekt des Völkerrechts (arg. Art. 351 AEUV). Da die Bundesrepublik jedoch 1986 bei der Umsetzung des EVÜ in Art. 1 II 2 des Zustimmungsgesetzes zum EVÜ erklärt hatte, die Zustimmung erfolge mit der Maßgabe, dass die Art. 1–21 EVÜ in Deutschland keine unmittelbare Anwendung finden (BGBl. 1986 II 809). Deshalb wird von der **Gegenmeinung** argumentiert, mangels verfügbarer anderer direkt in Deutschland anwendbarer Normen sei auch im Verhältnis zu Dänemark (dh insbesondere in deutsch-dänischen Fällen) trotz Art. 1 IV Rom I-VO auf die Rom I-VO zurückzugreifen (*Martiny* RIW 2009, 737 [739]; *Leible/Lehmann* RIW 2008, 528 [532]). In der Praxis kann man diese Streitfrage offen lassen, soweit das EVÜ und die Rom I-VO gleichlaufen, sonst kann die Auslegung von Art. 25 dem Gerichtshof (etwa bei der Anwendung von Art. 3 IV oder Art. 9 III, die in ex-Art. 27 ff. EGBGB keine Parallelnorm hatten und deshalb zu anderem Recht führen können) auch von Instanzgerichten nach Art. 267 AEUV vorgelegt werden. So wiederum eingehend zum Ganzen PWW/*Brödermann/Wegen* Rom I-VO Art. 24 Rn. 4 f.; Rom I-VO Art. 25 Rn. 1 f.

69 c) Zur Auslegung von unionsrechtlichem IPR (an den Stil dieses Buchs angepasste und fortentwickelte Fassung von PWW/*Brödermann/Wegen* Vor IntSchVR Rn. 12 f.): Die Rom I-VO ist als Unionsrecht unionsrechtlich auszulegen. Dies erfordert eine autonome Auslegung, weil das Unionsrecht eine Rechtsordnung sui generis ist. Zur Anwendung dieser Methodik sind die mitgliedstaatlichen Gerichte nach dem Grundsatz der Unionstreue in Art. 4 III EUV verpflichtet. Bei der Auslegung kann zwar auf klassische, dem deutschen Juristen bekannte Auslegungsmethoden zurückgegriffen werden, doch haben sie eine spezifisch europäische Prägung. Durch die Vielfalt der Europäischen Union potenzieren sich dabei die Anforderungen. Unionsrechtliche Auslegung erfordert die Berücksichtigung:

- **des Wortlauts**: Da alle sprachlichen Fassungen nach Art. 55 EUV und nach Art. 4 der Verordnung Nr. 1 des Rates v. 15. 4. 1958 zur Regelung der Sprachenfrage für die Europäische Wirtschaftsgemeinschaft (EWG Sprachen-VO) ABl. EWG Nr. 17, 385) gleichberechtigt im gesamten Hoheitsgebiet der EU gelten (vgl. auch für den EUV idF von Lissabon dessen Art. 7), sind bei der Auslegung eines Begriffs der Rom I-VO stets auch die anderen sprachlichen Fassungen heranzuziehen. Die Praxis zeigt, dass die deutsche Fassung häufiger von anderen Fassungen abweicht. Kann die deutsche Fassung in verschiedener Weise verstanden werden, weist der Vergleich mit anderen Fassungen oft den Weg. Alle amtlichen Fassungen der Rom I-VO sind im Internet über EUR-Lex verfügbar (http://eur-lex.europa.eu/de/index.htm).
- **der Entstehungsgeschichte**: Hierzu kann auf die Materialien (s. zB für die Rom I-VO PWW/*Brödermann/Wegen* Vor IntSchVR Rn. 15) zurückgegriffen werden, vieles wird bereits in den Erwägungsgründen konkretisiert (Materialien zu Rechtsakten der Kommission finden sich bei *PreLex* unter: http://ec.europa.eu/prelex/apcnet.cfm?CL=de); aufgrund der Tatsache, dass die Rom I-VO auf das EVÜ aufsetzt, kann für Rom I zusätzlich zT auf die Materialen für das EVÜ zurückgegriffen (vor allem den Bericht *Giuliano/Lagarde*, Bericht über das Übereinkommen über das auf vertragliche Schuldverhältnisse anzuwendende Recht, ABl. EG 1980 C 282, 1).
- **der Systematik**: Die Begriffe der Rom I-VO und der Rom II-VO sind Bestandteil des streng miteinander verknüpften Systems des Unionsrechts auf der Grundlage des am 5. 4. 2004 vom Europäischen Rat beschlossenen **Haager Programms** (→ Rn. 12; s. jeweils Erwägungsgründe 3 bis 5 der Rom I- und II-Verordnungen). Die Rom I- und II-Verordnungen sind deshalb **komplementäre Rechtsinstrumente** der EU. Sie beruhen

auf der rechtspolitischen Überzeugung, dass die gegenseitige **Anerkennung gerichtlicher Entscheidungen innerhalb der EU** durch die Harmonisierung der Kollisionsnormen vereinfacht wird (s. jeweils Erwägungsgrund 4 der Rom I und II-VO). Vor diesem Hintergrund sind diese beiden Rom-Verordnungen – ebenso wie die weiteren, zum Teil noch in Entstehung begriffenen (→ Rn. 53) – als eine Einheit mit der im 2. Teil dieses Buches erörterten (älteren) Verordnung über die Anerkennung und Vollstreckung gerichtlicher Entscheidungen (**EuGVO** oder »**Brüssel I-VO**«) zu sehen. Dieselben Begriffe werden in verschiedenen Rechtsinstrumenten verwendet und sollen nach der Systematik des Unionsrechts einheitlich verstanden werden.
Beispiel: Der auch in Art. 5 Nr. 1 EuGVO verwendete Vertragsbegriff, s. PWW/*Brödermann/Wegen* Rom I-VO Art. 1 Rn 5.

- **des Ziels** der Norm (**teleologische Auslegung**), insbesondere die Suche nach dem **effet- 70 utile**: Die Rom I-VO ist so auszulegen, dass ihre Ziele – insbesondere die Schaffung eines einheitlichen internationalen Schuldrechts für die Europäische Union und die Stärkung des europäischen Rechtsraums (Erwägungsgründe 6 und 1) – so gut wie möglich erreicht werden und die Bestimmungen der Rom I-VO ihre volle Geltung entfalten können (vgl. zB EuGH 19. 6. 1990 – C-213/89 Slg 90, I-2433 – *Factortame*; *Nicolaysen EuropaR* I § 3 IV, insbes. S. 103; *Kropholler* IPR § 10 III 2 e, 81); auch die Rom I-VO dient dem **Ziel**, ein *reibungsloses Funktionieren des Binnenmarktes* zu gewährleisten.
- **der allgemeinen Rechtsgrundsätze sowie der Rechtsvergleichung**: Bei der Bestimmung des autonomen Inhalts von unionsrechtlichen Begriffen sind nach der Praxis des EuGH allgemeine Rechtsgrundsätze zu beachten, die sich aus der rechtsvergleichenden Betrachtung der Rechtsordnungen der Mitgliedstaaten erschließen. Zu diesem Zweck kann nunmehr auch auf den – bisher rein akademischen – Entwurf eines Gemeinsamen Referenzrahmens (Draft Common Frame of Reference, kurz **DCFR**, deutsch: GRR für Gemeinsamer Referenzrahmen) zurückgegriffen werden, der wie die Rom I-VO Teil des **Haager Programms** ist. Der DCFR beruht auf rechtsvergleichender Betrachtung aller Rechtsordnungen der Mitgliedstaaten (SGECC/Acquis Group, DCFR, Introduction Nr. 21);
- **der Rechtsprechung** des EuGH und der nationalen Gerichte in den verschiedenen Mitgliedstaaten;
- **des internationalen Schrifttums** zur Rom I-VO von Juristen aus unterschiedlichen Rechtsordnungen in den verschiedenen Mitgliedstaaten in ihren jeweiligen Sprachen.

d) **Weiteres unionsrechtliches IPR**: Unionsrechtliches IPR gibt es in selten verwendeten 71 Rechtsquellen seit vielen Jahren (s. Vorauflage Rn. 43 ff. mit einem Beispiel aus dem internationalen Gesellschaftsrecht für nach der Verordnung EWG Nr. 2137/85 über die Schaffung einer **Europäischen Wirtschaftlichen Interessenvereinigung** (EWIV-Verordnung) v. 25. 7. 1985, ABl. EWG L 199, 1, abgedr. bei *v.Borries/Winkel*, Europäisches Wirtschaftsrecht, Loseblatt, Stand 2011, Nr. 315) geschaffene EWIVs (das ist eine eine Rechtsform, die zB von Rechtsanwaltskanzleien zur internationalen Vernetzung genutzt wird).

e) Die **Begriffsbildung »Rom-VO«** hat historische Gründe: Die Rom I-VO ersetzt ein bereits 72 1980 **in Rom** abgeschlossenes europäisches Übereinkommen zum internationalen Vertragsrecht (→ Rn. 407).

f) Die Begriffsbildung und **Zählung** der **Kurzbezeichnungen** für die unionsrechtlichen IPR- 72a Verordnungen und Verordnungsprojekte ist noch im Fluss. Gesetzt ist die Kurzbezeichnung von Rom I (vertragliche Schuldverhältnisse), Rom II (außervertragliche Schuldverhältnisse) und Rom III (Scheidungsrecht). Für die weiteren Verordnungsprojekte bietet sich folgende Fortzählung an: Rom IV (Erbrecht), Rom V (Güterrecht, Grundfälle), Rom VI (Güterrecht für gleichgeschlechtliche Beziehungen).

II. **Zur Vertiefung**
1. Die Existenz von völkervertraglichem IPR zeigt nur einen Ausschnitt aus der vielfältigen, teils 73 schwer eingrenzbaren Beziehung zwischen **IPR und Völkerrecht** (vgl. *v. Hoffmann/Thorn* IPR § 1 Rn. 103 f. sowie zu späterem Zeitpunkt (nicht beim ersten Lesen!) *v. Bar/Mankowski* IPR I § 3 I 1 Rn. 1–34).

74 **2. Literatur**
a) zum staatsvertraglich vereinheitlichten IPR: *Meyer-Sparenberg* Staatsvertragl. Kollisionsnormen 1–46 (lesenswerte Einführung), 59–61 (zu staatsvertraglichen Kollisionsnormen und Grundrechten).
b) zu *lois uniformes*: v. *Bar/Mankowski* IPR I § 1 II 5 Rn. 28, § 3 II 1 e (2) Rn. 72 und § 3 II 2 a (3) Rn. 103 sowie *Kegel/Schurig* IPR § 1 IV 1 a, 11.

B. Erste Korrekturen des Prinzips

75 Die IPR-Prüfung erfordert die Auswahl der richtigen Kollisionsnorm (**I.**) und sodann oft eine Prüfung, ob das ausgewählte fremde Recht die Verweisung annimmt (**II.**). Gelegentlich greifen diese beiden Schritte der IPR-Prüfung ineinander (**III.**). Deswegen werden diese Schritte der IPR-Prüfung hier als »erste Korrekturen« des Grundprinzips der Anknüpfung vorab und zusammen dargestellt.

I. Auswahl der Kollisionsnorm: Qualifikation

76 **Qualifikation bedeutet die Subsumtion unter die richtige Kollisionsnorm:** Oft bereitet schon der Falleinstieg Schwierigkeiten. Kommen verschiedene Kollisionsnormen in Betracht, so sind ihre Anknüpfungsgegenstände durch Auslegung gegeneinander abzugrenzen und der Lebenssachverhalt unter die »richtige« (passende) Kollisionsnorm zu subsumieren. Da alle weiteren Schritte einer IPR-Prüfung von der Anwendung der richtigen Kollisionsnorm abhängen, ist die Qualifikation von fundamentaler Bedeutung. Dabei ist oft zwischen Kollisionsnormen aus verschiedenen Rechtsquellen abzugrenzen.

1. Abgrenzung zwischen völkerrechtlichem und nationalem IPR

77 **Fall 4:**[29] Ein deutsches Kind von nicht miteinander verheirateten Eltern lebt bei seiner Mutter in Deutschland. Das Kind verlangt im Mai 2011 von seinem ghanaischen Vater »vorzeitigen Erbausgleich« und verklagt den Vater vor einem deutschen Gericht. Welche Kollisionsnorm ist anwendbar?

78 Im Fall 4 bereitet schon der Falleinstieg Schwierigkeiten. Handelt es sich um ein Problem der »Rechtsnachfolge von Todes wegen«, ist mangels internationalem Übereinkommen und mangels einschlägigem unionsrechtlichen IPR Art. 25 I EGBGB anzuwenden (Anknüpfungspunkt: Ghanaische Staatsangehörigkeit des Erblassers). Geht es jedoch um das Rechtsverhältnis zwischen Eltern und ihrem Kind, ist, da ebenfalls kein völkervertragliches oder unionsrechtliches Kollisionsrecht zur Anwendung käme, Art. 20 EGBGB anwendbar (Anknüpfungspunkt: Gewöhnlicher Aufenthalt des Kindes in Deutschland). Ebenso kann es sich um ein unterhaltsrechtliches Problem handeln. Da das Verfahren vor dem 18. 6. 2011 (Art. 9 EuUnthVO, → Rn. 491 d) eingeleitet wurde, kommt als Kollisionsnorm zum Unterhaltsrecht Art. 4 des Haager Unterhaltsübereinkommens v. 2. 10. 1973[30] (anwendbar als *loi uniforme*, → Rn. 48) in Betracht (Anknüpfungspunkt: Gewöhnlicher Aufenthalt des Unterhaltsberechtigten in Deutschland).

---

29 Angelehnt an BGHZ 96, 262 = IPRax 1986, 241 m. Anm. *Kegel* IPRax 1986, 229.
30 *Jayme/Hausmann* Nr. 41.

I. Auswahl der Kollisionsnorm: Qualifikation

Drei Kollisionsnormen kollidieren. Da nur eine zur Anwendung kommen kann, müssen die Kollisionsnormen gegeneinander abgegrenzt und das Institut des »vorzeitigen Erbausgleichs« unter die passende Kollisionsnorm subsumiert werden: Es muss **qualifiziert** werden. Gesetzlich ist die Qualifikation nicht geregelt. Sie ist besonders knifflig, wenn – wie im Fall 4 – verschiedene Rechtsquellen aufeinander treffen. 79

- Die **deutsche Rechtsprechung** legt bei der Abgrenzung von **Kollisionsnormen des autonomen IPR** die Systembegriffe des deutschen materiellen Rechts (»Erbrecht«, »Unterhalt« usw.) zugrunde. Damit wendet sie das Recht des Gerichtsstaates, die *lex fori* an. Man spricht von einer **Qualifikation nach der *lex fori*** (*lex fori*-Theorie). Zu deren Begründung wird daher vorwiegend auf Argumente aus dem deutschen materiellen Recht zurückgegriffen (soweit es, wie Art. 21 und 25 EGBGB, wirklich autonomen Ursprungs ist). 80

In dem Fall 4 zu Grunde liegenden Fall hat der BGH[31] mit **deutschen nationalen Systembegriffen** argumentiert: Der BGH qualifiziert den vorzeitigen Erbausgleich erbrechtlich. Seine Entscheidung stützt er auf die **Funktion** des vorzeitigen Erbausgleichs im deutschen Recht. Als *»Teilstück eines umfassenden Konzepts für die erbrechtliche Behandlung des nichtehelichen Kindes«* sei der Anspruch so eng mit dem materiellen Erbrecht verzahnt, dass er auch im IPR erbrechtlich zu qualifizieren sei.[32] 81

> **Hinweis:** Der BGH bezieht sich in seiner Entscheidung maßgeblich auf die Vorschrift des § 1934 d BGB, die mittlerweile aufgehoben wurde. An der erbrechtlichen Qualifikation des Anspruchs auf vorzeitigen Erbausgleich hat sich dadurch aber nichts geändert.[33] Danach wäre im Fall 4 die Anwendbarkeit von Art. 25 I EGBGB eröffnet. 82

> Wegen des Vorrangs von völkervertraglichem IPR ist im Fall 4 indes zunächst zu prüfen, ob Art. 4 des Haager Unterhaltsübereinkommens v. 2. 10. 1973 anwendbar ist. Insoweit wird die Qualifikation nach der lex fori durchbrochen. In diesen Fällen ist die Reichweite der Kollisionsnorm unter Berücksichtigung der Entstehungsgeschichte der Konvention, des Konventionszwecks und der Rechtspraxis in den Vertragsstaaten zu bestimmen (→ Rn. 45 zur Auslegung von völkervertraglichem IPR). 83

> Im Fall 4 ist deshalb zu prüfen, ob sich Art. 25 I EGBGB auch gegenüber Art. 4 des Haager Unterhaltsübereinkommens v. 2. 10. 1973 durchsetzt. (Denn: Soweit eine völkervertragliche Kollisionsnorm Anwendung fordert, geht sie dem autonomen deutschen Kollisionsrecht nach Art. 3 Nr. 2 EGBGB vor.)

> Art. 4 I des Übereinkommens bezieht sich auf die in Art. 1 des Übereinkommens aufgezählten Unterhaltspflichten (aus Beziehungen der Familie, Verwandtschaft, Ehe oder Schwägerschaft, einschließlich der Unterhaltspflicht gegenüber einem nichtehelichen Kind). Eine positive Definition der Unterhaltspflichten haben die an den Verhandlungen des Übereinkommens beteiligten Staaten jedoch bewusst vermieden.[34] Den Materialien zum Übereinkommen ist zwar zu entnehmen, dass der Begriff »Unterhaltspflicht«[35] weit auszulegen ist. Für seine nähere Bestimmung soll jedoch die Rechtsordnung – und damit die *»Rechtspraxis«* – berücksichtigt werden, die bei Anwendung des Unterhaltsübereinkommens Unterhaltsstatut wäre (» . . . *one should refer to the law applicable under the provisions of the Convention to ascertain what is meant by maintenance.«*).[36] Im Fall 4

---

31 BGHZ 96, 262.
32 BGHZ 96, 262 (268).
33 Vgl. Palandt/*Thorn* EGBGB Art. 25 Rn. 10.
34 *Actes et documents*, 12ème, Bd. IV, 391, Anm. 18 iVm 99, Anm. 10.
35 *Actes et documents*, 12ème, Bd. IV, 99–100, Anm. 10.
36 *Actes et documents*, 12ème, Bd. IV, 99–100, Anm. 10.

> würde die Anwendung von Art. 4 I des Haager Unterhaltsübereinkommens v. 2. 10. 1973 wegen des gewöhnlichen Aufenthalts des Kindes in Deutschland zum deutschen Recht führen. Wie dargestellt, ist der vorzeitige Erbausgleich nach deutschen Systembegriffen erbrechtlich und nicht unterhaltsrechtlich zu qualifizieren. Deshalb ist der vorzeitige Erbausgleich keine Unterhaltspflicht im Sinne des Haager Unterhaltsübereinkommmens v. 2. 10. 1973. Es bleibt bei der erbrechtlichen Qualifikation, sodass Art. 25 I EGBGB die anwendbare Kollisionsnorm ist (für die Rechtsfolge wird später auf diesen Fall zurückzukommen sein: → Rn. 111).
>
> **Hinweis:** Der BGH hatte das Haager Unterhaltsübereinkommen v. 2. 10. 1973 noch nicht zu berücksichtigen, da es für die Bundesrepublik seinerzeit noch nicht in Kraft war.

84 > **Fall 5:**[37] Eine Iranerin heiratet einen Deutschen. Beide leben in Frankfurt und gehören der islamischen Glaubensrichtung an. Anlässlich ihrer Heirat vereinbaren sie die Zahlung einer Morgengabe (Brautgeld) in Höhe von 50.000 EUR. Nach wirksamer Scheidung im August 2011 klagt die Frau im Dezember 2011 auf Zahlung der Morgengabe. Welche Kollisionsnorm ist anwendbar?

85 Nicht immer lässt sich eine Qualifikation ausschließlich nach den bisher gezeigten Regeln vornehmen. Häufig muss auch die **Systematik des fremden Rechts** berücksichtigt werden, wenn in unserem Recht **fremde Rechtsinstitute** zu qualifizieren sind.

Ist die Morgengabe im Fall 5 güterrechtlich zu qualifizieren, so ist mangels internationalen Übereinkommens Art. 15 EGBGB einschlägig. Geht es um Scheidungsrecht, so kommt Art. 17 I EGBGB zur Anwendung. Bei unterhaltsrechtlicher Qualifikation ist Art. 15 EuUnthVO iVm dem Haager Unterhaltsprotokoll anwendbar. Auch kommt eine Qualifikation als allgemeine Ehewirkung in Betracht, sodass Art. 14 EGBGB anzuwenden sein könnte.

86 Die Qualifikation des fremden, unserem heutigen Recht unbekannten Rechtsinstitutes kann nur unter Beachtung seiner **Funktion** im fremden Recht erfolgen (soweit autonome Kollisionsnormen betroffen sind, wird also der Grundsatz der Qualifikation nach der *lex fori* eingeschränkt). Nach islamischem Recht hat die Morgengabe unterschiedliche Funktionen, teils als Ehevoraussetzung,[38] teils bei der Scheidung,[39] vor allem aber bei der Unterhaltssicherung.[40] Da sich die Morgengabe schwerpunktmäßig keiner der spezielleren Kollisionsnormen unterstellen lässt, hat der BGH die Morgengabe unter Art. 14 EGBGB als »Auffangnorm«, also als allgemeine Ehewirkung qualifiziert.[41]

87 Daher kommt nach Art. 14 I Nr. 2 EGBGB deutsches Recht zur Anwendung.

2. Qualifikation bei Anwendung von unionsrechtlichem IPR

88 > **Fall 6** (*angelehnt an mehrfach erlebte und jeweils außergerichtlich gelöste Fallgestaltungen*): Ein französisches Unternehmen (in kanadischem Eigentum) verhandelt ab November 2011 mit einem deutschen Unternehmen exklusiv über Wochen und im Detail über den Erwerb einer deutschen Tochtergesellschaft. Die Vertragsentwürfe enthalten eine Rechtswahlklausel zugunsten deutschen

---

37 Angelehnt an BGH IPRax 2011, 85.
38 Vgl. *Rohe* StaZ 2006, 99.
39 OLG Saarbrücken FamRZ 2006, 1378; OLG Zweibrücken NJW-RR 2007, 1232.
40 Lesenswert *Heldrich*, Das juristische Kuckucksei aus dem Morgenland, IPRax 1983, 64; allerdings noch zum alten Recht.
41 BGH IPRax 2011, 85 mit Anm. *Yassari* IPRax 2011, 63.

I. Auswahl der Kollisionsnorm: Qualifikation

Rechts (»*Dieser Vertrag unterliegt deutschem Recht.*«). Zwei Tage vor der beabsichtigten Vertragsunterzeichnung am 15. 1. 2012 teilt der Verkäufer mit, er habe sich Anfang 2012 kurzfristig mit einem deutschen Käufer geeinigt. Das französische Unternehmen begehrt den Ersatz der entstandenen Aufwendungen für die Tätigkeit der von ihr beauftragten deutschen Rechtsanwaltssozietät wegen Verschuldens bei Vertragsschluss.

Im **Fall 6** kommen Ansprüche aus »Verschulden bei Vertragsschluss« (*culpa in contrahendo, c. i. c.*) in Betracht. Anfang 2012 besteht für einen deutsch-französischen Sachverhalt kein für eine Anwendung in Betracht kommendes staatsvertragliches IPR. Da Deutschland Teil der EU ist, erfordert die Fallbearbeitung – wie stets – auch die Sichtung des in Betracht kommenden unionsrechtlichen IPR. Gewohnt, in deutschen Systembegriffen des BGB zu denken, wird ein deutscher Rechtsanwalt, der diese Fallkonstellation nicht kennt, zunächst im internationalen Vertragsrecht der Rom I-VO suchen, weil er aus deutscher Sicht einen *vertrags*rechtlichen Anspruch durchsetzen möchte. **Art. 1 I lit. i)** sowie – noch klarer – **Ziff. 10 der Erwägungsgründe der Rom I-VO** stellen jedoch klar, dass »*Schuldverhältnisse, die aus Verhandlungen vor Abschluss eines Vertrags entstehen*« unter **Art. 12 Rom II-VO** fallen. Denn das Verschulden bei Vertragsschluss wird unionsrechtlich als deliktisch qualifiziert.[42] **Diese unionsrechtliche Qualifikation ist bei Anwendung des unionsrechtlichen IPR maßgeblich.**

89

Da das Unionsrecht auch Teil der *lex fori* ist und am Gerichtsort, soweit es seine Anwendung gebietet, sogar vorrangig gilt (→ Rn. 63), der vorgestellte Begriff der »Qualifikation nach der *lex fori*« (→ Rn. 80) ist damit **weit zu fassen**: Er gebietet **(auch)** die Beachtung der am Gerichtsort geltenden **unionsrechtlichen Systembegriffe**. Der Inhalt des Begriffs »Qualifikation nach der *lex fori*« ist damit im Wandel begriffen (→ Rn. 98 [Arbeitsblock]).

90

Damit kommt im Fall 6 aus unionsrechtlicher Sicht die Anwendung von Art. 12 I Rom II-VO in Betracht. Einen Staatsvertrag mit IPR zum Verschulden bei Vertragsschluss, an dem (1.) Deutschland und (2.) nur Mitgliedstaaten der EU beteiligt sind (Art. 28 II Rom II-VO), gibt es nicht. Damit ist nach Art. 12 I Rom II-VO das Recht anzuwenden, »*das auf den Vertrag anzuwenden ist oder anzuwenden gewesen wäre, wenn er geschlossen worden wäre.*« Dies ist nach Art. 3 I Rom I-VO deutsches Recht.

91

Rechtsfolge: Bei der Anwendung des durch Art. 12 Rom II-VO berufenen nationalen deutschen Rechts muss der Rechtanwalt (nunmehr zu Recht) in deutschen nationalen Systembegriffen denken und fragen, wo das deutsche Recht funktional das »Verschulden bei Vertragsschluss« (*culpa in contrahendo*, c. i. c.) geregelt hat. Der deutsche Gesetzgeber hat vertraglich qualifiziert. Damit kommt § 280 I BGB iVm §§ 241 II, 311 II BGB zur Anwendung.

92

Vergleich und Fazit:

93

- Im **Fall 4** wurde die erbrechtliche Qualifikation des vorzeitigen Erbausgleichs im deutschen Recht bei der Beurteilung der Frage, ob der Sachverhalt unter **völkerrechtliches IPR** in Art. 4 des Haager Unterhaltsübereinkommens v. 2. 10. 1973 zu subsumieren ist, als »*Rechtspraxis in den Vertragsstaaten*« beachtet. Letztlich hat sich die Qualifikation des vorzeitigen Erbausgleichs im deutschen Recht über das

---

42 Dies entspricht der Rspr. des EuGH 17. 9. 2002 – C-334/00, Slg. 2002, I-7357 Rn. 21 ff. – *Tacconi*.

völkerrechtliche Auslegungskriterium »*Rechtspraxis in den Vertragsstaaten*« durchgesetzt und zur Auswahl einer erbrechtlichen IPR-Norm geführt.

> **Hinweis:** Dieser Einfluss der nationalen Rechtspraxis auf die Auslegung von völkerrechtlichem IPR wird nicht immer so groß sein; denn die »Rechtspraxis in den Vertragsstaaten« ist nur eines von mehreren Kriterien bei der Anwendung von völkerrechtlichem IPR, → Rn. 45.

- Im **Fall 6** bei der Anwendung von **unionsrechtlichem IPR** hat sich hingegen bei der Abgrenzung zwischen unionsrechtlichen und nationalen deutschen Systembegriffen das **Unionsrecht** aufgrund seines allgemeinen Vorrangs (→ Rn. 53, → Rn. 67) durchgesetzt: Die (außervertragliche) unionsrechtliche Qualifikation der c. i. c. ist maßgeblich. Es ist ausschließlich aus Sicht der unionsrechtlichen IPR-Norm zu qualifizieren. Der Inhalt der unionsrechtlich genutzten Begriffe ist autonom zu ermitteln bzw. auszulegen (dabei kann die *rechtsvergleichend* zu beobachtende **Rechtspraxis in den Mitgliedstaaten** als eines unter zahlreichen Kriterien – → Rn. 69 – wichtig werden). Im Zweifel entscheidet der EuGH. Bei der Fassung von Art. 12 Rom II-VO und Art. 1 I lit. i) Rom I-VO hat sich der europäische Gesetzgeber (→ Rn. 89) von der Rechtsprechung des EuGH im Fall *Tacconi* inspirieren lassen und das unionsrechtliche IPR so klar formuliert, dass keine Auslegungsfragen verbleiben.

3. Anwendung nationalen Kollisionsrechts

94 Bei Anwendung nationalen Kollisionsrechts ist nach der *lex fori*, mithin dem am Gerichtsort geltenden Recht, zu qualifizieren (→ Rn. 81 f. [Beispiel]).

95 Basiert die deutsche IPR-Norm auf einer **EU-Richtlinie**, ist **richtlinienkonform** auszulegen (→ Rn. 57): Dann ist unter Berücksichtigung des Zwecks der Richtlinie, auf der die deutsche IPR-Norm fußt, zu qualifizieren. Ergibt sich bereits aus dem Unionsrecht eine Lösung der Frage nach der Qualifikation eines Sachverhalts, muss diese unionsrechtliche Qualifikation Vorrang vor einer Qualifikation nach autonomen deutschen Begriffen (zB des BGB) haben.

> **Hinweis:** In diesem Bereich der Schnittstelle zwischen europäischem Unionsrecht und IPR ist noch vieles in Fluss. Die Zukunft erst wird gute Beispielsfälle bringen.

> **Arbeitsblock**
>
> **96** I. Zur Ergänzung: Prüfungsschritte bei der Qualifikation (Zwischenergebnis)
> Die Fälle 4 und 5 haben die **Einzelfallabhängigkeit** des Qualifikationsproblems gezeigt. Gleichwohl ist aufgrund der dargestellten Regeln grundsätzlich folgende Vorgehensweise zu empfehlen:
> **1. Schritt:** Subsumtion unter die in Deutschland geltende Kollisionsnorm (Qualifikation ersten Grades):
> - Zusammenstellung der in Betracht kommenden unionsrechtlichen, völkervertraglichen und nationalen Kollisionsnormen;
> - Auswahl der »richtigen« Kollisionsnorm:
>   - bei staatsvertraglichen Kollisionsnormen Auslegung nach Treu und Glauben unter Berücksichtigung der Ziele und Zwecke des Übereinkommens sowie der Entstehungsgeschichte und der Rechtspraxis der Vertragsstaaten (→ Rn. 62);
>   - bei unionsrechtlichen IPR-Normen Auslegung nach europarechtlichen Auslegungsmethoden (→ Rn. 69 f.);
>   - bei Kollisionsnormen aus dem autonomen deutschen IPR Qualifikation nach der *lex fori*;

jeweils unter Berücksichtigung des fremden Rechtssystems, wenn Rechtsinstitute zu qualifizieren sind, die dem deutschen Recht unbekannt sind. Ist harmonisiertes IPR anzuwenden, ist nach unionsrechtlichen Kriterien zu qualifizieren.

In einigen Konstellationen ist ein **2. Schritt** erforderlich. Dieser erschließt sich nach Lektüre von nachstehender Nr. III. zum *renvoi* (→ Rn. 121 ff.).

II. **Zur Vertiefung**
1. **Teilkodifikation** 97
Bei der IPR-Reform des Jahres 1986 wurde die Qualifikation nicht gesetzlich geregelt, weil sie sich für eine Aufnahme in das Gesetz nicht eignete (vgl. *Pirrung* IPR 114 li. Sp.). Die einzige Ausnahme war die dem deutschen Recht fremde »Trennung ohne Auflösung des Ehebandes«, die sich in Art. 18 IV 2 EGBGB befand. Art. 18 wurde jedoch zum 18. 6. 2011 aufgehoben (→ Rn. 490).

2. **Theorien zur Qualifikation** 98
In der Literatur wird die *lex fori*-Theorie zur Qualifikation autonomen Kollisionsrechts zum Teil modifiziert (*Kegel/Schurig* IPR § 7 III 3 b, 346, spricht zB von **internationalprivatrechtlicher Qualifikation,** die sich an dem Zweck der einzelnen Kollisionsnormen orientiert). Zum Teil wird die Qualifikation nach der *lex fori* abgelehnt. Andere Lösungsmöglichkeiten haben sich jedoch in der Praxis bisher nicht durchgesetzt:
- Eine Ansicht qualifiziert nach der *lex causae,* dh nach dem Recht, das von der (in Betracht kommenden) Kollisionsnorm berufen würde, wenn diese zur Anwendung käme (sog. *lex causae*-Theorie). Dadurch sollen Widersprüche mit dem (möglicherweise) berufenen Recht vermieden werden (vgl. die kritische Darstellung dieser Theorie bei *Kegel/Schurig* IPR § 7 III 1 b, 340–343; Hauptvertreter: *Wolff*, Nachweise bei *Kegel/Schurig* IPR § 7 III 1 b, 340–343).
- Bei der Qualifikation nach der **rechtsvergleichenden** bzw. **autonomen** Methode wird mit Hilfe der Rechtsvergleichung versucht, autonome Begriffe des Kollisionsrechts zu bilden, um damit eine größere internationalprivatrechtliche Gerechtigkeit zu erreichen (vgl. die Darstellung bei *v. Bar/Mankowski* IPR I § 7 II 3 f Rn. 161–166; die rechtsvergleichende Methode geht zurück auf *Rabel* RabelsZ 5 [1931] 241).

Beobachtung: Bei Anwendung von unionsrechtlichem IPR wie im Fall 6 oder von angeglichenem IPR unionsrechtlichen Ursprungs ist bereits wegen des Vorrangs des Unionsrechts **internationalprivatrechtlich** und unabhängig von den autonomen sachrechtlichen Systembegriffen zu qualifizieren. Da die Vorgaben des Unionsrechts auch *lex fori* sind, kann man auch diese Art der Qualifikation »nach der *lex fori*« nennen (→ Rn. 80). In der Sache vereinen sich die beiden Theorien bei Anwendung von IPR unionsrechtlichen Ursprungs.

3. **Rechtsgeschichte** 99
Entdecker des Qualifikationsproblems waren der Deutsche *Franz Kahn* (1891) und der Franzose *Etienne Bartin* (1897). Zu ihrem Wirken und zur Entwicklung des Problems der Qualifikation ausführlich die Monographie von *Weber*, Die Theorie der Qualifikation, 1986; zum Einstieg: *Kegel/Schurig* IPR § 7 III 2 a, 337–340.

4. **Literatur** 100
Raape/Sturm IPR I 275–285, mit Darstellung der seit *Bartin* erörterten Entscheidung der Cour d'Alger von 1889 im Fall *Bartholo* Clunet 18 (1891), 1171; *Kegel/Schurig* IPR § 7, 325–356; sehr ausführlich die Darstellung bei *v. Bar/Mankowski* IPR I § 7 II, Rn. 138–181. Jede dieser Darstellungen erörtert die viel kritisierte Entscheidung des Reichsgerichts von 1882 im Fall **»Tennessee-Wechsel«**, RGZ 7, 21 (Klassiker; unbedingt lesen); zur Qualifikation bei Anwendung völkervertraglichen Kollisionsrechts lesenswert: *Kropholler* EinheitsR 328 ff.; *Mallmann* NJW 2008, 2954.

II. Sachnorm- oder Gesamtverweisung (renvoi-Prüfung)?

1. Sachnormverweisungen im völkerrechtlichen IPR

101 **Internationale Übereinkommen** verweisen in der Regel (meist stillschweigend) auf das Sachrecht der Nation, deren Rechtsordnung sie als anwendbar bestimmen (man spricht von einer »**Sachnormverweisung**«; eine Legaldefinition des Begriffs findet sich in Art. 3 a I EGBGB). Dies ergibt sich aus der Auslegung des jeweiligen Übereinkommens **im Lichte der Ziele und Zwecke des Übereinkommens** (einer der Grundsätze der Auslegung völkerrechtlicher Verträge, → Rn. 45). Das in Übereinkommen abgestimmte IPR soll im Interesse des internationalen Entscheidungseinklangs ja gerade sicherstellen, dass das von den Vertragsstaaten für den Anknüpfungsgegenstand (zB Unterhaltspflicht) vereinbarte Recht (zB Recht des gewöhnlichen Aufenthalts des Unterhaltsberechtigten in Art. 4 I des Haager Unterhaltsübereinkommens v. 2. 10. 1973)[43] zum Zuge kommt.

102 Zum Fallbeispiel 4 oben: Hier hat Art. 4 I des Haager Unterhaltsübereinkommens damit auf das Sachrecht von Deutschland verwiesen. Die Frage nach dem anwendbaren Recht ist entschieden (es kann allerdings noch zu Korrekturen des materiellen Ergebnisses kommen, → Rn. 124 ff.).

2. Sachnormverweisungen im unionsrechtlichen IPR

103 Das **unionsrechtliche IPR** spricht – jedenfalls bisher – ebenfalls nur **Sachnormverweisungen** aus (so ausdrücklich **Art. 20 Rom I-VO**[44] und **Art. 24 Rom II-VO**[45]). Dadurch wird EU-weit Rechtsklarheit und Rechtssicherheit geschaffen: Es ist im gesamten Binnenmarkt vorhersehbar, zu welchem Recht eine Sachverhaltskonstellation führt.[46]

104 Die am »**effet utile**« orientierte Auslegung aller unionsrechtlichen IPR-Normen (auch außerhalb der Rom I- und Rom II-VO, → Rn. 52) als Sachnormverweisungen dient dem unionsrechtlichen Ziel, ein »*reibungsloses Funktionieren des Binnenmarktes*« zu fördern am besten. Sie verhilft der IPR-Norm zur größtmöglichen Wirkung (dh der »*effet utile*«) bei ihrer Funktion, zur Entwicklung des Binnenmarktes beizutragen.

> **Hinweis:** Der Verordnungsvorschlag für eine Verordnung zum Erbrecht (→ Rn. 53 sowie → Rn. 518) geht für die Abgrenzung zwischen den Rechtsordnungen der Mitgliedstaaten ebenfalls von Sachnormverweisungen aus. Für die Abgrenzung gegenüber dem Recht von Drittstaaten wird die Frage zur Diskussion gestellt, ob insoweit auch Sachnormverweisungen zu schaffen sind.[47]

3. Gesamtverweisungen im nationalen IPR (mit Ausnahmen)

105 Während bei staatsvertraglichem und unionsrechtlichem IPR bereits die Auswahl und Anwendung der IPR-Norm für die Bestimmung des anwendbaren Rechts (weitestgehend) ausreicht, ist bei der Anwendung von nationalem IPR der sogenannte

---

43 *Jayme/Hausmann* Nr. 41.
44 *Jayme/Hausmann* Nr. 80.
45 *Jayme/Hausmann* Nr. 101.
46 Vgl. zum Ganzen auch *Brödermann* NJW 2010, 807.
47 Vgl. KOM(2005) 65 v. 1. 3. 2005 Nr. 2.7.

»renvoi« (Rück- und Weiterverweisungen, franz.: *renvoi* = Verweisung) noch weiter zu prüfen.

a) Gesamtverweisungen im autonomen deutschen IPR

Ist IPR autonomen Ursprungs anzuwenden – dh die **Mehrheit der Regelungen im EGBGB** – gilt folgendes:

> **Fall 7:** Ein deutscher Richter hat über die Beerbung eines mit letztem Wohnsitz in Deutschland verstorbenen Brasilianers zu entscheiden. Ein völkerrechtlicher Vertrag ist nicht einschlägig, sodass Art. 25 I EGBGB anzuwenden ist. Danach wird auf das Heimatrecht des Erblassers, also auf brasilianisches Recht verwiesen. Das brasilianische Kollisionsrecht[48] seinerseits würde für den vorliegenden Fall an den Wohnsitz des Erblassers anknüpfen und damit deutsches Recht berufen. Muss der deutsche Richter brasilianisches IPR berücksichtigen?

106

Das IPR eines fremden Staates ist vom deutschen Richter nur zu beachten, wenn die Verweisung in einer deutschen Kollisionsnorm eine **Gesamtverweisung** ist. Von einer Gesamt- bzw. **IPR-Verweisung** spricht man, wenn die Verweisung auf das fremde Recht auch das Kollisionsrecht des fremden Staates erfasst. Das IPR des fremden Staates ist hingegen nicht zu beachten, wenn die deutsche Kollisionsnorm – wie beim völkerrechtlichen und unionsrechtlichen IPR – (direkt) auf das fremde Sachrecht verweist (**Sachnormverweisung**, vgl. **Art. 3 a I EGBGB**).

107

Die Frage, ob Gesamt- oder Sachnormverweisungen vorliegen, hat der deutsche Gesetzgeber zugunsten einer Gesamtverweisung entschieden: Nach **Art. 4 I 1 EGBGB** ist bei einer Verweisung auf das fremde Recht grundsätzlich auch dessen IPR miteinbezogen (→ Rn. 109 ff. [Ausnahmen]). Hiernach ist im Fall 7 das brasilianische IPR anzuwenden.

108

Die Berücksichtigung des fremden IPR ist unproblematisch, wenn dieses die gleiche – nämlich die eigene – Rechtsordnung beruft wie das deutsche IPR. Das fremde Recht **nimmt** dann **die Verweisung an** und es kommt zur Anwendung des fremden Sachrechts.

109

> **Beispiel:** Im Fall 3 knüpfte 1. Kap. § 1 I des schwedischen Gesetzes v. 5. 3. 1937 (Nr. 81) betreffend internationale Rechtsverhältnisse in Nachlasssachen[49] ebenso wie Art. 25 I EGBGB an die Staatsangehörigkeit des Erblassers an. Das im Fall 3 erarbeitete Ergebnis (Anwendung schwedischen Erbrechts) war also richtig und bedurfte keiner Korrektur.

Beruft das fremde IPR dagegen nicht das eigene Sachrecht – in der Regel aufgrund anderer Anknüpfungen (zB Wohnsitz statt Staatsangehörigkeit) –, dann kann es durch Berufung deutschen Rechts zu einer **Rückverweisung** kommen.

110

In diesem Fall ist zweifelsfrei deutsches Recht anzuwenden, wenn es sich bei der Rückverweisung nur um eine bloße Sachnormverweisung handelt (selten, so aber zB die Verweisungen im italienischen Recht).[50] Dann kommt deutsches Sachrecht zur Anwendung.

---

48 Art. 10 des Einführungsgesetzbuches zum Zivilgesetzbuch – Dekretgesetz Nr. 4657 – v. 4. 9. 1942, abgedr. bei Ferid/Firsching/*Weishaupt* Bd. I Brasilien Texte A II.
49 Abgedr. bei Ferid/Firsching/*Carsten* Bd. VII Schweden Texte Nr. 4.
50 Vgl. Art. 30 des Gesetzes über die Reform des italienischen IPR Systems v. 31. 5. 1995, Nr. 218, abgedr. bei Ferid/Firsching/*Stadler* Bd. IV Italien Texte A I.

Beruft dagegen das fremde IPR deutsches Recht durch eine Gesamtverweisung, so könnte es – etwa im Fall 6 – zu einem endlosen Hin und Her kommen: Zirkelartig verweisen das deutsche und das fremde (hier: brasilianische) Recht aufeinander.[51] Das Gesetz löst das Problem in Art. 4 I-II EGBGB: Nach einer Rückverweisung auf deutsches Recht hat der Richter die deutschen Sachnormen anzuwenden und damit die Verweisungskette **abzubrechen**.

111 Im Fall 7 ist das Problem der Rückverweisung daher wie folgt zu lösen: Die Berufung des brasilianischen Rechts durch Art. 25 I EGBGB ist wegen Art. 4 I 1 EGBGB als Gesamtverweisung aufzufassen, sodass auch der *renvoi* des brasilianischen IPR auf deutsches Recht zu beachten ist. Nach Art. 4 I 2 EGBGB bricht der Richter die Verweisungskette nach der Rückverweisung des brasilianischen IPR ab und wendet deutsches Erbrecht an. Deutsches Recht ist damit Erbstatut.

> **Hinweis:** Im Fall 4 führte die Anwendung von Art 25 I EGBGB – dessen Auswahl so schwierig war – zur Verweisung auf ghanaisches Recht. Dieses weist auf deutsches Recht zurück (*renvoi*).[52] Der deutsche Richter bricht die *renvoi*-Prüfung an dieser Stelle wegen Art. 4 I 2 EGBGB ab und wendet deutsches Recht an.

112 > **Fall 8:** In einem Erbscheinverfahren hat ein deutscher Richter über die Beerbung eines Dänen zu entscheiden, der nach jahrelanger Ehe in Deutschland nach Argentinien ausgewandert war. Ein internationales Übereinkommen oder Abkommen ist nicht anwendbar. Art. 25 I EGBGB knüpft an die Staatsangehörigkeit des Erblassers an und verweist damit auf dänisches Recht. Das dänische IPR[53] knüpft seinerseits grundsätzlich an den Wohnsitz des Erblassers an und beruft somit argentinisches Recht. Welches Recht ist anwendbar?

113 Im Fall 8 geht es um die sog. **Weiterverweisung**: Das von einer deutschen Kollisionsnorm (Art. 25 I EGBGB) berufene fremde (dänische) Recht erklärt in seinem IPR das Recht eines dritten Staates (Argentiniens) für anwendbar. Da die Verweisung der deutschen Kollisionsnorm nach Art. 4 I 1 EGBGB als Gesamtverweisung aufzufassen ist (**Grundsatz der Gesamtverweisung**), ist auch die Weiterverweisung des dänischen IPR auf das argentinische Recht zu beachten. Das dänische Recht spricht in seinem IPR reine Sachnormverweisungen aus,[54] sodass das argentinische Recht Erbstatut ist. Auf die Frage, welche Rechtsordnung das argentinische IPR berufen würde, kommt es also nicht mehr an.

114 Die Fälle 7 und 8 zeigen: Abweichend von dem dargestellten Grundprinzip (→ Rn. 3 ff.) beruft die Kollisionsnorm nicht immer schon das Statut. Rück- und Weiterverweisungen *(renvoi)* können zu einer anderen Rechtsordnung führen.

b) Sachnormverweisungen im auf EU-Recht oder Völkerrecht basierendem nationalen IPR

115 Ist harmonisiertes (angeglichenes) IPR, das auf EU-Richtlinien basiert, anzuwenden (zB Art. 46 a EGBGB) kann man hingegen nicht wie bei autonomem IPR schlicht von einer Gesamtverweisung ausgehen (gleiches gilt für auf Völkerrecht basierendem

---

51 Kegel/Schurig IPR, 6. Aufl. 1987, § 10 III 1, 242 oben: »Von diesem hin und her rasenden Zug muss man abspringen; es fragt sich nur, wo.«
52 Vgl. BGHZ 96, 262 (267).
53 Ferid/Firsching/*Thorbek*/Steiniger Bd. II Dänemark Grundz. C II 1 Rn. 4 mwN.
54 Vgl. *Frisch* IntSchuldR 163.

nationalen deutschen IPR, das ausnahmsweise in ein Gesetz zum materiellen Recht integriert wurde wie zB Art. 91 ff. WG, → Rn. 304: Es ist unter Berücksichtigung der Rechtsquelle, ihres Ziels und der für sie geltenden Auslegungsregeln (→ Rn. 45) im Wege der **Auslegung** zu ermitteln,[55] ob die Verweisung als Sachnormverweisung zu verstehen ist. Im Hinblick auf die unionsrechtlichen oder internationalen Ziele der Rechtsquelle wird eine solche Auslegung idR den **internationalen Entscheidungseinklang** fördern. Im Zweifel dürfte von einer Sachnormverweisung auszugehen sein, weil die Behandlung als Gesamtverweisung dem Sinn der Verweisung widerspricht (Art. 4 I 1 EGBGB). Ein Beispiel bietet Art. 17 a DepotG, eine auf Art. 9 II der *Richtlinie 98/26 EG des Europäischen Parlaments und des Rates über die Wirksamkeit von Abrechnungen in Zahlungs- sowie Wertpapierlieferungs- und Abrechnungssystemen* v. 19. 5. 1998, ABl. EG L 166, 45, beruhende IPR-Norm. Sie bestimmt:

»Verfügungen über Wertpapiere oder Sammelbestandanteile, die mit rechtsbegründender Wirkung in ein Register eingetragen oder auf einem Konto verbucht werden, **unterliegen dem Recht des Staates**, unter dessen Aufsicht das Register geführt wird, in dem unmittelbar zugunsten des Verfügungsempfängers die rechtsbegründende Eintragung vorgenommen wird oder in dem sich die kontoführende Haupt- oder Zweigstelle des Verwahrers befindet, die dem Verfügungsempfänger die rechtsbegründende Gutschrift erteilt.«

Die von der EU-Richtlinie beabsichtigte Funktion einer EU-weiten Regelung des IPR solcher Verfügungen über Wertpapiere lässt sich nur erreichen, wenn diese IPR-Norm als Sachnormverweisung verstanden wird.[56]

Hinweis: Auch hier zeigt sich wieder, wie sehr die IPR-Arbeit an der Schnittstelle zwischen Unionsrecht, Völkerrecht und IPR noch im Fluss ist. Die früher vom EGBGB geprägte Aussage, dass die Sachnormverweisung die Ausnahme ist, hat sich für deutsches IPR aus europäischen und internationalen Quellen endgültig überholt, nach einem bereits seit 1986 für Teile des IPR durch Art. 35 EGBGB aF geprägtem Übergangsprozess.

Arbeitsblock
I. Zur Ergänzung
  1. **Ausnahmen zum Prinzip der Gesamtverweisung**
     Nicht immer sind die Verweisungen des nationalen deutschen Kollisionsrechts Gesamtverweisungen:
     a) **Die erste Ausnahme** enthält bereits Art. 4 I 1 EGBGB, nach dessen Regelung eine Gesamtverweisung nur vorliegt, »*sofern dies nicht dem Sinn der Verweisung widerspricht*«.
        Beispiel: Art. 17 III 1 Hs. 2 EGBGB, wonach ein Versorgungsausgleich nur durchzuführen ist, wenn ihn das Heimatrecht eines der Ehegatten kennt. Hier kann nur das Sachrecht gemeint sein, denn nach Internationalem Privatrecht lässt sich ein Versorgungsausgleich nicht durchführen (vgl. v. *Bar/Mankowski* IPR I § 7 IV 5 b Rn. 227 f.; vertiefend PWW/ *Mörsdorf-Schulte* EGBGB Art. 4 Rn. 12–15; *Rauscher* NJW 1988, 2151).
     b) **Die zweite Ausnahme** ist Art. 3 I 2 EGBGB zu entnehmen: Es handelt sich um Fälle, bei denen das EGBGB selbst ausdrücklich nur auf Sachnormen verweist.
        Beispiel: Die bis 17. 12. 2009 geltenden IPR-Regelungen zum Internationalen Schuldrecht (Art. 35 EGBGB).
     c) **Die dritte Ausnahme** ergibt sich aus Art. 4 II EGBGB: Bei einer Rechtswahl kann nur das Sachrecht berufen werden.
        Beispiel: Art. 42 EGBGB

116

---

55 Vgl. PWW/*Mörsdorf-Schulte* EGBGB, Art. 4 Rn. 17.
56 So auch MüKoBGB/*Wendehorst* EGBGB Art. 43 Rn. 251 mit weiteren Argumenten.

d) **Die vierte Ausnahme** betrifft die Fälle, in denen das nationale deutsche IPR nicht selbst, sondern fremd bestimmt ist. Es beruht **auf Völkerrecht** (wie Art. 11 I EGBGB, Art. 61 ff. WG) oder **auf einer EU-Richtlinie** (harmonisiertes IPR wie Art. 17 a DepotG). Dann ergibt sich der Ausschluss des *renvoi* durch Auslegung der Norm aus dem von dem einschlägigen Staatsvertrag oder der EU-Richtlinie angestrebten Ziel, etwa dem internationalen Entscheidungseinklang. Zum Teil kann man die dieser Gruppe zuzuordnenden Fälle auch bereits über die erste Ausnahme (Sinn der Verweisung) lösen (so bei Art. 11 EGBGB).

117 2. **Systemvergleich:** Der Grundsatz der Gesamtverweisung im autonomen deutschen Recht ist gegenüber dem Ausland toleranter als die Sachnormverweisung. Er lässt Raum für die Berücksichtigung der Wertungen des ausländischen Rechts. Bei **völkerrechtlichen Verträgen** haben die Staaten, auf deren Rechtsordnung verwiesen wird, oft selbst an dem Vertrag mitgewirkt; die Sachnormverweisung des Staatsvertrages entspricht auch ihrem Willen. Dies ist bei **unionsrechtlichem IPR** anders: Im interkontinentalen Rechtsverkehr setzt sich hier Europa als Region kraft **einseitiger Entscheidung** gegenüber dem Rest der Welt durch (wenn die Entscheidung durch ein Gericht eines Mitgliedstaates der EU zu treffen ist). Ebenso setzt sich bei der Gestaltung von völkerrechtlichem IPR als *loi uniforme* die Staatengemeinschaft des völkerrechtlichen Vertrages gegenüber Nicht-Vertragsstaaten einseitig durch.

3. **Prüfungsschritte beim *renvoi***

118 Bei der Fallbearbeitung empfiehlt es sich, in folgenden Prüfungsschritten vorzugehen:

1. **Schritt: Welcher Rechtsquelle entstammt die Kollisionsnorm?**
- Kommt völkerrechtliches oder unionsrechtliches IPR zur Anwendung? Dann erübrigt sich eine *renvoi*-Prüfung, weil dieses Sachnormverweisungen ausspricht.
- Kommt nationales deutsches IPR zur Anwendung?

Nur dann:

2. **Schritt: Welches Recht beruft das nationale IPR?** (IPR-Prüfung nach deutschem Recht)
- Beruft sie deutsches Recht? Dann stellt sich das *renvoi*-Problem nicht.
  Beispiel: Fall 1 → Rn. 4 ff.
- Beruft sie fremdes Sachrecht (Sachnormverweisung)? Dann stellt sich das *renvoi*-Problem ebenfalls nicht.
- Spricht die Kollisionsnorm eine Gesamtverweisung auf fremdes Recht (des Staates X) aus?

Nur dann:

3. **Schritt: Welches Recht beruft die fremde Kollisionsnorm des Staates X?** (IPR-Prüfung nach fremdem Recht):
- Beruft sie das eigene Recht (des Landes X)? Dann stellt sich das *renvoi*-Problem nicht.
  Beispiel: Fall 3, → Rn. 15).
- Beruft sie fremdes Sachrecht (des Staates Y oder der Bundesrepublik Deutschland)? Dann stellt sich das *renvoi*-Problem nicht.
- Spricht sie eine Gesamtverweisung auf fremdes Recht aus?
- Spricht sie einen *renvoi* auf deutsches Recht aus? Die Prüfung ist nach Art. 4 I 2 EGBGB abzubrechen und deutsches Sachrecht anzuwenden.
- Spricht sie eine Weiterverweisung auf ein weiteres fremdes Recht (des Staates Y) aus?

Nur dann:

4. **Schritt: Welches Recht beruft die Kollisionsnorm dieses weiteren fremden Rechts?** (IPR-Prüfung nach dem Recht des Staates Y):
Diese Fälle sind selten und bei weiterer Gesamtverweisung zT kompliziert (vgl. dazu Kegel/Schurig IPR § 10 IV 1, 400–402).

II. **Zur Vertiefung**

119 1. Die Regelung in Art. 4 I EGBGB (Gesamtverweisung, Beachtung des *renvoi*, Abbrechen und Anwendung deutschen Sachrechts) dient dem **äußeren (internationalen) Entscheidungseinklang** (der deutsche Richter soll so entscheiden wie der fremde Richter) **und** der **Praktikabilität** (der Abbruch der Verweisungskette nach einer Rückverweisung führt zur vermehrten Anwendung deutschen, also gerichtsbekannten Rechts). Vgl. Begr. Reg-E, BT-Drs. 10/504, 38, li. Sp.

2. Literatur:
Allgemein: PWW/*Mörsdorf-Schulte* EGBGB Art. 4 Rn. 2 ff., 9 ff.; *Rauscher* IPR Rn. 340 ff.; *v. Hoffmann/Thorn* IPR § 6 Rn. 87 ff.; *Kropholler* IPR § 24, 163–179; *v. Bar/Mankowski* IPR I § 3 II 1e (3) Rn. 73 und § 3 II 2c (2) Rn. 115 f. (zur Auslegung von IPR-Verweisungen in Staatsverträgen als Sachnormverweisungen).   120
Zu einzelnen Problemen:
Zum Problem der **mehrfachen** Weiterverweisung, zT kombiniert mit einem *renvoi*: vgl. die Fallgruppen bei *Kegel/Schurig* IPR § 10 IV, 400–402.
Zur **versteckten** und zur **hypothetischen** Rückverweisung: *Kropholler* IPR § 25, 179–183; *Kegel/Schurig* IPR § 10 VI, 410–413.
Zu den Ursprüngen des *renvoi*-Problems: *Kahn* IPR I 18–21 (kurz, klar, kritisch) und die lesenswerten Darstellungen zu den Entscheidungen der französischen *Cour de Cassation* im Fall »Forgo« bei *Kegel/Schurig* IPR § 10 I, 389 f. und *Ancel/Lequette* Grands Ârrets de la Jurisprudence française de Droit International Privé Nr. 7–8 (zwei der Forgo-Entscheidungen sind – wie fast alle wichtigen Entscheidungen des Kassationshofes zum französischen IPR – in dieser Urteilssammlung und -kommentierung abgedruckt).
Zu ausländischen Rechten (soweit dort kein völkerrechtliches oder unionsrechtliches IPR gilt oder zum Zuge kommt): vgl. die allgemeinen Hinweise in → Rn. 812 ff.
Frankreich: *Audit* DIP Rn. 224–226, Erklärung der Begriffe *renvoi au 1er degré* (= deutsche Rückverweisung, → Rn. 305) und *renvoi au 2ème degré* (= deutsche Weiterverweisung, → Rn. 306).
Großbritannien: *Dicey/Morris/Collins* Conflict 4–009–4–038 (chapter 4) mit Darstellung der aus England stammenden *foreign court theory* (theory of double or total renvoi; English doctrine of renvoi), die wegen ihrer Eigenheiten ein Klassiker der IPR-Rechtsvergleichung ist: Der englische Richter entscheidet demnach den Fall so, als ob ihn das ausländische Gericht *(foreign court)* entscheiden müsste. Würde dieses die Verweisungskette abbrechen (zB nach Art. 4 I 2 EGBGB), dann bricht auch der englische Richter die Verweisung ab (und wendet zB wegen Art. 4 I 2 EGBGB iVm der *foreign court theory* wie der deutsche Richter deutsches Recht an). Vgl. zur *foreign court theory* die kurze Darstellung bei *Kegel/Schurig* IPR § 10 III 3, 289; *Schack* Höchstrichterl. Rspr. IPR, Nr. 3; äußerst kritisch auch aus britischer Sicht *Cheshire/North/Fawcett* PIL 51–66 (Chapter V).
Italien: *Picone* Rivista del diritto internazionale 1999, 325; *Venturi* Rivista del diritto internazionale privato processuale 1999, 525 (Beispiel für die Darstellung eines Rechts, das den *renvoi* ablehnt).
Schweiz: *Knoepfler/Schweizer* DIP Rn. 398–425 (Chapitre VIII), oder *Bucher* Droit international privé Suisse, Bd. I/2, 1995, Rn. 245–299.
USA: *Scoles/Hay/Borchers/Symeonides* Conflict 138–142 (Chapter 3. II. B.), mit Erläuterung der besonderen Funktion des *renvoi* im US-amerikanischen Recht.

III. *Renvoi* kraft anderer Qualifikation

Qualifikation bei Anwendung fremden Kollisionsrechts: Wie in II. erörtert, verweist autonomes nationales (deutsches) IPR als Gesamtverweisung auf **fremdes** nationales Internationales Privatrecht. Nur um diese Fallgestaltung geht es in diesem Abschnitt (ausgeschlossen sind damit Fälle, in denen staatsvertragliches, unionsrechtliches oder harmonisiertes nationales IPR anzuwenden ist).   121

In diesen Fällen ist bei der *renvoi*-Prüfung die Qualifikation nach den Systembegriffen des **fremden** Rechts vorzunehmen.[57] Es kann deshalb vorkommen, dass das zu   122

---

57 BGH FamRZ 1980, 673 (674 li. Sp.).

qualifizierende Rechtsinstitut im fremden Recht aufgrund anderer Systematik anders qualifiziert und deshalb anders angeknüpft wird. Die andere Qualifikation kann zu einem *renvoi* führen (sog. **Qualifikationsverweisung** bzw. **Qualifikationsrückverweisung**).[58] In diesen Fällen unterscheidet man zum Teil zwischen der »**Qualifikation ersten Grades**« (im deutschen Kollisionsrecht) und der »**Qualifikation zweiten Grades**« (im fremden Kollisionsrecht).[59]

123 **Arbeitsblock** Zur Ergänzung: Ergänzung der Prüfungsschritte bei der Qualifikation (Ergänzung von Rn. 96)

Erster Schritt: Subsumtion unter die in Deutschland geltende Kollisionsnorm (Qualifikation ersten Grades):
- Zusammenstellung der in Betracht kommenden unionsrechtlichen, völkervertraglichen und nationalen Kollisionsnormen;
- Auswahl der »richtigen« Kollisionsnorm (→ Rn. 76 ff. für Details).

Nur bei einer Gesamtverweisung ins fremde Recht (durch autonomes nationales IPR):

Zweiter Schritt: Subsumtion unter die fremde Kollisionsnorm (Qualifikation zweiten Grades):
- Zusammenstellung der in Betracht kommenden fremden und völkervertraglichen Kollisionsnormen;
- Qualifikation der fremden Kollisionsnormen nach den Systembegriffen des fremden Rechts (mögliche Folge: *renvoi* aufgrund anderer Qualifikation). Etwaige staatsvertraglichen Kollisionsnormen (die nicht bereits beim ersten Schritt zum Zuge kamen) sind wiederum die Ziele des Übereinkommens, die Entstehungsgeschichte und die Rechtspraxis der Vertragsstaaten zu beachten.

C. Weitere Korrekturen des Prinzips

I. Vorfragen und Erstfragen

1. Bei Anwendung von völkerrechtlichem IPR

124 **Fall 9:**[60] Eine türkische Familie lebt in Hamburg. Die Eltern wollen ihre 17-jährige Tochter Yasar – türkischen Rechts- und Moralvorstellungen entsprechend – für eine künftige Ehe erhalten und die Familienehre schützen. Deshalb soll Yasar Kopf und Arme bedeckt halten, keine Hosen anziehen und den Kontakt mit anderen Jugendlichen meiden. Schließlich verbieten die Eltern ihrer Tochter auch den Schulbesuch. Yasar widersetzt sich. Als der Vater daraufhin bestimmt, die Tochter sei in die Türkei zu verbringen, wendet sich Yasar an ein Hamburger Vormundschaftsgericht mit dem Antrag auf Erlass einer Schutzmaßnahme nach § 1666 BGB.

Für die Bundesrepublik gilt im Verhältnis zur Türkei das Haager Übereinkommen über die Zuständigkeit der Behörden und das anzuwendende Recht auf dem Gebiet des Schutzes von Minderjährigen v. 5. 10. 1961 (»**MSA**«).[61] Zwar ist inzwischen das *Haager Übereinkommen über die Zuständigkeit, das anzuwendende Recht, die Anerkennung, Vollstreckung und Zusammenarbeit auf dem Gebiet der elterlichen Verantwortung und der Maßnahmen zum Schutz von Kindern* v. 18. 10. 1996 (»**KSÜ**«)[62]

---

58 Dazu vgl. *Lüderitz* IPR Rn. 133; vertiefend *Jayme* ZfRV 1976, 93–108.
59 *Ferid* IPR Rn. 4–19.
60 Angelehnt an KG NJW 1985, 70.
61 BGBl. 1971 II 217, 1150; 1984 II 460 (*Jayme/Hausmann* Nr. 52).
62 BGBl. 2009 II 603 (*Jayme/Hausmann* Nr. 53).

in Kraft getreten (→ Rn. 663). Das MSA wird jedoch gem. **Art. 51 KSÜ** nur im Verhältnis zu den Mitgliedstaaten beider Übereinkommen verdrängt. Da die Türkei nur Mitgliedstaat des MSA, nicht aber des KSÜ ist, ist das MSA anwendbar (→ Rn. 502). Nach Art. 1, 2 I des Übereinkommens iVm § 1666 BGB ist das deutsche Vormundschaftsgericht zuständig und hat deutsches Recht anzuwenden, wenn der *Minderjährige* seinen Aufenthalt in Deutschland hat. Nach welchem Recht bestimmt sich, ob die 17-jährige Yasar minderjährig ist?

Im Fall 9 setzt bereits die **Kollisionsnorm** im Tatbestand ein Rechtsverhältnis (Minderjährigkeit) voraus. Die Beantwortung der **Hauptfrage** nach dem auf die Schutzmaßnahme anwendbaren Recht hängt von der **Vorfrage** (im Sinne einer »**Erstfrage**«) ab, ob die 17-jährige Yasar minderjährig ist. 125

> **Hinweis:** Die wohl noch hM spricht stets von einer Vorfrage, wenn eine Norm – also eine Kollisionsnorm *oder* eine Sachnorm eine juristische Sachlage (hier: Minderjährigkeit) voraussetzt;[63] andere[64] differenzieren und sprechen bei in Kollisionsnormen vorausgesetzten Rechtsverhältnissen (wie im Fall 10) von »Erstfragen«. Praktische Auswirkungen hat diese begriffliche Differenzierung nicht.[65]

Für die Beantwortung der Vorfrage muss wiederum das sachnächste (»richtige«) Recht herangezogen werden. Dafür ist zu entscheiden, **welches Internationale Privatrecht** das auf die Vorfrage anzuwendende Recht bestimmt. Kann der Hamburger Richter ohne Rücksicht auf die Rechtsqualität der auf die Hauptfrage anzuwendenden Kollisionsnorm das an seinem Gerichtsort geltende deutsche IPR anwenden (man sagt: dann knüpft er **selbstständig** an)? Oder sollte er stets das IPR des für die Hauptfrage ermittelten Statuts (dh die Kollisionsnormen der Rechtsordnung, die auf die Hauptfrage anzuwenden ist) anwenden (dann knüpft er **unselbstständig** an)? Die selbstständige Anknüpfung fördert den **nationalen Entscheidungseinklang**: Alle deutschen Richter wenden das gleiche IPR auf die gleiche Vorfrage an. Die unselbstständige Anknüpfung fördert hingegen den **internationalen Entscheidungseinklang**: Unabhängig von dem auf die Hauptfrage angewendeten IPR wird das auf die Vor- oder Erstfrage angewendete Recht nach dem IPR bestimmt, dessen Sachrecht auch über die Hauptfrage entscheidet. 126

Im Fall 9 ist **völkervertragliches IPR** anzuwenden. Bei Anwendung völkervertraglichen Kollisionsrechts ergibt sich die Anknüpfung der Vorfrage (Erstfrage) häufig bereits aus dem **Wortlaut** oder dem durch Auslegung zu ermittelnden **Zweck des Übereinkommens**. Bietet ein Übereinkommen keine konkreten Anhaltspunkte für die Lösung des Vorfragenproblems, so ist zur Förderung des durch das Übereinkommen angestrebten internationalen Entscheidungseinklangs **unselbstständig** anzuknüpfen:[66] Der Richter wendet die **Kollisionsnormen des für die Hauptfrage ermittelten Statuts** (Kollisionsnormen der *lex causae*) auf die Lösung der Vorfrage an. Die für die Hauptfrage getroffene IPR-Entscheidung des Übereinkommens prägt damit auch die Lösung der Vorfrage. Da das Übereinkommen ein in sich geschlossenes System darstellt, fördert dies den internationalen Entscheidungseinklang: Wenn die Gerichte aller Vertragsstaaten eines Übereinkommens so handeln, wird auf die 127

---

63 Kegel/Schurig/*Schurig* § 9 I 2, 374 f. und § 9 II 1, 381 unten; inzident BGHZ 43, 213 (218 f.).
64 *Kropholler* IPR § 18 II, 134; *v.Hoffmann/Thorn* IPR § 6 Rn. 47 ff.; *Schlosshauer-Selbach* IPR Rn. 111.
65 Vgl. MüKoBGB/*Sonnenberger* Einleitung IPR Rn. 533, 535.
66 LG Karlsruhe FamRZ 2003, 956; PWW/*Mörsdorf-Schulte* EGBGB Art. 3 Rn. 46.

Vorfrage stets das gleiche IPR angewendet, sodass das gleiche nationale Recht zur Anwendung kommt.⁶⁷

128 Im Fall 9 regelt das Minderjährigenschutzübereinkommen ausdrücklich die Anknüpfung der Vorfrage nach der Minderjährigkeit. Art. 12 des Übereinkommens bestimmt, dass als minderjährig anzusehen ist, wer sowohl nach seinem Heimatrecht als auch nach dem Recht des gewöhnlichen Aufenthalts minderjährig ist. Um minderjährig im Sinne des Übereinkommens zu sein, muss die 17-jährige Yasar also nicht nur nach dem deutschen Aufenthaltsrecht (§ 2 BGB), sondern auch nach türkischem Recht minderjährig sein. Da die Minderjährigkeit im türkischen Recht ebenfalls erst mit Vollendung des 18. Lebensjahres endet,⁶⁸ ist Yasar minderjährig im Sinne des Übereinkommens. Die Vorfrage (im Sinne einer Erstfrage) ist damit entschieden.

2. Bei Anwendung von unionsrechtlichem IPR

129 **Fall 10 (angelehnt an einen Sachverhalt aus der Praxis)** Ein irisches Unternehmen wird von einem deutschen Unternehmen auf Zahlung von Entgelt für Dienstleistungen (automatisch in Irland generierte Verwahrung von Daten in Deutschland) in Anspruch genommen. Es möchte sich durch Aufrechnung mit einer vertraglichen Schadensersatzforderung wehren.

Das Aufrechnungsstatut ist nach Art. 17 Rom I-VO zu ermitteln: »Ist das Recht zur Aufrechnung nicht vertraglich vereinbart, so gilt für die **Aufrechnung** das Recht, dem die Forderung unterliegt, gegen die aufgerechnet wird«. Es gilt damit das Vertragsstatut der Hauptforderung (Passivforderung), die durch die Aufrechnung mit der Gegenforderung (Aufrechnungsforderung des irischen Unternehmens) erfüllt werden soll.⁶⁹ Welches Recht entscheidet über den Bestand und die Aufrechenbarkeit der für die Aufrechnung in Betracht kommenden Gegenforderung?

130 Über das auf die Prüfung von Bestand und die Aufrechenbarkeit der Gegenforderung anwendbare Recht schweigt Art. 17 Rom I-VO. Im Fall 10 setzt wiederum bereits die **Kollisionsnorm** im Tatbestand ein Rechtsverhältnis (aufrechenbare Gegenforderung) voraus. Die Anwendung der unionsrechtlichen IPR-Bestimmung über die Aufrechnung (**Hauptfrage**) hängt von der **Vorfrage** (im Sinne einer »**Erstfrage**«) ab, ob eine aufrechenbare Gegenforderung besteht.

131 Nach den für die Auslegung von Unionsrecht geltenden Grundsätzen (→ Rn. 62) ist beim **Wortlaut** der Rom I-VO anzusetzen und zu fragen, wie der **Zweck** der Rom I-VO, die Weiterentwicklung des europäischen Binnenmarktes und die Stärkung des europäischen Rechtsraums durch ein einheitliches internationales Schuldrecht für die Europäische Union, am besten verwirklicht werden kann. Sofern sich die Anknüpfung der Vorfrage nicht bereits aus dem bestehenden System des unionsrechtlichen IPR (Rom I- und Rom II-VO) ergibt, bietet es sich im Lichte dieser Ziele an, zur Förderung des europäischen Entscheidungseinklangs innerhalb der EU **unselbständig anzuknüpfen**. (Dies ist eine hier vertretene These, die wegen der Neuheit der Rom I-VO noch nicht richterlich verprobt ist.)

Im Fall 10 enthält die Rom I-VO eigene IPR-Regeln für die Prüfung des vertraglichen Gegenanspruchs bereit (insbesondere Art. 3 und 4 Rom I-VO), sodass diese anzuwenden sind.

---

67 Vgl. *Lüderitz* IPR Rn. 141; MüKoBGB/*Sonnenberger* Einleitung IPR Rn. 570 mwN.
68 Art. 11 türk. ZGB; vgl. *Ansay/Wallace* Turkish Law 85.
69 Vgl. PWW/*Brödermann/Wegen* Rom I-VO Art. 17 Rn. 2.

3. Bei Anwendung von nationalem IPR

Fall 11:[70] Ein griechisches Paar, das sich zum griechisch-orthodoxen Glauben bekennt, hatte in Deutschland vor einem Pfarrer, der nicht von der griechischen Regierung zur Vornahme von Trauungen ermächtigt war, nach dem Ritus der Glaubensgemeinschaft die Ehe geschlossen. Nach dem Tode des Ehemanns bestreitet der Bruder des Erblassers das Erbrecht der Witwe. Da eine internationale Konvention nicht zur Anwendung kommt, ist wegen Art. 25 I EGBGB griechisches Erbrecht anzuwenden (das griechische IPR spricht keine Rückverweisung aus.[71] Nach Art. 1380 des griechischen Zivilgesetzbuchs (griech. ZGB) erbt der überlebende »Ehegatte«. Es muss also eine wirksame Ehe vorliegen. Nach welchem Recht bestimmt sich, ob die Ehe wirksam ist?

132

Im Fall 11 setzt die griechische **Sachnorm** (Art. 1380 griech. ZGB; und nicht wie in Fällen 9 und 10 die berufene Kollisionsnorm) im Tatbestand das Bestehen eines Rechtsverhältnisses (Ehe) voraus. Die Beantwortung der **Hauptfrage** nach dem Erbrecht der Witwe hängt von der **Vorfrage** ab, ob eine formwirksame Ehe vorlag. Sie ist nicht automatisch nach dem für die Beantwortung der Hauptfrage ermittelten (griechischen) Statut zu lösen. Vielmehr ist die Vorfrage einer eigenen kollisionsrechtlichen Betrachtung zu unterziehen.

133

Im **autonomen Kollisionsrecht** löst die hM die Vorfrage grundsätzlich mit Hilfe von Kollisionsnormen der *lex fori* (sog. »*lex fori*-Anknüpfung« oder »selbstständige Anknüpfung«.[72] Dies fördert den **internen Entscheidungseinklang**. Im Fall 11 käme damit deutsches IPR zum Zuge. Nach Art. 13 III 1 EGBGB ist eine im Inland geschlossene Ehe grundsätzlich nur formwirksam, wenn sie der »Ortsform« genügt. Da die Ehe in Deutschland geschlossen wurde, ist insoweit deutsches Recht anzuwenden. Die Formerfordernisse des deutschen Rechts (§ 1310 BGB) sind jedoch nicht eingehalten, da lediglich eine Trauung nach griechisch-orthodoxem Ritus stattgefunden hat. Auch Art. 13 III 2 EGBGB hilft nicht weiter, da der Pfarrer nicht von der griechischen Regierung zur Vornahme von Trauungen ermächtigt war. Demnach wäre die Ehe nicht wirksam. Bei selbstständiger Anknüpfung der Vorfrage würde die überlebende »Ehe«-Frau also nicht erben.

134

Die Gegenansicht knüpft auch bei Anwendung des nationalen IPR unselbstständig an. Danach käme im vorliegenden Fall das griechische IPR zur Anwendung. Nach Art. 13 I 2 griech. ZGB[73] richtet sich die Formwirksamkeit der Ehe entweder nach dem Ortsrecht oder nach dem Heimatrecht einer der Personen, die heiraten wollen. Zwar haben die Ehegatten die (deutsche) Ortsform nicht eingehalten, doch wurde die Ehe nach dem griechischen Heimatrecht beider Ehegatten (Art. 1367 griech. ZGB) formwirksam geschlossen. Bei unselbstständiger Anknüpfung der Vorfrage würde die überlebende Ehefrau deshalb erben.

135

Im Fall 11 führen selbstständige und unselbstständige Anknüpfung der Vorfrage zu entgegen gesetzten Ergebnissen. Für die selbstständige Anknüpfung spricht vor allem das Interesse an einem **internen (inneren) Entscheidungseinklang**: In jedem Rechtsstreit vor einem deutschen Gericht über ganz unterschiedliche Hauptfragen (zB Scheidung, Unterhalt, Erbrecht) würde der Richter die Vorfrage nach der Formwirk-

136

---

70 Angelehnt an BGHZ 43, 213.
71 Vgl. Ferid/Firsching/*Georgiades/Papadimitropoulos* Bd.III Griechenland Grdz. C1 Rn. 10.
72 Vgl. PWW/*Mörsdorf-Schulte* EGBGB Art. 3 Rn. 35, Palandt/*Thorn* EGBGB Einl. v. Art. 3 Rn. 29 mwN.
73 Abgedr. bei Bergmann/Ferid/*Kastrissios* Griechenland II B. 1, 12 a ff.

samkeit der Ehe selbstständig und damit nach Art. 13 EGBGB anknüpfen, sodass die Ehe in Deutschland einheitlich als unwirksam angesehen würde. Für die unselbstständige Anknüpfung spricht hingegen das Interesse an einem **internationalen (äußeren) Entscheidungseinklang**: Der deutsche Richter würde die Vorfrage nach der Formwirksamkeit der Ehe ebenso entscheiden wie der griechische und die Ehe daher als formwirksam ansehen.

137 Von den Vertretern beider Ansichten wird zugestanden, dass keiner der Lösungswege strikt eingehalten werden sollte. Letztlich geht es um die **Auslegung der Norm der Hauptfrage**.[74]

> **Faustregel:** Hat der Fall eine starke Inlandsbeziehung, so sollte dem Interesse an einem internen Entscheidungseinklang der Vorzug gegeben und daher nach der *lex fori* (= selbstständig) angeknüpft werden; bei starkem Auslandsbezug ist dagegen nach der *lex causae* (= unselbstständig) anzuknüpfen.[75] Im Fall 11 kann man guten Grundes von einem so starken Auslandsbezug ausgehen, dass nach der *lex causae* angeknüpft werden sollte.[76]

> **Arbeitsblock**
> I. Zur Ergänzung
138   1. **Abgrenzung zur Teilfrage**
> Von der Vorfrage/Erstfrage ist die so genannte **Teilfrage** zu unterscheiden. Sie betrifft **Bestandteile des Anknüpfungsgegenstandes**. So ist zB die Frage nach der Deliktsfähigkeit Teilfrage der Hauptfrage nach einem deliktischen Schadensersatzanspruch.
> Soweit Teilfragen nicht gesetzlich geregelt sind (zB in Art. 7, 11, 26 EGBGB), werden sie unselbstständig angeknüpft (Beispiel: Deliktsfähigkeit); vgl. dazu PWW/*Mörsdorf-Schulte* EGBGB Art. 3 Rn. 32; *Schlosshauer-Selbach* IPR Rn. 131; zum Verhältnis Teilfrage/Vorfrage/Qualifikation: MüKoBGB/*Sonnenberger* Einleitung IPR Rn. 533 f.
> Werden Teilfragen durch eine eigene Kollisionsnorm gesetzlich geregelt (zB die Rechts- und Geschäftsfähigkeit in Art. 7 EGBGB), so spricht man zT auch von **Sonderanknüpfung** (*Wengler* ZVglRWiss 54 [1941] 168 [172]; PWW/*Mörsdorf-Schulte* EGBGB Art. 3 Rn. 33; *Schlosshauer-Selbach* IPR Rn. 131 ff.) oder von *dépeçage* (v. Bar/Mankowski IPR I § 1 II 5 Rn. 28; PWW/*Mörsdorf-Schulte* EGBGB Art. 3 Rn. 33).
139   2. **Abgrenzung zur Substitution**
> Von der Vorfrage zu unterscheiden ist ferner die Substitution. Sie betrifft die Frage, ob sich ein im inländischen Sachrecht **vorausgesetzter Vorgang** (Beispiel: Notarielle Beurkundung einer Satzungsänderung in § 53 II 1 GmbHG) **durch eine Handlung ersetzen** (substituieren) **lässt**, die im Ausland (Beispiel: Schweiz) nach ausländischem Recht vorgenommen worden ist. Entscheidend ist, ob der im Ausland vorgenommene Rechtsvorgang dem deutschen gleichwertig ist (so BGHZ 80, 76 (78) zur Beurkundung einer Satzungsänderung durch einen Züricher Notar; vgl. auch OLG Düsseldorf RIW 1989, 225, das die Frage der Zulässigkeit der Substitution jedoch offen lassen konnte, da wegen Art. 11 I EGBGB auch die Einhaltung der ausländischen Ortsform genügte; dies dürfte häufig der Fall sein). Vgl. in der Literatur *Kropholler* IPR § 33, 231 ff. und *Mansel*, FS W. Lorenz, 1991, 689–715 sowie *Brödermann/Iversen* Europ. GemeinschaftsR und IPR Rn. 130 (Anerkennung ausländischer Gesellschaften als Substitutionsproblem).
> 3. Literatur: PWW/*Mörsdorf-Schulte* EGBGB Art. 3 Rn. 46–48; *Rauscher* IPR Rn. 485–524.
> II. Zur Vertiefung
140   Literatur
> • v. *Hoffmann/Thorn* IPR § 6 Rn. 42–72 (im Ergebnis entgegen der hM für die grundsätzlich unselbstständige Anknüpfung der Vorfrage).

---

74 So PWW/*Mörsdorf-Schulte* EGBGB Art. 3 Rn. 47.
75 Vgl. zB *Ferid* IPR Rn. 4–62 bis 4–63.
76 Vgl. dagegen den BGH in dem etwas anders gelagerten Fall: BGHZ 43, 213 (218 ff.).

> - Zu Vorfragen bei Anwendung völkervertraglichen Kollisionsrechts: *Kropholler* IPR § 32 VI, 229 f.; *ders.* EinheitsR 337 ff.; *Wienke*, Zur Anknüpfung der Vorfrage bei international-privatrechtlichen Staatsverträgen, 1977, mit Zusammenfassung 195–199; *Wengler* IPRax 1991, 105.
> - Zu Vorfragen bei Anwendung von autonomem IPR: *Kropholler* IPR § 32 I-V, 22; *Schurig*, FS Kegel, 1987, 549; *Winkler v.Mohrenfels* RabelsZ 51 (1987) 20–34.

II. Gesetzesumgehung

> **Fall 12:**[77] Die italienischen Eheleute Bellogiorno leben seit 15 Jahren in München, als sie im Oktober 2009 einen deutschen Notar aufsuchen, um einen Erbvertrag abzuschließen. Der Notar weist auf Folgendes hin: Für die Beerbung italienischer Staatsangehöriger verweist Art. 25 I EGBGB auf italienisches Recht. Dieses nimmt die Verweisung an, weil Art. 23 des Gesetzes über die Reform des italienischen IPR-Systems vom 31. 5. 1995, Nr. 218[78] ebenfalls an die Staatsangehörigkeit des Erblassers anknüpft. Die Frage nach der Zulässigkeit eines Erbvertrags wird vom Erbstatut umfasst.[79] Nach italienischem Recht sind Erbverträge nichtig (Art. 458 ital. Codice Civile). Die Beurkundung des Erbvertrags lehnt der Notar deshalb ab. Daraufhin betreiben die Bellogiornos ihre Einbürgerung und werden im Mai 2010 deutsche Staatsangehörige, wie sie es schon seit längerem geplant hatten. Ist der Abschluss eines Erbvertrags nunmehr zulässig, da Art. 25 I EGBGB jetzt auf deutsches Recht verweist, das Erbverträge zulässt (§§ 1941, 2274 BGB)?

141

Das Problem der **Gesetzesumgehung** (*fraus legis*) ist gesetzlich nicht geregelt. Es hat relativ wenig praktische Relevanz.[80] Im Wesentlichen geht es um Fälle, in denen den Beteiligten die Sachnormen einer bestimmten Rechtsordnung nicht genehm sind und sie durch **Beeinflussung des Anknüpfungspunktes** einer Kollisionsnorm die Anwendung einer günstigeren Sachnorm einer anderen Rechtsordnung erreichen wollen. Grundsätzlich wird ein solcher **Statutenwechsel** von der Rechtsordnung gebilligt und der neue Anknüpfungspunkt beachtet. Eine missbilligte Gesetzesumgehung liegt erst dann vor, wenn eine andere Anknüpfung **ausschließlich** zur Ausschaltung unerwünschter Normen des an sich berufenen Rechts und in **ungewöhnlich arglistiger Weise** hergestellt wird, um die Anwendung eines günstigeren Rechts zu »erschleichen«. In diesen Fällen wird die »erschlichene« Rechtsnorm nicht beachtet und das vor dem Statutenwechsel berufene Recht angewendet.[81] Die Voraussetzungen der Gesetzesumgehung (insbesondere Arglist) sind in der Praxis nur selten nachzuweisen. *Ferid*[82] argumentiert überzeugend: War die Änderung der Anknüpfung für den Interessenten nur schwer möglich (zB die Änderung der Staatsangehörigkeit), so wird man ihm kaum nachweisen können, dass er **nur** zur Umgehung der unerwünschten Sachnorm handelte. War die Änderung dagegen leicht möglich (zB ein Wohnsitzwechsel), so ist zu berücksichtigen, dass der Gesetzgeber bei der Wahl des Anknüpfungspunktes diesen einfachen Weg gesehen und in Kauf genommen hat, sodass eine ungewöhnliche Arglist selten vorliegen wird.

142

---

77 Angelehnt an *Firsching* IPR Fall 47.
78 Abgedr. bei Ferid/Firsching/*Stadler* Bd. IV Italien Texte A I.
79 Vgl. *Kegel/Schurig* IPR § 21 III 2 c, S. 1015.
80 MüKoBGB/*Sonnenberger* Einleitung IPR Rn. 746 ff., 749.
81 *Raape/Sturm* IPR I 331; Soergel/*Kegel* EGBGB Vor Art. 3 Rn. 142.
82 *Ferid* IPR Rn. 3–176.

143 Da die Bellogiornos im Fall 12 eine mühsame Einbürgerung betreiben mussten, bereits seit mehr als 15 Jahren in Deutschland lebten und ohnehin Deutsche werden wollten, ist ihr Verhalten nicht ungewöhnlich arglistig. Der Abschluss eines Erbvertrags nach deutschem Recht ist daher zulässig.

Arbeitsblock Zur Vertiefung

144 I. Die **dogmatische Einordnung** der Gesetzesumgehung ist nicht endgültig geklärt. Teilweise werden die Fälle der Gesetzesumgehung mit Hilfe des *ordre public* gelöst (MüKoBGB/*Sonnenberger* Einleitung IPR Rn. 749; weitere Nachweise bei Soergel/*Kegel* EGBGB Vor Art. 3 Rn. 144). Andere begreifen die Feststellung der Gesetzesumgehung als Fall der Auslegung und prüfen, ob die Manipulation des Anknüpfungspunktes gegen den Schutzzweck der Kollisionsnorm (Soergel/*Kegel* EGBGB Vor Art. 3 Rn. 143) und der umgangenen Sachnorm (vgl. Palandt/*Thorn* EGBGB Einl. v. Art. 3 Rn. 26 aE) verstößt. Für diese Abgrenzung zum *ordre public* spricht insbesondere folgendes Argument: Die Gesetzesumgehung betrifft die Beeinflussung des Anknüpfungspunktes als Voraussetzung der Anwendung fremden Rechts, während der *ordre public* das Ergebnis der Anwendung fremden Rechts betrifft. Darüber hinaus könnte Art. 6 EGBGB nur jene Fälle unproblematisch lösen, in denen deutsches Sachrecht umgangen wird (vgl. *v.Overbeck* Rec. 1982 III, 9 [209]).

145 II. **Abgrenzung zum Handeln unter falschem Recht**
Beim sog. Handeln unter falschem Recht gehen die Betroffenen **irrtümlich** davon aus, dass eine Rechtsordnung Anwendung findet, die von der Kollisionsnorm nicht berufen wird.
Beispiel: Eine deutsche Erblasserin testiert in Holland und glaubt, niederländisches Recht werde zur Anwendung kommen. Sie ordnet daher in ihrem Testament eine »elterliche Nachlassteilung« nach niederländischem Recht an (Instrument zur erbrechtlichen Besserstellung des überlebenden Ehegatten, vgl. *Schwefer,* Die erbrechtliche Stellung des überlebenden Ehegatten im niederländischen und deutschen Recht, 1987, 53–54). Nach Art. 25 I EGBGB ist aber deutsches Recht Erbstatut, das die elterliche Nachlassteilung nicht kennt. Das Erbstatut erfasst auch die Auslegung des Testaments (PWW/*Freitag* EGBGB Art. 25 Rn. 20, 23; Palandt/*Thorn* EGBGB Art. 25 Rn. 12), sodass auch der Begriff »elterliche Nachlassteilung« nach deutschem Recht (§ 133 BGB) auszulegen ist. Bei der Auslegung ist jedoch die Funktion der »elterlichen Nachlassteilung« im niederländischen Recht für die Ermittlung des Erblasserwillens zu berücksichtigen. Diesem Willen ist dann mit den erbrechtlichen Mitteln des deutschen Rechts Geltung zu verschaffen (zum Handeln unter falschem Recht vgl. *v. Bar/Mankowski* IPR I § 3 I 1 f Rn. 25 und *v. Bar/Mankowski* IPR I § 7 VI 2 Rn. 247 f.; PWW/*Mörsdorf-Schulte* EGBGB Art. 3 Rn. 59; kritisch PWW/*Freitag* EGBGB Art. 25 Rn. 23).

146 III. **Literatur**
PWW/*Mörsdorf-Schulte* EGBGB Art. 3 Rn. 42; *Kropholler* IPR § 23, 156–162; *v. Bar/Mankowski* IPR I § 7 I 11 a Rn. 128–137 (auch zur Unterscheidung zwischen der echten und der unechten Gesetzesumgehung) sowie ausführlich *Keller/Siehr* IPR 525–534; rechtsvergleichend *Sturm,* Scheinehen – ein Mittel zur Gesetzesumgehung?, FS Ferid, 1988, 519.

III. *Ordre public* (Vorbehaltsklauseln)

147 Die Verweisung einer deutschen Kollisionsnorm auf eine fremde Rechtsordnung ist immer ein »**Sprung ins Dunkle**«:[83] Ein fremder Gesetzgeber hat vor dem Hintergrund seiner Verfassung uU andere, zB religiöse Wert- und Gerechtigkeitsvorstellungen zu berücksichtigen (zB die nach dem Koran zulässige Polygamie). Daher kommt es nicht selten vor, dass der ausländische Gesetzgeber Normen schafft, deren Anwendung mit den Grundsätzen unseres Rechts schlichtweg unvereinbar ist.

---

[83] So *Raape* IPR 90.

III. Ordre public (Vorbehaltsklauseln)

Um die Anwendung derartiger Normen zu vermeiden, stellt das Kollisionsrecht oft Verweisungen unter den **Vorbehalt** der Vereinbarkeit des fremden Rechts mit der öffentlichen Ordnung (*ordre public, public policy*). Man spricht deshalb von **Vorbehaltsklauseln** oder *ordre public*-**Klauseln**. Die vom IPR bestimmte ausländische Rechtsordnung ist grundsätzlich nicht anzuwenden, wenn ihre Anwendung zu einem **Ergebnis** führt, das mit wesentlichen Grundsätzen des deutschen Rechts (insbesondere den Grundrechten, vgl. Art. 6 S. 2 EGBGB) offensichtlich unvereinbar ist. Dies ist von Fall zu Fall auf der Grundlage der anwendbaren Vorbehaltsklausel zu entscheiden. Die Anwendung einer Vorbehaltsklausel kommt in der Regel nur in Betracht, wenn der Sachverhalt einen hinreichenden Inlandsbezug hat, da andernfalls die inländischen Interessen nicht ausreichend berührt sind (**Relativität des** *ordre public*-**Vorbehalts**).

1. Völkerrechtliches IPR

Fall 13:[84] Ein polygamer Marokkaner zieht mit seiner ersten Frau nach Berlin. Seine zweite Frau lässt er in Marokko allein zurück. Eine Scheidung findet nicht statt. Die zweite Frau erhebt gegen ihren Ehemann im März 2011 in Dresden Klage auf Zahlung von Unterhalt ab 1. 4. 2011. Das Unterhaltsstatut ist für die Unterhaltsansprüche vor dem 18. 6. 2011 nach dem Haager Unterhaltsübereinkommen v. 2. 10. 1973 zu ermitteln: Zwar ist nur die Bundesrepublik und nicht auch Marokko Vertragsstaat des Übereinkommens, doch ist es wegen seines Art. 3 als loi uniforme (→ Rn. 48) anwendbar. Nach Art. 4 I des Übereinkommens ist marokkanisches Recht Unterhaltsstatut (kein renvoi, da Sachnormverweisung: → Rn. 149). Das marokkanische Recht, das unter bestimmten Voraussetzungen die Vielehe zulässt, gibt der Frau einen Unterhaltsanspruch.[85] Für die Unterhaltsansprüche ab dem 18. 6. 2011 bestimmt sich das anwendbare Recht nach Art. 15 EuUnthVO iVm dem Haager Unterhaltsprotokoll (→ Rn. 491 d). Art. 3 des Unterhaltsprotokolls führt ebenfalls zum marokkanischen Recht. Das deutsche Recht lässt die Polygamie nicht zu (§ 1306 BGB). Muss der deutsche Richter den Unterhaltsanspruch deshalb versagen?

148

Bei Anwendung **völkervertraglichen Kollisionsrechts** ist stets zu prüfen, ob das Übereinkommen bzw. Abkommen eine eigene *ordre public*-Klausel enthält. Ist dies nicht der Fall, kommt die Anwendung der allgemeinen deutschen Vorbehaltsklausel in Art. 6 EGBGB (→ Rn. 147) in Betracht. Im Fall 13 hat die *ordre public*-Prüfung daher nach Art. 11 des Haager Unterhaltsübereinkommens v. 2. 10. 1973[86] und nicht nach Art. 6 EGBGB zu erfolgen. Art. 11 bestimmt:

149

»(1) Von der Anwendung des durch dieses Übereinkommen bestimmten Rechtes darf nur abgesehen werden, wenn sie mit der öffentlichen Ordnung **offensichtlich unvereinbar** ist.

(2) Jedoch sind bei der Bemessung des Unterhaltsbetrages die Bedürfnisse des Berechtigten und die wirtschaftlichen Verhältnisse des Unterhaltsverpflichteten zu berücksichtigen, selbst wenn das anzuwendende Recht etwas anderes bestimmt.«

Die Prüfung, ob ein Verstoß gegen eine derartige Vorbehaltsklausel vorliegt, hat unter **Berücksichtigung des Konventionszwecks** zu erfolgen. Die Auslegung von Art. 11 I des Haager Unterhaltsübereinkommens v. 2. 10. 1973 ergibt, dass mit der »öffentlichen Ordnung«[87] die öffentliche Ordnung des jeweiligen Gerichtsstaates gemeint ist.

---

[84] In Abwandlung von Cour de Cassation, Chambre civile, 1ère section, v. 19. 2. 1963, Revue Critique de Droit International Privé 1963, 559, note Holleaux, 562–573.
[85] Vgl. Bergmann/Ferid/*Nelle* Marokko 12 und Art. 35 des marokkanischen Gesetzbuches des Personen- und Erbrechts v. 22. 11. 1957, abgedr. bei Bergmann/Ferid/*Nelle* Marokko 24 ff.
[86] *Jayme/Hausmann* Nr. 41.
[87] Actes et documents, 12ème, Bd. IV, 125–126, Anm. 81–83.

Deshalb hat der deutsche Richter zu prüfen, ob der Unterhaltsanspruch der Zweitfrau nach marokkanischem Recht mit der deutschen öffentlichen Ordnung offensichtlich unvereinbar ist. Dabei hat er nicht darüber zu entscheiden, ob das marokkanische Recht, welches die Mehrehe[88] zulässt, gegen den *ordre public* verstößt.[89] Zu fragen ist vielmehr ausschließlich, ob die Gewährung von Unterhalt gegenüber der Zweitfrau als **Ergebnis** der Anwendung marokkanischen Unterhaltsrechts **offensichtlich** anstößig ist. Im Hinblick auf die soziale Funktion des Unterhaltsrechts ist es aus unserer Sicht hinzunehmen, dass die Zweitfrau, die ihre Ehe in Marokko wirksam einging und auf diese Wirksamkeit vertraute, einen existenzsichernden Unterhaltsanspruch hat.[90] Diese Beurteilung entspricht auch dem Hauptzweck des Unterhaltsübereinkommens v. 2. 10. 1973.[91]

> Deshalb hat der deutsche Richter der Klage stattzugeben (dagegen wäre es nicht zulässig, wenn ein Marokkaner eine zweite marokkanische Ehefrau erst in Deutschland heiraten wollte. Zwar wären die Voraussetzungen der Eheschließung nach Art. 13 I EGBGB dem marokkanischen Recht zu entnehmen, doch verstieße in diesem Fall das Ergebnis der Anwendung fremden Rechts – Zulassung der Bigamie in Deutschland – gegen die Vorbehaltsklausel des Art. 6 EGBGB).

2. Bei Anwendung von unionsrechtlichem IPR

150 **Fall 14:** Ein deutscher Internetfan hackt den Computer einer Londoner Bank und überweist hohe Beträge an befreundete Menschen und Interessenbewegungen. Er wird von der Polizei gefasst. Die Londoner Bank erhebt Klage gegen den Hacker in Deutschland. Dabei verlässt sie sich darauf, dass nach Art. 4 I der Rom II-VO auch in Deutschland englisches Recht angewendet wird. Kann sie auch die nach englischem Recht möglichen »*exemplary damages*« durchsetzen?

151 Im Fall 14 wird unionsrechtliches IPR angewendet. **Art. 26 Rom II-VO** enthält für das internationale Deliktsrecht – ebenso wie **Art. 21 Rom I-VO** gleichlautend für das internationale Vertragsrecht – eine unionsrechtliche Vorbehaltsklausel. Danach »kann«[92] die Anwendung einer nach der Verordnung berufenen Rechtsnorm versagt werden, »*wenn ihre Anwendung mit der öffentlichen Ordnung (»ordre public«) des Staates des angerufenen Gerichts offensichtlich unvereinbar ist*«. Diese unionsrechtlichen Vorbehaltsklauseln führen damit in Grenzen zu einer **nationalen Prägung** bei der Anwendung des unionsrechtlichen IPR. Nach deutschem Rechtsverständnis geht die nach englischem Recht mögliche Gewährung von *exemplary damages* über das nach deutschem *ordre public* zumutbare Maß an Strafschadensersatz hinaus.[93] Denn dem deutschen Zivilrecht ist der Strafcharakter der *exemplary damages* fremd.

152 > Folge eines Verstoßes gegen den *ordre public* ist die Nichtanwendung der anstößigen ausländischen Norm, sodass im Fall 14 *exemplary damages* nach englischem Recht nicht durchgesetzt werden können. Im Übrigen ist die ausländische Rechtsordnung weiter berufen und die entstandene Lücke grundsätzlich mit Hilfe der ausländischen (hier: der englischen) Rechtsordnung zu schließen.

---

88 Seit 2004 nur noch unter bestimmten engen Voraussetzungen, vgl. *Andrae* IntFamR § 1 Rn. 53; *Nelle* StAZ 2004, 253 (260).
89 *Ferid* IPR Rn. 3–13, warnt: »Keine Sittenrichterei über ausländisches Recht!«.
90 Vgl. BVerwGE 21, 228 (230).
91 Schutz des Unterhaltsgläubigers, vgl. *Actes et documents*, 12ème, Bd. IV, 107, Anm. 32. Dieselbe Prüfung ist für die Ansprüche ab dem 18. 6. 2011 vorzunehmen: Art. 13 des Unterhaltsprotokolls enthält eine vergleichbare ordre public-Regelung, nach der es auf die öffentliche Ordnung des jeweiligen Gerichtsstands ankommt. Das Ergebnis bleibt daher dasselbe.
92 Von Amts wegen und damit iSv »ist«; *Leible* RIW 2008, 263.
93 Vgl. PWW/*Schaub*/*Mörsdorf-Schulte* Rom II-VO Art. 26 Rn. 2 mwN.

3. Bei Anwendung von nationalem IPR

Auch das nationale deutsche IPR im EGBGB enthält Vorbehaltsklauseln. Für einige Rechtsgebiete, zB das Familien- oder Deliktsrecht, gibt es **spezielle** und damit vorrangige Vorbehaltsklauseln (*lex specialis derogat legi generali*), → Rn. 160 (Arbeitsblock). Das Prinzip der Funktionsweise verdeutlicht ein Fall zur **allgemeinen Vorbehaltsklausel** in **Art. 6 EGBGB**.

153

> **Fall 15:**[94] Ein junges iranisches Ehepaar armenischer Abstammung (21 und 17 Jahre alt) zieht im Jahre 1995 nach Deutschland. Zwei gesunde Kinder kommen 2001 und 2004 zur Welt. Die mittlerweile 28 Jahre alte Ehefrau erwirbt im Jahr 2006 die deutsche Staatsangehörigkeit, um Beamtin werden zu können (vgl. § 7 I Nr. 1 BBG). Im Jahr 2007 will das Ehepaar ein deutsches Waisenkind als drittes Kind adoptieren und stellt einen entsprechenden Antrag beim Vormundschaftsgericht (§ 1752 BGB). Das Vormundschaftsgericht prüft, welches Recht auf die Adoption anwendbar ist. Ein internationales Übereinkommen kommt nicht zur Anwendung. Ebenso scheidet das Deutsch-iranische Niederlassungsabkommen von 17. 2. 1929[95] aus, welches nur anwendbar ist, wenn alle Beteiligten entweder nur Iraner oder nur Deutsche sind.[96] Daher bestimmt sich das anwendbare Recht nach autonomem IPR. Nach Art. 22 S. 2 EGBGB unterliegt die Adoption durch Ehegatten dem Recht, das nach Art. 14 I EGBGB für die allgemeinen Wirkungen der Ehe zur Zeit der Adoption maßgebend ist. Nach Art. 14 I Nr. 1 EGBGB unterliegen die allgemeinen Ehewirkungen »dem Recht des Staates, dem beide Ehegatten angehören oder während der Ehe zuletzt angehörten, wenn einer von ihnen diesem Staat noch angehört«.[97] Im vorliegenden Fall waren beide Ehegatten während der Ehe iranische Staatsangehörige. Der Ehemann ist noch immer Iraner. Daher kommt nach Art. 22 S. 2, 14 I Nr. 1 EGBGB iranisches Recht zur Anwendung (es wird entsprechend der vom AG Hagen vorgefundenen Rechtslage für die Zwecke dieses Falles unterstellt, dass das iranische IPR keinen *renvoi* ausspricht). Nach iranischem Recht ist eine Adoption unter diesen Umständen verboten, weil die Ehefrau weniger als 30 Jahre alt ist und das Ehepaar bereits ein Kind hat.[98] Muss das Vormundschaftsgericht deshalb den Antrag der Ehegatten ablehnen?

154

Im Fall 15 würde die Anwendung des iranischen Adoptionsverbots zu dem Ergebnis führen, dass das deutsch-iranische Ehepaar das Waisenkind nicht adoptieren könnte. Dieses **Ergebnis** stünde in krassem Widerspruch zum Selbstbestimmungsrecht der Ehegatten im deutschen Recht (Art. 6 I GG). Einen derartigen Widerspruch hat das AG Hagen in der dem Fall 15 zugrunde liegenden Entscheidung ausführlich begründet:

155

»Die Familienplanung gehört nach deutschen Rechtsvorstellungen zu den grundlegenden Rechten von Ehegatten. Es steht daher in ihrer Entscheidungsbefugnis, ob und in welchem Umfange sie die Familie durch ein leibliches oder durch die Annahme eines fremden Kindes erweitern wollen [...]. Der völlige Ausschluss der Kindesannahme [jedenfalls für Eltern mit einem Kind; Anm. d.Verf.] aufgrund einer auf religiösen Vorstellungen basierenden Rechtsordnung, die in der Bundesrepublik wegen der gänzlich andersartigen kulturellen und soziologischen Strukturen nicht ohne weiteres nachvollziehbar ist, die überdies die Rechtsstellung des dieser Religionsgemeinschaft nicht angehörenden Ehegatten außer Betracht lässt und keine Rücksicht auf das Wohl des Kindes nimmt [...], steht mit deutschen Gerechtigkeitsvorstellungen in einem unerträglichen Widerspruch.«[99]

156

---

94 Angelehnt an AG Hagen IPRax 1984, 279 mit Anm. *Jayme*.
95 RGBl. 1930 II 1002 (1006); BGBl. 1955 II 829 (*Jayme/Hausmann* Nr. 22).
96 Vgl. *Jayme* IPRax 1984, 279 f.; Soergel/*Kegel* EGBGB Vor Art. 3 Rn. 46.
97 Vgl. Einzelheiten zu Art. 14 EGBGB bei Soergel/*Kegel* EGBGB Art. 14 Rn. 368 f.
98 Vgl. § 9 S. 1 des Statuts zum Familienrecht der Armenier im Iran, v. 10. 6. 1324, abgedr. bei Bergmann/Ferid/*Enayat* Iran 176 sowie zum Ursprungsfall des AG Hagen *Jayme* IPRax 1984, 279.
99 Zit. nach *Jayme* IPRax 1984, 279; ähnlich OLG Schleswig NJW-RR 2001, 1372 für den ordre public-Verstoß von Adoptionsregelungen, die Kinderlosigkeit als unabdingbare Voraussetzung der Adoption vorsehen.

157 Zu diesem Widerspruch kommt hinzu, dass der Sachverhalt einen **engen Bezug zum Inland** aufweist, da sowohl die Ehefrau als auch das Kind Deutsche sind. Deshalb liegt ein Verstoß gegen den *ordre public* vor.

158 **Folge eines Verstoßes** gegen den *ordre public* ist im Fall 15 die Nichtanwendung der anstößigen ausländischen Norm. Die ausländische (hier: iranische) Rechtsordnung bleibt deshalb im Übrigen weiter berufen und die entstandene Lücke ist grundsätzlich mit Hilfe der ausländischen Rechtsordnung zu schließen.

> **Beispiel:** Das türkische Unterhaltsrecht lässt einen Verzicht auf künftigen Unterhalt zu, der gegen den deutschen *ordre public* verstößt; trotz Nichtbeachtung des Unterhaltsverzichts ist die Höhe des Unterhaltsanspruchs nach dem türkischen Unterhaltsstatut zu bestimmen.[100]

Nur in Fällen, in denen die Anwendung der an sich berufenen Rechtsordnung unmöglich erscheint (wegen erneuter Anstößigkeit oder mangels anwendungsfähiger Rechtssätze), soll auf deutsches Recht zurückgegriffen werden.[101]

159 Im Fall 15 führt der Verstoß gegen Art. 6 EGBGB dazu, dass die iranische Vorschrift, die die gegen den *ordre public* verstoßenden Regelungen vorsieht, nicht angewendet wird. Die Lücke wird primär durch die übrigen Regelungen des iranischen Rechts gefüllt (**Ersatzrecht**). Nach diesen ist eine Adoption als solche möglich, sodass sich die Adoption nach den übrigen iranischen Normen unter Ausschluss der gegen Art. 6 EGBGB verstoßenden Norm richtet.

Abwandlung: Würde das iranische Recht die Adoption insgesamt nicht kennen, so würde dies gleichfalls gegen Art. 6 EGBGB verstoßen. Hier bestünden keine iranischen Regelungen, die als Ersatzrecht zum Zuge kommen könnten. Die Adoption richtete sich daher subsidiär nach der *lex fori*, hier also deutschem Recht.

Arbeitsblock

I. Zur Ergänzung

160 1. **Spezielle Vorbehaltsklauseln im EGBGB:** Zum Teil wird die Generalklausel des Art. 6 EGBGB durch **spezielle Vorbehaltsklauseln** verdrängt, die in den Verweisungsnormen selbst enthalten sind. Sie typisieren die *ordre public*-Verstöße durch Beispiele und/oder konkretisieren die erforderliche Inlandsbeziehung (PWW/*Mörsdorf-Schulte* EGBGB Art. 6 Rn. 2); zum Teil ordnen sie die Anwendung deutschen Rechts an. Beispiele bieten das IPR des Familienrechts (Eheschließung: Art. 13 II EGBGB; Scheidung: Art. 17 III 2 EGBGB; eingetragene Lebenspartnerschaft: Art. 17b IV EGBGB) und das Deliktsrecht: Art. 40 III EGBGB (s. dazu *v. Hoffmann/Thorn* IPR § 6 Rn. 144 ff.).

161 2. **Inlandsbeziehung:**
a) Bei der Prüfung der Inlandsbeziehung bei der **Anwendung von Art. 6 EGBGB** gilt folgende **Faustregel:** »Je stärker die Inlandsbeziehung des Falles, desto weniger werden fremdartige Ergebnisse hingenommen, und je geringer diese Beziehung [. . .], desto befremdlicher muss das Ergebnis der Anwendung eines ausländischen Rechtssatzes sein, damit die Vorbehaltsklausel eingreift« (*Neuhaus* Grundbegriffe IPR 367); vgl. OLG Oldenburg IPRax 1981, 136 (138). Kritisch *Raape/Sturm* IPR I 218: Mangelnde Inlandsbeziehung rechtfertige niemals einen Eingriff in Grundrechte.
b) Bei der Abwehr gegenüber »drittstaatlichen« Rechten (von Staaten außerhalb der EU) genügt für den »Inlandsbezug« bei der Anwendung von **Art. 21 Rom I-VO und Art. 26 Rom II-VO** der Bezug zu *einem* Mitgliedstaat der EU (s. PWW/*Mörsdorf-Schulte* Rom I-VO Art. 21 Rn. 2). An die Stelle des »Inlandsbezugs« tritt ein »Unionsbezug«.

162 3. Literatur: *Lüderitz* IPR Rn. 202–217; PWW/*Mörsdorf-Schulte* EGBGB Art. 6 Rn. 19–21 (Beispiele); *v. Bar/Mankowski* IPR I § 7 VIII Rn. 258–288; BGHZ 50, 370 (375–378), dazu *Jayme*,

---

100 Vgl. OLG Koblenz IPRax 1986, 40.
101 Herrschende Meinung, vgl. PWW/*Mörsdorf-Schulte* EGBGB Art. 6 Rn. 18.

> Methoden der Konkretisierung des ordre public im Internationalen Privatrecht, 1989, 41–47, der aufgrund dieser Entscheidung des BGH eine *ordre public*-Prüfung in fünf Schritten vorschlägt.
>
> II. **Zur Vertiefung**
> 1. Einen eingehenden Überblick über die verschiedenen Lösungsmöglichkeiten bei einem Verstoß gegen den *ordre public* (zB Anwendung deutschen materiellen Rechts, Schaffung von speziellem **Ersatzrecht**, Ersatzanknüpfung an einen anderen Anknüpfungspunkt) gibt *Schwung* RabelsZ 49 (1985) 407.
> 2. Zur Bedeutung des *ordre public* für die Durchsetzung von **Grundrechten**: *v. Bar/Mankowski* IPR I § 7 VIII 2 Rn. 260 (mit Hinweis auf den »Spanier-Beschluss« des BVerfG in BVerfGE 31, 58, der den Gesetzgeber bei der IPR-Reform des Jahres 1986 entscheidend beeinflusst hat, vgl. Begr. Reg-E, BT-Drs. 10/504, , li. Sp.; s. dazu auch *Schack* Höchstrichterl. Rspr. IPR Nr. 1, S. 9); *Kegel/Schurig* IPR § 16 IV 1, 530–536; vgl. auch AG Frankfurt NJW 1989, 1434 sowie BGH NJW-RR 2005, 81 (84): Die einverständliche *Talàq*-Scheidung nach islamischem Recht stellt dagegen keinen Verstoß gegen Art. 6 EGBGB dar; hierzu *Rauscher* IPRax 2000, 391 ff.
> Zur Bedeutung des *ordre public* für die Durchsetzung von **Menschenrechten**: *Kegel/Schurig* IPR § 16 IV 2, 536; *v. Bar/Mankowski* IPR I § 7 VIII 6 Rn. 269 f.; *Mascher* IPRax 2001, 428.
> 3. Der *ordre public* dient auch der Durchsetzung von **Grundfreiheiten des Europäischen Unionsrechts**. Die Anwendung der Vorbehaltsklauseln des autonomen Rechts darf nicht zu einer Verletzung von Unionsbürgern in ihren Grundfreiheiten führen. Prägnant und plastisch: *v. Bar/Martiny* Gemeinschaftsrecht und IPR, Unionsrecht, ordre public, zwingende Bestimmungen und Exklusivnormen, 211; *Heß* IPRax 2001, 301.
> 4. Zum Verhältnis der Vorbehaltsklauseln des autonomen Rechts zu den Vorbehaltsklauseln in **völkerrechtlichen Verträgen**: vgl. MüKoBGB/*Sonnenberger* EGBGB Art. 6 Rn. 29 f.; zur Anwendung des *ordre public* im völkervertraglichen Kollisionsrecht auch *Kropholler* EinheitsR 340 ff.
> 5. Zur **gleichgeschlechtlichen Ehe** und zum *ordre public*-Vorbehalt: *Röthel* IPRax 2002, 496.
> 6. Zum Wandel der Grundvorstellungen im **Wirtschaftsrecht** und die Auswirkungen auf den *ordre public*, beispielhaft dargestellt für ausländische Börsentermingeschäfte: *Assmann/Schütze/Schütze*, Handbuch des Kapitalanlagerechts, 3. Aufl. 2007, § 24 Rn. 103.
> 7. Für umfangreiche **Rechtsprechungsnachweise** zum *ordre public*: Palandt/*Thorn* EGBGB Art. 6 Rn. 14 ff., PWW/*Mörsdorf-Schulte* EGBGB Art. 6 Rn. 19 f.

IV. Angleichung

Häufig sind zur Falllösung **mehrere Kollisionsnormen** heranzuziehen, zB aufgrund unterschiedlicher Qualifikation einzelner Sachverhaltsausschnitte. Knüpfen diese anzuwendenden Kollisionsnormen an **verschiedene Anknüpfungspunkte** an, so können (evtl. nach *renvoi*) **mehrere Rechtsordnungen** zur Falllösung berufen sein.

In diesen Fällen kommt es immer wieder vor, dass sich die berufenen Rechtsordnungen widersprechen. Verhindert solch ein **Normenwiderspruch** eine sinnvolle und gerechte Lösung, dann ist er durch **Angleichung (Anpassung)** aufzulösen.

Das Problem der Angleichung ist gesetzlich nicht geregelt. Es stellt sich **unabhängig von der Rechtsquelle** der angewendeten IPR-Normen. Die Lösung ist oft schwierig und in besonderem Maße einzelfallbezogen.

> **Hinweis:** Da das Problem der Angleichung erst am Ende von meist komplizierten Falllösungen auftritt, wird nachfolgend auf einen eingängigen »IPR-Klassiker« zurückgegriffen, der sich mittlerweile durch eine Änderung des schwedischen Ehe- und Erbrechts erledigt hat. Dennoch ist er als Lehr- und Lernbeispiel unübertroffen.

166 **Fall 16 (Variation eines IPR-Klassikers):** Ein deutsch-schwedisches Ehepaar ist bereits lange vor seiner Hochzeit nach Hamburg gezogen. Dort lebt das Paar mit zwei Kindern im gemeinsamen Haus. Güterstand ist die Zugewinngemeinschaft. Die schwedische Ehefrau verstirbt im Dezember 1986. Ein Testament existiert nicht. Der Ehemann lässt sich von seinem Anwalt die Rechtslage wie folgt erklären:

Völkerrechtliche Verträge kommen nicht zur Anwendung. Nach autonomem deutschen IPR (Art. 25 I EGBGB) wird das schwedische Heimatrecht der Erblasserin berufen. Das schwedische Kollisionsrecht nimmt die Verweisung an.[102] Nach schwedischem materiellen Erbrecht[103] steht dem überlebenden Ehegatten (nach dem 1986 geltenden Recht) kein Erbrecht zu, wenn Kinder vorhanden sind. In Schweden wird der überlebende Ehegatte nämlich (nach damaligem Recht) nicht durch erbrechtliche, sondern allein durch güterrechtliche Ansprüche abgefunden: Bei Beendigung des gesetzlichen Güterstandes der Zugewinngemeinschaft (durch den Tod des anderen Ehegatten) steht ihm die **Hälfte** des Vermögens des verstorbenen Ehegatten zu.[104] Schwedisches Güterrecht ist jedoch nicht anwendbar. Güterrechtsstatut ist nämlich nach Art. 15 I, 14 I Nr. 2 EGBGB – die mangels anwendbarer Konvention zur Anwendung kommen – deutsches Recht. § 1371 I BGB (der mit der hM güterrechtlich zu qualifizieren ist)[105] gibt dem Witwer nur einen Anspruch auf ein Viertel des Vermögens des verstorbenen Ehegatten. Anders als das schwedische Ehegüterrecht geht das deutsche Recht nämlich davon aus, dass der überlebende Ehegatte außer dem güterrechtlichen Ausgleichsanspruch auch einen erbrechtlichen Ausgleich erhält (Erbrecht in Höhe von einem Viertel nach § 1931 I, III BGB, sodass der Witwer insgesamt die **Hälfte** bekäme). Deutsches Erbrecht kommt aber – wie dargestellt – nicht zur Anwendung.

Im Ergebnis bleibt dem Witwer daher allein ein Anspruch auf ein Viertel, und zwar nach deutschem Güterrecht.

Der Ehemann ist entrüstet: Wäre einheitlich nur schwedisches Erb- und Güterrecht oder nur deutsches Erb- und Güterrecht anwendbar, würde er nach beiden Rechtsordnungen die Hälfte des Vermögens seiner verstorbenen Ehefrau erhalten. Er sieht nicht ein, dass die Kombination beider Rechtsordnungen zu einer Schlechterstellung (um 50 %) führen soll und fragt den Anwalt, ob Abhilfe denkbar ist.

167 Im Fall 16 führt die Kombination des (damaligen) schwedischen Erbrechts und des deutschen Güterrechts zu einem sog. **Normenwiderspruch durch Normenmangel**: Bei wortgetreuer Anwendung der Kollisionsnormen bzw. der Statute bekäme der Witwer nur 50% dessen, was ihm beide Rechtsordnungen zukommen lassen wollen. Dieser Widerspruch ist so eklatant, dass es einer **Angleichung** bedarf, um eine zu weitgehende Entfernung vom Zweck der Sachnormen beider Rechtsordnungen (angemessene Versorgung des überlebenden Ehegatten) zu vermeiden. Ähnlich der umgekehrte Fall zum gleichen Zeitpunkt: Das deutsch-schwedische Ehepaar lebt seit seiner Hochzeit in Göteborg. Die Ehefrau ist Deutsche. Der Witwer würde in diesem Fall bei kombinierter Anwendung von deutschem Erbrecht (nach Art. 25 I EGBGB) und schwedischem Güterrecht (nach Art. 15 I, 14 I Nr. 2 EGBGB) drei Viertel und damit deutlich mehr als die Hälfte erhalten (**Normenwiderspruch durch Normenhäufung**).

---

102 Kap. 1 § 1 I 1 des damaligen »Gesetzes betreffend die internationalen Rechtsverhältnisse in Nachlasssachen« v. 5. 3. 1937, Nr. 1937:81.
103 Kap. 2 § 1 iVm Kap. 3 § 1 1 des Erbgesetzes v. 12. 12. 1958, Nr. 1958:637.
104 Vgl. Kap. 6, §§ 1, 2 Abs. 2 des Ehegesetzes v. 11. 6. 1920.
105 Vgl. PWW/*Freitag* EGBGB Art. 25 Rn. 14; Palandt/*Thorn* EGBGB Art. 15 Rn. 26.

Grundsätzlich kommen **mehrere Wege** für die Durchführung der gesetzlich nicht 168
geregelten Angleichung in Betracht:

Da die Schwierigkeiten in der Regel durch das Kollisionsrecht verursacht werden
(nämlich durch die unterschiedliche Anknüpfung der betroffenen Kollisionsnormen),
bietet sich eine Lösung des Problems auf **kollisionsrechtlicher Ebene** an: Der Lebenssachverhalt wird **entgegen dem ursprünglichen Ergebnis der Qualifikation einheitlich** angeknüpft.

> Im Fall 16 sind danach die **güterrechtlichen** Regelungen, die einen Ausgleich des Witwers nach
> dem Tode der Ehefrau vorsehen, **für die Lösung dieses Falles als Teil des Erbrechts** anzusehen.
> Allein die erbrechtliche Kollisionsnorm (Art. 25 I EGBGB) bestimmt dann das anwendbare Recht,
> sodass im Fall 16 nur schwedisches Erbrecht zur Anwendung kommt. Dazu gehören für die Lösung
> dieses Falles auch die schwedischen (eigentlich güterrechtlichen) Ausgleichsansprüche des überlebenden Ehegatten. Das deutsche Güterstatut (§ 1371 I BGB) wird nicht berufen.[106] Ebenso ist es
> möglich, das **Erbrecht als Teil des Güterrechts** zu begreifen und auf diese Weise nur das deutsche
> Güterstatut – einschließlich der eigentlich erbrechtlichen Regelung in § 1931 BGB – zu berufen.[107]
> Beide kollisionsrechtlichen Lösungswege verändern also für die Zwecke der Falllösung die Qualifikation bzw. die Abgrenzung der Kollisionsnormen untereinander.

Die Einzelfallgerechtigkeit lässt sich auch auf **materiellrechtlicher Ebene**, dh mit 169
Hilfe des anwendbaren **Sachrechts**, schaffen: Im Fall 16 wird dem Witwer dann trotz
Anwendung zweier Rechtsordnungen soviel zugesprochen, wie er nach beiden
Rechtsordnungen (jeweils allein angewandt) mindestens erhielte, nämlich die Hälfte
des Vermögens der verstorbenen Ehefrau.

Die **Auswahl** des richtigen, kollisions- oder sachrechtlichen Lösungswegs erfolgt 170
einzelfallbezogen. Dabei sind alle widerstreitenden Interessen gegeneinander abzuwägen und die am wenigsten dringend erscheinenden zurückzustellen. *Kegel/Schurig*
spricht vom »Gesetz des geringsten Widerstandes«.[108] Stets ist mit Vorsicht vorzugehen, weil die von der Kollisionsnorm gebotene Rechtsanwendung korrigiert (verfälscht) wird. Im Fall 16 führen jedoch alle Angleichungsmöglichkeiten zum selben
Ergebnis, sodass es keiner Entscheidung bedarf.

> **Arbeitsblock (zur Ergänzung)** Literatur: PWW/*Freitag* EGBGB Art. 25 Rn. 14 (unter Hinweis auf
> die grundsätzlich güterrechtliche Qualifikation von § 1371 I BGB durch die hM).

Das Angleichungsproblem kann sich auch **bei der Anwendung von unionsrecht-** 171
lichem oder völkervertraglichem Kollisionsrecht stellen; nachfolgend ein Beispiel
aus der Anwendung von völkervertraglichem IPR:

> **Fall 17 (Abwandlung von Fall 13):** Ein polygamer Marokkaner (zur Begrenzung der Polygamie seit 172
> 2004 → Rn. 149) ist mit seinen beiden marokkanischen Ehefrauen nach Berlin gezogen. Im Januar
> 2010 kommt es zum Streit. Die zweite Ehefrau zieht aus, nimmt sich in Berlin eine eigene Wohnung
> und verklagt ihren Mann auf Zahlung von Unterhalt. Der Berliner Richter versucht zunächst, den
> Unterhalt bis zum 18. 6. 2011 zu berechnen (zu der für den Unterhalt ab dem 18. 6. 2011 maßgeblichen Kollisionsnorm → Rn. 451d): Nach Art. 4 I iVm Art. 1 des Haager Unterhaltsübereinkommens v. 2. 10. 1973, *Jayme/Hausmann* Nr. 41 (*loi uniforme*) ist deutsches Unterhaltsrecht anwendbar, wenn eine wirksame Ehe vorliegt. Die Vorfrage nach dem Vorliegen der Ehevoraussetzungen ist

---

106 Vgl. *Kegel/Schurig* IPR § 8 III 1, 361.
107 Vgl. *Lüderitz* IPR Rn. 198.
108 *Kegel/Schurig* IPR, 6. Aufl. 1987, § 8 III 1, 219.

> – mangels Regelung in dem Übereinkommen selbst – unselbstständig anzuknüpfen (zum Grundsatz unselbstständiger Anknüpfung bei Anwendung völkervertraglichen Kollisionsrechts → Rn. 127 f.). Da deutsches Recht nach Art. 4 des Übereinkommens Unterhaltsstatut (*lex causae*) wäre, ist für die Frage nach den Voraussetzungen der Eheschließung wegen der unselbstständigen Anknüpfung der Vorfrage Art. 13 I EGBGB anzuwenden. Danach wird marokkanisches Recht berufen (kein *renvoi*). Nach marokkanischem Recht wurde die Zweitehe wirksam geschlossen, ein Verstoß gegen den deutschen *ordre public* liegt nicht vor (→ Rn. 148 ff. [Lösung von Fall 13]). Die von Art. 4 I iVm Art. 1 des Haager Unterhaltsübereinkommens vorausgesetzte »Ehe« liegt damit vor, sodass deutsches Recht (§ 1361 I 1 BGB) Unterhaltsstatut ist. Dieses ist auf die Einehe ausgerichtet. Soll die Zweitfrau nach deutschem Recht genauso viel Unterhalt bekommen, als wenn sie die einzige Ehefrau des Marokkaners wäre?

173　Im Fall 17 **widersprechen sich** die Zulässigkeit der Zweitehe nach marokkanischem Recht und die Ausrichtung des deutschen Unterhaltsstatuts auf die Einehe: Ein polygamer Ehemann kann nicht jeder Ehefrau genauso viel zahlen wie ein monogamer Ehemann seiner einzigen Frau, weil der dem Ehemann zur Zahlung von Unterhalt zur Verfügung stehende Betrag nur einmal vorhanden ist (*Kegel/Schurig* spricht auch hier von einer Normenhäufung).[109] Eine Angleichung ist daher erforderlich.

174　**Kollisionsrechtlich** ließe sich die Angleichung dadurch durchführen, dass man auf die Frage der Höhe des (Mehr-)Ehegattenunterhalts das Recht anwendet, das – nach Art. 13 I EGBGB – über die Zulässigkeit der Mehrehe entschieden hat (das marokkanische Recht). Dieses kennt die Probleme, die eine Mehrehe mit sich bringt. Auf **sachrechtlicher Ebene** wäre eine Angleichung dadurch möglich, dass man zwar deutsches Unterhaltsrecht anwendet, aber aus Gerechtigkeitserwägungen den für Unterhaltszahlungen zur Verfügung stehenden Betrag[110] auf beide Ehefrauen des Marokkaners rechnerisch aufteilt. Der klagenden Zweitfrau wäre dann die Hälfte dessen zuzusprechen, was eine einzige Ehefrau zu bekommen hätte.[111]

175　Für die **Auswahl** zwischen sach- und kollisionsrechtlicher Lösung bei der Anwendung **völkerrechtlicher Vereinbarungen** ist – soweit möglich – Rücksicht zu nehmen auf Zweck und Entstehungsgeschichte des Haager Übereinkommens von 1973. Den Materialien[112] zu diesem Unterhaltsübereinkommen ist zu entnehmen, dass der Hauptzweck des Übereinkommens im Schutz des Unterhaltsgläubigers liegt, wobei jedoch die Leistungsfähigkeit des Schuldners zu berücksichtigen ist.[113] Die auf sachrechtlicher Ebene gefundene Lösung – Aufteilung des für Unterhaltsleistungen zur Verfügung stehenden Einkommens auf beide Ehefrauen – wird diesen Konventionszwecken gerecht. Insbesondere dürfte es dem Geist des Unterhaltsübereinkommens am ehesten entsprechen, das Angleichungsproblem mit Hilfe des von dem Übereinkommen grundsätzlich berufenen Aufenthaltsrechts des Unterhaltsgläubigers zu lösen (also auf sachrechtlicher Ebene), da die Vertragsstaaten das Aufenthaltsrecht als das für die Regelung von Unterhaltsfragen angemessene Recht angesehen haben.[114]

---

109 *Kegel/Schurig* IPR § 8 III 2, 363.
110 Vgl. PWW/*Kleffmann* § 1361 Rn. 5.
111 Ähnlich *Batiffol* Rec. 1967 I, 186.
112 *Actes et documents*, 12ème, Bd. IV, 107 f., Anm. 32.
113 Vgl. auch Art. 11 II des Übereinkommens!
114 *Actes et documents*, 12ème, Bd. IV, S. 441, Anm. 138.

Arbeitsblock
I. **Zur Ergänzung**
   1. **Notwendigkeit der Angleichung**   176
   Eine Angleichung ist nicht bei jedem auftretenden Normenwiderspruch vorzunehmen, sondern nur, wenn ohne Angleichung kein sinnvolles und gerechtes Ergebnis möglich wäre. **Geringe Abweichungen** gegenüber der ausschließlichen Anwendung einer einzigen Rechtsordnung **sind hinzunehmen** (*Lüderitz* IPR Rn. 196; MüKoBGB/*Sonnenberger* Einleitung IPR Rn. 594–596). Ob die Angleichung notwendig ist, kann sich aus wertender Betrachtung (*Kegel/Schurig* IPR § 8 III 1, 362: »So soll es nicht sein.«) oder aus logischen Gründen (*Kegel/Schurig* IPR § 8 III 1, 362: »So kann es nicht sein.«) ergeben. Typischer Fall für »So soll es nicht sein.« ist Fall 16. Logisch zwingend ist die Angleichung dagegen im Fall 17 (vgl. zu einem ähnlichen Fall *Kegel/Schurig* IPR § 8 III 1363f. und *Kunz* IPR Fall 22 Rn. 199ff. sowie das Beispiel Nr. 1 bei *v. Bar/Mankowski* IPR I § 7 VII 2 Rn. 252 zum Fall unterschiedlicher Todesvermutungen. Weitere Fälle logisch zwingender Angleichung sind selten. Häufig ist der Wertungswiderspruch nur mit Hilfe von weitreichendem rechtsvergleichenden Augenmaß zu erkennen, in diesem Sinne treffend PWW/*Mörsdorf-Schulte* EGBGB Art. 3 Rn. 60).
   2. **Prüfungsschritte bei der Angleichung**   177
      1. **Schritt:** Liegt ein **Normenwiderspruch** vor?
      2. **Schritt:** Ist der Normenwiderspruch so **eklatant**, dass es einer Angleichung bedarf?
      3. **Schritt:** Welche **Angleichungsmöglichkeiten** bestehen auf sachrechtlicher und auf kollisionsrechtlicher Ebene?
      4. **Schritt:** Einzelfallbezogene **Auswahl** des Lösungswegs.
   3. **Ursachen für Angleichungsprobleme**   178
   Angleichungsprobleme gibt es nicht nur in Fällen, in denen mehrere Kollisionsnormen unterschiedlich anknüpfen. Sie können auch als Folge einer *ordre public*-Prüfung entstehen (Normenmangel durch Nichtanwendung ausländischen Rechts, vgl. *Kegel/Schurig* IPR § 16 VI, 538, oder als Folge der **Fremdartigkeit** der berufenen Sachnorm (**Normenwiderspruch durch Normendiskrepanz**), vgl. MüKoBGB/*Sonnenberger* Einleitung IPR Rn. 589; *Kropholler*, Die Anpassung im Kollisionsrecht, FS Ferid, 1978, 279 (285).
   Normendiskrepanz entsteht zB dann, wenn schwedisches Recht Erbstatut ist und für ein in   179 Deutschland belegenes Grundstück ein **Erbschein** auszustellen ist (nach § 2369 BGB). Der Erbschein soll Nachweis der Verfügungsberechtigung des Erben sein (Palandt/*Edenhofer* § 2353 Rn. 1, PWW/*Deppenkemper* § 2353 Rn. 4). Nach schwedischem Recht sind Erben jedoch nicht vom Tode des Erblassers an verfügungsberechtigt (vgl. dagegen § 1922 I BGB), weil das Erbe zunächst allein auf eine selbstständige juristische Person (schwedisch »*dödsbo*«, *Malmström* 357) übergeht, die ausschließlich verfügungsberechtigt ist. In diesem Fall zwingt die Fremdartigkeit der juristischen Person »*dödsbo*« dazu, abweichend vom normalen Erbscheinverfahren die Erben **und** die bis zu ihrer Liquidation (nach Zahlung aller Schulden des Erblassers) bestehende juristische Person »*dödsbo*« unter Hinweis auf ihre Alleinverfügungsbefugnis einzutragen (die Angleichung auf sachrechtlicher Ebene ist mit der Eintragung von Vor- und Nacherbschaft im Erbschein nach § 2353 BGB vergleichbar; vgl. Palandt/*Edenhofer* § 2353 Rn. 2f.). Die Angleichung infolge von Normendiskrepanz wird zT auch als **Anpassung** bezeichnet (*Kropholler* IPR § 34 I, 234 f.; PWW/*Mörsdorf-Schulte* EGBGB Art. 3 Rn. 60).
   4. **Literatur**   180
   Kropholler IPR § 34, 234–240; *Kunz* IPR Rn. 189 ff.; *Lüderitz* IPR Rn. 192–201 (der in Rn. 198 für den Vorrang der Lösung auf kollisionsrechtlicher Ebene eintritt; ebenso *Neuhaus* Grundbegriffe IPR, 358).

II. **Zur Vertiefung**
   1. **Abgrenzung zum *ordre public***   181
   Angleichung und *ordre public* führen beide unter Berücksichtigung von Billigkeits- und Gerechtigkeitserwägungen zur Ergebniskorrektur im Einzelfall. Ein wesentlicher Unterschied ist folgender: Der **ordre public wehrt fremdes Recht ab**, das wesentlichen Grundsätzen deutschen Rechts widerspricht. Die **Angleichung löst Widersprüche** der gleichzeitigen An-

wendung **mehrerer Rechtsordnungen auf**, und zwar unabhängig davon, ob auch die deutsche Rechtsordnung beteiligt ist (zur weiteren Abgrenzung *Kropholler*, FS Ferid, 1978, 286 f. und *v. Bar/Mankowski* IPR I § 7 VII 1 Rn. 250). **Eine mögliche Angleichung geht der *ordre public*-Prüfung vor** (*Kropholler*, FS Ferid, 1978, 286 f.).

182 **2. Abgrenzung zur Qualifikation**
Die Qualifikation geht der Angleichung stets voraus. Die Angleichung lässt sich zwar häufig durch »Umqualifikation« lösen (Lösung auf kollisionsrechtlicher Ebene). Dennoch sollte bei der Qualifikation ohne Rücksicht auf die Gefahr von Normwidersprüchen vorgegangen werden. Andernfalls werden die Ziele der Institute vermengt (MüKoBGB/*Sonnenberger* Einleitung IPR Rn. 581–587).

183 **3. Abgrenzung zum Handeln unter falschem Recht**
Beim Handeln unter falschem Recht (→ Rn. 145) sind Widersprüche zwischen dem tatsächlich berufenen und dem nur in der Vorstellung der Parteien anwendbaren Recht zu lösen, nicht aber Widersprüche zwischen zwei nebeneinander berufenen Rechtsordnungen.

184 **4. Literatur**
Kropholler, FS Ferid, 1978, 271; MüKoBGB/*Sonnenberger* Einleitung IPR Rn. 480–504; *Keller/Siehr* IPR 450–460; *Kegel/Schurig* IPR § 8, 357–371; *Rauscher* IPR Rn. 550–568.
Zur Kollision von Erbstatut und Güterstatut (einschließlich der Frage nach der Qualifikation von § 1371 BGB, vgl. oben Fall 16): KMW IPR 110–117 (Übungsklausur mit Lösungsvorschlag), Staudinger/*Mankowski* EGBGB (2011) Art. 15 Rn. 324–382.

D. Sonderprobleme

185 Viele IPR-Fälle lassen sich bereits mit Hilfe des Grundprinzips der Anknüpfung (→ Rn. 4 ff.) und seiner Korrekturen (→ Rn. 75 ff.) lösen. Es ist jedoch auf einige wichtige Sonderprobleme hinzuweisen, die bei der Falllösung auftauchen können.

I. Familien- und Erbrecht: Einzelstatut vor Gesamtstatut

186 **Fall 18:** Ein in Osnabrück wohnhafter deutscher Staatsangehöriger stirbt 2010 und hinterlässt bewegliches Vermögen in Niedersachsen und ein Grundstück in Frankreich. Nach anwendbarem deutschen autonomen Kollisionsrecht (Art. 25 I EGBGB) ist auf den Erbfall deutsches Recht als Heimatrecht des Erblassers anzuwenden.

Das französische Kollisionsrecht hingegen unterscheidet: Hinsichtlich des beweglichen Nachlasses knüpft es an den Wohnsitz des Erblassers an, sodass ebenfalls deutsches Recht zum Zuge käme. Für das in Frankreich belegene Grundvermögen knüpft das französische IPR jedoch an den Belegenheitsort der Sache an. Es beruft das Recht der belegenen Sache, die *lex rei sitae* (diese Unterscheidung gebietet Art. 3 II des franz. *Code civil*: ›*Les immeubles, même ceux possédés par des étrangers, sont régis par la loi française*‹ (frei übersetzt: ›Immobilien, selbst solche, die im Besitz von Ausländern stehen, unterstehen dem französischen Recht.‹).[115] Da das Grundstück des Erblassers in Frankreich belegen ist, wäre nach französischem IPR auf die Vererbung des Grundstückes französisches Erbrecht anwendbar. Sind diese Regelungen des französischen IPR vom deutschen Richter zu beachten, obwohl nach deutschem IPR deutsches Recht Erbstatut ist?

---

115 Vgl. Ferid/Firsching/*Ferid* Bd. III Frankreich Rn. 6 und 7 mwN.

I. Familien- und Erbrecht: Einzelstatut vor Gesamtstatut

Im Familien- und Erbrecht stellt sich ein besonderes Verweisungsproblem. **187**

Grundsätzlich unterstellen die deutschen Kollisionsnormen die Vermögensrechtsverhältnisse einer Person im Familien- und Erbrecht einer einzigen Rechtsordnung (dem **Gesamtstatut**). Hiervon abweichend ist jedoch hinsichtlich eines Vermögensgegenstandes, der sich nicht in dem Staat des Gesamtstatutes befindet, nach Art. 3 a II EGBGB im Familien- und Erbrecht – »*Verweisungen im 3. und 4. Abschnitt*« iSv Art. 3 II EGBGB betreffen das Familien- und Erbrecht – das Recht des Belegenheitsstaates anzuwenden, wenn der Gegenstand in diesem Staat ›**besonderen Vorschriften**‹ unterliegt.

Das Recht des Belegenheitsstaates dieses Gegenstandes ist das **Einzelstatut**. Der **188**
Sache nach handelt es sich um eine **bedingte Verweisung**: Die Kollisionsnormen verweisen auf das Gesamtstatut, aber – wegen Art. 3 a II EGBGB – nur unter der Bedingung, dass nicht das Einzelstatut eines anderen Staates Anwendung beansprucht.[116]

Der Begriff ›besondere Vorschriften‹ in Art. 3 a II EGBGB ist, wie *Ferid*[117] zurecht **189**
sagt, ›dunkel und unpräzise‹. Es kommen sowohl Sachnormen (zB aus dem Höferecht, BGH MDR 1965, 818) als auch Kollisionsnormen in Betracht, die bestimmte Gegenstände Sonderregelungen unterstellen. Dies ist jedenfalls dann der Fall, ›wenn der fremde Staat [. . .] Grundstücke gerade wegen ihrer Belegenheit in seinem Gebiet und trotz ihrer Zugehörigkeit zum Nachlass eines Deutschen ausschließlich dem eigenen Erbrecht unterwirft‹ (Formulierung des Reichsgerichts, zit. in der Entscheidung BGHZ 50, 63 [68], deren Lektüre dringend empfohlen wird, weil sie den Begriff der ›besonderen Vorschriften‹ etwas ›erhellt‹). Da Art. 3 II des franz. *Code civil* die Grundstücke von Ausländern ausdrücklich dem französischen Recht unterstellt, ist er als ›besondere Vorschrift‹ iSv Art. 3 a II EGBGB anzusehen.[118]

Fall 18 ist daher wie folgt zu lösen: Nach Art. 25 I EGBGB ist grundsätzlich deutsches Recht **190**
Erbstatut und damit auch Gesamtstatut. Da das französische Recht jedoch für die Vererbung des in Frankreich belegenen Grundstücks des Erblassers Anwendung fordert, ist es insoweit wegen Art. 3 a II EGBGB anzuwenden (**Einzelstatut vor Gesamtstatut**). Es kommt dadurch zu einer sog. **Nachlassspaltung**: Hinsichtlich des beweglichen Vermögens ist deutsches Recht Erbstatut, während der deutsche Richter auf Fragen, die das in Frankreich belegene Grundstück betreffen, französisches Recht anzuwenden hat.

Arbeitsblock
I. Zur Ergänzung:
1. Art. 3 a II EGBGB beruht auf der wertenden Überlegung, dass das Recht des Belegenheitsortes **191**
der Sache näher ist und das entferntere Gesamtstatut – nicht zuletzt aus praktischen Erwägungen (Undurchsetzbarkeit von Ansprüchen im Machtbereich des fremden Staates) – deshalb zurücktreten soll (Begr. Reg-E, BT-Drs. 10/504, 36–37 zu Art. 3 III EGBGB aF, der 2009 gelegentlich einer redaktionellen Änderung »verschoben« worden ist; v. *Hoffmann/Thorn* IPR § 9 Rn. 61–63; weiter differenzierend *Ferid* IPR Rn. 3–150 bis 3–152).
2. Verweist das deutsche Recht auf ein Gesamtstatut, welches seinerseits die Kollisionsregel **192**
›Einzelstatut vor Gesamtstatut‹ enthält (Beispiel: 1. Kap. § 2 des schwedischen Gesetzes v. 5. 3. 1937 (Nr. 81) betreffend internationale Rechtsverhältnisse in Nachlasssachen, abgedr. bei Ferid/Firsching/*Carsten* Bd. VII Schweden Texte Nr. 4), so ist das Einzelstatut eines dritten

---

116 Ebenso *Lüderitz* IPR Rn. 168.
117 *Ferid* IPR Rn. 3–143 zur Vorgängernorm.
118 Vgl. OLG Zweibrücken IPRax 1987, 108 (109).

> Staates (etwa Art. 3 II franz. *Code civil*) nicht nur nach Art. 3 a II EGBGB, sondern auch wegen Art. 4 I EGBGB aufgrund der fremden (schwedischen) Teilweiterverweisung zu beachten. So etwa, wenn im Fall 3 der Erblasser Schwede und nicht Deutscher gewesen wäre. Es käme zur Nachlassspaltung zwischen schwedischem Gesamtstatut und französischem Einzelstatut.
>
> 193 **3. Literatur:**
> *Lüderitz* IPR Rn. 168.
>
> **II. Zur Vertiefung:**
> 194 Literatur: PWW/*Mörsdorf-Schulte* EGBGB Art. 3 a Rn. 4–13 sowie *Kegel/Schurig* IPR § 12 I und II, 422–434(mit kritischer Würdigung der kollisionsrechtlichen Regelung) und ebenfalls kritisch *v. Bar/Mankowski* IPR I § 7 I 4 b Rn. 42–48 (jeweils zu Art. 3 III EGBGB aF).

II. Intertemporales Recht

1. Völkerrechtliches IPR

195 **Fall 19:** Im Herbst 2011 zieht eine estnische Mutter mit ihrer achtjährigen Tochter Esther aus Tallin nach Berlin. Im Januar 2012 wendet sich die Mutter an das Familiengericht Berlin, um dem gelegentlich sehr »emotional« reagierenden polnischen Vater das Besuchsrecht zu verbieten. Das Besuchsrecht betrifft den Themenkreis der elterlichen Sorge. Für eine Anwendung in Betracht kommt das *Haager Übereinkommen über die Zuständigkeit, das anzuwendende Recht, die Anerkennung, Vollstreckung und Zusammenarbeit auf dem Gebiet der elterlichen Verantwortung und der Maßnahmen zum Schutz von Kindern* vom 18. 10. 1996 (»KSÜ«).[119] Das KSÜ ist für Deutschland am 1. 1. 2011 in Kraft getreten.

196 Wie beim Sachrecht ist auch beim Kollisionsrecht stets der **zeitliche Anwendungsbereich** von Normen zu prüfen: Ist die in Betracht kommende Kollisionsnorm schon oder noch anwendbar? In der Regel hält das die IPR-Regelung enthaltende völkervertragliche, unionsrechtliche oder autonome Regelwerk selbst eine einschlägige intertemporale Regelung über ihren zeitlichen Anwendungsbereich und/oder über den Zeitpunkt ihres Inkrafttretens.

> **Hinweis:** Fragen des intertemporalen Rechts sind in der Klausur ebenso wie beim Gutachten für die Praxis stets zu bedenken (das Recht ändert sich oft überraschend), aber nur anzusprechen, wenn eine gewisse zeitliche Nähe zur Rechtsveränderung besteht.

197 Nach **Art. 53 I KSÜ** ist das Übereinkommen auf Maßnahmen anwendbar, die **ab dessen Inkrafttreten** in einem Vertragsstaat getroffen werden. Damit enthält das **Übereinkommen selbst** eine klare Regelung der intertemporalen Frage. Das KSÜ ist anzuwenden, da die Mutter sich erst im Januar 2012 und damit nach Inkrafttreten des KSÜ in Deutschland (→ Rn. 195) an das Gericht wendet. Estland ist ebenfalls Vertragsstaat. Einschlägiges EU-Recht besteht für diesen Rechtsbereich nicht. Damit setzt sich das KSÜ als vorrangige Rechtsquelle durch.

> Da Esther ein Kind im Sinne des Übereinkommens ist (Art. 2 KSÜ) und die »elterliche Verantwortung« nach Art. 1 II KSÜ die durch die begehrte Beschneidung des Besuchsrechts beeinträchtigte elterliche Sorge umfasst, ist nach Art. 17 KSÜ deutsches Recht als Recht des im Übereinkommen nicht näher definierten »gewöhnlichen Aufenthalts« von Esther anzuwenden.

---

119 *Jayme/Hausmann* Nr. 54.

2. Unionsrechtliches IPR

> **Noch mal zu Fall 2:** Im Dezember 2011 hatte eine russische Reederei eine Hamburger Schiffswerft mit der Reparatur eines Schiffs beauftragt. Bei der Lösung von Fall 2 war dargestellt worden, dass der sachliche Anwendungsbereich für die allseitigen IPR-Regelung in Art. 4 II Rom I-VO eröffnet ist (→ Rn. 14). Ist auch der zeitliche Anwendungsbereich eröffnet?

198

Art. 28 Rom I-VO eröffnet in seiner am 24. 11. 2009 revidierten Fassung[120] die zeitliche Anwendbarkeit der Rom I-VO auf Verträge, die »*ab dem 17. Dezember 2009*« geschlossen wurden.[121] Damit ist der zeitliche Anwendungsbereich für einen Werkvertrag aus Dezember 2011 eröffnet.

199

Ähnlich regelt die **Rom II-VO** in Art. 32 seine »Geltung« ab dem **11. 1. 2009** und in Art. 31 seine Anwendung auf schadensbegründende Ereignisse »*nach*« dem Inkrafttreten der Rom II-VO.

200

3. Nationales IPR

> **Fall 20:** Von einem deutschen Grundstück aus fließen im Herbst 2011 versehentlich Chemikalien in den Rhein, die den Besitz eines französischen Anrainers in der weiteren »Nachbarschaft« stören. Nach Art. 7 Rom II-VO kommen Ansprüche wegen Umweltschädigung in Betracht; dessen zeitliche Geltung eröffnet Art. 31 Rom II-VO. Daneben kommen aber auch nachbarschaftliche Abwehr- und Unterlassungsansprüche in Betracht (nach deutschem Recht aus §§ 1004, 861, 862 BGB). Dafür enthält Art. 44 EGBGB eine IPR-Regelung über »von Grundstücken ausgehende Einwirkungen« bereit. Ist auch dessen Geltung in zeitlicher Hinsicht eröffnet?

201

Auch das autonome IPR enthält intertemporale Regelungen (zB war nach der letzten großen IPR-Reform von 1986 lange Art. 220 EGBGB wichtig). Art. 44 EGBGB entstammt dem Gesetz v. 10. 12. 2008[122] zur Anpassung der Vorschriften des Internationalen Privatrechts an die Verordnung (EG) Nr. 864/2007. Nach Art. 2 dieses Gesetzes ist es am 11. 1. 2009 in Kraft getreten, sodass der zeitliche Anwendungsbereich von Art. 44 EGBGB eröffnet ist.

Da Art. 44 EGBGB die entsprechende Geltung der Rom II-VO anordnet, kommt es zum Gleichlauf der berufenen Rechtsordnungen (BT-Drs. 14/343, 16), sodass die im Einzelfall uU schwierige Qualifikation zwischen Schadensersatzrecht aus der Rom II-VO einerseits und Nachbarschaftsrecht andererseits entfallen kann,[123] – zumindest so lange, bis es darauf ankommt, ob dem Europäischen Gerichtshof eine Auslegungsfrage zur Rom II-VO nach Art. 267 AEUV vorzulegen ist).

> **Arbeitsblock**
> I. Zur Ergänzung
>   1. **Zur Rom I-VO:** Die Frage, wann ein Vertrag iSv Art. 28 Rom I-VO »geschlossen« ist, kann bei **zeitlich gestreckten Sachverhalten** Auslegungsfragen mit sich bringen (zB bei einem unter Genehmigungsvorbehalt abgeschlossenen Vertrag oder bei einem Rahmenvertrag mit Einzelabrufverträgen, PWW/*Brödermann/Wegen* Rom I-VO Art. 28 Rn. 2; Rom I-VO Art. 1 Rn. 5).

202

---

120 ABl. EU L 309, 87.
121 Durch die Änderung vom 24. 11. 2009 war das Wort »*ab*« in Art. 28 Rom I-VO anstelle des Wortes »*nach*« gesetzt worden.
122 BGBl. 2008 I 2401. Siehe dort Art. 1 Nr. 3.
123 PWW/*Brinkmann* EGBGB Art. 44 Rn. 2.

> **2. Zur Rom II-VO:** Bei Art. 32 Rom II-VO ist auf den Zeitpunkt der Handlung und bei einem Anspruch auf Unterlassen auf den Zeitpunkt, in dem das Handeln erforderlich gewesen wäre, abzustellen (PWW/*Schaub* Rom II-VO Art. 32 Rn. 1).
>
> **II. Zur Vertiefung**
> 1. Intertemporale Fragen von interprivatrechtlicher (bzw. genauer: interlokalrechtlicher) Bedeutung stellen sich aus dem **Beitritt der DDR zur Bundesrepublik Deutschland** heute noch gelegentlich, zB im Zusammenhang mit alten Testamenten oder **Hypotheken** aus der Zeit vor dem 3. 10. 1990: s. dazu Rn. 177 ff. in der 4. Aufl.).
> 2. Ein Vorgang der **Rechtsnachfolge von Todes wegen** ist erst mit dem Zeitpunkt des Erbfalls als **kollisionsrechtlich abgeschlossen** anzusehen (BayObLGZ 1986, 466 [470]); dies kann bei Testamenten aus der Zeit vor dem 1. 9. 1986 wichtig werden (s. Art. 220 EGBGB und 4. Aufl.).

III. Interlokales Recht (Mehrrechtsstaaten)

1. Völkerrechtliches IPR

Fall 21: Ein dreijähriger Junge ist das eheliche Kind einer deutschen Staatsangehörigen und eines mexikanischen Staatsangehörigen. Die Eltern des Kindes lebten gemeinsam mit dem Kind in Puebla/Mexiko. In Mexiko wurde der Junge getauft, war in regelmäßiger kinderärztlicher Behandlung und besuchte den Kindergarten. Im Dezember 2010 fuhr die Mutter des Kindes mit ihrem Sohn, mit Einverständnis des Vaters, nach Deutschland, um dort ihre Eltern über Weichnachten zu besuchen. Ende Januar 2011 erklärte die Mutter des Kindes auf Nachfrage des Vaters, dass sie mit dem Kind nicht mehr nach Mexiko zurückkehren werde. Der Vater des Kindes hat im Juli 2011 die Herausgabe des Kindes und die sofortige Rückführung nach Mexiko beantragt. Nach welchem Recht bestimmt sich, wo das Kind seinen gewöhnlichen Aufenthalt hat.

Zur Lösung des Falles ist auf das Haager Übereinkommen über die zivilrechtlichen Aspekte internationaler Kindesentführung v. 25. 10. 1980[124] zurückzugreifen. Deutschland und Mexiko sind Vertragsstaaten dieses Übereinkommens, das in Mexiko seit dem 1. 9. 1991 und in Deutschland seit dem 1. 1. 1990 in Kraft ist. Nach Art. 3 HKEntfÜ ist das Recht des Staates anwendbar, in dem das Kind unmittelbar vor der Entführung seinen gewöhnlichen Aufenthalt hatte. Vor dem Verbringen des Kindes nach Deutschland hatte der Junge seinen gewöhnlichen Aufenthalt in Mexiko. Mexiko ist jedoch ein »**Mehrrechtsstaat**« mit verschiedenen Teilrechtsordnungen. Wie ist die richtige Teilrechtsordnung auszuwählen?

Es geht im Fall 21 um ein typisches Problem des interlokalen Privatrechts: In einem Staat, auf dessen Recht eine in Deutschland geltende völkerrechtliche IPR-Regelung verweist, bestehen mehrere Teilrechtsordnungen ›lokal‹ nebeneinander. Beispiele bieten Australien, Kanada, Mexiko, Spanien, USA, Vereinigtes Königreich. Mit Hilfe interlokalrechtlicher Regeln muss die für den Fall maßgebende Teilrechtsordnung des Mehrrechtsstaates gefunden werden. Dafür gibt es verschiedene Ansätze und damit Unterschiede. In den meisten Haager Übereinkommen findet sich eine Regelung, die es dem **berufenen (nationalen) IPR überlässt** zu entscheiden, welche Teilrechtsordnung anzuwenden ist (**Haager interlokalrechtliche Formel**).

> Unter dem gewöhnlichen Aufenthalt iSv Art. 3 HKEntfÜ versteht man »den Ort des tatsächlichen Daseinsmittelpunkts des Minderjährigen und der Schwerpunkt seiner sozialen und hier insbesondere

---

124 BGBl. 1990 II 207 (*Jayme/Hausmann* Nr. 222).

seiner familiären Bindung«.[125] Der Aufenthalt in Deutschland im Dezember 2010 kann nur als Besuch angesehen werden. In Mexiko, der ein Bundesstaat ist, gelten mehrere Teilrechtsordnungen. Nach Art. 31 HKEntfÜ iVm Art. 3 I lit. a HKEntfÜ wird auf das gesamte Recht des Bundesstaates (Puebla) verwiesen, in dem das Kind seinen gewöhnlichen Aufenthalt vor dem Besuch in Deutschland hatte. Nach dem Recht des Bundesstaates Puebla ist der Vater Mitinhaber der elterlichen Sorge.

2. Unionsrechtliches IPR

Fall 22: Ein Londoner Anwaltsbüro berät im Januar 2012 ein Unternehmen in Stuttgart. Der Mandatsvertrag enthält keine Rechtswahlklausel. Auf welches Recht verweist Art. 4 I lit. b) Rom I-VO? 207

Im unionsrechtlichen IPR hat sich eine von der Haager interlokalrechtlichen Formel abweichende Lösung der ›Mehrrechtsstaaten-Frage‹ durchgesetzt. So gilt nach **Art. 22 I Rom I-VO** und **Art. 25 I Rom II-VO jeder Einzelstaat als Staat.** Im Fall 22 verweist Art. 4 I lit. b) Rom I-VO auf das Recht des Vereinigten Königreichs, das aus mehreren Einzelstaaten (England, Nordirland, Schottland, Wales) besteht. Nach Art. 22 I Rom I-VO gilt die Gebietseinheit England, in dem London liegt, »*für die Bestimmung des nach dieser Verordnung anzuwendenden Rechts*« als Staat, sodass englisches Recht anzuwenden ist (Sachnormverweisung nach Art. 20 Rom I-VO). Damit wird die interlokale Abgrenzung zwischen den Teilrechtsordnungen des Mehrrechtsstaates bereits durch die Verweisungsnorm gelöst.

Hinweis: Soweit interlokales Recht in dem betroffenen Staat besteht, setzt sich das Unionsrecht darüber hinweg. Es ist damit intoleranter als die Haager interlokalrechtliche Formel, aber einfacher zu handhaben (ein Prüfungsschritt wird gespart).

3. Nationales IPR

Fall 23:[126] In einem Erbscheinverfahren hat ein deutscher Richter im Jahre 2011 über die Beerbung eines von Geburt an in San Francisco, Kalifornien, domizilierten Amerikaners zu entscheiden, der bei einem Deutschlandbesuch verstarb. Art. 25 I EGBGB verweist auf das Recht der USA als Heimatstaat des Erblassers. In den USA ist das Erbrecht jedoch nicht bundesrechtlich, sondern nur innerhalb des Rechts eines jeden Bundesstaates geregelt.[127] Wie ist die Verweisung in Art. 25 I EGBGB zu verstehen? 208

Wieder verweist die anwendbare Kollisionsnorm auf das Recht eines Mehrrechtsstaates. Die der Haager interlokalrechtlichen Formel nachgebildete Regelung in **Art. 4 III 1 EGBGB** bestimmt, dass bei einer Verweisung auf das Recht eines Staates X mit mehreren Teilrechtsordnungen grundsätzlich **durch das Recht dieses Staates X selbst zu bestimmen ist**, welche Teilrechtsordnung angewendet werden soll (Eine Ausnahme gilt nur, wenn bereits die deutsche Kollisionsnorm durch die Wahl des Anknüpfungspunktes selbst die Teilrechtsordnung bezeichnet; → Rn. 211 ff.). Art. 4 III 1 EGBGB setzt damit voraus, dass der fremde Staat X in einem eigenen **interlokalen Privatrecht** Regelungen über die Bestimmung der maßgeblichen Teilrechtsordnung getroffen hat 209

Beispiel: Spanien.[128]

---

125 Vgl. OLG Karlsruhe FamRZ 2003, 956.
126 In Abwandlung von *Firsching* IPR Fall 58, S. 84 ff.
127 Vgl. Ferid/Firsching/*Solomon* Bd VIII USA, Grundzüge B II 1, S. 20–21.
128 Vgl. *Jayme* RabelsZ 55 (1991) 303 (319 ff.), und Bergmann/Ferid/*Daum* Spanien 19 ff.

In den USA gibt es jedoch kein zentrales interlokales Privatrecht, sodass dem Richter mit der Regelung des Art. 4 III 1 EGBGB nicht geholfen ist. **Für diese Fälle des Fehlens eines zentralen interlokalen Privatrechts** bestimmt **Art. 4 III 2 EGBGB**, dass die Teilrechtsordnung anzuwenden ist, mit welcher der Sachverhalt am **engsten verbunden** ist. Das deutsche Recht nimmt die interlokalrechtliche Bestimmung hier also selbst vor. Wie die engste Verbindung zu ermitteln ist, richtet sich nach den Besonderheiten des Einzelfalls. So im Fall 23:

210 Ein amerikanischer Bundesbürger hat nicht nur die Bundes-Staatsangehörigkeit (sog. *federal citizenship*), sondern auch eine Einzel-Staatsangehörigkeit (sog. *state citizenship*).[129] Die *state citizenship* besteht für den Bundesstaat, in dem der Bürger sein *domicile* (eine von besonders intensivem Willen getragene Form des Wohnsitzes, nach *Ferid*)[130] hat. Der Erblasser im Fall 23 hatte sein *domicile* in Kalifornien und man wird annehmen können, dass (da die Bundes-Staatsangehörigkeit nicht zum Erfolg führte) die *state citizenship* bzw. das entsprechende *domicile* in diesem Fall die engste Verbindung zu einer Rechtsordnung darstellen. Danach wäre kalifornisches Recht berufen: Hinsichtlich des beweglichen Nachlasses (*movables*) nimmt das kalifornische IPR die Verweisung an; für den unbeweglichen Nachlass (*immovables*) verweist es dagegen auf das Recht des Belegenheitsstaates.[131]

Arbeitsblock
I. Zur Ergänzung

211 1. **Zum völkerrechtlichen interlokalen Recht:** Soweit die interlokalrechtliche Frage durch die Anwendung eines völkervertraglichen Übereinkommens nicht gelöst werden kann, ist in Deutschland auf Art. 4 III EGBGB (Grundsatz der engsten Verbindung) zurückzugreifen.

212 2. Zum unionsrechtlichen interlokalen Recht: Bei nicht näher präzisierter Wahl des Rechts eines Mehrrechtsstaates (»zB amerikanisches Recht«) nach Art. 3 I Rom I-VO, muss durch Auslegung bestimmt werden, ob die Parteien das Recht einer Gebietseinheit mitgewählt haben (PWW/*Brödermann/Wegen* Rom I-VO Art. 22 Rn. 2).

213 3. **Zum nationalen interlokalen Recht:** Art. 4 III EGBGB weist die Besonderheit auf, dass S. 1 nur dann das fremde interlokale Privatrecht entscheiden lässt, wenn nicht bereits durch unser Kollisionsrecht die maßgebende Teilrechtsordnung bezeichnet worden ist. Der Gesetzgeber ging bei der Schaffung dieser Norm davon aus, dass etwa bei einer Anknüpfung an den Wohnort (anders als bei der Anknüpfung an die Staatsangehörigkeit) bereits die maßgebende Teilrechtsordnung (mit-)bestimmt wird. Der Anwendung des fremden interlokalen Privatrechts (soweit vorhanden) bedürfe es dann nicht (vgl. Begr. Reg-E, BT-Drs. 10/504, 40, li. Sp.). Diese Regelung wird zum Teil kritisiert, da es anmaßend erscheine, sich über die interlokalrechtlichen Regelungen des fremden Staates hinwegzusetzen. Dazu v. *Bar/Mankowski* IPR I § 7 IV 1 Rn. 154.

214 4. **Prüfungsreihenfolge aus deutscher Sicht:** Insgesamt stellt sich die Prüfungsreihenfolge damit wie folgt dar:
   a) Regelung in internationalem Übereinkommen oder im unionsrechtlichen IPR?; sonst:
   b) Bestimmung der anwendbaren Teilrechtsordnung bereits durch die deutsche Verweisungsnorm des autonomen IPR (Beispiel: Der Ort der Belegenheit der Sache führt direkt zur *lex rei sitae* des Einzelstaates; vgl. auch Art. 35 II EGBGB)?; sonst:
   c) Bestimmung der anwendbaren Teilrechtsordnung durch interlokalrechtliche Regelungen des betroffenen fremden Rechts (Art. 4 III 1 EGBGB)?; sonst:
   d) Bestimmung der anwendbaren Teilrechtsordnung nach dem Grundsatz der engsten Verbindung (Art. 4 III 2 EGBGB).

---

129 Vgl. sec. 1, 14th Amendment der amerikanischen Verfassung, abgedr. bei *Currie* Verfassung USA 115.
130 *Ferid* IPR Rn. 1–41.
131 Vgl. die Nachweise bei Ferid/Firsching/*Heusl* Bd. VIII USA-Texte, III Nr. 4 California II. 1.

5. Hinweis auf interpersonales Recht
Bei der Anknüpfung an die Staatsangehörigkeit ist bei Staaten mit mehreren Teilrechtsordnungen, die durch verschiedene Glaubens-, Stammes-, Standes- oder Rassenzugehörigkeiten verursacht werden, mit Hilfe des interpersonalen Rechts die anwendbare Teilrechtsordnung zu bestimmen (vgl. *v. Bar/Mankowski* IPR I § 4 IV 2 a Rn. 163, 170; *Kropholler* IPR § 30, 208 ff.). Bei der Anwendung völkervertraglichen Kollisionsrechts sehen die Übereinkommen den Rückgriff auf das interpersonale Recht des Mehrrechtsstaates häufig selbst vor, so zB die Haager interlokalrechtliche Formel in Art. 16 des Haager Unterhaltsübereinkommens v. 2. 10. 1973 (vgl. *Jayme/Hausmann* Nr. 41).

215

II. Zur Vertiefung
1. Deutsches interlokales Recht
Nach dem Beitritt der ehemaligen DDR zur Bundesrepublik Deutschland zum 3. 10. 1990 entstanden in Deutschland zwei Teilrechtsordnungen: Die Teilrechtsordnung Ost und die Teilrechtsordnung West (BGHZ 124, 270 [272]). Zwar gilt grundsätzlich einheitliches Bundesrecht, wirkt die Rechtsspaltung noch in einigen alten Fällen nach (zB alte DDR-Hypotheken, alte Testamente). Nach 20 Jahren hat dies für den Studenten keine Bedeutung mehr. Für einen Überblick über das innerdeutsche Kollisionsrecht s. Vorauflage Rn. 189 ff. (zum Teil komplexes Ineinander von intertemporalem und interlokalen Recht).

216

2. Zum unionsrechtlichen interlokalen Recht:
a) Die in Rom I- und II-VO enthaltene Regelung zur Lösung der interlokalen Frage hat **europäische Tradition**. Eine nahezu wörtlich ähnliche Vorschrift zu Art. 22 I Rom I-VO und Art. 25 I Rom II-VO enthaltenen Bestimmungen des **unionsrechtlichen Gesellschaftsrechts**, so Art. 2 II 2 EWIV-Verordnung (vgl. *Brödermann/Iversen* Europ. GemeinschaftsR und IPR Rn. 323 [343, 373]) und die schuldrechtliche Vorgängernorm in Art. 19 I EVÜ.

b) Nach Art. 22 II 2 Rom I-VO und Art. 25 II Rom II-VO sind die Mitgliedstaaten frei zu entscheiden, ob sie die internationalprivatrechtlichen Regelungen in der Rom I- und II-VO auch als interlokalrechtliche Regelungen zur interlokalrechtlichen Abgrenzung zwischen den einzelnen Gebietseinheiten verwenden.

217

3. Literatur:
v. Hoffmann/Thorn IPR § 6 Rn. 117–121 (mit spanischem Beispiel in Rn. 119); *Kropholler* IPR § 29 I, II, 199–204; *Ferid* IPR Rn. 2–35 ff. mit einer Übersicht über die wichtigsten Mehrrechtsstaaten; *Kegel/Schurig* IPR § 11, 414–422.

218

IV. Mehrstaater und Staatenlose

Fall 24: Eine deutsche Richterin hat über die Geschäftsfähigkeit eines seit seiner Kindheit in Belgien lebenden Mannes zu entscheiden, der sowohl die belgische als auch die italienische Staatsangehörigkeit besitzt. Art. 7 I 1 EGBGB knüpft für die Frage der Geschäftsfähigkeit an die Staatsangehörigkeit an. Welche Staatsangehörigkeit des Doppelstaaters meint Art. 7 EGBGB?

219

Fall 24 betrifft die Problematik von **Doppel- und Mehrstaatern**. Schwierigkeiten bereiten diese Fälle nur, wenn eine Kollisionsnorm wie Art. 7 EGBGB an die Staatsangehörigkeit anknüpft. Die Lösung ergibt sich aus Art. 5 I 1 EGBGB: Bei Mehrstaatern ist an die sog. **effektive Staatsangehörigkeit** anzuknüpfen, dh es wird auf das Recht des Staates verwiesen, mit welchem die Person am engsten verbunden ist. Die engste Verbindung kann sich insbesondere aus dem gewöhnlichen Aufenthalt der Person oder dem Verlauf ihres Lebens ergeben (Art. 5 I 1 EGBGB). Da der Doppelstaater im Fall 24 seit seiner Kindheit in Belgien lebt, ist die belgische Staatsangehörigkeit als die effektive anzusehen, an die Art. 7 I 1 EGBGB daher allein anknüpft.

220

221 Ist ein Mehrstaater auch Deutscher, so bestimmt Art. 5 I 2 EGBGB, dass die deutsche Staatsangehörigkeit vorgeht, und zwar selbst dann, wenn zu einem fremden Staat eine engere Beziehung besteht;[132] in unionsrechtlichen Fällen ist dieser Vorrang zweifelhaft (→ Rn. 210). Mit der Neuregelung des Staatsangehörigkeitsrechts (StAG)[133] hat diese Norm erhebliche Bedeutung erlangt. Das neue StAG sieht vor, dass eine in Deutschland geborene Person ausländischer Eltern automatisch auch die deutsche Staatsangehörigkeit erlangt, sofern wenigstens ein Elternteil seit acht Jahren seinen gewöhnlichen rechtmäßigen Aufenthalt in Deutschland hat oder eine seit drei Jahren unbefristete Aufenthaltserlaubnis besitzt. Erst mit Erreichen der Volljährigkeit muss sich die Person für eine der Staatsangehörigkeiten entscheiden.[134]

Arbeitsblock
I. Zur Ergänzung
222 1. **Ausnahmen** von Art. 5 I EGBGB enthalten die **Rechtswahlmöglichkeiten** in Art. 10 II EGBGB und Art. 14 II EGBGB. Zu möglichen weiteren Ausnahmen vgl. PWW/*Mörsdorf-Schulte* EGBGB Art. 5 Rn. 21 ff.; Palandt/*Thorn* EGBGB Art. 5 Rn. 4.
223 2. Da Kollisionsnormen in **internationalen Übereinkommen** heute meist an den gewöhnlichen Aufenthalt anknüpfen (PWW/*Mörsdorf-Schulte* EGBGB Art. 5 Rn. 13), stellt sich das Problem der Mehrstaater bei der Anwendung völkervertraglichen Kollisionsrechts verhältnismäßig selten. Grundsätzlich ist die Lösung des Problems mit Hilfe des Übereinkommens selbst zu suchen. Für eine ausdrückliche Regelung vgl. Art. 5 des **Istanbuler CIEC-Übereinkommens über die Änderung von Namen und Vornamen** v. 4. 9. 1958, BGBl. 1961 II 1055 (1076); 1962 II 45 (*Jayme/Hausmann* Nr. 21), das jedoch nur im Verfahrensrecht Bedeutung hat.
224 Lässt sich dem Übereinkommen auch durch Auslegung keine Regelung entnehmen, so ist grundsätzlich auf Art. 5 I EGBGB zurückzugreifen und nach S. 1 auf die effektive Staatsangehörigkeit abzustellen (vgl. Palandt/*Thorn* EGBGB Anh. zu Art. 24 Rn. 4, 19). Streitig ist, ob auch Art. 5 I 2 EGBGB anzuwenden ist (so Palandt/*Thorn* EGBGB Anh. zu Art. 24 Rn. 4, 18 f.) oder ob diese Vorgehensweise dem Vereinheitlichungszweck des jeweiligen Übereinkommens widerspricht (vgl. *Mansel* IPRax 1985, 209; PWW/*Mörsdorf-Schulte* EGBGB Art. 5 Rn. 27; vgl. aber auch Staudinger/*Blumenwitz* (2003) EGBGB Art. 5 Rn. 28 ff.).
225 Das Problem der Mehrstaater hat sich in der Vergangenheit häufiger bei der Anwendung von Art. 3 des **Haager Minderjährigenschutzübereinkommens** v. 5. 10. 1961, BGBl. 1971 II 219, 1150 (*Jayme/Hausmann* Nr. 52) gestellt. Dabei ergibt sich nach OLG München IPRax 1986, 32 die Lösung vertragsautonom durch Auslegung des Übereinkommens, zustimmend *Mansel* IPRax 1986, 22; aA Palandt/*Thorn* EGBGB Anh. zu Art. 24 Rn. 4, 18 f., der Art. 5 I EGBGB anwenden will. Zum Problem von Doppelstaatern bei der Anwendung von Art. 4 des Übereinkommens vgl. *Rauscher* IPRax 1985, 214 mwN.
226 3. **Unionsrechtliche Anwendungsgrenze**
Im Hinblick auf das unionsrechtliche Konformitätsgebot (→ Rn. 42) erscheint der von Art. 5 I 2 EGBGB vorgesehene Vorrang der deutschen Staatsangehörigkeit jedenfalls dann zweifelhaft, wenn dadurch ein Unionsbürger und Staatsangehöriger von zwei Mitgliedstaaten der Europäischen Union in einer Grundfreiheit diskriminiert wird.
Beispiel: Eine 17-jährige, in Madrid verheiratete deutsch-spanische Doppelstaaterin will in Deutschland (unter Aufdeckung ihres Alters, vgl. die anderenfalls geltende Gutgläubigkeitsregelung in Art. 12 EGBGB) einen Vertrag über die Erbringung von grenzüberschreitenden Dienstleistungen abschließen. Im Falle ihrer Behandlung als Deutsche gem. Art. 5 I 2 EGBGB wäre

---

132 Begr. Reg-E, BT-Drs. 10/504, 40–41; Palandt/*Thorn* EGBGB Art. 5 Rn. 3; PWW/*Mörsdorf-Schulte* EGBGB Art. 5 Rn. 20 (unter Hinweis auf die Geltung des Vorrangs der deutschen Staatsangehörigkeit auch bei Statusdeutschen: eine gesetzlich definierte Gruppe von Flüchtlingen und Vertriebenen deutscher Volkszugehörigkeit, s. PWW/*Mörsdorf-Schulte* EGBGB Art. 5 Rn. 6.
133 BGBl. 1999 I 1618.
134 Zu den kollisionsrechtlichen Auswirkungen vgl. *Gruber* IPRax 1999, 426; *Fuchs* NJW 2000, 489.

> sie nur beschränkt geschäftsfähig (§§ 2, 106 ff. BGB); nach spanischem Recht (›Heirat macht mündig‹, Art. 314 Nr. 2 *Código civil*, abgedr. bei Bergmann/Ferid/*Daum* Spanien III. B. 1.) wäre sie hingegen geschäftsfähig. Die Anwendung von Art. 5 I 2 EGBGB würde die Deutsch-Spanierin in ihrer Dienstleistungsfreiheit (Art. 56 AEUV) beeinträchtigen und ist daher nicht anwendbar (das Europarecht wirkt hier als Rechtsschranke gegenüber dem IPR). Als Ersatzrecht ist auf die allgemeine Regelung in Art. 5 I 1 EGBGB zurückzugreifen.
> 4. Literatur
> *Kegel/Schurig* IPR § 13 II 5, 452–457; *Kropholler* IPR § 37 II, 264–269.
> II. Zur Vertiefung
> 1. Hinweis zum Völkerrecht
> Das Gebot der Anknüpfung an die effektive Staatsangehörigkeit entspricht der Rechtsprechung des Internationalen Gerichtshofs im Fall Nottebohm vom 6. 4. 1955 (*Liechtenstein v. Guatemala*), I. C. J. Reports 1955, 4 (23); insoweit abgedr. bei *Verdross/Simma* VölkerR § 1194; vgl. auch *Doehring* VölkerR § 2 Rn. 84.
> 2. Literatur
> *Staudinger/Blumenwitz* (2003) EGBGB Art. 5 Rn. 4–31; *Mansel* Personalstatut 85–412 (mit einer Rechtfertigung zur Feststellung der effektiven Staatsangehörigkeit durch einen Gesamtabwägungsprozess, 178–191); *Rauscher* IPR Rn. 216–254.

227

228

229

> **Fall 25:** Ein deutscher Richter hat über die Geschäftsfähigkeit einer staatenlosen Frau mit Wohnsitz und gewöhnlichem Aufenthalt in Deutschland zu entscheiden. Welches ist das nach Art. 7 I 1 EGBGB berufene Heimatrecht der Frau?

230

Das Personalstatut von **Staatenlosen** ist in Deutschland grundsätzlich nach dem **New Yorker Übereinkommen** über die Rechtsstellung der Staatenlosen v. 28. 9. 1954[135] zu bestimmen. Das Übereinkommen ist als *loi uniforme* zu verstehen (→ Rn. 48 zum Begriff).[136] Nach Art. 12 I des Übereinkommens ist bei Staatenlosen an den Wohnsitz oder, wenn die Person keinen Wohnsitz hat, an den **gewöhnlichen Aufenthalt** anzuknüpfen. Die Anknüpfung an den gewöhnlichen Aufenthalt soll sich jedoch bereits aus dem Merkmal ›Wohnsitz‹ in Art. 12 I, 1. Alt. des Übereinkommens ergeben, da der Begriff Wohnsitz im Sinne des ›gewöhnlichen Aufenthalts‹ zu verstehen sei.[137] Im Fall 25 richtet sich die Geschäftsfähigkeit der Frau gem. Art. 12 I, 1. Alt. des Übereinkommens nach deutschem Recht.

Auch das **autonome deutsche IPR** enthält in Art. 5 II EGBGB eine Bestimmung über Staatenlose und Personen, deren Staatsangehörigkeit nicht feststellbar ist. Danach ist ebenfalls an den gewöhnlichen Aufenthalt anzuknüpfen. Diese Norm wird jedoch durch das New Yorker Übereinkommen verdrängt, soweit es um Staatenlose geht.[138]

231

> **Arbeitsblock**
> I. Zur Ergänzung
> 1. Eine **Ausnahme** zur Anwendung von Art. 12 I des New Yorker Übereinkommens ergibt sich aus dem in Art. 12 II des Übereinkommens festgehaltenen **Grundsatz der wohlerworbenen Rechte**.
> 2. Staatenlosigkeit kann zB durch Geburt, Auswanderung oder Ausbürgerung entstehen (vgl. *v. Bar/Mankowski* IPR I § 7 I 9 a (1) Rn. 97).

232

---

135 BGBl. 1976 II 473, 1977 II 235; zum Teil abgedr. bei *Jayme/Hausmann* Nr. 12 und Staudinger/*Blumenwitz* (2003) EGBGB Art. 5 Rn. 58–70.
136 *Kegel/Schurig* IPR § 13 II 6, 459.
137 Begr. Reg-E, BT-Drs. 10/504, 41 re. Sp.; Palandt/*Thorn* EGBGB Anh. I zu Art. 5 Rn. 1 f.
138 Palandt/*Thorn* EGBGB Art. 5 Rn. 7.

3. Für die Rechtsstellung von **Flüchtlingen, Vertriebenen, Verschleppten und Asylanten** im IPR gelten völkervertragliche und bundesgesetzliche Sonderregelungen, die ggf. dem New Yorker Übereinkommen über die Rechtsstellung der Staatenlosen bzw. Art. 5 II EGBGB vorgehen (vgl. die ausführlichen Darstellungen bei Palandt/*Thorn* EGBGB Anh. II zu Art. 5 und MüKoBGB/*Sonnenberger* EGBGB Art. 5 Anh. II).

II. Zur Vertiefung

233   Staudinger/*Blumenwitz* (2003) EGBGB Art. 5 Rn. 32–57, zum Int. Flüchtlingsrecht Anhang zu Art. 5 EGBGB.

E. Beachtung zwingenden Rechts

234   Im Internationalen Schuldvertragsrecht und im Recht der außervertraglichen Schuldverhältnisse stellt sich stets die Frage, ob **neben dem mit Hilfe des durch IPR ermittelten Statuts statutsfremdes zwingendes Recht** anzuwenden ist. Dieser Frage ist grundsätzlich erst **nach** der Ermittlung des Vertragsstatuts nachzugehen (Dies gebietet die Logik: Soweit zwingende Normen, etwa zum Verbraucherschutz, dem Vertragsstatut entstammen, stellt sich die Frage der Anwendung dieser Vorschriften als zwingendes Recht neben dem Vertragsstatut nicht.).

Hinweis: In der Praxis recherchiert man das möglicherweise anwendbare zwingende Recht oft **parallel** zur Vertragsvorbereitung, weil dieses den Rahmen und den Grad der Verhandlungsfreiheit mitbestimmt: Zwingendes Recht ist nicht dispositiv. Es lässt sich nicht abbedingen. Deshalb tritt die Prüfung, ob zwingendes Recht zu beachten ist, quasi **gleichberechtigt neben die IPR-Prüfung** zur Bestimmung des anwendbaren (Vertrags-)Statuts.

235   Zwingende Normen sollen **nach dem Willen ihres Normgebers** auch dann in das vom Vertragsstatut beherrschte Rechtsverhältnis eingreifen, wenn sie nicht dem berufenen Statut angehören (**Eingriffsnormen** oder **international zwingendes Recht**). Ob und inwieweit ein solcher Eingriff zulässig ist, kann sich aus **den gleichen Rechtsquellen** ergeben, die auch das zur Bestimmung des jeweiligen Status herangezogene Kollisionsrecht bestimmen: aus völkerrechtlichen Verträgen, aus unionsrechtlichem IPR und aus nationalem Recht.

Hinweis: Darüber hinaus führt auch die direkte Anwendung von unmittelbar geltendem europäischen Privatrecht zur »Beachtung zwingenden Rechts«. Hierauf wird erst im Abschnitt IPR und einheitliches Sachrecht (→ Rn. 275 ff.) eingegangen.

I. Völkerrechtliche Verträge

236   **Fall 26:**[139] Ein in Kenia lebender indischer Kaufmann vereinbart mit einem deutschen Geschäftspartner, der oft nach Hause fährt, er solle für ihn Geld nach Deutschland bringen und treuhänderisch verwahren. Der Vertrag, der nach dem 17. 12. 2009 geschlossen wurde, enthält die Klausel, dass deutsches Recht anwendbar sei. Zwei Jahre später verlangt der Inder vereinbarungsgemäß Rückzahlung von 100.000 EUR. Der deutsche Geschäftspartner verweigert die Rückzahlung, da der Vertrag gegen ein Devisenausfuhrverbot Kenias verstoße. Der Inder wendet sich an eine Rechtsanwältin in Stuttgart mit der Bitte um Prüfung, ob eine Zahlungsklage, gestützt auf vertragliche Ansprüche, Aussicht auf Erfolg hätte. Die Rechtsanwältin prüft: Mangels anwendbaren internationa-

---

139 In Abwandlung von LG Hamburg IPRspr. 1978, Nr. 126.

> len Übereinkommens ist das Vertragsstatut nach autonomem IPR zu bestimmen. Nach Art. 3 I Rom I-VO ist aufgrund der Rechtswahl deutsches Recht anwendbar. Wird sich der deutsche Geschäftspartner im Prozess gleichwohl mit Aussicht auf Erfolg auf das kenianische Devisenausfuhrverbot berufen können?

Der Vorrang des Völkerrechts (→ Rn. 46) ist nicht nur bei der Bestimmung des Vertragsstatuts zu beachten, sondern auch bei der anschließenden Prüfung, ob zwingendes statutsfremdes Recht anzuwenden ist. 237

So im Fall 26: Obwohl das Vertragsstatut nach unionsrechtlichem IPR zu bestimmen war, prüft die Rechtsanwältin, ob statutsfremdes zwingendes Recht aufgrund **völkervertraglichen Anwendungsgebotes** zu beachten ist. Im **Internationalen Devisenrecht** bindet das im Juli 1944 in Bretton Woods (New Hampshire, USA) geschlossene *Übereinkommen über den Internationalen Währungsfonds* die Bundesrepublik und Kenia (**Bretton Woods-Übereinkommen**).[140] Art. VIII Abschn. 2 (b) 1 des Übereinkommens bestimmt in seiner deutschen Übersetzung: 238

»Aus Devisenkontrakten, welche die Währung eines Mitglieds berühren und den von diesem Mitglied in Übereinstimmung mit diesem Übereinkommen aufrechterhaltenen und eingeführten Devisenkontrollbestimmungen zuwiderlaufen, kann in den Hoheitsgebieten der Mitglieder **nicht geklagt werden**.« (In der englischen Originalfassung: »... *shall be* **unenforceable** *in the territories of any member*«.)

Der Inder und der Deutsche haben einen Devisenkontrakt geschlossen (Ausfuhr kenianischer Devisen unter Vereinbarung eines Treuhandverhältnisses), der die Währung des Mitgliedsstaates Kenia berührt und kenianischen Devisenkontrollbestimmungen widerspricht (der Ausfuhr von Devisen aus Kenia steht volkswirtschaftlich keine Gegenleistung gegenüber). Obwohl deutsches Recht Vertragsstatut ist, wird sich der deutsche Geschäftspartner also nach Art. VIII Abschn. 2 (b) 1 des Übereinkommens auf das kenianische Devisenrecht berufen können. Man sagt: Soweit kenianisches Devisenrecht eingreift, wird der Vertrag gesondert angeknüpft (**Sonderanknüpfung**). Voraussetzung hierfür ist, dass das kenianische Devisenrecht seinerseits den Anforderungen des Bretton Woods-Übereinkommens entspricht und ›in Übereinstimmung mit diesem Übereinkommen aufrechterhalten‹ und eingeführt wurde.[141] 239

> **Hinweis:** Die Rom I-VO, durch deren Anwendung das deutsche Vertragsstatut berufen wurde, steht der Anwendung des Bretton Woods-Übereinkommens nicht entgegen (jedenfalls über Art. 25 I Rom I-VO).[142]

Arbeitsblock
I. Zur Ergänzung
Weitere Beispiele von Völkerrecht mit zwingendem Inhalt sind zB Art. 15, 16, 17, 23 und 25 des Übereinkommens der Vereinten Nationen gegen Korruption (United Nations Convention against Corruption, im Internet unter www.unodc.org) v. 31. 10. 2003 oder Teile des UNESCO-Kulturgüterübereinkommens v. 14. 11. 1970. 240

II. Zur Vertiefung
1. Nach der deutschen Rechtsprechung führt der Verstoß gegen **Art. VIII Abschn. 2 (b) S. 1 des Bretton Woods-Übereinkommens** nicht zur Nichtigkeit des Vertrags, sondern **zum Fehlen einer Prozessvoraussetzung**, sodass eine Klage des indischen Kaufmanns im Fall 26 bereits 241

---

140 In der Neufassung von 1976, die ihrerseits zuletzt 2000 geändert worden ist, BGBl. 2000 II 799.
141 Vgl. BGH IPRax 1995, 110.
142 Vgl. PWW/*Remien* Rom I-VO Art. 9 Rn. 47.

1. Teil. Grundlagen des Internationalen Privatrechts

als unzulässig abzuweisen wäre (stRspr. seit BGH NJW 1970, 1507). Im Hinblick auf die in der Literatur geäußerte Kritik (die die Regelung zum Teil materiellrechtlich einordnen und die Pflichten aus solchen Verträgen als ›unvollkommene Verbindlichkeiten‹ behandeln will; *Ebke* IntDevisenR 280–308) erwägt der BGH als ›mittleren Weg‹ aus Art. VIII, Abschn. 2 (b) 1 des Bretton Woods-Übereinkommens, eine **prozesshindernde Einrede** herzuleiten (BGH EuZW 1992, 123 [126]).

242 **Literatur zum Bretton Woods-Übereinkommen**
- PWW/*Remien* Rom I-VO Art. 9 Rn. 47 (Übersicht).
- Reithmann/Martiny/*Thode* Rn. 671–715, Reithmann/Martiny/*Martiny* Rn. 1168–1175; *Fuchs* IPRax 1995, 82–86; MüKoBGB/*Martiny* Rom I-VO Nach Art. 9 Anhang II, Rn. 9 ff.; *Ebke* IntDevisenR 1991.
- Zum Einstieg und besseren Verständnis des Systems von Bretton Woods: *Gold, Sir Joseph*, Rec. 1988-1 (Bd. 174) 109–365.
- In der Praxis hilfreich: *ders.* The Fund Agreements in the Courts, 3 Bände (1962, 1982, 1986; vgl. insbesondere Bd. 3, 284–287: ›*Suggested Summary of German Law*‹).
- Zur ungeklärten Frage, ob staatliche Zahlungsmoratorien als Devisenkontrollmaßnahmen iSv Bretton Woods-Übereinkommen einzustufen sind, s. *Schefold* IPRax 2007, 313 ff.

243 2. Völkervertragliche Gebote zur Anwendung statutsfremden zwingenden Rechts sind selten. Das durch die Rom I-VO weitgehend verdrängte Übereinkommen über das auf vertragliche Schuldverhältnisse anzuwendende Recht v. 19. 6. 1980 (**EG-Schuldrechtsübereinkommen** (EVÜ) BGBl. 1986 II 809 (810) (*Jayme/Hausmann* Nr. 70) – strittig, → Rn. 68 – sah in Art. 7 I nicht die Anwendung, sondern die **Berücksichtigung fremden zwingenden Rechts** in einem Abwägungsprozess des Richters vor. Diese Regelung galt aufgrund eines von der Bundesrepublik bei der Ratifikation erklärten Vorbehaltes jedoch **nicht** in Deutschland (vgl. *Jayme/Hausmann* Nr. 70, Fn. 12 zu Art. 22 I lit. a EVÜ). Art 7 I EVÜ gilt daher auch nicht, soweit das EVÜ heute im Verhältnis zu Dänemark zur Anwendung kommt (→ Rn. 68).

II. Unionsrechtliches IPR

244 Im unionsrechtlichen IPR ist zwischen zwei allgemeinen Regeln in der Rom I- und II-VO zum Geltungsbereich von international zwingenden Eingriffsnormen (dazu **lit. a**) und einigen besonderen Vorschriften zu unterscheiden, die zur Anwendung von »einfachem« (idR nur national) zwingendem Recht führen (dazu **lit. b**).

1. Allgemeine Regeln zur Anwendung international zwingender Eingriffsnormen (Art. 9 Rom I-VO, Art. 16 Rom II-VO)

245 **Fall 27:** Ein türkisches Ehepaar mietet Ende Dezember 2009 von einem türkischen Landsmann eine 2-Zimmerwohnung in Hamburg. Der in türkischer Sprache verfasste Vertrag enthält eine ausdrückliche Rechtswahlklausel zugunsten türkischen Rechts. Zum 1. 4. 2010 kündigt der Vermieter das Mietverhältnis wieder. Die Mieter widersprechen und verlangen vor dem AG Hamburg-Altona die Fortsetzung des Mietverhältnisses nach §§ 574 f. BGB. Die Familie habe Zwillinge und die Ehefrau sei inzwischen erneut hochschwanger. Sind §§ 574, 574 a BGB anzuwenden, obwohl türkisches Recht Vertragsstatut ist?

246 Im Fall 27 haben die Parteien für einen internationalen Sachverhalt (türkische Staatsangehörige agieren in Deutschland) wirksam nach Art. 3 I Rom I-VO die Geltung einer ausländischen Rechtsordnung vereinbart. Über die Belegenheit des Mietobjektes und die Integration der türkischen Landsleute in ein Leben in Hamburg ist der Sachverhalt gleichwohl mit dem deutschen Recht des angerufenen Hamburger Richters verbunden. Nach §§ 574, 574 a BGB könnte das Mieterehepaar der Kündigung

widersprechen, weil ein Umzug »*während der Schwangerschaft und einige Zeit nach der Entbindung ... für die Mutter eine erhebliche Gesundheitsgefährdung*«[143] darstellt. Das türkische Recht kennt – zumindest möglicherweise – keinen dem deutschen Mietrecht entsprechenden Mieterschutz. Vor diesem Hintergrund stellt sich dem Hamburger Richter die Frage, ob und wie sich das am Gerichtsort geltende deutsche Recht international gegenüber dem türkischen Vertragsrecht durchsetzen kann. Können §§ 574, 574 a BGB **als Eingriffsnormen in das Vertragsstatut eingreifen?**

> **Hinweis:** Wenn und soweit dies der Fall ist, kann der Richter sogar die Mühe der Recherche des türkischen Mietrechts sparen, da er dann §§ 574 f. BGB ohne Rücksicht auf das Vertragsstatut anwenden kann.

Der Begriff der Eingriffsnorm wird seit Jahrzehnten diskutiert. Mit Art. 9 I Rom I-VO gilt in Deutschland seit dem 17. 12. 2009 eine (europarechtlich autonom auszulegende) **Legaldefinition** des **Begriffs Eingriffsnorm:** 247

›Eine Eingriffsnorm ist eine zwingende Vorschrift, deren Einhaltung von einem Staat als so entscheidend für die Wahrung seines öffentlichen Interesses, insbesondere seiner politischen, sozialen oder wirtschaftlichen Organisation, angesehen wird, dass sie ungeachtet des nach Maßgabe dieser Verordnung auf den Vertrag anzuwendenden Rechts auf alle Sachverhalte anzuwenden ist, die in ihren Anwendungsbereich fallen.‹

Eingriffnormen iSv Art. 9 I Rom I-VO sind Normen, die der sie schaffende Staat für so wichtig hält, dass sie »*ungeachtet*« (deutlicher die ähnliche Vorschrift in Art. 16 Rom II-VO: »*ohne Rücksicht*«) des sonst geltenden Statuts gelten wollen (wenn nur ihr aus der Norm selbst folgende Anwendungsbereich eröffnet ist). Man spricht von *international* zwingendem Recht. Ob eine nationale Norm solch eine *international* zwingende Eingriffsnorm darstellt, bestimmt sich aus Sicht des Staates, aus dessen Recht diese Norm stammt und ist entweder ausdrücklich geregelt oder ergibt sich durch Auslegung der Regelungsziele. Dabei handelt es sich um Normen, die vorrangig öffentlichen Interessen dienen. Dagegen sind Normen, die primär den Interessen der am Vertragsverhältnis Beteiligten dienen, grundsätzlich keine Eingriffsnormen. Bei Normen europäischer Herkunft kann außerdem der international zwingende Charakter aus den Auswirkungen der Nichtbeachtung der Norm auf den europäischen Markt abgeleitet werden.[144]

Bei der Zulassung der Wirkung von Eingriffsnormen unterscheidet der europäische Gesetzgeber zwischen Eingriffsnormen aus dem Recht des angerufenen Gerichts und ausländischem Eingriffsnormen: 248

- **Art. 9 II Rom I-VO** gestattet ausdrücklich »**die Anwendung der Eingriffsnormen des Rechts des angerufenen Gerichts**«. Die Subsumtion ist Aufgabe des Richters: Der Staat bestimmt, ob eine Norm als international zwingende Eingriffsnorm ausgestaltet oder nicht.[145] Der Richter muss im Fall 27 ermitteln, ob die für einen Eingriff in das Vertragsstatut in Betracht kommende Norm internationalen Geltungswillen hat. Dies ist bei §§ 574, 574 a BGB der Fall: Der Mieter eines in Deutschland belegenen Mietobjektes ist unabhängig vom Vertragsstatut zu schützen.[146] §§ 574, 574 a BGB haben als Mieterschutzvorschriften **internationalen**

---

143 PWW/*Riecke* § 574 Rn. 10.
144 Vgl. EuGH NJW 2001, 2007 – Ingmar.
145 Vgl. PWW/*Remien* Rom I-VO Art. 9 Rn. 2.
146 Vgl. Reithmann/Martiny/*Freitag* Rn. 568.

Geltungswillen. Da §§ 574, 574 a BGB auch dem Schutz der Gesundheit und damit dem **öffentlichen Interesse iSv Art. 9 I Rom I-VO** dienen, kann der Richter diese Bestimmungen ohne Rücksicht auf das Vertragsstatut anwenden.[147] Im Übrigen bleibt türkisches Recht Vertragsstatut.

> **Hinweis:** Im Gegensatz hierzu können Normen, die ausschließlich privaten Interessen dienen, nicht über Art. 9 II Rom I-VO angewendet werden. Einzelheiten zur Auslegung von Art. 9 Rom I-VO werden im Laufe der Jahre auch durch Vorlage an den Europäischen Gerichtshof nach Art. 267 lit. b) AEUV zu klären sein.

- **Art. 16 Rom II-VO** enthält für das IPR der außervertraglichen Schuldverhältnisse eine parallele Ermächtigung zur Anwendung von international zwingenden **Eingriffsnormen des Rechts des angerufenen Gerichts.** Dies kann haftungsbegründende, haftungsausschließende und haftungsbegrenzende Eingriffsnormen betreffen.[148]

> **Fall 27 a (ein abgewandelter Fall aus der Praxis):** Ein deutsches und ein amerikanisches Unternehmen stehen seit 2008 in laufendem Geschäftskontakt. Das deutsche Unternehmen produziert im Hamburger Hafen ein Produkt, bei dem mit Blei versetzte Schlacke als Abfall entsteht. Die 2009 entstandene Schlacke hat das deutsche Unternehmen erfolgreich über das amerikanische Unternehmen nach China verkaufen können. Damals haben chinesische Behörden bestimmte chinesische Importbestimmungen »großzügig« ausgelegt, um den Import der verbleiten Schlacke zu ermöglichen; seinerzeit boomte die chinesische Wirtschaft und konnte solche Schlacke für die Industrie gebrauchen.
>
> Ein gleicher Kaufvertrag wird 2010 unter Ausschluss des CISG (→ Rn. 293) abgeschlossenen; wieder wird China als Bestimmungs- und Erfüllungsort vorgesehen. Dieses Mal legen die chinesischen Behörden die Importbestimmungen streng aus, sodass der Import der Schlacke nicht möglich ist. Dies erfahren die Parteien unmittelbar vor Verschiffung der Ware. Die Parteien haben sich in einer Gerichtsstandsklausel (→ Rn. 739, → Rn. 747) auf die Zuständigkeit Hamburger Gerichte geeinigt.
>
> Da das amerikanische Unternehmen die Schlacke anderweitig nur mit hohen Verlusten weiterveräußern kann, tritt dieses an Sie als Rechtsanwalt mit der Frage heran, ob es zur Erfüllung des Kaufvertrages mit dem Hamburger Unternehmen verpflichtet ist.

249 - **Art. 9 III Rom I-VO** gestattet neben der Anwendung des Vertragsstatuts und der Anwendung von international zwingendem Recht des angerufenen Gerichts nach Abs. 2 die **Anwendung ausländischer Eingriffsnormen des Erfüllungsortes** (→ Rn. 252 ff. [Arbeitsblock]). Das deutsche Gericht **kann** (Ermessen!) solche Normen anwenden (»*Wirkung verleihen*«, »*effect may be given*«; »*Il pourra également être donné effet ...*«), **wenn** sie **die Erfüllung des Vertrages unrechtmäßig werden lassen**[149] (Normen, die den Vertrag lediglich ausgestalten, fallen nicht hierunter). Das angerufene Gericht *kann* (nicht: »muss«) die ausländische Eingriffsnorm anwenden (dabei ist in Deutschland streitig, ob »Wirkung verleihen« Gesetzesanwendung bedeutet – diese Auslegung legt etwa die zitierte französische Fassung nahe – oder ob es für die Anwendung von Art. 9 III Rom I-VO auch ausreicht, das Gesetz lediglich im Rahmen der Subsumtion unter eine Generalklausel wie §§ 134 oder 138 BGB zu berücksichtigen). Das Wort »kann« (»*may*«,

---

147 Vgl. PWW/*Remien* Rom I-VO Art. 9 Rn. 4; aA *Mankowski* IHR 2008, 143.
148 Vgl. PWW/*Remien* Rom II-VO Art. 16 Rn. 3 ff. mit Hinweis auf die in Frankreich beobachtete Behandlung einer Verjährungsvorschrift für Persönlichkeitsverletzungen als Eingriffsnorm.
149 *Freitag* IPRax 2009, 109, 112 f.

»*pourra*«) lässt den Gerichten der Mitgliedstatten der EU einen Freiheitsgrad, den sie unter Berücksichtigung der Gebote einer am *effet utile* der Rom I-VO für die Errichtung eines einheitlichen internationalen Schuldrechts in der EU und für die Stärkung des europäischen Rechtsraums nutzen müssen (→ Rn. 69 zur Auslegung der Rom I-VO). Hierzu werden die Gerichte im Laufe der Zeit Fallgruppen entwickeln, Zweifelsfragen werden dem EuGH nach Art. 267 lit. b AEUV vorzulegen sein.[150] Es mag etwa bei einem Verstoß gegen die *Sharia* einen Unterschied machen, ob überwiegend ausländische Unternehmen oder am Geltungsort der *Sharia* ansässige Unternehmen betroffen sind (Möglichkeit der **Unterscheidung nach dem Grad des Auslands- bzw. Inlandsbezugs**).

In Fall 27 a käme mangels Rechtswahl nach Art. 4 I lit. a Rom I-VO deutsches Recht zur Anwendung. Da die Parteien als Erfüllungsort im Vertrag China vereinbart haben, kann der Hamburger Richter im Falle eines Prozesses jedoch die chinesischen Importbestimmungen berücksichtigen, sofern diese den Vertrag unrechtmäßig werden lassen (Art. 9 III Rom I-VO). Ein Importverbot, das dem Schutz von Personen und Natur dient (verbleiter Abfall), lässt die Erfüllung des Vertrages unrechtmäßig werden. Solch ein Schutzzweck wird auch ein deutsches Gericht anerkennen. Daher besteht die Wahrscheinlichkeit, dass es den chinesischen Normen Wirkung verleihen wird. Der deutsche Rechtsanwalt wird daher zunächst versuchen müssen, bei chinesischen Kollegen die Details und die Begründung des chinesischen Importverbots zu ermitteln. Im Hinblick auf die verbleibende Unsicherheit – alles hängt von einer Ermessensentscheidung des Richters ab – bietet es sich an, einen Vergleich zu suchen, der den Verlust auf beide Parteien verteilt (so wurde der Fall in der Praxis gelöst).

Hinweis: Im IPR der außervertraglichen Schuldverhältnisse ist die Anwendung ausländischer Eingriffsnormen nicht geregelt, da sich die Mitgliedstaaten dazu nicht verständigen konnten. Die Rom II-VO enthält insoweit eine Regelungslücke.[151]

2. Besondere Regeln für bestimmte Rechtsgebiete oder Sachverhalte

Neben den allgemeinen Regeln über die Anwendung von international zwingenden Eingriffsnormen in Art. 9 Rom I-VO enthält die Rom I-VO für das internationale Vertragsrecht eine Reihe von besonderen Anwendungsgeboten für zwingendes Recht. Dabei ist strukturell **zwischen international zwingendem** und (unionsrechtlich oder national) **einfach zwingendem** Recht **zu unterscheiden**: 250

a) International zwingendes Recht zu Formfragen

Nach **Art. 11 V Rom I-VO**, der das IPR zur **Form** von Verträgen betrifft, kommt bei **Verträgen über dingliche Rechte** das Recht am Belegenheitsort der Immobilie (*lex rei sitae*) zur Anwendung, wenn sie **international zwingend** sind (Die Einordnung, dass diese Kollisionsnorm wie Art. 9 I Rom I-VO nur international zwingendes Recht zulassen will, ergibt sich aus dem Wortlaut: »*unabhängig davon gelten, in welchem Staat der Vertrag geschlossen wird oder welchem Recht dieser Vertrag unterliegt*«). 250a

---

150 Vgl. EuGH 9. 11. 2000 – C-381/1998, Slg 2000 I-9325 – Ingmar GB Ltd/ Eaton Leonard Technologies Inc. = IPRax 2001, 225 zum durch den Vertrag von Lissabon nur umnummerierten Art. 309 lit. b AEUV.
151 S. PWW/*Remien* Rom II-VO Art. 16 Rn. 5.

b) Einfach zwingendes *Unionsrecht* nach der Binnenmarktklausel bei »Abwahl von EU-Recht«

250b Nach **Art. 3 IV Rom I-VO** führt die **Wahl des Rechts eines Drittstaates** (zB Schweizer Recht) in einem Fall, in dem alle Sachverhaltselemente in der EU liegen, nicht dazu, dass die (einfach) **zwingenden Normen des Unionsrechts** ausgeschlossen werden. Die Regelung wird deshalb als **Binnenmarktklausel** bezeichnet. Sie beruft *»Bestimmungen des Gemeinschaftsrechts – gegebenenfalls in der von dem Mitgliedstaat des angerufenen Gerichts umgesetzten Form* [dh umgesetztes Richtlinienrecht] *–, von denen nicht durch Vereinbarung abgewichen werden kann«*. Anders als bei Art. 9 I Rom I-VO ist ein weiterer Grad von internationalem Geltungswillen der Norm (Unabhängigkeit vom sonst geltenden Statut: → Rn. 247) nicht erforderlich. Für die Anwendung einer **Sachnorm des Unionsrechts oder des harmonisierten nationalen Rechts** über Art. 3 IV Rom I-VO ist es daher ausreichend, dass die Sachnorm im normalen rechtlichen Umfeld der EU als zwingend zu werten ist (»... *von denen nicht durch Vereinbarung abgewichen werden kann«*).

c) Einfach zwingendes *nationales* Recht

250c Weitere Rechtsanwendungsgebote der Rom I-VO berufen **national** (einfach) **zwingendes** Recht (sodass sich – anders als bei Art. 9 I oder Art. 11 V Rom I-VO – die Frage nach dem internationalen Geltungswillen der zwingenden Norm nicht stellt).

- Nach **Art. 3 III Rom I-VO** kann die Wahl eines anderen Rechts bei einem **reinen Inlandssachverhalt** nicht die Anwendung der national zwingenden Normen dieses Staates ausschließen. Das bedeutet zB, dass bei einem rein deutschen Fall, der keine Auslandsbezüge aufweist, die Parteien eines Vertrages nicht durch Wahl zB des Schweizer Rechts die Anwendung der (einfach) zwingenden AGB-Vorschriften oder anderer **deutscher zwingender Vorschriften** ausschließen können. Auf diese Weise will die Rom I-VO eine »Umgehung« von national zwingendem Recht durch die Wahl eines anderen Rechts verhindern.

251
- Nach **Art. 6 Rom I-VO** kommt auf **Verbraucherverträge** (Beispiel: **Internetkauf** über eine auf den Fernabsatz ausgerichtete Website)[152] unter bestimmten Voraussetzungen zwingendes Recht des Staates, in dem der Verbraucher seinen gewöhnlichen Aufenthalt hat, zur Anwendung, wenn die Parteien ein anderes Recht als Vertragsstatut gewählt haben. Der Verbraucher soll sich darauf verlassen können, dass er jedenfalls den Schutz des zwingenden Teils seines rechtlichen Umfelds erhält.

- **Art. 8 I 2 Rom I-VO** gebietet die Anwendung von zwingenden **Arbeitnehmerschutzbestimmungen** (zB Kündigungsschutzregelungen)[153] des am Arbeitsort (hilfsweise: des am Sitz der einstellenden Niederlassung) geltenden Rechts. Hier kann sich der Arbeitnehmer darauf verlassen, dass er jedenfalls den Schutz des zwingenden Teils seines gewohnten rechtlichen Umfelds erhält.

Arbeitsblock

I. Zur Ergänzung

252 1. **Zum Erfüllungsort:** Die Bestimmung in **Art. 9 III 1 Rom I-VO** zur **Berücksichtigung fremden Rechts** ist Ergebnis eines politischen Kompromisses (Palandt/*Thorn* Rom I-VO Art. 9 Rn. 11),

---

152 PWW/*Remien* Rom I-VO Art. 6 Rn. 15 und 18 f. mit Einzelheiten und weiteren Beispielen.
153 S. PWW/*Lingemann* Rom I-VO Art. 8 Rn. 7.

der noch viele Fragen offen lässt: Einige Fragen waren implizit angesprochen (→ Rn. 249): (i) Wann lässt eine Norm die Erfüllung des Vertrages unrechtmäßig werden?, (ii) Wie weit ist der Ermessensspielraum zur Anwendung der Norm?, und (iii) Was heißt »Wirkung verleihen« auf der Rechtsfolgenseite? sodass

a) Der **Wortlaut** stellt einerseits auf die Erfüllung der »*durch den Vertrag begründeten Verpflichtungen*« ab (frz.: »*les obligations découlant du contrat*«, engl.: »*the obligations arising out of the Contract*«); dies streitet dafür, auf den jeweiligen Erfüllungsort der betroffenen Verpflichtung abzustellen. Andererseits spricht die Bestimmung von der »*Erfüllung des Vertrags*« (frz.: »*l'exécution du contrat*«, engl.: »*performance of the contract*«); dies spricht für eine Gesamtbetrachtung und damit ein Abstellen allein auf zB den Erfüllungsort der charakteristischen Leistung.   252a

b) **Ziel der Norm** ist es, dass das öffentliche Interesse der betroffenen Staaten unter außergewöhnlichen Umständen Beachtung findet (Erwägungsgrund 37). Da die zwingenden Anforderungen an eine Zahlung (zB »keine Geldwäsche«, »keine Bestechung«) andere sind als die an eine charakteristische Leistung (zB Bau einer Industrieanlage), kann das Ziel der Norm nur erreicht werden, wenn den für eine Verpflichtung **relevanten Eingriffsnormen Geltung verliehen** wird. Dazu ist nicht pauschal an den Erfüllungsort der vertragscharakteristischen Leistung, sondern an den Erfüllungsort der jeweils betroffenen Leistung anzuknüpfen. Diese Herangehensweise entspricht einer **faktischen Betrachtungsweise** (vgl. dazu den Hinweis auf die **Machttheorie** bei Palandt/*Thorn* Rom I Art. 9 Rn. 12) und berücksichtigt jeweils die Rechtsordnungen, die tatsächlich Einfluss nehmen können. Das bedeutet auch, dass der **tatsächliche Erfüllungsort** dem vertraglich vereinbarten Erfüllungsort vorgeht, wenn es dort zur Erfüllung gekommen ist. Denn nur der faktisch betroffene Staat hat ein schützenswertes Interesse an der Anwendung und Durchsetzung seiner Eingriffsnormen. Vieles bleibt noch offen (wie ist etwa bei gestreckten Erfüllungshandlungen zu verfahren?).

c) Da die Rom I-VO Teil eines auf der Grundlage des **Haager Programms** von 2004 entwickelten Systems ist (→ Rn. 69), das durch einheitliches Kollisionsrecht die bessere Anerkennung von Entscheidungen in der EU fördern will, gebietet die **systematische Auslegung** die Berücksichtigung der komplementären Rechtsinstrumente der Rom I-VO. Der Erfüllungsortbegriff in Art. 5 Nr. 1 lit. a und b EuGVO ist seit langem Gegenstand von Rechtsprechung und Lehre (→ Rn. 612). Art. 5 Nr. 1 **lit. a** EuGVO stellt den **Grundsatz** auf, dass es auf den **Erfüllungsort der (jeweiligen) Verpflichtung** ankommt (vgl. mit zahlreichen Rechtsprechungsnachweisen Magnus/Mankowski/*Mankowski* Art. 5 Rn. 131). Damit bleibt es bei der zur Vorgängernorm (Art. 5 Nr. 1 EuGVÜ) entwickelten *Tessili*- und *De Bloos*-Rechtsprechung, die auf **die jeweilige** »**vertragliche Verpflichtung** abstellt, die den Gegenstand der Klage bildet« (EuGH 6. 10. 1976 – C-12/76, Slg. 1976, 1473 – *Tessili*; EuGH 6. 10. 1976 – C-14/76, Slg. 1976, 1497 – *de Bloos*). Zu dieser Norm enthält Art. 5 Nr. 1 lit. b EuGVO eine **Konkretisierung** für Kauf- und Dienstleistungsverträge. Nach der neueren Rechtsprechung des Gerichtshofs gilt für Kauf- und Dienstleistungsverträge ein **einheitlicher Erfüllungsort für alle Leistungen aus dem Vertrag**, der an dem Ort der engsten Verbindung – meist dem Ort der Hauptlieferung – liegt (EuGH 3. 5. 2007 – C-386/05, Slg. 2007 I-3699 Rn. 39 ff. – Color Drack und Magnus/Mankowski/*Mankowski* Art. 5 Rn. 99 ff. sowie Rn. 612). Damit ist im System der EuGVO der Erfüllungsort für die Hauptleistung und für die Zahlung im Allgemeinen separat, bei Kauf- und Dienstleistungsverträgen aber einheitlich nach dem Ort zu bestimmen, mit dem der Vertrag bei wirtschaftlicher Betrachtung am Engsten verbunden ist.

d) Eine Auslegung des Begriffs Erfüllungsort in Art. 9 III Rom I-VO **in Anlehnung an die Begriffsbildung in der EuGVO** dient der Entwicklung eines einheitlichen Erfüllungsortbegriffes und verschafft dem vom Haager Programm angestrebten und in Art. 67 IV, 81 AEUV verankerten Ziel der Schaffung eines einheitlichen Rechtsraums größtmögliche Geltung. Das Auslegungsergebnis dient damit auch der Verwirklichung des am Normzweck von Art. 9 III Rom I-VO orientierten »*effet utile*« (**teleologische Auslegung** iSd *Factor-*

tame-Rechtsprechung, → Rn. 69). In einer Schwerpunktarbeit zum IPR müsste man sich damit auseinandersetzen, ob die Rechtsprechung zur EuGVO mit ihrer Unterscheidung zwischen Verträgen im Allgemeinen und den Sonderregelungen für Kauf- und Dienstleistungsverträgen übertragbar ist.

253 2. Ob eine nationale Vorschrift einen so **weit reichenden Geltungswillen** hat, dass sie **international zwingend** ist, ist nur in seltenen Fällen ausdrücklich geregelt. Ein bekanntes Beispiel für eine ausdrückliche Regelung enthält § 130 II GWB, wonach die Sachnormen des Gesetzes gegen Wettbewerbsbeschränkungen auf alle Wettbewerbsbeschränkungen anzuwenden sind, die sich im Geltungsbereich des Gesetzes auswirken, auch wenn sie außerhalb des Geltungsbereiches des Gesetzes veranlasst werden (vgl. v. *Dietze/Janssen* KartellR Rn. 91 f.; Reithmann/Martiny/*Freitag* Rn. 610 ff.). In den meisten Fällen ist der international zwingende Charakter der (deutschen) Norm **durch Auslegung** zu ermitteln.

254 3. Im Vergleich zu Art. 9 III Rom I-VO, der die Anwendung ausländischen zwingenden Rechts am Erfüllungsort bei der Prüfung der Wirksamkeit eines Vertrages regelt, betrifft Art. 12 II Rom I-VO den sich an die Frage der Wirksamkeit anschließenden Themenkreis: Für die **Art und Weise der Erfüllung** eines Vertrages und die im Falle **mangelhafter Erfüllung** zu treffenden Maßnahmen sieht **Art. 12 II Rom I-VO** die »**Berücksichtigung**« **des Rechtes am Erfüllungsort** vor (Unerheblich ist, ob das Recht zwingend ist; ist dies der Fall, kann Art. 12 II Rom I-VO, je nach Fallkonstellation, zum gleichen Recht wie Art. 9 II oder III Rom I-VO führen.).

255 4. Die Anwendung **zwingender, auch ausländischer Sicherheits- und Verhaltensregeln** kann sich im internationalen IPR der außervertraglichen Schuldverhältnisse (dh insbesondere **im Deliktsrecht**) auch aus dem Gebot in **Art. 17 Rom II-VO** ergeben, solche Regeln am Ort und im Zeitpunkt des haftungsbegründenden Ereignisses zu beachten.

II. Literatur

256 **(a)** Allgemein zur Behandlung von Eingriffsnormen nach der Rom I-VO in: Ferrari/Leible/*Harris* 269 ff.; **(b) Beispiele** international zwingender Normen s. PWW/*Remien* EGBGB Art. 34 Rn. 5–15; **(c)** zur Frage, ob ausländisches Recht nach **Art. 9 III Rom I-VO** Wirkung verliehen wird: *Pfeiffer* EuZW 2008, 622 (628); PWW/*Remien* Rom I-VO Art. 9 Rn. 43 (für eine »Anwendung«); *Freitag* IPRax 2009, 109–116 (für eine bloße »Berücksichtigung«).

III. Nationales Recht

257 Im autonomen deutschen Recht können zum einen **kollisionsrechtliche** Regelungen die **Anwendung** statutsfremden zwingenden Rechts gebieten (a); zum anderen können **sachrechtliche** Normen zur **Berücksichtigung** fremden zwingenden Rechts führen (b).

1. Kollisionsrechtliche Anwendungsgebote

258 Auch das nationale IPR kennt Bestimmungen, die neben dem sonst anwendbaren Statut zwingendes Recht im Wege der Sonderanknüpfung berufen.

- So schreibt **Art. 16 EGBGB** unter bestimmten Voraussetzungen die Anwendung einiger *deutscher* familienrechtlicher Regelungen (§§ 1357, 1362, 1412, 1431 und 1456 BGB) auch bei ausländischem Statut vor.
- Im Bereich **des internationalen Schuldrechts** stellt Art. 9 II Rom I-VO klar, dass **Eingriffsnormen des angerufenen Gerichts** angewendet werden können, wenn das am Gerichtsort geltende Recht deren Einwendung verlangt (weil es sie als international zwingend ansieht).

259 - Ebenfalls im Bereich **des internationalen Schuldrechts** kann es nach Art. 23 Rom I-VO neben den IPR-Verweisungen der Rom I-VO zu beachtendes harmonisiertes

IPR geben: Wenn der Vertrag einen **engen Zusammenhang** mit einem Mitgliedstaat der Europäischen Union aufweist, ist nach **Art. 46 b EGBGB** (dessen Bestimmungen bis 17. 12. 2009 in ähnlicher Fassung als Art. 29 a EGBGB galten) aufgrund seiner offenen Formulierung auch *fremdes* **nationales Rechts eines anderen Mitgliedsstaates der EU oder des EWR** anwendbar, welches der Umsetzung bestimmter **EU-Verbraucherschutzrichtlinien** dient (Umsetzungsbestimmungen).

Fall 28: Ein spanisches Reiseunternehmen bietet im Januar 2010 eine Pauschalreise »Thailand« gezielt für deutsche Touristen an. Ein in Freiburg wohnendes Ehepaar schließt dort einen Reisevertrag mit dem Unternehmen ab. Der Vertrag wird thailändischem Recht unterstellt. Ein Teil des Reisepreises wird vor der Reise gezahlt, der Rest ist erst nach Rückkehr fällig. Als das Reiseunternehmen den restlichen Betrag fordert, will das Ehepaar mit unbestrittenen Schadensersatzforderungen wegen mangelhafter Reiseleistungen aufrechnen und wendet sich an einen Freiburger Rechtsanwalt. Das Unternehmen beruft sich auf einen Aufrechnungsausschluss in seinen Allgemeinen Reisebedingungen. Nach deutschem Recht verstößt eine solche Klausel gegen § 309 Nr. 3 BGB und ist unwirksam. Ist § 309 Nr. 3 BGB anwendbar, auch wenn thailändisches Recht Vertragsstatut ist (dem nach Art. 17 Rom I-VO auch die Aufrechnung unterliegt)? 260

Der Vertrag im Fall 28 unterfällt Art. 46 b EGBGB: Der Vertrag wurde aufgrund einer Rechtswahl dem Recht eines Staates unterstellt, der nicht EU-Mitgliedstaat oder Mitgliedstaat des EWR ist. Da Werbung in Deutschland vorausging, die speziell deutsche Touristen ansprechen sollte, liegt ein »Ausrichten« der beruflichen Tätigkeit des Reisebüros nach Deutschland vor (Art. 46 b II Nr. 2 EGBGB). Da das Ehepaar seinen gewöhnlichen Aufenthalt in Deutschland hat und damit in dem EU-Mitgliedstaat, auf den die Tätigkeit ausgerichtet war, kann ihm der Schutz von § 309 Nr. 3 BGB als **zwingende Verbraucherschutznorm** nicht entzogen werden: Selbst wenn das thailändische Recht den Aufrechnungsausschluss zuließe, käme § 309 Nr. 3 BGB aufgrund der gesonderten Anknüpfung in Art. 46 b I, IV Nr. 1 EGBGB zur Anwendung. Im Übrigen gilt weiter thailändisches Recht als Vertragsstatut. Der Aufrechnungsausschluss ist nach deutschem Recht unzulässig und setzt sich gegenüber dem thailändischen Recht durch. (§ 309 Nr. 3 BGB kommt aber auch bereits über Art. 6 Rom I-VO zur Anwendung, sodass die Anwendung von Art. 46 b EGBGB in der Praxis nicht weiterführt (→ Rn. 59).[154] 261

Hinweis: Da die in Art. 46 b IV EGBGB genannten Richtlinien in den anderen EU-Mitgliedstaaten umgesetzt wurden, geht der deutsche Gesetzgeber davon aus, dass in den anderen Mitgliedstaaten ein hinreichender Mindestschutz des Verbrauchers erreicht ist, sodass bei einer Wahl deren Rechte für den Vertrag keine Anwendung der deutschen Normen vonnöten ist.

Arbeitsblock
I. Zur Ergänzung
Eine ähnliche Regelung enthält Art. 17 a EGBGB. Danach richtet sich die Nutzungsbefugnis für die im Inland belegene Ehewohnung und die im Inland befindlichen Haushaltsgegenstände – unabhängig vom Statut – nach den deutschen Vorschriften. Dasselbe gilt für damit zusammenhängende Betretungs-, Näherungs- und Kontaktverbote. 262

II. Zur Vertiefung
1. Die Anwendung von Art. 46 b EGBGB ist voller Tücken (und mangels praktischer Beispiele bisher theoretisch). Sie betrifft in besonderem Maße die Schnittstelle zwischen Europarecht 263

---

154 Zum Verhältnis von Art. 46 b EGBGB zu Art. 6 Rom I-VO.

und IPR; so ist Art. 46 b EGBGB im Lichte der jeweils betroffenen Richtlinie **richtlinienkonform auszulegen** (PWW/*Remien* EGBGB Art. 46 b Rn. 1 unter Verweis auf die Kommentierung zu Art. 29 a Rn. 1). Nur wer zur Vertiefung antritt, sollte sich mit dieser Vorschrift näher beschäftigen. Folgende Themenkomplexe sind zB noch nicht abschließend geklärt:

a) die Auslegung des Begriffs ›enger Zusammenhang‹ (dazu PWW/*Remien* EGBGB Art. 46 b Rn. 5);

b) die **Rechtsfolgen** der Anwendung der Umsetzungsbestimmungen mit einhergehenden Fragen bei unzureichender oder über die Richtlinie hinausschießender Umsetzung (dazu PWW/*Remien* EGBGB Art. 46 b Rn. 7);

c) die Rechtslage bei ›engem Zusammenhang‹ zu mehr als einem Mitgliedstaat (s. PWW/*Remien* EGBGB Art. 46 b Rn. 5);

d) aufgrund richtlinienkonformer Auslegung die Gestattung eines ›Günstigkeitsvergleichs‹ für den Fall, dass das Vertragsstatut dem Verbraucher günstiger ist als Umsetzungsrecht in dem Mitgliedstaat, zu dem ein enger Zusammenhang besteht (so PWW/*Remien* EGBGB Art. 46 b Rn. 7);

e) Einzelheiten zur Anwendung des ausschließlich ins deutsche Recht führenden Abs. 3 (der **Teilzeit-Wohnrechteverträge** betrifft);

f) die unionsrechtlich begründbare analoge Anwendung auf andere, nicht in Abs. 4 genannte Richtlinien (dazu kurz PWW/*Remien* EGBGB Art. 46 b Rn. 12).

264   2. In einem Urteil v. 13. 12. 2005 (BGH IPRax 2006, 272) hat der BGH für umgesetztes Richtlinienrecht, soweit es über den Inhalt der zugrunde liegenden Verbraucherkreditrichtlinie hinausgeht, festgestellt, dass es insoweit nicht (damals iSv Art. 34 EGBGB) international zwingend ist. *Jayme/Kohler* messen dieser Entscheidung zu Recht besondere Bedeutung auch für anderes ›überschießendes Umsetzungsrecht‹ (zB im Gleichbehandlungsgesetz) zu, *dies.* IPRax 2006, 537 (540).

265   3. **Literatur:** *v. Bar/Mankowski* IPR I § 4 III Rn. 101 f.; Reithmann/Martiny/*Mankowski* Rn. 4337–4347.

2. Berücksichtigung von ausländischem zwingenden Recht nach deutschem Sachrecht

266 Ist ausländisches zwingendes Recht nicht bereits kraft eines völkerrechtlichen, unionsrechtlichen oder nationalen kollisionsrechtlichen Anwendungsgebotes anzuwenden, kann ihm **im Einzelfall** auch materiell-rechtlich Geltung verschafft werden (sog. **materiell-rechtlicher Lösungsweg**).[155]

267 • Im **deutschen Schuldvertragsrecht** hat dies Tradition aus der Zeit, als es Art. 9 III Rom I-VO noch nicht gab.[156] So kann das fremde Recht im Vertragsrecht zB zur Ausfüllung des Begriffs der **Sittenwidrigkeit in § 138 BGB** verwendet werden. Zum Teil wird vertreten, dass – soweit der Anwendungsbereich der Rom I-VO betroffen ist[157] – Art. 9 III Rom I-VO **nunmehr eine Sperrwirkung** entfaltet: Es bleibt dann kein Raum für die materiell-rechtliche Berücksichtigung von ausländischem Recht, wenn es nicht bereits über Art. 9 III Rom I-VO zum Zuge kam.[158] Zum Teil wird betont, dass die Rom I-VO nicht staatliches materielles Recht verändere und der materiell-rechtliche Lösungsweg damit uneingeschränkt neben der kollisionsrechtlichen Lösung über Art. 9 III Rom I-VO steht.[159] In der Praxis

---

155 Vgl. *Drobnig*, FS Neumayer, 1985, 161.
156 PWW/*Remien* Rom I-VO Art. 9 Rn. 44.
157 Vgl. die Einschränkungen in Art. 1 Rom I-VO.
158 *Freitag* IPRax 2009, 115.
159 PWW/*Remien* Rom I-VO Art. 9 Rn. 44.

wird sich die Streitfrage, ob **nach Anwendung von Art. 9 III Rom I-VO** noch ausländisches zwingendes Recht materiell-rechtlich zu berücksichtigen ist, selten stellen. (Allenfalls ist es im Einzelfall aufgrund des dem Richter von Art. 9 III Rom I-VO eingeräumten Ermessens [»*kann Wirkung verliehen werden*«] denkbar, dass der materiell-rechtliche Lösungsweg ausnahmsweise **als Anwendung** von Art. 9 III gewählt wird). In den nicht von Art. 9 III Rom I-VO erfassten Rechtsgebieten (vgl. Art. 1 Rom I-VO) stellt sich diese Abgrenzungsfrage nicht.

- Im **deutschen Deliktsrecht** kann im Einzelfall ausländisches zwingendes Recht bei der Anwendung von **§ 826 BGB** berücksichtigt werden.[160]

268

Arbeitsblock
I. Zur Ergänzung
1. Lesenswerte Fälle zur Prüfung fremder Eingriffsnormen im Rahmen von § 138 BGB sind zB BGHZ 34, 169 (›Borax‹; Vertrag sittenwidrig, weil die Parteien ein US-amerikanisches Exportverbot umgehen wollten) und BGHZ 69, 295 (der Verstoß eines Fluchthelfervertrags gegen das Recht der DDR führte nicht zur Sittenwidrigkeit nach § 138 BGB), die in ihrer Gesamtschau den Einfluss des jeweiligen Zeitgeists auf die Subsumtion unter § 138 BGB zeigen. Ausländische Eingriffsnormen wurden von der Rspr. auch bei der Anwendung anderer deutscher Vorschriften berücksichtigt:
   - RGZ 107, 173 (174): Besatzungsrechtliches Spirituosenverkaufsverbot führt zur Unzumutbarkeit der Erfüllung wegen der beachtlichen Sanktionsdrohung und damit zur Unmöglichkeit nach § 275 BGB (aF sowie nF).
   - BGH NJW 1963, 1971 (1972): Beschlagnahme einer veräußerten Forderung als Feindvermögen bedeutet einen Rechtsmangel iSv §§ 437 I, 440 I, 325 BGB aF (§ 435 S. 1, 437 BGB).
   - BGH NJW 1984, 1746: Alkoholimportverbot Irans nach der Revolution führt zum **Wegfall der Geschäftsgrundlage** (§ 313 BGB). In Anlehnung an diese Entscheidung versucht man die Berücksichtigung fremden Eingriffsrechts zum Teil auf die sog. **Datumslehre** zu stützen, da fremdes Recht als Datum (feststehende Tatsache) hinzunehmen sei (vgl. *Mülbert* IPRax 1986, 140 f.).

269

2. Der BGH hat in mehreren Entscheidungen zum sog. **öffentlichen Kollisionsrecht** ausgeführt, dass eine Anwendung fremder Eingriffsnormen (also im Wege kollisionsrechtlicher Sonderanknüpfung) jedenfalls nicht in Betracht kommt, soweit diese (wie häufig) öffentlich-rechtlichen Charakter haben. **Ausländisches öffentliches Recht** könne – von wenigen, bisher vom BGH nie bejahten Ausnahmen abgesehen – aufgrund des **Territorialitätsgrundsatzes** nicht über die Grenzen des rechtsetzenden Staates hinaus wirken (BGHZ 31, 367 [372 f.]; 64, 183 [189], vgl. dazu *Drobnig*, FS Neumayer, 1985, 160 f.). Dieser Ausgangspunkt ist heute umstritten (vgl. Palandt/*Thorn* Rom I-VO Art. 9 Rn. 15 f. sowie EGBGB Art. 3 Rn. 4 mwN). Ausführlich zum Verhältnis von internationalem öffentlichen Recht zum IPR v. Bar/*Mankowski* IPR I § 4 III Rn. 52–151 (nur zur Vertiefung!).

270

3. Literatur: Überblick bei *Zimmer* IPRax 1993, 65–69.

271

II. Zur Vertiefung
1. Die sog. **Lehre von der Sonderanknüpfung** will auch außerhalb gesetzlicher kollisionsrechtlicher Anwendungsgebote (→ Rn. 258 ff.) ausländisches zwingendes Recht nicht nur auf materiellrechtlichem Wege berücksichtigen, sondern generell durch kollisionsrechtliche Sonderanknüpfung zur Anwendung bringen, soweit nicht völkerrechtliche Gründe bzw. der *ordre public* entgegenstehen (vgl. Wengler ZVglRWiss 54 [1941] 168–212, insbesondere 181–202; Kreuzer Ausl. WirtschaftsR 90–95). Ob diese Lehre auch heute, nach Inkrafttreten von Art. 9 Rom I-VO, noch vertretbar ist, wird die Literatur in den nächsten Jahren beschäftigen.

272

---

160 BGH NJW 1993, 194 f.; PWW/*Schaub* § 823 Rn. 2.

273 2. Zur Frage, ob bei der Berufung fremden Rechts als Vertragsstatut auch die (öffentlich-rechtlichen) Eingriffsnormen dieses Rechts berufen sind (sog. **Einheitsanknüpfung**), vgl. zustimmend Palandt/*Thorn* Rom I-VO Art. 9 Rn. 15; ablehnend *Kreuzer* Ausl. WirtschaftsR 81 ff. (86); differenzierend Soergel/*Kegel* EGBGB Art. 34 Rn. 79.

274 3. Literatur:
- Zusätzlich zu den bisher zur Vertiefung genannten: *Drobnig*, FS Neumayer, 1985, 159–179 (Pflichtlektüre!); *Sonnenberger* IPRax 2003, 104; *Kratz*, Ausländische Eingriffsnorm und inländischer Privatrechtsvertrag, 1986, mit tabellarischer Rspr.-Auswertung im Anhang; *Siehr* RabelsZ 52 (1988) 41; Reithmann/Martiny/*Freitag* Rn. 606 ff.
- Zur Diskussion eines besonderen Wirtschaftskollisionsrechts: *Schubert* RIW 1987, 729; *Basedow* RabelsZ 52 (1988) 8; *Drobnig* RabelsZ 52 (1988) 1.
- Zur Abgrenzung von ex Art. 29 und ex Art. 34 EGBGB: PWW/*Remien* EGBGB ex Art. 34 Rn. 3; zum Verbraucherschutz auf nationaler und europäischer Ebene: *Junker* IPRax 1998, 65.
- Zu ex Art. 29 a EGBGB (als weitgehende wortgleiche Vorläufernorm von Art. 46 b EGBGB): *Wagner* IPRax 2000, 249. Zu seinem Entwurf: *Staudinger* IPRax 1999, 414.

F. IPR und einheitliches Sachrecht

275 Nationales IPR als »Verweisungsrecht«[161] wird häufig, aber nicht immer zur Bestimmung des anwendbaren materiellen Rechts, dem ›Entscheidungsrecht‹ benötigt.[162] **Vor jeder IPR-Prüfung** ist stets festzustellen, ob einheitliches Sachrecht kraft eigener Rechtsanwendungsnormen anzuwenden ist. Solches **einheitliches Sachrecht** regelt privatrechtliche Sachverhalte mit Auslandsbezug unmittelbar, ist also »Entscheidungsrecht«. Folglich ist in diesen Fällen, in denen einheitliches Sachrecht kraft eigener Rechtsanwendungsnormen Platz greift, kein Raum mehr für eine IPR-Prüfung, deren Ziel es ja ist, das anzuwendende Entscheidungsrecht zu bestimmen.

276 Als Quellen solchen einheitlichen Sachrechts kommen in Betracht:
- Europäisches Unionsrecht (dazu I.);
- internationale Übereinkommen zum Einheitsprivatrecht (soweit sie eigene Rechtsanwendungsnormen enthalten, dazu II.);
- weiter ist wichtig, dass auch **nach** einer IPR-Prüfung Einheitsrecht von Bedeutung sein kann, wenn das vom Kollisionsrecht berufene Statut seinerseits international vereinheitlichtes Sachrecht umfasst (dazu III.).

Hinweis: In der Praxis arbeitet man parallel. *Erstens* ist zu prüfen, ob und für welche Rechtsfragen Einheitsrecht anzuwenden ist. Oft klärt das Einheitsrecht nur einige, aber nicht alle anstehenden Fragen. *Zweitens* ist der Sachverhalt danach den zu klärenden (weiteren) Rechtsfragen zu durchforsten (→ Rn. 76 ff. Qualifikation). *Drittens* ist die Recherche nach einschlägigem zwingenden Recht aufzusetzen, das neben dem Vertragsstatut Geltung verlangen kann (→ Rn. 234 ff.).

---

161 *Kropholler* IPR § 12, S. 96.
162 Vgl. *Kropholler* IPR § 12, S. 96.

I. Verdrängung des nationalen IPR durch unionsrechtliches Sachrecht (›EU-Sachrecht‹)

Unionsrechtliches Sachrecht (›EU-Sachrecht‹) geht nationalem Recht jeder Art und Form und damit auch nationalem IPR vor, wenn die allein aus dem europäischen Unionsrecht folgenden (rangkollisionsrechtlichen) Voraussetzungen erfüllt sind (→ Rn. 25). Dies gilt insbesondere für die Regelungen zu den **Grundfreiheiten** im EU-Vertrag sowie für das nach Art. 288 II AEUV unmittelbar wirkende **Verordnungsrecht** (→ Rn. 8). Deshalb ist bei Fragen mit Bezug zu der Rechtsordnung eines Mitgliedstaates der Europäischen Union stets vorab zu prüfen, ob und in welchem Maße sachrechtliche Regelungen des Unionsrechts anzuwenden sind. 277

Fall 29: Ein südkoreanisches Unternehmen (Jahresumsatz 100 Mio. EUR) und ein deutsches Unternehmen (Jahresumsatz 75 Mio. EUR) vertreiben europaweit das gleiche Produkt. Ihr Marktanteil beträgt zusammen 20%. Sie arbeiten seit Jahren gut zusammen und wollen sich nicht gegenseitig Konkurrenz machen. Im Januar 2012 treffen sich Vertreter in Seoul, wo sie in einem Vertrag über die gegenseitige Zusammenarbeit vereinbaren wollen. Der Vertrag enthält unter anderem eine Klausel, nach der das deutsche Unternehmen ausschließlich Deutschland, Österreich, Schweiz, Estland, Lettland, Litauen, Polen, Russland und das Vereinigte Königreich beliefert, während dem koreanischen Unternehmen ein ausschließliches Lieferungsrecht in den anderen EU-Staaten eingeräumt wird. In einer Rechtswahlklausel wird die Anwendung koreanischen Rechts vorgesehen. Vor Unterzeichnung wird der »unterschriftsreife« Vertrag einer Justitiarin der Rechtsabteilung des deutschen Unternehmens zur Prüfung vorgelegt. 278

Im Fall 29 prüft die Justitiarin: Der Vertrag zwischen dem deutschen und dem koreanischen Unternehmen enthält eine Aufteilung des europäischen Marktes, einschließlich des Marktes in der EU. Daher kommt die Anwendung des EU-Kartellrechts in Betracht. Art. 101 AEUV bestimmt unter anderem: 279

(1) Mit dem Gemeinsamen Markt unvereinbar und verboten sind alle Vereinbarungen zwischen Unternehmen, Beschlüsse von Unternehmensvereinigungen und aufeinander abgestimmte Verhaltensweisen, welche den Handel zwischen Mitgliedstaaten zu beeinträchtigen geeignet sind und eine Verhinderung, Einschränkung oder Verfälschung des Wettbewerbs innerhalb des Gemeinsamen Marktes bezwecken oder bewirken, insbesondere [...]

c) die Aufteilung der Märkte [...]

(2) Die nach diesem Artikel verbotenen Vereinbarungen oder Beschlüsse sind nichtig.

(3) Die Bestimmungen des Absatzes 1 können für nicht anwendbar erklärt werden auf [...]

Neben dem **sachrechtlichen Kartellverbot** enthält Art. 101 AEUV in I **zwei Anknüpfungspunkte** für die unionsrechtliche und zugleich auch die **(rang-)kollisionsrechtliche Prüfung** der Frage, ob Art. 101 AEUV anzuwenden ist: Bezwecken oder Bewirken einer Wettbewerbsbeschränkung im Gemeinsamen Markt und Eignung zur Beeinträchtigung des Handels zwischen den Mitgliedstaaten (Auswirkungsprinzip). Hinzu kommt die ungeschriebene Voraussetzung der Spürbarkeit der Beeinträchtigung.[163] 280

Die Aufteilung des europäischen Marktes zwischen dem koreanischen und dem deutschen Unternehmen stellt eine in Art. 101 I lit. c AEUV als Regelbeispiel genannt- 281

---

[163] EuGH 9. 7. 1969 – C-5/96, Slg. 1969, 295 (302) – Völk/Verwaecke; vgl. Immenga/Mestmäcker/Ritter Art. 85 Rn. 199.

te Vereinbarung dar, die zur Beschränkung des zwischenstaatlichen Wettbewerbs geeignet ist und diese bezweckt. Da die Unternehmen einen jährlichen Gesamtumsatz von mehr als 40 Mio. EUR und einen Marktanteil von mehr als 10% haben, ist die Wettbewerbsbeschränkung auch spürbar (vgl. die sog. *Bagatellbekanntmachung* der europäischen Kommission).[164] Die getroffene Vereinbarung erfüllt damit die kollisionsrechtlichen Anwendungsvoraussetzungen von Art. 101 I AEUV. Daher findet Art. 101 AEUV trotz des von den Parteien gewählten koreanischen Vertragsstatuts Anwendung.

282 Das Besondere an der Norm des Art. 101 AEUV liegt darin, dass kollisionsrechtliche und sachrechtliche Voraussetzungen ineinander verschränkt sind. Daher sind mit den kollisionsrechtlichen Voraussetzungen auch die sachrechtlichen Tatbestandsvoraussetzungen dieser zwingenden Norm weitgehend erfüllt. Da auch die Voraussetzungen für eine Freistellung gem. Art. 101 III AEUV nicht vorliegen, ist die Marktaufteilungsvereinbarung nach Art. 101 II AEUV nichtig.

283 Die Justitiarin wird die Unterzeichnung des Vertrages in der vorgesehenen Form aus drei Gründen verhindern müssen: (i) Es besteht die Gefahr der Gesamtnichtigkeit des Vertrages (die Nichtigkeit der Marktaufteilungsklausel könnte auch nach dem gewählten koreanischen Recht auf alles ausstrahlen); (ii) eine Marktaufteilung wird von den Kartellbehörden als ein schwerer Kartellverstoß (*hard core* Kartell) mit hohen Bußgeldern geahndet; und (iii) schließlich besteht das Risiko von Schadensersatzklagen der jeweiligen Marktgegenseite (vgl. § 33 III GWB).

Arbeitsblock
I. Zur Ergänzung

284 1. Der **Vorrang von unmittelbar geltendem Europäischen Unionsrecht** vor nationalem Recht ergibt sich aus dem Unionsrecht selbst. Deshalb lässt sich das Unionsrecht, soweit es seine zwingende eigene Geltung verlangt, auch als **Eingriffsnorm** iSv Art. 9 II Rom I-VO, Art. 16 Rom II-VO begreifen (str., so auch PWW/*Remien* Art. 9 Rom I-VO Rn. 5 mwN). Wer im Fall 29 – falls es dort (etwa wegen Zuständigkeit eines deutschen Gerichts) je zur Anwendung der Rom I-VO kommt – Art. 9 II Rom I-VO als »Scharnier« zwischen dem nach Art. 3 I Rom I-VO anwendbaren Vertragsstatut anspricht, macht nichts falsch. Zwingend ist dies aus unionsrechtlicher Sicht bereits deshalb nicht, weil **rangkollisionsrechtlich** der EU-Vertrag gegenüber dem Verordnungsrecht in der Rom I-VO Vorrang hat. **Hinweis:** Die im Fall 29 geprüfte Frage nach der Wirksamkeit eines Vertrages ist zu trennen von der Frage, ob einem Dritten gegen Kartellanten Ansprüche zustehen zu dieser anderen Frage enthält Art. 6 III Rom II-VO die einschlägige Kollisionsnorm (→ Rn. 427).

285 2. Der Vorrang des Unionsrechts vor nationalem Recht wird durch die **Anwendungsvoraussetzungen des Unionsrechts** begrenzt. Das Vorrangprinzip gilt nur, wenn der Anwendungsbereich des EUV und des AEUV betroffen ist (der Bezug zum Binnenmarkt wird jedoch zunehmend weit verstanden, insbesondere seit Nizza). Weiter gilt das Vorrangprinzip nur, soweit das Unionsrecht unmittelbar anwendbar ist. Nach Art. 288 III AEUV sind **Richtlinien**, die zunächst in nationales Recht umzusetzen sind, grundsätzlich **nicht unmittelbar** im Privatrechtsverkehr zwischen Unionsbürgern (und ihnen nach Art. 54 und 62 AEUV gleichgestellten Gesellschaften) anwendbar. Dies entspricht der feststehenden Rechtsprechung des EuGH (→ Rn. 67). Entgegen dieser Rechtsprechung haben einige nationale Gerichte in den sog. **Gran Canaria-Fällen** die seinerzeit in Spanien noch nicht umgesetzte EG-Richtlinie RL 85/577/EWG v. 20. 12. 1985 betreffend den Verbraucherschutz im Fall von außerhalb von Geschäftsräumen abgeschlossenen Verträgen, ABl. EWG 1985 L 372, 31; umgesetzt in Deutschland zunächst durch das Haustürwiderrufsgesetz v. 16. 1. 1986, seit 2004 eingegliedert in §§ 312, 312 a, 312 f BGB) unmittelbar im Privatrechtsverkehr angewendet, um deutsche Touristen vor der Folge der

---

164 ABl. EG 2001 C 368, 13.

Anwendung des vereinbarten spanischen Rechts auf Bettdecken-Kaufverträge zu schützen: So zB AG Bremerhaven NJW-RR 1990, 1083 (Grundsatzentscheidung); OLG Celle IPRax 1991, 334; s. zu diesem Lösungsweg kritisch nur v. Bar/*Ebke* GemeinschaftsR und IPR 77, 97–102, und *Brödermann/Iversen* Europ. GemeinschaftsR und IPR Rn. 547 ff., 825–855; ausführlich *Rühl*, Rechtswahlfreiheit und Rechtswahlklauseln in allgemeinen Geschäftsbedingungen, 1999.

3. Zum Teil verweisen Verordnungen, die einheitliches unionsrechtliches Sachrecht schaffen, **ergänzend** auf das **Internationale Privatrecht** bestimmter Mitgliedstaaten, mit dessen Hilfe das anwendbare Recht für die Rechtsfragen zu bestimmen ist, die nicht einheitlich durch die Verordnung geregelt werden.
Beispiel: Art. 97 II, 98 II der VO (EG) Nr. 40/94 v. 20. 12. 1993 über die **Gemeinschaftsmarke**.

4. **Literatur:**
PWW/*Schaub* Rom II-VO Art. 6 Rn. 3.

II. Zur Vertiefung
1. Zur Abgrenzung zwischen **Unionsrecht und ausländischem nationalen Recht** von Drittstaaten (wichtig insbesondere im Kartellrecht): v. Bar/*Schnyder* GemeinschaftsR und IPR 3–15, und *Mozet* EuZW 1992, 201 (zur Abgrenzung EU-/US-Kartellrecht).
2. Zur Anwendung des europäischen Kartellrechts auch **in Schiedsverfahren** (und zwar selbst dann, wenn die Parteien eine Entscheidung ohne Rücksicht auf das Kartellrecht wünschen sollten): → Rn. 786.

286

287

II. Verdrängung des nationalen IPR durch staatsvertraglich vereinheitlichtes Sachrecht mit eigenen Rechtsanwendungsnormen

Ebenso wie Staaten in völkerrechtlichen Übereinkommen **vereinheitlichtes Kollisionsrecht** vereinbart haben, haben sie in (anderen) völkerrechtlichen Übereinkommen **vereinheitlichtes Sachrecht (Einheitsprivatrecht)** geschaffen. Die Vertragsstaaten der Übereinkommen haben dann insoweit **übereinstimmendes** Sachrecht. Auch dabei handelt es sich in Deutschland – ebenso wie beim einheitlichen Kollisionsrecht (→ Rn. 65) – nach Transformation und Ratifikation des Übereinkommens um **nationales Recht**.[165]

288

Häufig bestimmen diese Übereinkommen (meist in ihren Eingangsartikeln) durch eigene **Rechtsanwendungsnormen** selbst, wann sie anwendbar sein sollen. So zB Art. 1 I des Übereinkommens über den Beförderungsvertrag im internationalen Straßengüterverkehr (**CMR**) v. 19. 5. 1956:

289

›Dieses Übereinkommen gilt für jeden Vertrag über die entgeltliche Beförderung von Gütern auf der Straße mittels Fahrzeugen, wenn der Ort der Übernahme des Gutes und der für die Ablieferung vorgesehene Ort, wie sie im Vertrage angegeben sind, in zwei verschiedenen Staaten liegen, von denen mindestens einer ein Vertragsstaat ist. Dies gilt ohne Rücksicht auf den Wohnsitz und die Staatsangehörigkeit der Parteien.‹

Liegen diese Voraussetzungen vor, so beruft Art. 1 I CMR das Übereinkommen als vereinheitlichtes Sachrecht. **Für** die Anwendung von (völkervertraglichem oder autonomem) **IPR** bleibt grundsätzlich **kein Raum**, da die Berufung einer nationalen Rechtsordnung nicht mehr nötig ist.

Rechtstechnisch ist der **Vorrang von völkerrechtlich vereinheitlichtem Sachrecht** auf **drei Abgrenzungen** zurückzuführen:

290

---

165 *v. Bar/Mankowski* IPR I § 2 II 2 a Rn. 35.

(i) Dem **völkerrechtlichen IPR** gehen die Staatsverträge zur Vereinheitlichung von Sachrecht, die eigene Rechtsanwendungsregeln enthalten, nach den Grundsätzen *lex specialis derogat legi generali* oder *lex posterior derogat legi priori* bzw. nach Regelungen in den betroffenen Übereinkommen selbst vor.[166]

(ii) Im **Verhältnis zum unionsrechtlichen IPR** (das sich nach Art. 25 II Rom I-VO innerhalb der EU auch gegenüber älterem staatsvertraglichen IPR durchsetzt) ergibt sich der Vorrang des staatsvertraglichen Einheitsrechts, wie zB beim Übereinkommen über den Internationalen Eisenbahnverkehr (COTIF) v. 9. 5. 1980, (auch bei auf die EU beschränkten Sachverhalten) aus einer **einschränkenden Auslegung von Art. 1 I Rom I-VO**: Die dort angesprochenen Zivil- und Handelssachen mit einer »*Verbindung zum Recht verschiedener Staaten*« betreffen nur Fälle, in denen Konflikte zwischen den Rechtsordnungen bestehen (arg. aus dem englischen und französischen Wortlaut: »*conflict of laws*«, »*conflits de lois*«; und arg. mit dem Sinn der Rom I-VO, die zur weiteren Festigung des Binnenmarktes nur solche Konflikte überwinden will). Soweit völkervertragliches Einheitsrecht besteht, gibt es keine Konflikte zwischen den betroffenen Rechtsordnungen, die mit Hilfe des IPR zu lösen wären.[167]

(iii) Dem **autonomen IPR** geht staatsvertragliches Einheitsprivatrecht, das aufgrund von eigenen Rechtsanwendungsregeln auch kollisionsrechtlichen Charakter hat, nach Art. 3 Nr. 2 EGBGB vor.[168]

291 **Fall 30:**[169] Ein italienisches Großhandelsunternehmen verkauft am 20. 12. 2011 1.000 italienische Herrenanzüge (Zweireiher) an einen deutschen Importeur in Düsseldorf. Für etwaige Streitigkeiten wird als Gerichtsstand Düsseldorf vereinbart. Die Vereinbarung enthält auch eine Rechtswahlklausel, die wie folgt lautet: ›Auf sämtliche Streitigkeiten aus diesem Vertrag findet das deutsche Recht Anwendung.‹ Der deutsche Importeur bemerkt Mängel an der bereits im Januar 2012 erfolgenden Lieferung der Zweireiher. In einigen Fällen sind überhaupt keine Knopfreihen angenäht, in anderen Fällen sind nicht passende Knöpfe zusammen an ein und demselben Anzug angenäht. Der deutsche Importeur teilt seinem italienischen Vertragspartner telefonisch mit, die Verarbeitung sei ›unterschiedlich‹ und die Anzüge würden ›Fehler‹ aufweisen. In einem Gewährleistungsprozess vor dem LG Düsseldorf wendet der italienische Verkäufer ein, Gewährleistungsansprüche stünden dem deutschen Importeur schon deshalb nicht zu, weil er angebliche Mängel nicht ordnungsgemäß gerügt hat. Welches Recht ist anwendbar?

292 Das LG Düsseldorf ist aufgrund der Gerichtsstandsvereinbarung (Art. 17 I EuGVO) zuständig (→ Rn. 587 ff.). Bei der Frage nach dem anwendbaren Recht prüft das Gericht vor dem Rückgriff auf das IPR, ob international vereinheitlichtes Sachrecht kraft eigener Rechtsanwendungsnormen zur Anwendung kommt.

Im **Internationalen Kaufrecht** kommt das **Wiener Übereinkommen der Vereinten Nationen über Verträge über den internationalen Warenkauf (Wiener Kaufrechtsübereinkommen)** v. 11. 4. 1980[170] in Betracht, das von der United Nations Commission on International Trade Law (kurz **UNCITRAL**) vorbereitet wurde und deshalb auch als **UN-Kaufrecht** (englisch ›**CISG**‹ als Abkürzung für die »United

---

166 Sehr vereinfachte Darstellung, vgl. vertiefend *v.Bar/Mankowski* IPR I § 2 II 3 c (1) Rn. 64; *Kropholler* EinheitsR 181 f.; jeweils mwN.
167 S. dazu im einzelnen PWW/*Brödermann/Wegen* Rom I-VO Art. 1 Rn. 8 f.
168 Vgl. *v.Bar/Mankowski* IPR I § 2 II 3 c (1) Rn. 62–63 zur Vorgängernorm Art. 3 II EGBGB aF.
169 Angelehnt an OLG Frankfurt NJW 1994, 1013.
170 BGBl. 1989 II 588; abgedr. bei *Jayme/Hausmann* Nr. 77.

Nations Convention on Contracts for the International Sale of Goods«) bezeichnet wird. Art. 1 I des UN-Kaufrechts lautet wie folgt:

›Dieses Übereinkommen ist auf Kaufverträge über Waren zwischen Parteien anzuwenden, die ihre Niederlassung in verschiedenen Staaten haben,

a) wenn diese Staaten Vertragsstaaten sind oder

b) wenn die Regeln des internationalen Privatrechts zur Anwendung des Rechts eines Vertragsstaates führen.‹

Sowohl Deutschland als auch Italien sind Vertragsstaaten des UN Kaufrechts (andere wichtige Vertragsstaaten sind zB **China, Frankreich, Israel, Russland, USA** Japan, nicht aber zB Großbritannien, Portugal oder Indien, vgl. *Jayme/Hausmann* Fn. 1 zu Nr. 77 oder – der ›offiziellere Weg‹ – das später in → Rn. 807 beschriebene Fundstellenverzeichnis B). Es handelt sich im Fall 30 um einen Warenkauf, sodass die Anwendungsvoraussetzungen von **Art. 1 Ia** des UN-Kaufrechts erfüllt sind. Es geht auch nicht um den Kauf von Waren iSv Art. 2 des UN-Kaufrechts, der die Anwendung des Übereinkommens ausschließt (Negativkatalog). Weitere Anwendungsvoraussetzung ist jedoch, dass die Parteien des Kaufvertrages die Anwendung des Übereinkommens **nicht ausgeschlossen** haben. Art. 6 des UN-Kaufrechts sieht diese Möglichkeit der ›Abwahl‹ ausdrücklich vor. Im vorliegenden Fall kommt eine solche Abwahl in Betracht, da die Parteien in dem Kaufvertrag die Geltung des ›deutschen Rechts‹ vereinbart haben. Nach ganz überwiegender Auffassung erfüllt eine Bezugnahme auf ›deutsches Recht‹ (oder das Recht eines anderen Vertragsstaats) jedoch nicht die Anforderungen an eine Abwahl iSd Art. 6, da das UN-Kaufrecht in deutsches Recht transformiert worden und damit **ebenfalls** als ›**deutsches Recht**‹ anzusehen ist.[171] Um das UN-Kaufrecht abzuwählen, hätten die Parteien in diesem Fall ausdrücklich die Geltung deutschen Rechts unter Ausschluss des UN-Kaufrechts vereinbaren müssen. Somit hat das LG Düsseldorf im Fall 30 die Regeln des UN-Kaufrechts anzuwenden.

293

Nach Art. 39 I des UN-Kaufrechts verliert der Käufer das Recht, sich auf eine Vertragswidrigkeit der Ware zu berufen, wenn er sie dem Verkäufer nicht innerhalb einer angemessenen Frist nach dem Zeitpunkt, in dem er sie festgestellt hat oder hätte feststellen müssen, anzeigt und dabei die Art der Vertragswidrigkeit ›genau bezeichnet‹. Die pauschale, noch dazu telefonische Berufung auf ›Fehler‹ oder ›unterschiedliche Verarbeitung‹ ist keine genaue Bezeichnung der Vertragswidrigkeit iSv Art. 39 des UN-Kaufrechts.[172] Der Einwand des italienischen Verkäufers ist daher berechtigt.

294

Arbeitsblock
I. Zur Ergänzung
  1. **Auslegung:**
     Bei der Auslegung von internationalem Einheitsrecht ist seinem internationalen Charakter Rechnung zu tragen (so ausdrücklich zB Art. 7 I des Wiener Übereinkommens). Es muss dabei ggf. auf den – häufig nicht deutschen – authentischen Vertragstext zurückgegriffen und ein Vergleich mit der Rspr. anderer Vertragsstaaten vorgenommen werden (vgl. dazu *v. Bar/Mankowski* IPR I § 2 II 3 c (2) Rn. 70; *Kropholler* EinheitsR 12 f.; Literaturüberblick bei *Kegel/Schurig* IPR § 1 IX 2, 73 ff.).

295

---

171 Vgl. Schlechtriem/Schwenzer/*Ferrari* CISG Art. 6 Rn. 16.
172 BGH NJW 2004, 3181 (3182).

2. Vergleich zum autonomen Kaufrecht:

296 Das Wiener Übereinkommen war eine wichtige **Quelle für die deutsche Schuldrechtsreform**. Das seit 1. 1. 2002 geltende autonome Schuldrecht entspricht damit dem UN-Kaufrecht in wesentlichen Punkten (vgl. *Schlechtriem*, 10 Jahre CISG – Der Einfluß des UN-Kaufrechts auf die Entwicklung des deutschen und des internationalen Schuldrechts, IHR 2001, 12 ff.). Da die Regelungen im UN-Kaufrecht weitgehend dispositiv sind, ist es verkäufergünstiger als das autonome deutsche Recht, dessen Regelungen (zB § 444 BGB) teilweise nicht abdingbar sind (weil es im Gegensatz zu dem auf Kaufleute ausgerichteten UN-Kaufrecht auch Verbraucher schützende Regelungen enthält).

Das **UN-Kaufrecht** kommt häufig zur Anwendung, ohne dass dies den Parteien bei Vertragsabschluss bewusst ist: Fall 30 ist ein Beispiel. Die Beschäftigung mit dem UN-Kaufrecht ist für den international tätigen deutschen Wirtschaftsjuristen daher Pflicht, aber seit 2002 wegen der Ähnlichkeit zum deutschen Recht auch nicht schwierig. Die – noch recht häufig zu beobachtende, meist auf Unkenntnis beruhende – standardisierte Abwahl des UN-Kaufrechts kann ein Kunstfehler sein und einen Haftpflichtschaden für den Anwalt begründen.

3. Ergänzendes Vertragsstatut:

297 Für Fragen, die das UN-Kaufrecht nicht regelt (Beispiel: Höhe der Zinsen, Verjährung), ist ergänzend das mit Hilfe des IPR zu ermittelnde Vertragsstatut anzuwenden: im Fall 30 das von den Parteien gewählte deutsche Recht (Art. 3 I Rom I-VO). Denn: Soweit international vereinheitlichtes Sachrecht Lücken enthält oder bestimmte Bereiche bewusst nicht regelt (vgl. etwa Art. 4 S. 2 UN-Kaufrecht), ist (nur) für diese Bereiche eine IPR-Prüfung vorzunehmen (vgl. ausdrücklich aber auch einschränkend Art. 7 II des UN-Kaufrechts; zum Vorrang des Einheitsrechts vor dem Internationalen Schuldvertragsrecht → Rn. 290). Im Übrigen bleibt das Einheitsrecht anwendbar (*v. Bar/Mankowski* IPR I § 2 II 3 c (2) Rn. 69).

Ist, wie im Fall, deutsches Recht ergänzend anzuwenden, sind die Bestimmungen im **Vertragsgesetz zum UN-Kaufrecht** v. 5. 7. 1989 zu beachten (vgl. zB dessen Art. 3 zur Verjährung).

298 **II. Literatur**

(a) zu Art. 3 Nr. 2 EGBGB: PWW/*Mörsdorf-Schulte* EGBGB Art. 3 Rn. 22; **(b) zum UN-Kaufrecht:** *Honsell*, Kommentar zum UN-Kaufrecht. Übereinkommender Vereinten Nationen über Verträge über den internationalen Warenkauf, 2. Aufl. 2010; *Schlechtriem/Schwenzer*, Kommentar zum Einheitlichen UN-Kaufrecht – CISG –, 5. Aufl. 2008; Staudinger/*Magnus* (2005) Wiener UN-Kaufrecht (CISG); *Piltz* UN-KaufR 2001; *Piltz*, Internationales Kaufrecht, Das UN-Kaufrecht in praxisorientierter Darstellung, 2. Aufl. 2008; *Schroeter*, UN-Kaufrecht und Europäisches Gemeinschaftsrecht, 2005; *Piltz*, Neue Entwicklungen im UN-Kaufrecht, NJW 2011, 2261; *Magnus*, Das UN-Kaufrecht - bereit für die nächste Dekade, ZEuP 2010, 881. Für **ausführliche Literatur- und Rechtsprechungshinweise** (einschl. Wiedergabe von Urteilen) s. www.unilex.info; www.cisg.law. pace.edu (Stand: März 2012).

III. Anwendung von einheitlichem Sachrecht nach Anwendung von IPR

299 **Fall 31:** Ein Hersteller von Präzisionsgeräten aus Jena liefert Ferngläser an einen vietnamesischen Käufer. Der Vertrag vom 3.1 2011 sieht vor, dass das LG Gera für sämtliche Streitigkeiten aus dem Kaufvertrag zuständig sein soll und dass das Recht der Bundesrepublik Deutschland gilt. In einem Gewährleistungsprozess vor dem LG Gera stellt sich erneut die Frage, ob ordnungsgemäß gerügt wurde.

Das LG Gera ist aufgrund der Gerichtsstandsvereinbarung international zuständig (§ 38 ZPO; → Rn. 630). Bei der Frage nach dem anwendbaren Recht prüft das Gericht vor dem Rückgriff auf das IPR, ob international vereinheitlichtes Sachrecht kraft eigener Rechtsanwendungsnormen zur Anwendung kommt.

III. Anwendung von einheitlichem Sachrecht nach Anwendung von IPR

Da es um einen internationalen Warenkauf geht, kommt auch hier eine Anwendung des UN-Kaufrechts in Betracht. Die Anwendungsvoraussetzungen von Art. 1 I lit. a UN-Kaufrecht sind nicht erfüllt, da Vietnam nicht Vertragsstaat ist. Findet ein Übereinkommen über die Vereinheitlichung von Sachrecht keine Anwendung, so schließt sich die normale IPR-Prüfung an. Im vorliegenden Fall führt diese zur Anwendung deutschen Rechts als dem Recht der Vertragspartei, die die charakteristische Leistung (Lieferung der Ferngläser) erbringt (Art. 4 I lit. a) Rom I-VO). Da das UN-Kaufrecht jedoch in der Bundesrepublik Deutschland in nationales Recht transformiert worden ist, kommt hier die Anwendung des **UN-Kaufrechts** als **Teil des nationalen deutschen Rechts** in Betracht. Das ergibt sich bereits aus dem Übereinkommen selbst: **Art. 1 I lit. b** bestimmt, dass das Übereinkommen auch Anwendung finden soll, wenn das Recht eines Vertragsstaates durch IPR berufen wird und die Parteien ihre Niederlassung in verschiedenen Staaten haben. Zwar können die Vertragsstaaten die Anwendung von Art. 1 I lit. b des UN-Kaufrechts durch einen Vorbehalt nach Art. 95 des Übereinkommens ausschließen, doch hat die Bundesrepublik Deutschland von dieser Möglichkeit keinen Gebrauch gemacht. Im Fall 31 ist das UN-Kaufrecht nach Art. 1 I lit. b anzuwenden, da die Parteien ihre Niederlassung in verschiedenen Staaten haben und das deutsche Recht als das Recht eines Vertragsstaates des UN-Kaufrechts durch IPR berufen wird. Folglich richtet sich die Frage einer ordnungsgemäßen Mängelrüge nach Art. 39 UN-Kaufrecht.

300

Anmerkung: Die Bundesrepublik Deutschland hat zwar selbst keinen Vorbehalt nach Art. 95 des UN-Kaufrechts abgegeben, wohl aber eine Erklärung über die Auslegung von Art. 1 I lit. b des Übereinkommens (vgl. Art. 2 des Gesetzes zu dem Übereinkommen der Vereinten Nationen v. 11. 4. 1980 über Verträge über den internationalen Warenkauf v. 5. 7. 1989).[173]

In Europa ist Art. 1 I lit. b des UN-Kaufrechts insbesondere für Warenverkäufe von Deutschland nach Großbritannien oder Portugal von Bedeutung.

301

Arbeitsblock

I. Zur Ergänzung

1. **Einstiegslektüre** zum Einheitsrecht: *Kropholler* IPR § 12 I, 96–100. Einen **Überblick** über die bestehenden **Übereinkommen** zum Einheitsprivatrecht geben *Kegel/Schurig* IPR § 1 IX 2, 72–128 (Stand: 2004) und *v. Bar/Mankowski* IPR I § 2 II 2 b Rn. 36–54 (Stand: September 2002).

302

2. Neben Sachrechtsübereinkommen **mit** eigenen **Rechtsanwendungsregeln** existieren auch solche **ohne eigene Anwendungsregeln**.
Beispiel: Das Produkthaftungsgesetz v. 15. 12. 1989 (*Schönfelder* Nr. 27). Dieses Gesetz hat die **EG-Richtlinie 85/374/EWG** zur Angleichung des **Produkthaftungsrechts** v. 25. 7. 1985, ABl. EWG 1985 L 210, 29, (s. *Schaub* ZEuP 2011, 41 sowie *Riehm* EuZW 2010, 567) in nationales (harmonisiertes) Recht umgesetzt (vgl. *Rest* VersR 1988, 439 [440 f.] mit dem Hinweis, dass die Rspr. die Frage nach dem anwendbaren Recht häufig offen lässt, wenn die in Frage kommenden Rechtsordnungen dasselbe Sachrecht haben).

303

Ein bekanntes Beispiel für einheitliches Sachrecht ohne eigene Rechtsanwendungsnormen bieten ferner die **Genfer Übereinkommen zum einheitlichen Wechselrecht** v. 7. 6. 1930 **und zum einheitlichen Scheckrecht** v. 19. 3. 1931, die in Art. 1–78 Wechselgesetz bzw. Art. 1–57 Scheckgesetz eingearbeitet wurden (vgl. *v. Bar/Mankowski* IPR I § 2 II 2 b Rn. 45). Sie sind nicht mit den **Genfer Übereinkommen zum internationalen Wechsel- bzw. Scheckprivatrecht** (vgl. *Kegel/Schurig* IPR § 1 IX 2 a aa, 76) gleichen Datums (7. 6. 1930 bzw.

304

---

173 BGBl. II 586 (*Jayme/Hausmann* Nr. 77 a; vgl. auch Fn. 17 bei *Jayme/Hausmann* Nr. 77).

19. 3. 1931) zu verwechseln, die einheitliches Kollisionsrecht enthalten und ebenfalls in das Wechsel- bzw. Scheckgesetz eingearbeitet wurden (Art. 91–98 WG, Art. 60–66 ScheckG).
Hinweis: Wer sich im einheitlichen Sachrecht auskennt, kann damit im Grundsatz auch Fragen zum Recht in anderen Vertragsstaaten des Sachrechtsübereinkommens beantworten (zB zum dänischen Scheckrecht).

305   **3. Prüfungsschema:**
Vor der Anwendung von nationalem (staatsvertraglich vereinheitlichten oder autonomen) IPR ist stets dessen **Anwendbarkeit** zu prüfen: Hinsichtlich welcher Fragen ist nationales IPR berufen, um das anwendbare Sachrecht zu ermitteln?
Schritt 1: Ist IPR anwendbar?
(a) Verdrängung des nationalen IPR durch unionsrechtliches Sachrecht?
Beispiel: sachrechtliche Regelungen in EU-Verordnungen?
(b) Verdrängung des nationalen IPR durch staatsvertraglich vereinheitlichtes Sachrecht mit eigenen Rechtsanwendungsnormen?
Beispiel: Wiener Übereinkommen?
Schritt 2: Anwendung des IPR
Anwendung von unionsrechtlichem, völkervertraglichem oder autonomem IPR und Ermittlung des Statuts.
Schritt 3: Anwendung des Statuts
Sowohl bei Anwendung fremden Rechts als auch bei Anwendung deutschen Rechts ist zu beachten, dass möglicherweise international vereinheitlichtes Sachrecht zur Anwendung kommt, das zwar Teil des betreffenden Statuts ist, jedoch bei Schritt 1 nicht zum Zuge kam, weil nicht beide Parteien des Rechtsstreits aus Vertragsstaaten eines entsprechenden Übereinkommens stammen (vgl. Fall 31 → Rn. 300).

306   4. Von einheitlichem Sachrecht zu unterscheiden sind internationale Rechtsprinzipien, die zum Teil als Vorstufe zur Schaffung von internationalem Recht entstehen (a, b, c) und teils ergänzend zu oder anstelle von nationalem Recht zur Anwendung kommen (d):

307   a) Seit Anfang der 1980er Jahre arbeiten Wissenschaftler an der Entwicklung gemeinsamer **Grundregeln des europäischen Vertragsrechts (Principles of European Contract Law)**, veröffentlicht in drei Teilen: Part I 1995, Part II 2000 (jeweils hrsg. von *Lando* und *Beale*) und Part III 2003 (hrsg. von *Lando, Clive, Prüm, Zimmermann*). In Anlehnung an den Vorsitzenden der ersten Kommission spricht man auch von den Lando-Principles.

308   b) Aufbauend auf diesen Arbeitsergebnissen – wenn auch offiziell unabhängig – entwickelt eine aus dem Forschungsetat der EU-Kommission finanzierte Arbeitsgruppe unter Leitung von Professor **von Bar** seit Mai 2005 einen **wissenschaftlichen ›Gemeinsamen Referenzrahmen‹**, der die Prinzipien überarbeitet, an neuere Erkenntnisse anpasst und zu jedem ›Prinzip‹ rechtsvergleichend die Grundlagen darstellt (ähnlich ist vor vielen Jahren in den **USA** auch die Entwicklung des **Uniform Commercial Code** vor sich gegangen). Die Wissenschaftler berücksichtigen dabei – jedenfalls teilweise – die Kommentare von ca. 170 europaweit von der EU beauftragten ›Experten‹, s. **Brödermann** Betrachtungen zur Arbeit am Common Frame of Reference aus der Sicht eines *Stakeholders*: Der weite Weg zu einem europäischen Vertragsrecht, ZEuP 2007, 304–323. Der wissenschaftliche Entwurf des Gemeinsamen Referenzrahmens wurde im Februar 2009 veröffentlicht (*v. Bar/Clive/Schulte-Nölke* [Hrsg.], Principles, Definitions and Model Rules of European Private Law – Draft Common Frame of Reference [DCFR]).

309   c) Der wissenschaftliche Referenzrahmen soll zu einem **politischen ›Gemeinsamen Referenzrahmen‹** (engl. *Common Frame of Reference,* »*CFR*«) fortentwickelt werden, der dem europäischen Gesetzgeber (Kommission und Parlament) bei der Entwicklung künftiger ›Instrumente‹ zum Vertragsrecht bzw. der vom Europäischen Parlament in zahlreichen Resolutionen geforderten *harmonisation of civil law* als Referenz (›**toolbox**‹) dienen kann. So heißt es in der (siebten) Resolution des Parlaments vom 7. 9. 2006 zu dem Thema: ›Das Europäische Parlament [...] B.[...] 1. wiederholt seine Überzeugung, dass ein einheitlicher Binnenmarkt ohne weitere Schritte hin zu einer Harmonisierung des Zivilrechtes nicht vollständig funktionsfähig ist; 2. erinnert daran, dass die Initiative zum europäischen Vertragsrecht die wichtigste Initiative ist, die derzeit im zivilrechtlichen Bereich anhängig ist; s. vertiefend auf der Website der EU-Kommission: http://ec.europa.eu/consumers/cons_int/safe_shop/fair_bus_pract/cont_law/background_de.htm (Stand: November 2011).

d) Parallel zum CFR soll ein ›optionales Instrument‹ entstehen, das Vertragsparteien auf freiwilliger Basis wählen können sollen. Am 1. 7. 2010 hat die Europäische Kommission dazu das Grünbuch zum europäischen Vertragsrecht für Verbraucher und Unternehmen als optionales Instrument (KOM [2010] 348 endg.) vorgelegt. Siehe *Reich/Micklitz* EWS 2011, 113; *Rösler* EuZW 2011, 1; *Herresthal* EuZW 2011, 7; *O`Callaghan/Hutt* IHR 2011, 137; *Doralt* RabelsZ 75 (2011) 260; *Tonner* EuZW 2010, 767.

e) Als Teil der Strategie Europa 2020 (s.: http://ec.europa.eu/europe2020/index_en.htm) wurde am 11. 10. 2011 der Vorschlag einer *Verordnung des Europäischen Parlaments und des Rates über ein gemeinsames Europäisches Kaufrecht* (KOM [2011] 635 endg.) veröffentlicht, das **optional** gewählt werden können soll. Das Ziel dieses Vorschlags ist eine erhebliche Erleichterung des Handels durch eine einheitliche, aber jedoch fakultative Kaufrechtsregelung für grenzüberschreitende Verträge im Binnenmarkt und die Verwirklichung eines hohen Schutzniveaus zugunsten des Verbrauchers. Diese Regelung gilt sowohl für Verträge zwischen Unternehmen und Verbrauchern als auch für Verträge zwischen Unternehmen, von denen mindestens eines ein »KMU« (kleines oder mittleres Unternehmen) ist. Art. 5 des Verordnungsvorschlag stellt klar, dass neben Kaufverträgen (lit. a) auch Verträge über die Bereitstellung digitaler Inhalte (lit. b) und Kaufverträge über verbundene Dienstleistungen (lit. c) erfasst werden (für Einzelheiten s. *Westphalen* ZIP 2011, 1985; *Mankowski*, RIW 2012, 97). Zur Begründung des Bedürfnisses für ein solch **neutrales europäisches Regelungswerk** zum Vertragsrecht eingehend: *Brödermann*, Betrachtungen zur Arbeit am Common Frame of Reference aus der Sicht eines Stakeholders: Der weite Weg zu einem europäischen Vertragsrecht, ZEuP 2007, 304 (als Vertiefungslektüre empfohlen).

f) Von den *European Principles* und dem Gemeinsamen Referenzrahmen zu unterscheiden sind die sog. Grundregeln der Internationalen Handelsverträge, englisch: **Principles of International Commercial Contracts,** die das Internationale Institut für die Vereinheitlichung des Privatrechts (**UNIDROIT**) in Rom unter Einbindung von weltweit über 100 Experten entwickelt hat und deren ergänzte »Fassung 2010« im Mai 2011 verabschiedet wurde (s. www.unilex.info. Während die *European Principles* vor allem den Rechtsraum in der Europäischen Union im Blick haben und Grundsätze zusammenfassen, die für alle Vertragstypen gelten können (unter anderem unter Berücksichtigung der aus der Sicht einer künftigen europäischen Gesetzgebung wichtigen Interessen der Verbraucher), wurden die UNIDROIT *Principles* ausschließlich für den **internationalen Handelsverkehr** entwickelt. Sie beruhen wesentlich auf dem Grundsatz von **Treu und Glauben** (Art. 1.7), der in den UNIDROIT *Principles* für verschiedene Bereiche ausgestaltet worden ist (s. die knappe Zusammenfassung bei *Brödermann* RIW 2004, 721 ff.; vertiefend *Bonell* Contract Law 87 ff. zu den **fünf Grundgedanken** *freedom of contract, openness to usages, favor contractus, observance of good faith and fair dealing in international trade, policing against unfairness*; umfangreiche Nachweise unter ww.unilex.info [Stand: Dezember 2011]). Sie können in der Praxis als neutrales Rechtsgefüge in internationale Verträge (zB *Joint Venture*-Verträge, im Internet abgeschlossene Verträge) inkorporiert werden (→ Rn. 400). Wo dies der Fall ist, kommen diese einheitlichen Prinzipien ähnlich wie vereinheitlichtes Sachrecht nach der Anwendung von IPR (teils unabhängig (→ Rn. 788), teils ergänzt um das Vertragsstatut (→ Rn. 400) zum Zuge.

g) Sowohl die *European Principles* als auch die UNIDROIT *Principles* fassen vertragsrechtliche Grundprinzipien in einer Art **Restatement** zusammen und wirken durch ihren Einfluss auf Gesetzgeber **mittelbar rechtsvereinheitlichend**. Beide *Principles* wurden zB vom deutschen Gesetzgeber bei der Schuldrechtsreform berücksichtigt: vgl. BT-Drs. 14/6040 v. 14. 5. 2001, Entwurf eines Gesetzes zur Modernisierung des Schuldrechts, 129 (zu § 275,

310

311

dort Abschnitt ›Vergleich mit den Europäischen Vertragsrechtsprinzipien‹, in dem entgegen der Überschrift auch die UNIDROIT *Principles* einbezogen wurden). Die UNIDROIT *Principles* haben ferner zB die Gesetzgeber in China, Estland, Litauen, Russland und Ungarn sowie die Europäische Kommission beeinflusst (*Bonell* Uniform Law Review 2004, 1 ff.).

II. Zur Vertiefung

312   1. Vorrangig anwendbar sind auch die **sachrechtlichen Regelungen im EWR-Vertrag** v. 2. 5. 1992 (Abkommen über den Europäischen Wirtschaftsraum) ABl. EG L 1, 3; BGBl. 1993 II 266, 1294, in Kraft seit 1. 1. 1994, der im Wesentlichen die vier Grundfreiheiten (freier Warenverkehr, freier Personenverkehr, freier Dienstleistungsverkehr und freier Kapitalverkehr) und das Wettbewerbsrecht betrifft. Der EWR-Vertrag ist von Bedeutung in Fällen mit Bezug zu **Norwegen, Island** und **Liechtenstein**. Da die Vertragsstaaten des EWR-Vertrags den bisherigen Entwicklungsstand des Unionsrechts – den ›*acquis communautaire*‹ – zu den vom EWR erfassten Themen übernommen haben und regelmäßig weiter übernehmen (vgl. nur *Rack* EuZW 1992, 373 [374 ff. unter II.]; *Hess/Raaflaub* EuZW 1992, 379, insbesondere ab 380 unter III.; sowie http://www.efta.int/publications/fact-sheets [Stand: März 2012]), entspricht das Recht des Europäischen Wirtschaftsraums im Bereich der Grundfreiheiten und im Wettbewerbsrecht im Wesentlichen dem Recht der Europäischen Union und kann durch sein Sachrecht ebenfalls das nationale IPR verdrängen.
Im Verhältnis zur **Schweiz**, die dem EWR-Vertrag nicht beigetreten ist, ergibt sich vorrangig zu beachtendes Sachrecht aus bilateralen Abkommen mit der EU.

313   2. Um die **Erarbeitung von einheitlichem Sachrecht** bemühen sich (bei teilweise sich überschneidenden Arbeitsfeldern) verschiedene nichtstaatliche Organisationen (zB *International Law Association, Institut de Droit International, Comité Maritime International [CMI], International Air Transport Association [IATA]*) und verschiedene öffentlichrechtliche Organisationen (zB EU, *Economic Commission for Europe* [ECE], UNO/UNCITRAL, UNIDROIT – sie haben zB wesentliche Vorarbeiten für das UN-Kaufrecht geleistet –; *Commission Internationale de l'État Civil* [CIEC, Internationale Kommission für das Zivilstandswesen]). Ausführlich *v. Bar/Mankowski IPR I* § 2 II 1 b Rn. 23–32.

314   **III. Abgrenzender Hinweis**
1. Zum Teil sind es dieselben Organisationen (zB EU, Europarat, CIEC), die auch die **Kollisionsrechtsvereinheitlichung** vorantreiben. In dieses Geflecht der Quellen der Einflussnahme auf die internationale Privatrechtsentwicklung muss man sich langsam einarbeiten, um einen Überblick zu gewinnen und in der Diskussion befindliche Vorschläge einordnen zu können. Wichtig sind darüber hinaus vor allem die **Haager Konferenzen**, die seit 1893 in Den Haag eine Vielzahl von Übereinkommen zum IPR verabschiedet haben. Ausführlich *v. Bar/Mankowski* IPR I § 3 II 1 Rn. 47–97; *Kegel/Schurig* IPR § 4 III, 231 ff. Eine Übersicht über die Haager Übereinkommen mit aktuellem Zeichnungs- und Ratifikationsstand gibt die Hague Conference on Private International Law unter www.hcch.net (Stand: März 2012) heraus. Die Europäische Gemeinschaft ist der **Haager Konferenz** für Internationales Privatrecht mit Beschluss des Rates 2006/719/EG v. 5. 10. 2006 beigetreten, ABl. EG L 297 v. 26. 10. 2006.

315   2. Literatur: *v. Bar/Mankowski* IPR I § 2 II Rn. 19–71; *Kropholler* EinheitsR; *Kötz* RabelsZ 50 (1986) 1.

G. Zusammenfassung und Aufbauschema

316   Zusammenfassend lässt sich als **Ergebnis zum Allgemeinen Teil des IPR** festhalten: Wer einen privatrechtlichen Sachverhalt mit Bezug zu mehr als einem Staat zu beurteilen hat, muss vorab prüfen, ob **Einheitssachrecht** anwendbar ist: (i) kraft eigener Rechtsanwendungsnormen geltendes völkerrechtlich vereinheitlichtes Sachrecht wie das CMR oder das CISG (Achtung: ggf. mit kleinen Abweichungen aufgrund völkerrechtlicher Vorbehalte) oder (ii) unionsrechtliches Sachrecht kraft eigenen Geltungs-

willens (dazu oben Teil E). Nur soweit dies nicht der Fall ist, ist eine ›klassische‹ **IPR-Prüfung im engeren Sinne zur Bestimmung des Entscheidungsrechts** durchzuführen.

Für diese IPR-Prüfung ist dann zunächst die **richtige Rechtsquelle** auszuwählen. Zunächst sind die **für eine Anwendung in Betracht kommenden Rechtsquellen** zu ermitteln. Dabei ist generell zu beachten, dass für völkerrechtliche, unionsrechtliche und nationale Rechtsquellen eigene (allgemein mit der Art der Rechtsquelle verbundene) **Besonderheiten bei der Auslegung** gelten (s. dazu den Überblick in Teil A. III, Rn. 43 ff.), zB *bei der Anwendung von Staatsverträgen* die Möglichkeit von völkerrechtlichen Vorbehalten; *bei unionsrechtlichen Rechtsakten* das Gebot autonomer und an den Zielen der EU ausgerichteter Auslegung (*effet utile*-Auslegung); *im nationalen Recht* die Unterscheidung zwischen autonomem deutschen Recht und auf einer europäischen Richtlinie (oder, wie im Scheckrecht, auf Völkerrecht) basierendem Recht.

317

Für die **Hierarchie dieser Rechtsquellen** gilt:

318

(i) Grundsätzlich ist vorrangig zu prüfen, ob **staatsvertragliches IPR** anzuwenden ist. Dies gilt einschränkungslos für alle Fälle, die einen Bezug zu einem Staat außerhalb der EU haben (vgl. Art. 25 I Rom I-VO, Art. 28 I Rom II-VO, Art. 3 Nr. 2 EGBGB).

Ausnahme: Wurde der Staatsvertrag nur zwischen zwei oder mehreren Mitgliedstaaten (ohne Dänemark, strittig, → Rn. 68) geschlossen, wird er durch die Rom I-, die Rom II-VO, die Rom III-VO oder die EuUnthVO verdrängt.

(ii) Ist staatsvertragliches IPR nicht anwendbar, greift – außer bei Bezug zu Dänemark (→ Rn. 68) – **unionsrechtliches IPR**, das zZt. bereits für das Schuldvertragsrecht (Rom I-VO), das Recht der außervertraglichen Schuldverhältnisse (Rom II-VO, die kollisionsrechtlich zB auch die c. i. c. umfasst) und das Unterhaltsrecht (EuUnthVO) in Kraft ist und 2012 für den Bereich des Scheidungsrechts in Kraft treten wird; weitere seltene Beispiele werden im Besonderen Teil (G.) zum Gesellschaftsrecht angesprochen. (ii) Grundsätzlich nur ergänzend ist auf **nationales IPR** zurückzugreifen, das autonom oder richtlinienbasiert sein kann. *Ausnahme*: Soweit nationales IPR richtlinienbasiert ist und Schuldvertragsrecht betrifft, ist richtlinienbasierte IPR ausnahmsweise nach Art. 23 Rom I-VO selbst dann anzuwenden, wenn es den gleichen Regelungsgegenstand wie Rom I-VO betrifft (→ Rn. 59, → Rn. 393 ff.). Dasselbe gilt parallel im Verhältnis zu der Rom II-VO (vgl. dort Art. 27 Rom II-VO).

Kommen mehrere IPR-Normen für eine Anwendung in Betracht, ist als erster Schritt der ›klassischen‹ IPR-Prüfung zwischen ihnen durch *Qualifikation* abzugrenzen. Bei Anwendung staatsvertraglicher oder unionsrechtlicher IPR-Normen, führen diese direkt zum anwendbaren Recht (auch wenn das Recht, auf das verwiesen wird, ein Mehrrechtsstaat ist). Wird autonomes nationales IPR angewendet, sind ggf. Rückverweisungen (»*renvoi*«) und *Weiterverweisungen* sowie *interlokales Recht* der anwendbaren Rechtsordnung zu beachten. Im Familien- und Erbrecht ist an die Regel »*Einzelstatut vor Gesamtstatut*« zu denken. Sofern eine IPR-Norm Rechtsverhältnisse voraussetzt, sind ggf. Vorfragen (iSv *Erstfragen*) zu klären, für die separat eine IPR-Prüfung durchzuführen ist.

319

Das IPR als Verweisungsrecht führt zum **Entscheidungsrecht**, dem **Statut**. Dieses kann *autonomes* Recht sein, es kann aber auch auf EU-Richtlinien basieren (*harmoni-*

320

siertes oder angeglichenes Sachrecht; häufig) oder es kann sich – selten – *aufgrund völkerrechtlicher Verträge vereinheitlichtes Sachrecht* handeln (wie das kaufrechtliche Beispiel im Fall 30, wichtig zB bei Käufen von englischen Verkäufern).

Das festgestellte Statut allein reicht für die Falllösung oft noch nicht aus; es wird oft **ergänzt**: Es kann (i) für *Vorfragen* oder *Teilfragen* durch eine andere Rechtsordnung ergänzt werden und (ii) selbst im Einzelfall Korrekturen durch den *ordre public* oder die *Angleichung* unterworfen sein. Gegebenenfalls ist (iii) **ergänzend zwingendes unionsrechtliches oder nationales, am Gerichtsort geltendes Recht** (vgl. zB Art. 9 Rom I-VO, Art. 16 Rom II-VO und → Rn. 250 ff.) anzuwenden. Ausländisches zwingendes Recht kann ebenfalls anwendbar (s. vor allem Art. 9 II Rom I-VO) oder zu berücksichtigen (→ Rn. 266 ff.) sein.

321 Insgesamt hat das Internationale Privatrecht in Deutschland und der EU durch das Inkrafttreten der Rom I- und II-VO bei gleichzeitiger Änderung des EGBGB einen **Quantensprung** gemacht, ist aber **weiter im Fluss**. Wenn im Laufe der nächsten Jahre weitere Verordnungen zum Ehegüterrecht und Erbrechtfertig gestellt werden bzw. gelten (wie die Rom III-VO im Jahr 2012, → Rn. 469), wird es (über das Schuldvertragsrecht und das Recht der außervertraglichen Schuldverhältnisse hinaus) für die meisten Bereiche des IPR EU-weit in den 27 Mitgliedstaaten der EU **einheitliches, unionsrechtliches IPR** geben, dessen Anwendung der Auslegungskontrolle durch den Europäischen Gerichtshof nach Art. 267 AEUV unterliegt. Bei Fällen mit Bezug zu einem Staat außerhalb der EU wird **staatsvertraglich vereinheitlichtes IPR vorgehen** (wobei nach der *ratio* von Art. 25 Rom I-VO, 26 Rom II-VO solch ein Bezug auch durch die Beteiligung eines Nicht-EU-Staates an einem Staatsvertrag besteht). Wieweit dies der Fall ist, wird die EU in Zukunft zunehmend mitbestimmen, da die EU mittlerweile selbst an der Entstehung des völkerrechtlichen IPR mitwirkt (→ Rn. 46). Aufgrund der Ausgestaltung des **unionsrechtlichen IPR als universell** – auch im Verhältnis zu den Nicht-EU Staaten – **geltendes Recht** (→ Rn. 13) wird bei der Anwendung des IPR aber (außer bei Anwendung von Art. 25 II Rom I-VO, 28 II Rom II-VO und entsprechenden Normen in anderen Verordnungen) nicht so ziseliert danach unterschieden werden müssen, ob der Fall einen Bezug zum Recht von anderen EU-Mitgliedstaaten hat oder nicht, wie dies noch in der 4. Auflage befürchtet wurde. Nur soweit kein staatsvertraglich oder unionsrechtlich vereinheitlichtes IPR besteht, kommt nationales IPR zur Anwendung. Dieses wird auf lange Sicht in der Masse seltener werden, weil weiteres unionsrechtliches IPR entsteht.

Arbeitsblock zur Vertiefung

322 1. Die Vereinheitlichung des IPR ist ein **Teilschritt auf dem langen Wege zur Zivilrechtsvereinheitlichung**: S. *Brödermann* ZEuP 2007, 304. Um sich als Wirtschaftsraum in einem globalen Markt zu behaupten, ist es langfristig wichtig, einheitliche Rechtsinstrumente zu schaffen, die von den Wirtschaftsteilnehmern als Vertragsgrundlage gewählt werden können. Der Weg dahin ist noch weit (zur zunächst zum Stoppen gekommene Diskussion zur Wählbarkeit von international anerkannten Grundsätzen und Regeln, → Rn. 307 ff.).
2. **Literatur**: *Mankowski* IPRax 2004, 282 (Auseinandersetzung mit dem von *Jayme* entwickelten Ansatz der Berücksichtigung der kulturellen Identität im IPR).

323 Wir empfehlen ein Vorgehen nach dem folgenden Aufbauschema (welches – wie alle Schemata – kein Dogma sein soll). Voraussetzung ist, dass der Fall Auslandsbezug hat und nicht ausnahmsweise ohne die Anwendung von nationalem IPR zu lösen ist.

F. Zusammenfassung und Aufbauschemata

Bestimmung des anwendbaren Rechts

Sachverhalt

⇩

Vorprüfung: Grobqualifikation
Welche Rechtsgebiete sind betroffen (zB Vertragsrecht, Stellvertretungsrecht, Gesellschaftsrecht)? Welche Kollisionsnormen kommen für eine Anwendung in Betracht (völkerrechtlichte, unionsrechtliche, nationale)?

⇩

I. Wird IPR durch einheitliches unionsrechtliches oder völkerrechtliches Sachrecht verdrängt, zB CISG, CMR? (vgl. Prüfungsschema Rn. 305)

Anwendungsbereich eröffnet?		Anwendung der Sachnorm
• sachlich • räumlich-personell • zeitlich	falls ja ⇨	
		Prüfung, ob ungeregelte Lücken verbleiben

⇩ falls nein   ⇩ soweit ja

II. Auswahl der Kollisionsnorm
(s. Prüfungsschritte bei der Qualifikation, Rn. 96)

Internationale Übereinkommen	Europäisches IPR (zB Rom I, Rom II)	Nationales IPR (EGBGB)
• Anwendungsbereich eröffnet? ⇩ Ja ↙ Nein • Auswahl der Kollisionsnorm: autonome völkerrechtliche Qualifikation (→ Rn. 96, 45, 62)	**beachte:** ⇦ ⇨ Art. 24, 25 Rom I, Art. 28 Rom II (für Dänemark → Rn. 68) • Anwendungsbereich eröffnet? ⇩ Ja ↙ Nein • Auswahl der Kollisionsnorm: autonome unionsrechtliche Qualifikation (→ Rn. 96, 52, 69 f.)	• Auswahl der Kollisionsnorm: a) richtlinienkonforme Qualifikation bei harmonisiertem IPR (→ Rn. 57) b) autonome Qualifikation bei autonomem IPR (→ Rn. 56)

beachte zu Vorfragen (iSv Erstfragen), Rn. 125, 129 ff.

⇩

III. Anwendung der Kollisionsnorm

- Anknüpfung an den für die Kollisionsnorm maßgeblichen Anknüpfungspunkt (zB gewöhnlicher Aufenthalt, Staatsangehörigkeit), vgl. → Rn. 34 ff.
- zur Lösung bei Mehrstaatern/Staatenlosen, vgl. → Rn. 219 ff., 230 ff.
- zur Lösung interlokalrechtlicher Fragen (Mehrrechtsstaaten), vgl. → Rn. 204 ff.

⇩

IV. Ergebnis der Anwendung der Kollisionsnorm

Verweis auf deutsches Recht

⇩

Anwendung von deutschem Sachrecht

Verweis auf ausländisches Recht

⇩ ⇩

Sachnormverweisung (Übereinkommen, EU-VO)

⇩

- Anwendung des berufenen Sachrechts
- ggf. Anwendung von Einheitsrecht als Teil des berufenen Sachrechts (→ Rn. 299 ff., 303 f.)

Gesamtnormverweisung (autonomes IPR)

⇩

- Prüfung des Renvoi (Prüfungsschritte → Rn. 118 und 123)

ggf. Berücksichtigung international zwingender Normen (Eingriffsnormen) (→ Rn. 234 ff., 244 ff., 257 ff.)

V. ggf. Korrektur des Ergebnisses

wichtig

- ordre-public-Prüfung (→ Rn. 147 ff.)
- Angleichung (→ Rn. 164 ff.; Prüfungsschritte → Rn. 177)

sehr selten

- Gesetzesumgehung (→ Rn. 141 ff.)
- Verstoß gegen das unionsrechtliche Konformitätsgebot (→ Rn. 42)

2. Teil. Übersicht über den Besonderen Teil des IPR

Als ›Besonderen Teil‹ des IPR bezeichnet man die besonderen Anknüpfungsregeln, die sich für die einzelnen Bereiche des Sachrechts (zB Familienrecht, Schuldrecht) im IPR entwickelt haben. Einige dieser Regeln wurden bereits im Rahmen der Fallbeispiele aufgezeigt (etwa Art. 25 I EGBGB: Anknüpfung an die Staatsangehörigkeit des Erblassers im Erbrecht). Nicht alle Anknüpfungsregeln des Besonderen Teils sind gesetzlich in Internationalen Übereinkommen, unionsrechtlichen Verordnungen oder im nationalen Gesetzesrecht geregelt. Das gilt zB für das Recht der Stellvertretung, sowie (überwiegend) für das Recht juristischer Personen und Gesellschaften. 324

Hinweis: Für beide Bereiche des IPR gab es schon Regelungsversuche. Aus der Vogelperspektive ist es etwa beachtlich (und einem Amerikaner oder Koreaner kaum erklärlich), dass Europa es bei Vorbereitung der Rom I-Verordnung zum schuldvertragsrechtlichen IPR nicht geschafft hat, eine im Kommissionsentwurf zunächst noch enthaltene Regelung des Stellvertretungsrechts durchzusetzen.

Der folgende Überblick **beschränkt sich** darauf, die **wichtigsten** (aktuellen) Rechtsquellen und Anknüpfungsregeln vorzustellen und auf ausgewählte Vertiefungslektüre zu verweisen. Die im ›Allgemeinen Teil‹ des IPR (oben **A.-F.**) dargestellte »IPR-Technik« wird hier als bekannt vorausgesetzt; dieser Teil G. setzt darauf auf. In unserer Darstellung folgen wir im Wesentlichen dem Aufbau des BGB.

A. Allgemeiner Teil des BGB

I. Rechtsfähigkeit und Geschäftsfähigkeit natürlicher Personen

1. Rechtsquellen

Allgemeine **internationale Übereinkommen** zur Frage der Rechts- und Geschäftsfähigkeit sind nicht anwendbar (das sog. Haager Entmündigungsabkommen v. 14. 7. 1905 wurde mit Wirkung zum 23. 8. 1992 gekündigt).[1] Ebenso sind die Rechts-, Geschäfts- und Handlungsfähigkeit vom Anwendungsbereich der **unionsrechtlichen Rom I-VO** ausgenommen (Art. 1 II lit. a Rom I-VO); ein Sonderfall ist jedoch in Art. 13 Rom I-VO geregelt. Daher bestimmt sich das Statut für die Rechts- und Geschäftsfähigkeit grundsätzlich **nach autonomem, nationalem Recht** (Art. 7, 12 EGBGB). 325

2. Anknüpfungsregeln

Rechts- und Geschäftsfähigkeit natürlicher Personen werden nach Art. 7 I 1 EGBGB an die **Staatsangehörigkeit** der Person angeknüpft. Es gilt folglich das sog. **Heimatrecht**. 326

Besonderheiten: 327

- Spezielle ›Fähigkeiten‹ (zB Deliktsfähigkeit, Erbfähigkeit) unterliegen dem jeweiligen Statut (zB Deliktsstatut, Erbstatut) zur unselbstständigen Anknüpfung.

---

1 BGBl. 1992 II 272.

- Bei einem **Vertragsabschluss zwischen Personen im selben Staat**, kann sich eine natürliche Person, die nach dem Recht des Handlungsortes rechts-, geschäft- und handlungsfähig ist, im Interesse des **Verkehrsschutzes** in der Regel nur unter eingeschränkten Voraussetzungen auf ihre Rechts-, Geschäfts- und Handlungsunfähigkeit berufen (**Art. 13 Rom I, Art. 12 S. 1 EGBGB**). Ausnahme: Diese Regelung gilt nicht für familien- und erbrechtliche Rechtsgeschäfte (Art. 12 S. 2 EGBGB) sowie für Verfügungen über ein in einem anderen Staat belegenes Grundstück. Kommt Art. 12 S. 1 EGBGB gem. Art. 12 S. 2 nicht zur Anwendung, so bleibt es bei einer Anknüpfung nach Art. 7 EGBGB.

> Hinweis: Art. 13 Rom I und Art. 12 EGBGB ähneln sich, weil Art. 12 EGBGB auf Art. 11 des Römischen EWG-Übereinkommens über das auf vertragliche Schuldverhältnisse anzuwendende Recht (EVÜ) beruht, das seinerseits Ausgangspunkt für die Entwicklung von Art. 13 Rom I war.

328
- **Art. 7 I 2 EGBGB** stellt klar, dass die Frage, ob die Geschäftsfähigkeit durch Heirat erlangt werden kann (›**Heirat macht mündig**‹), nach Art. 7 I 1 und nicht nach Art. 14 EGBGB (Ehewirkungen) zu beurteilen ist.
- Nach **Art. 7 II EGBGB** kann durch einen **Wechsel der Staatsangehörigkeit** kein Verlust der einmal erlangten Rechts- oder Geschäftsfähigkeit eintreten.
- Besonderheiten gelten für Mehrstaater, Staatenlose und Flüchtlinge (→ Rn. 219 ff.).

> **Arbeitsblock**
> 329 I. Zur Ergänzung
> 1. Zum IPR der **Vormundschaft** (→ Rn. 514 ff.).
> 2. Die Rechtsfähigkeit von **Gesellschaften** ist nach dem Gesellschaftsstatut zu ermitteln (→ Rn. 526 ff.).
> 330 3. Parallelnormen zu Art. 12 EGBGB sind im Ehe- und Lebenspartnerschaftsrecht Art. 16 und 17 b II 2 EGBGB. Danach werden aus Gründen des Verkehrsschutzes die für Ehegatten und eingetragene Lebenspartner bestehenden Beschränkungen der Verpflichtungs- und Verfügungsmacht aufgehoben, vgl. PWW/*Mörsdorf-Schulte* EGBGB Art. 12 Rn. 3. Weitere Sonderregelungen finden sich in Art. 91 II WG; Art. 60 II ScheckG und Art. 19 KSÜ.
> 4. Literatur: PWW/*Mörsdorf-Schulte* EGBGB Art. 7 und 12; *Baetge* IPRax 1996, 185–188.
> II. Zur Vertiefung
> 331 • *Lipp* RabelsZ 63 (1999),107;
> • zur **Rechtsfähigkeit**: *Kegel/Schurig* IPR § 17 I 1, 544–547, oder *v. Bar* IPR II § 1 I 1 Rn. 1–23;
> • zur **Handlungsfähigkeit**: *v. Bar* IPR II § 1 I 1 Rn. 24–27;
> • zur **Geschäftsfähigkeit** *Kegel/Schurig* IPR § 17 I 2, 559–564; *v. Bar* IPR II § 1 I 3 Rn. 28–60.

II. Vollmacht (Stellvertretung)

332 Das für die Vollmacht maßgebliche Recht ist nicht automatisch mit dem auf das abzuschließende Rechtsgeschäft anzuwendenden Recht identisch. Die Vollmacht wird im Interesse des Verkehrsschutzes **selbstständig angeknüpft**.

1. Rechtsquellen

333 Eine gesetzliche Regelung für das IPR der Vollmacht besteht weder auf völkerrechtlicher noch auf unionsrechtlicher oder nationaler Ebene. Die im Kommissionsentwurf zur Rom I-VO noch enthaltene Regelung des IPR der Stellvertretung[2] (Art. 7

---

2 KOM (2005) 650.

Rom I-VO-Entwurf) ist am Widerstand einiger Mitgliedstaaten und der starken Kritik der Literatur (vgl. den Ausschluss der Stellvertretung in Art. 1 lit. g Rom I) gescheitert. Kritisiert wurde vor allem, dass primär an den gewöhnlichen Aufenthaltsort des Vertreters angeknüpft werden sollte und nicht an den Gebrauchsort der Vollmacht, an dem der Schwerpunkt des Rechtsverhältnisses liegt.[3] Dadurch komme es zu einer Verlagerung auf den falschen Beteiligten, den Vertreter.[4]

Es ist daher auf die von der **Rspr.** entwickelten Grundsätze zurückzugreifen.

2. Anknüpfungsregeln

Nach hM findet auf die Vollmacht das Recht des Staates Anwendung, in dem der Vertreter von der Vollmacht Gebrauch macht (**Recht des Gebrauchsortes**) und diese damit ihre Wirkung entfaltet (daher auch **Wirkungsstatut**).[5] Es handelt sich um eine Sachnormverweisung.[6] Eine **Rechtswahl** ist grundsätzlich möglich (→ Rn. 336). 334

Bei kaufmännischen Bevollmächtigten mit fester Niederlassung ist das Recht der Niederlassung Vollmachtsstatut.[7] Fehlt es an einer festen Niederlassung, gilt wiederum das Recht des Gebrauchsortes.[8] 335

> **Arbeitsblock**
> I. Zur Ergänzung 336
> 1. Eine **Rechtswahl** ist nach hM jedenfalls dann zulässig, wenn sie schriftlich und rechtzeitig erfolgt (maßgeblich ist die Möglichkeit des Dritten, vom Geschäftsabschluss Abstand zu nehmen), und wenn der betroffene Dritte ausdrücklich zustimmt. Kropholler IPR § 41 I 2 e, 307; vgl. auch Art. 14 des **Haager Stellvertretungsabkommens** v. 14. 3. 1978 betreffend alle Fälle gewillkürter Stellvertretung, das in Deutschland zwar nicht in Kraft getreten ist, aber als *loi uniforme* (→ Rn. 48) ausgestaltet ist und damit als Teil des Stellvertretungsstatuts zur Anwendung kommen kann. Es gilt für **Argentinien, Frankreich und Portugal**.
> 2. Literatur:
>   - *v. Bar* IPR II § 4 VI 1 Rn. 585 ff. (besonders eingängig); *Seibold/Groner* NZG 2009, 126.
>   - Zur Frage, ob das Vollmachtsstatut durch **Rechtswahl** bestimmt werden kann: Reithmann/Martiny/*Hausmann* Rn. 5445 ff.
>   - Zur **Reichweite des Vollmachtsstatuts**: Palandt/*Thorn* EGBGB Anh. zu Art. 10 Rn. 3 mwN.
>   - Zur **Vertretung ohne Vertretungsmacht** und **Rechtsscheinvollmacht**: *Leible* IPRax 1998, 257, *Bach* IPRax 2011, 116 sowie *Behnen* IPRax 2011, 211.
> 3. **Abgrenzung zur gesetzlichen und organschaftlichen Stellvertretung**: Bei der Prüfung von Stellvertretungsfragen ist vorab zu qualifizieren, ob die rechtsgeschäftliche, die gesetzliche oder die organschaftliche Stellvertretung betroffen ist (MüKoBGB/*Spellenberg* EGBGB Vor Art. 11 Rn. 180; vgl. BGH RIW 1992, 54). Die organschaftliche Stellvertretung ist an das Gesellschaftsstatut (→ Rn. 526 ff.) anzuknüpfen (Einzelheiten bei *v. Bar* IPR II § 5 II 2 a (2) Rn. 639 f.). 337
> II. Zur Vertiefung
> Literatur: *Kleinschmid* RabelsZ 75 (2011) 497–540; *Steding* ZVglRWiss 1987, 25; *Ebenroth* JZ 1983, 821; Reithmann/Martiny/*Hausmann* Rn. 5421–5584. 338

---

3 Reithmann/Martiny/*Hausmann* Rn. 5423.
4 *Mankowsky* IPRax 2006, 108 f.
5 Vgl. BGHZ 64, 183 (192 f.); OLG Frankfurt IPRax 1986, 373 (375), str.: vgl. Nachweise bei Palandt/*Thorn* EGBGB Anh. zu Art. 10 Rn. 1.
6 *Kropholler* IPR § 41 I 4, 304 f. mwN; differenzierend Soergel/*Lüderitz* EGBGB Art. 10 Anh. Rn. 112.
7 BGH JZ 1963, 168; NJW 1992, 618.
8 Palandt/*Thorn* EGBGB Anh. zu Art. 10 Rn. 2.

III. Form

1. Rechtsquellen

339 **Völkervertragliches IPR** zu Fragen der Form enthält das *Haager Übereinkommen über das auf die Form letztwilliger Verfügungen* (nicht: Erbverträgen) *anwendbare Recht* v. 5. 10. 1961 (→ Rn. 518 zur Darstellung des Erbrechts). In Fällen mit Bezug zu **Dänemark** ist das EVÜ anwendbar (→ Rn. 68). **Unionsrechtliches IPR** zu Fragen der Form enthält **Art. 11 Rom I-VO** für alle Rechtsgeschäfte über vertragliche Schuldverhältnisse, die dem sachlichen Anwendungsbereich der (nach Art. 2 Rom I universell anwendbaren) Rom I-VO unterfallen (Art. 1 Rom I-VO). Für alle anderen IPR-Fragen der Form gilt **nationales IPR**: Die allgemeine Kollisionsnorm für die Form von Rechtsgeschäften ist **Art. 11 EGBGB**, soweit nicht speziellere IPR-Regelungen einschlägig sind: für die Form der Eheschließung im Inland Art. 13 III EGBGB; für die Wahl des Ehewirkungsstatuts Art. 14 IV EGBGB; für die Wahl des Güterrechtsstatuts Art. 15 III iVm Art. 14 IV EGBGB.

2. Anknüpfungsregeln

340 Art. 11 Rom I-VO sieht für die Form von Rechtsgeschäften mehrere **alternative Anknüpfungen** vor, um die Formwirksamkeit der Verträge zu begünstigen (sog. *favor negotii*):

- Sind beide Parteien oder deren Vertreter im Zeitpunkt des Vertragsschlusses im selben Staat (sog. **Platzgeschäfte**), so genügt es, wenn alternativ die Formerfordernisse des Vertragsstatuts (*lex causae*) oder die des Ortsrechts (*lex loci actus*) erfüllt sind (**Günstigkeitsprinzip**; Art. 11 I Rom I-VO).
- Befinden sich die Parteien im Zeitpunkt des Vertragsschlusses in verschiedenen Staaten (**Distanzgeschäfte**), so genügt es, wenn alternativ die Formerfordernisse des Vertragsstatuts, eines der Ortsrechte oder eines der Rechte des gewöhnlichen Aufenthalts einer der Parteien erfüllt sind (**Art. 11 II Rom I-VO**).
- Bei **einseitigen Rechtsgeschäften** kommt alternativ das Vertragsstatut, das Ortsrecht oder das Recht des gewöhnlichen Aufenthalts der Person, die das Geschäft vornimmt, zur Anwendung (**Art. 11 III Rom I-VO**).
- Nach **Art. 11 IV Rom I-VO** gilt für Verbraucherverträge iSv Art. 6 Rom I-VO das Recht des gewöhnlichen Aufenthaltsortes des Verbrauchers. Für Verträge, die in den Anwendungsbereich von Artikel 6 Rom I-VO fallen, gelten die Art. 11 I–III Rom I-VO nicht. Dies ergibt sich aus Abs. 4. In **Art. 11 V Rom I-VO** wird auch die Form von Verträgen über ein dingliches Recht an einer unbeweglichen Sache oder die Miete oder Pacht einer unbeweglichen Sache gesondert geregelt. Neben der alternativen Anknüpfung an die Rechtsordnung, in deren Geltungsbereich der Vertrag geschlossen wird (sog. **Ortsstatut**) oder an die Rechtsordnung, der der Vertrag unterliegt (sog. **Geschäftsstatut**), ist kumulativ eine Anknüpfung an die Formvorschriften des Staates, in dem die unbewegliche Sache belegen ist (sog. **Belegenheitsstatut**), vorgesehen.[9]

341 - Im **nationalen Recht** enthält der auf Art. 9 des (im Verhältnis zu Dänemark immer noch geltenden) EVÜ beruhende Art. 11 EGBGB ähnliche Regelungen. Wegen des vorrangig anzuwendenden Art. 11 Rom I-VO hat dieser jedoch einen Großteil

---

[9] Vgl. PWW/*Mörsdorf-Schulte* Rom I-VO Art. 11 Rn. 12.

seines bisherigen Anwendungsbereichs eingebüßt. Die Regelung ist aber noch auf Eheschließungen und Scheidungen im Ausland, Rechtsgeschäfte auf dem Gebiet des Ehegüter-und Kindschaftsrechts, bestimmte erbrechtliche Rechtsgeschäfte und Verfügungsgeschäfte sowie für die Vollmacht anwendbar.[10]

Nach der Grundregel des Art. 11 I EGBGB muss ein Rechtsgeschäft **alternativ** entweder die Formerfordernisse des Rechts des Vornahmeortes (*lex loci actus*) oder des auf das Rechtsgeschäft selbst anwendbaren Rechts (*lex causae*) erfüllen **Besonderheiten** gelten für:

- Rechtsgeschäfte zwischen Parteien, die sich in verschiedenen Staaten befinden (Art. 11 II EGBGB),
- Stellvertretergeschäfte (Art. 11 III EGBGB) und
- dingliche Verträge (Art. 11 IV EGBGB).

Arbeitsblock
I. Zur Ergänzung
   Literatur: *Kropholler* IPR § 41 III 1, 310; *Clausnitzer/Wooper* BB 2008, 1805; *Leible/Lehmann* RIW 2008, 540.   342
II. Zur Vertiefung
   1. Besonderheiten zu § 311 b BGB: 343
      - Diese Formvorschrift ist nach BGHZ 53, 189 (194) (noch zur alten Fassung des BGB) auch beim Verkauf eines ausländischen Grundstücks anzuwenden, wenn der Vertrag deutschem Recht unterstellt wurde.
      - § 311 b BGB wird wohl nicht als zwingende Vorschrift iSv Art. 11 V Rom I-VO anzusehen sein (PWW/*Mörsdorf-Schulte* Rom I-VO Art. 11 Rn. 12; ebenso bereits nach allgemeiner Ansicht zu Art. 11 IV EGBGB aF, vgl. Begr. Reg. E, BT-Drs. 10/504, 49 re. Sp.; Palandt/*Thorn* EGBGB Art. 11 Rn. 20; PWW/*Mörsdorf-Schulte* EGBGB Art. 11 Rn. 16). Damit ist der formfreie Verkauf eines deutschen Grundstücks nach französischem oder spanischem Recht – beide Rechtsordnungen kennen kein vergleichbares konstitutives Formgebot – möglich (PWW/*Mörsdorf-Schulte* EGBGB Art. 11 Rn. 16). Praktisch macht dies meist nur keinen Sinn: Die Auflassung nach § 925 BGB muss durch einen deutschen Notar oder Konsularbeamten beurkundet werden (PWW/*Huhn* § 925 Rn. 8; PWW/*Mörsdorf-Schulte* EGBGB Art. 11 Rn. 19). Ging ihr keine deutsche Beurkundung voraus, kostet die Beurkundung der Auflassung ähnlich viel, als wenn auch der Kaufvertrag vor einem deutschen Notar beurkundet worden wäre (denn die sonst die Kosten der Auflassung ermäßigende Regelung in § 38 II Nr. 6 a KostO kommt nicht zum Zuge, BayObLG DNotZ 1978, 58). Ferner ist auch die Abwicklung des Geschäfts (Anträge an das Grundbuchamt) über einen deutschen Notar einfacher.
   2. Zu Distanzgeschäften: *v. Bar* IPR II § 4 VI 2 c (2) Rn. 602; PWW/*Mörsdorf-Schulte* Rom I-VO Art. 11 Rn. 8.
   3. Zu Auslandsbeurkundungen und zur Frage der Erfüllung deutscher Formerfordernisse im Wege der Substitution: Palandt/*Thorn* EGBGB Art. 11 Rn. 9 f.; PWW/*Mörsdorf-Schulte* EGBGB Art. 11 Rn. 19 ff.; *Reithmann* NJW 2003, 386 ff.; LG Frankfurt und OLG Düsseldorf IPRax 2011, 395 mit Anm. Schulze IPRax 2011, 365; Palandt/*Thorn* Rom I-VO Art. 11 Rn. 6 verweist zur Frage der Substitution und Auslandsbeurkundung nach der Rom I-VO auf Art. 11 EGBGB Rn. 7.

---

10 Palandt/*Thorn* EGBGB Art. 11 Rn. 1.

IV. Verjährung

1. Rechtsquellen

344 Völkerrechtliche Übereinkommen wie das *Übereinkommen über den Beförderungsvertrag im internationalen Straßengüterrecht* v. 19. 5. 1956 (**CMR**)[11] oder das **CISG** haben als sachrechtliche Regelungen Vorrang vor den Kollisionsnormen der Rom I-VO.

Unionsrechtliches IPR enthalten für ihren jeweiligen Anwendungsbereich (→ Rn. 370 und → Rn. 420) die Rom I- und die Rom II-Verordnungen. Im Übrigen gilt **nationales IPR**, das nicht kodifiziert ist, sondern als Richterrecht gilt.

2. Anknüpfungsregeln

345 Art. 32 CMR sieht grundsätzlich eine Verjährungsfrist von einem Jahr bzw. bei Vorsatz nach drei Jahren vor.

Soweit ersichtlich, basieren alle Rechtsquellen auf **derselben Grundregel**, nach der die Verjährung eines Anspruchs derjenigen Rechtsordnung unterliegt, die für den Anspruch gilt (so Art. 12 I lit. d Rom I-VO, Art. 15 lit. h Rom II-VO).[12] Folglich ist die Verjährung ein **unselbstständiger Anknüpfungsgegenstand**. Wie ein Schatten folgt das Verjährungsstatut dem Forderungsstatut. Der Anwendungsbereich der Verjährungsregelung von Art. 12 I lit. d Rom I-VO ist dabei weit zu verstehen und erfasst nicht nur die Anspruchsverjährungen, sondern auch die Verwirkung durch Zeitablauf, den Verlust von Rügerechten und von Anfechtungsrechten.[13]

Arbeitsblock
346 **Zur Ergänzung**
1. Eine Rück- oder Weiterverweisung ist bei der Verjährung von Verträgen ausgeschlossen, da die Rom I-VO für die Verjährung keine eigene Kollisionsnorm vorsieht, sondern an das Forderungsstatut anknüpft. Dieses bestimmt sich nach Art. 20 Rom I-VO durch eine Sachnormverweisung (vgl MüKoBGB/*Spellenberg* Rom I-VO Art. 12 Rn. 113).
2. Die Verjährung wird nach deutschem IPR **materiellrechtlich qualifiziert** (vgl. *v. Bar* IPR II § 4 VI 2 b Rn. 548). In einigen anderen Rechtsordnungen – insbesondere den USA – wird die Verjährung hingegen verfahrensrechtlich qualifiziert. Dies führt – außerhalb des Anwendungsbereichs der Rom I-VO (dort Sachnormverweisung) – zu schwierigen Qualifikations- und *renvoi*-Fragen (→ Rn. 100 mit Literaturhinweisen zum Tennessee-Wechsel-Fall).

347 3. Zur Verjährung bei Anwendung von deutschem Recht in Ergänzung des Wiener Kaufrechtsübereinkommens → Rn. 297.

V. Namensrecht

1. Rechtsquellen

348 Für die Bestimmung des auf den Namen einer **natürlichen Person** anwendbaren Rechts bestehen **keine völkerrechtlichen Vereinbarungen** (für den Bereich des Internationalen Verfahrensrechts ist jedoch das *Istanbuler CIEC-Übereinkommen*

---
11 BGBl. 1961 II 1119; 1962 II 12.
12 Für das nationale IPR: *Kegel/Schurig* IPR § 17 VI 1, 636.
13 Vgl MüKoBGB/*Spellenberg* Rom I-VO Art. 12 Rn. 118.

über die Änderung von Namen und Vornamen v. 4. 9. 1958[14] und **kein unionsrechtliches IPR**. Das autonome Kollisionsrecht ist in **Art. 10 und 47 EGBGB** geregelt. Das Namensrecht **juristischer Personen** (Firma)[15] richtet sich nach dem Gesellschaftsstatut (→ Rn. 531 ff.).

2. Anknüpfungsregeln

Eine **Rechtswahl** können zum einen **Ehegatten** (Art. 10 II EGBGB) vornehmen, zum anderen **Inhaber der Sorge** für Kinder (Art. 10 III EGBGB), wobei nach Art. 23 EGBGB zusätzlich im Wege der Sachnormverweisung[16] das Heimatrecht des Kindes zu beachten ist, das ggf. zum Wohle des Kindes durch deutsches Recht ersetzt werden kann (→ Rn. 508). Die Voraussetzungen dieser Rechtswahl sind in den genannten Bestimmungen außerordentlich detailliert festgelegt. Für **alle übrigen Fälle** unterliegt der Name einer Person nach **Art. 10 I EGBGB** ihrem **Heimatrecht**. 349

Für den Fall eines **Statutenwechsels ins deutsche Recht** enthält **Art. 47 EGBGB** eine besondere Regelung zur **Angleichung** ausländischer Namen ans deutsche Recht, das zwischen Vor- und Familiennamen unterscheidet (was nicht alle Rechtsordnungen tun) → Rn. 352 (Arbeitsblock). 350

Arbeitsblock (zur Vertiefung)

I. Zu den **Einflüssen des Europäischen Unionsrechts** auf das Namensrecht vgl. EuGH 14. 10. 2008 – C-353/06, Slg. 2008 I-7639 – Stefan Grunkin ua/Standesamt Niebüll, hierzu *Rieck* NJW 2009, 125–129; EuGH 2. 10. 2003 – C-148/02, Slg. 2003 I-11613 – Garcia Avello, hierzu *Koritz* FPR 2008, 213 ff.; *Mörsdorf-Schulte* IPRax 2004, 315; zu diesen EuGH-Urteilen vgl. auch *Mansel/Thorn/Wagner* IPRax 2009, 2 ff. Der EuGH hat im *Grunkin Paul*-Urteil festgestellt, dass das Freizügigkeitsrecht des Namensträgers nach Art. 21 AEUV verletzt ist, wenn unter Anwendung deutschen Namensrechts die Anerkennung des nach dänischem Wohnortrecht gebildeten Nachnamens eines Kindes abgelehnt wird (vertiefend dazu *Mansel/Thorn/Wagner* IPRax 2009, 2–4). Art. 21 AEUV ist jedoch nicht verletzt, wenn die Behörden eines Mitgliedstaates nach dort geltendem nationalem Recht Vor- und Nachnamen einer Person in Personenstandsurkunden nur nach den offiziellen Schreibregeln dieses Mitgliedstaates ausfüllen, nicht aber nach den Schreibregeln eines anderen Mitgliedstaates, es sei denn, dies hat für den Unionsbürger schwerwiegende administrative, berufliche oder private Nachteile zur Folge, die bei einer Interessenabwägung mit den Belangen, die die nationale Regelung schützen soll, überwiegen (EuGH 12. 5. 2011 – C-391/09, ABl. C 194, 4). 351

II. Wenn eine Person **zwei kumulative Voraussetzungen** erfüllt (Namenserwerb nach ausländischem Recht, Statutenwechsel zur Anwendbarkeit deutschen Namensrechts) kann sie nach **Art. 47 EGBGB** durch eine Erklärung gegenüber dem Standesamt »ihre Namensführung an die inländischen Verhältnisse anpassen« (vgl. OLG München FGPrax 2009, 169 [170]). Art. 47 EGBGB sieht fünf Fallkonstellationen vor: 352
  1. Nach Art. 47 I 1 Nr. 1 EGBGB kann der Namensträger in einer sog. **Sortiererklärung** aus dem Namen Vor- und Familiennamen bestimmen (vgl. PWW/*Mörsdorf-Schulte* EGBGB Art. 47 Rn. 9).
  2. Wenn der betroffenen Person ein Vor- oder Familienname fehlt, kann sie »*einen solchen Namen*« wählen. Hat der Namensträger mehrere Eigennamen, muss er einen Namen als Familiennamen auswählen und die anderen als Vornamen (Art. 47 I 1 Nr. 2 EGBGB).

---

14 BGBl. 1961 II 1076; 1962 II 45; *Jayme/Hausmann* Nr. 21 zu beachten; dazu MüKoBGB/*Birk* EGBGB Art. 10 Rn. 33 ff.
15 PWW/*Brödermann/Wegen* IntGesR Rn. 10 unter »Firma«.
16 PWW/*Martiny* EGBGB Art. 23 Rn. 9.

3. Weiter kann die betroffene Person nach Nr. 3 auch Namensbestandteile, die das deutsche Recht nicht kennt, ablegen. In diesem Fall handelt es sich um Namenszusätze oder Zwischennamen, wie zB Vatersnamen (vgl. Palandt/*Thorn* EGBGB Art. 47 Rn. 6).

4. In einer sog. **Ursprungserklärung** nach Nr. 4 (vgl. PWW/*Mörsdorf-Schulte* EGBGB Art. 47 Rn. 13) kann eine Person, deren Familienname eine geschlechtspezifische oder eine verwandtenspezifische Form hat (zB mit der Endsilbe -owa bei aus Russland stammenden Frauen), eine Namensänderung durch die Grundform, also in dem Beispiel durch die Streichung der Endsilbe -owa) beantragen.

5. Nach Art. 47 Nr. 5 EGBGB kann in einer sog. **Eindeutschungserklärung** eine deutschsprachige Form des Vor- oder Familiennamens angenommen werden, wenn zB die der deutschen Sprache unbekannten Laute oder diakritische Zeichen gestrichen werden.

353 Handelt es sich um einen **Ehenamen**, muss die vorgeschriebene Erklärung von beiden Ehegatten abgegeben werden (Art. 47 I 2 EGBGB).

354 Im Fall der Namensänderung der Eltern nach Art. 47 I EGBGB müssen die in § 1617 c BGB vorgesehenen Voraussetzungen beachtet werden. **Bis zur Vollendung des fünften Lebensjahres** spricht man von einer »**automatischen Erstreckung der Namensänderung auf Abkömmlinge**« (vgl. *Mäsch* IPRax 2008, 17 [21]). Bei Abkömmlingen, die das fünfte Lebensjahr, aber **noch nicht das vierzehnte Lebensjahr** vollendet haben, kann sich der Abkömmling der Namensänderung der Eltern **durch Erklärung des gesetzlichen Vertreters** gegenüber dem Standesamt anschließen. Abkömmlinge, die **das vierzehnte Lebensjahr** vollendet haben, können die entsprechende Erklärung, die der zusätzlichen Zustimmung des gesetzlichen Vertreters bedarf, **selbst abgeben**.

355 Die Namenswahlerklärungen sind gegenüber dem **örtlich zuständigen Standesamt** abzugeben. In diesem Fall ist das Standesamt am Wohnsitz oder gewöhnlichen Aufenthalt des Namensträgers zuständig, hilfsweise das Standesamt Berlin I (§ 43 II PStG). Art. 47 EGBGB sieht **keine Frist** für die Abgabe einer solchen Erklärung vor (*Mäsch* IPRax 2008, 17 [22]).

356 Nach Art. 47 IV EGBGB muss diese Erklärung **öffentlich beglaubigt oder beurkundet** werden, aber die Beglaubigung oder die Beurkundung kann auch von den Standesbeamten ohne Gebühren und Auslagen vorgenommen werden.

III. **Literatur**: zu Art. 10 EGBGB: *Kropholler* IPR § 43, 324–330; *Henrich* IPRax 1986, 333; *Hepting* StAZ 2002, 129 (134 ff.), *Wall* StAZ 2011, 37, *ders.* StaZ 2010, 225; zu Art. 47 EGBGB: PWW/*Mörsdorf-Schulte* EGBGB Art. 47.

B. Schuldvertragsrecht

357 **Hinweis**: Insbesondere im Schuldvertragsrecht ist stets zuerst zu prüfen, ob nicht völkerrechtlich **vereinheitlichtes Sachrecht** (vor allem das UN-Kaufrecht »CISG« oder, im Transportrecht, zB für den Straßengüterverkehr das CMR) anwendbar ist (→ Rn. 275, → Rn. 288 ff.).[17] Nur wenn dies nicht der Fall ist, ist das anwendbare Recht mit Hilfe des IPR im engeren Sinne zu prüfen.

I. Rechtsquellen

358 **Völkerrechtliches IPR** ist selten, gilt aber für seit dem 17. 12. 2009 abgeschlossene Verträge mit Dänemark-Bezug (str. → Rn. 383 [Arbeitsblock] sowie → Rn. 47, → Rn. 68) und in Spezialbereichen des Schuldvertragsrechts (→ Rn. 382 [Arbeitsblock]). Für **alle seit dem 17. 12. 2009 abgeschlossenen Verträge (»Neufälle«) ohne Dänemarkbezug** ist – innerhalb ihres Anwendungsbereichs – das **unionsrechtliche IPR** in

---

17 Schlechtriem/Schwenzer/*Ferrari* CISG Art. 90 Rn. 4.

der *Verordnung (EG) Nr. 593/2008 des Europäischen Parlaments und des Rates v. 17. 6. 2008 über das auf vertragliche Schuldverhältnisse anzuwendende Recht*, die »**Rom I-VO**«,[18] anzuwenden (Art. 29 iVm Art. 28 Rom I-VO in der berichtigten Fassung[19] lautet: »ab dem 17.12.«). **Nationales IPR** kommt in Neufällen nur **ergänzend** zur Anwendung, soweit die Rom I-VO dies ausdrücklich gestattet (zB für **Verbraucherverträge**, Art. 46 b EGBGB, → Rn. 53, → Rn. 59). Deklaratorisch betont das deutsche nationale Recht selbst den Vorrang der Rom I-VO in Art. 3 Nr. 1 lit. b) EGBGB.

> **Hinweis:** Die Rom I-VO ist dem Leser aus der Darstellung im »Allgemeinen Teil« (»AT«, oben A.-F.) bekannt. Wer direkt an diese Stelle des Buchs gesprungen ist, um einen Fall zu lösen, dem empfehlen wir dringend, zunächst den AT durchzuarbeiten (ggf. ohne die Arbeitsblöcke): → Rn. 10 ff. (Einführungsfall, Anwendungsbereich, Anwendung als loi uniforme nach Art. 2 Rom I-VO, Grundregeln der Anknüpfung), → Rn. 37 f. (starre Anknüpfungsregeln, Ausweichklausel), → Rn. 52 und → Rn. 69 (Auslegung), → Rn. 53 f. (Vorrang), → Rn. 59 (ergänzende Anwendung von Richtlinien-basiertem IPR für besondere Bereiche nach Art. 23 Rom I-VO), → Rn. 88 ff. (Qualifikation), → Rn. 103 f. (Sachnormverweisungen nach Art. 20 Rom I-VO), → Rn. 129 f. (unselbständige Anknüpfung von Vorfragen iSv Erstfragen), → Rn. 150 ff. iVm → Rn. 161, → Rn. 163 (Ordre-Public-Prüfung nach Art. 21 Rom I-VO), → Rn. 198 ff., 202 (intertemporales Recht, Art. 28 I Rom I-VO), → Rn. 207 (Mehrrechtsstaaten-Frage, Art. 22 I Rom I-VO), → Rn. 244 ff. (Beachtung bzw. Anwendung zwingenden Rechts, Art. 9 Rom I-VO), → Rn. 275, → Rn. 288 ff. (Vorrang von einheitlichem Sachrecht), → Rn. 291 ff. (Abgrenzung zwischen Rom I-VO und CISG). Die Kenntnis dieser Grundlagen ist Voraussetzung für die Arbeit mit dem nachfolgenden Überblick über die Anknüpfungsregeln und die Besonderheiten im IPR des Schuldvertragsrechts.

359 In allen **Altfällen** (die die Anwendung und Auslegung von vor dem 17. 12. 2009 abgeschlossenen Verträgen mit und ohne Dänemarkbezug betreffen) sind **Art. 27–37 EGBGB aF** anwendbar (→ Rn. 407 [Arbeitsblock]). Durch Art. 1 Nr. 4 iVm Art. 3 des Gesetzes zur Anpassung der Vorschriften des Internationalen Privatrechts an die Verordnung (EG) Nr. 593/2008 v. 25. 6. 2009[20] sind diese Bestimmungen zum 17. 12. 2009 aufgehoben worden.

II. Anknüpfungsregeln

1. Rechtswahl (subjektive Anknüpfung)

360 Im Internationalen Schuldvertragsrecht gilt der **Vorrang** der **Parteiautonomie**, dh die Parteien können für den gesamten Vertrag oder für einzelne Teile des Vertrags das anwendbare Recht (ausdrücklich oder – in eindeutiger Weise – stillschweigend) selbst wählen (**Art. 3 I Rom I-VO**). Sie können die Rechtswahl auch nachträglich treffen oder abändern, solange sie dabei nicht in Rechte Dritter eingreifen (Art. 3 II Rom I-VO). **Für bestimmte Vertragsarten** (Personenbeförderungs- und Versicherungsverträge) wird die **Rechtswahlmöglichkeit eingeschränkt**: Es können nur bestimmte Rechtsordnungen gewählt werden (→ Rn. 371).

361 Ferner werden die Wirkungen der Rechtswahl durch die Kollisionsnormen zur Anwendung von **zwingendem Recht** beschränkt: **Einfach zwingendes Recht**

---

18 ABl. EU 2008 L 177, 6; abgedr. bei *Jayme/Hausmann* Nr. 80.
19 Vgl. ABl. EU 2009 L 309, 87.
20 BGBl. 2009 I 1574.

kommt aufgrund **besonderer Regeln** der Rom I-VO für bestimmte Rechtsgebiete (Verbraucher-, Arbeits- und Versicherungsverträge) oder bestimmte Sachverhalte[21] zur Anwendung. Ebenso kann **international zwingendes Recht** die Wirkungen der Rechtswahl beschränken. Es kommt über die allgemeinen Regeln in Art. 9 Rom I-VO (→ Rn. 244–256) oder die besondere Bestimmung zur Form in Art. 11 V Rom I-VO zur Anwendung.

2. Keine Rechtswahl (objektive Anknüpfung)

362 **Liegt keine Rechtswahl vor,** ist für **bestimmte Vertragsarten** (Beförderungs-, Verbraucher-, Versicherungs- und Individualarbeitsverträge) nach **Art. 5 bis 8 Rom I-VO** anzuknüpfen. Im übrigen gelten die allgemeinen Regelungen in **Art. 4 Rom I-VO**: Für eine Reihe von Vertragsarten (»Regelfälle«) sieht **Art. 4 I** eine starre Anknüpfung vor (zB für Kaufverträge, Dienstleistungsverträge, Verträge über dingliche Rechte an unbeweglichen Sachen, Franchiseverträge, Vertriebsverträge, → Rn. 38). Für alle anderen Verträge und für Verträge, die von mehr als einem der Buchstaben in Abs. 1 abgedeckt sind, ist nach **Abs. 2** an den gewöhnlichen Aufenthalt (**Art. 19 Rom I-VO**) der Partei anzuknüpfen, die die charakteristische Leistung erbringt (dies ist regelmäßig nicht die Zahlung, → Rn. 14). Bei komplexeren Verträgen mit einer Vielzahl von Leistungen und Gegenleistungen, die mehrere der Regelfälle aus Abs. 1 betreffen, ist dabei die charakteristische Leistung des Vertrags – soweit möglich – nach dessen Schwerpunkt zu bestimmen (Erwägungsgrund 19). Bei einer **offensichtlich engeren Verbindung** mit einer anderen (als der nach Abs. 2 bestimmten) Rechtsordnung ist diese anzuwenden (Art. 4 III Rom I-VO, → Rn. 37 f.). Lässt sich das anwendbare Recht nicht nach Abs. 1 und 2 bestimmen, ist nach der **Auffangklausel** in Art. 4 IV Rom I-VO das mit dem Vertrag am **engsten verbundene Recht** anzuwenden (Näheprinzip, → Rn. 38). Die zahlreichen, ineinander greifenden Bestimmungen der Rom I-VO lassen sich in folgendem Prüfungsschema ordnen:

363 **Arbeitsblock Grundschema für Prüfung der Rom I-VO**

Hinweis: Im Folgenden wird ein Grundschema vorgestellt, das im Normalfall für die Prüfung von nach der Rom I-VO zu beurteilenden Fragen ausreicht. Im Einzelfall kann es erforderlich sein, einzelne Aspekte aus dem im Arbeitsblock vorgestellten Detailschema zu ergänzen. Generell gilt in der Praxis: »Don't show all the pain you had.« Dementsprechend erwartet auch der Prüfer vom versierten Klausurschreiber die richtige Schwerpunktsetzung. Deshalb werden als »Prüfungsschema« hier nur die wichtigsten Punkte aus der Rom I-VO zusammengefasst:

364   1. **Anwendungsbereich der Rom I-VO** (Art. 1 Rom I-VO, → Rn. 290)
365   Achtung: Die Rom I-VO ist nicht anwendbar, soweit international vereinheitlichtes Sachrecht gilt (→ Rn. 357).

2. **Bestimmung des Vertragsstatuts nach der Rom I-VO*** (*s. Nr. 6. unten)
  a) Subjektive Anknüpfung; Rechtswahl (Art. 3 Rom I-VO)
     bei **Beförderungs-, Verbraucher-, Versicherungs- und Individualarbeitsverträgen** ist an Sonderregelungen und/oder Beschränkungen der Rechtswahl nach Art. 5–8 Rom I-VO zu denken.
  b) Objektive Anknüpfung: Keine Rechtswahl (Art. 4 Rom I-VO; dabei Definition des gewöhnlichen Aufenthalts in Art. 19 Rom I-VO zu beachten, → Rn. 399)
     • Betrifft der Vertrag eine der in Art. 5–8 Rom I-VO geregelten Vertragsarten? *Wenn nicht:*

---

21 Reiner Inlandssachverhalt, s. Art. 3 III Rom I-VO; reiner Binnenmarktsachverhalt, s. Art. 3 IV Rom I-VO bei Wahl eines Nicht-EU-Rechts.

- Anwendung der allgemeinen Bestimmung in **Art. 4 I Rom I-VO**:
  - Anwendung der (starren) Anknüpfung für die dort aufgelisteten Vertragstypen (zB Kaufverträge, Dienstleistungsverträge), *sonst* bei anderen Vertragsarten oder komplexen Verträgen mit Bezug zu mehr als einer der in I lit b) genannten Vertragsarten:
    - Anknüpfung an die **charakteristische Leistung** (**Art. 4 II Rom I-VO**),
    - *Ausnahme* nach der **Ausweichklausel** wegen *offensichtlich engerer Verbindung* (Art. 4 III, 5 III Rom I-VO)
    - Ist die Anwendung von Art. 4 I oder II Rom I-VO nicht möglich: Anwendung des mit dem Vertrag am engsten verbundenen Rechts nach **Art. 4 IV Rom I-VO** (**Näheprinzip**). 366
3. Anwendbarkeit von (einfach) zwingendem Recht aufgrund besonderer Kollisionsnormen? (→ Rn. 250 ff.)
   - Anwendung zwingenden deutschen Rechts bei **reinem Inlandsachverhalt** (Art. 3 III Rom I-VO)
   - Binnenmarktklausel bei Wahl eines Nicht-EU-Rechts trotz reinem Binnenmarktsachverhalt (Art. 3 IV Rom I-VO)
   - ggf. weitere Sonderregelungen für Versicherungs- und Arbeitsverträge 367
4. Anwendbarkeit von international zwingendem Recht?
   a) Ist international zwingendes Recht aufgrund einer **Spezialregelung** anwendbar? Zwingendes Recht am **Belegenheitsort einer Immobilie** (Art. 11 V Rom I-VO)
   b) Eingriffsnormen iSv Art. 9 I Rom I-VO)
      - Eingriffsnormen **der *lex fori*** (Art. 9 II Rom I-VO)
      - Ist am Erfüllungsort geltenden **ausländischen Eingriffnormen**, die die Erfüllung des Vertrags unrechtmäßig werden lassen, »Wirkung zu verleihen« (Art. 9 III Rom I-VO, → Rn. 249)?
5. Ordre-public Prüfung nach Art. 21 Rom I-VO (→ Rn. 150 ff.)
6. *Ggf. Abtrennung von Rechtsfragen, die gesondert anzuknüpfen und zT ebenfalls in der Rom I-VO geregelt sind: Rechtswahlklausel, Rechts-, Geschäfts- oder Handlungsunfähigkeit, Zustandekommen des Vertrages, Form, rechtsgeschäftliche oder gesetzliche Forderungsübertragung, Gesamtschuldnerausgleich bei mehrfacher Haftung, Aufrechnung 368

Arbeitsblock Detailhinweise zur Rom I-VO 369

Die sich aus dem in → Rn. 363 ff. vorgestellten Prüfungsschema ergebende Prüfung ist ggf. fallbezogen an einzelnen Punkten zu vertiefen. Dazu wird hier das »Raster« noch einmal mit mehr Einzelheiten dargestellt (die aber nur interessieren, wenn dies im Einzelfall geboten ist):

Vorüberlegung: Besinnung auf die Grundlagen der Anwendung von unionsrechtlichem IPR:

die **Auslegungskriterien** (autonome, am *effet utile* für die Ziele der Rom I-VO ausgerichtete Auslegung aller Begriffe, → Rn. 52, → Rn. 59)
- den **Sachnormverweisungscharakter** der Verweisungen (Art. 20 Rom I-VO, → Rn. 103)
- die **unselbstständige Anknüpfung** von Vorfragen (→ Rn. 131)
- die Auslegungszuständigkeit des EuGH nach Art. 267 AEUV (→ Rn. 52)

1. **Anwendungsbereich der Rom I-VO** 370
   a) **Vorrang** von **völkerrechtlich vereinheitlichtem Sachrecht** (arg Art. 1 Rom I-VO, → Rn. 290)
      insbesondere im Kaufrecht (CISG) und Transportrecht (zB CMR für den Straßenverkehr)
   b) **Vorrang** von **völkerrechtlichem IPR** (Art. 25 I Rom I-VO, Liste nach Art. 26 Rom I-VO, → Rn. 46)
      - Nicht bei Abkommen oder Übereinkommen, denen nur EU-Mitgliedstaaten angehören (Art. 25 II Rom I-VO)
      - Neues völkerrechtliches Internationales Schuldrecht entsteht nur noch unter Mitwirkung der EU (→ Rn. 46).

c) **Sachlicher** Anwendungsbereich (Art. 1 Rom I-VO, → Rn. 14)
  • Zivil- oder Handelssachen
  • kein Ausschluss nach Art. 1 I 2 oder Art. 1 II Rom I-VO
d) **Räumlicher** Anwendungsbereich
  • kein Ausschluss nach Art. 1 IV Rom I-VO (Dänemark-Fälle, → Rn. 47, → Rn. 68)
  • sonst in allen Mitgliedstaaten der EU (s. Präambel AEUV)
  • sonst universelle Anwendbarkeit (Art. 2 Rom I-VO)
e) **Zeitlicher** Anwendungsbereich
  Anwendung auf ab dem 17. 12. 2009 abgeschlossene Verträge (Art. 28 Rom I-VO; → Rn. 199) Je nachdem, wann sich der Sachverhalt ereignet hat, kann ein Hinweis sinnvoll sein, dass der zeitliche Anwendungsbereich eröffnet ist (ist dies nicht der Fall, gelten Art. 27 ff. EGBGB aF, → Rn. 358).

371 2. **Bestimmung des Vertragsstatuts nach der Rom I-VO*** (*s. Nr. 7. unten)
  a) **Subjektive Anknüpfung; Rechtswahl** (Art. 3 Rom I-VO)
    • bei Verträgen über die **Beförderung von Gütern**: Art. 5 I iVm Art. 3 Rom I-VO
    • bei **Verbraucherverträgen**: Art. 6 II 1 iVm Art. 3 Rom I-VO
    • bei **Individualarbeitsverträgen**: Art. 8 I 1 iVm Art. 3 Rom I-VO
  b) Sind **Beschränkungen der Rechtswahl** für die in Art. 5–8 Rom I-VO gesondert geregelten Vertragsarten eingehalten?
    • Beschränkungen für **Personenbeförderungsverträge** in Art. 5 II Unterabs. 2 Rom I-VO (→ Rn. 402)
    • Beschränkungen für bestimmte **Versicherungsverträge** in Art. 7 III Rom I-VO (→ Rn. 404 ff.)
  c) **Objektive Anknüpfung: Keine Rechtswahl** (Art. 4 Rom I-VO)
    dabei ist bei allen nachfolgend zitierten Normen ggf. die Definition des gewöhnlichen Aufenthalts in Art. 19 Rom I-VO zu beachten, → Rn. 393)
    • Besondere Bestimmungen für die in Art. 5–8 Rom I-VO geregelten Vertragsarten (vorrangig zu prüfen)
      – Art. 5 I für **Beförderungsverträge** (Güter/Personen)
        – dabei Beachtung der Legaldefinitionen der Begriffe »Absender« und »Beförderer« im Erwägungsgrund 22
        – *Ausnahme*: Besteht eine *offensichtlich engere Verbindung* zu einer anderen Rechtsordnung (Art. 5 III Rom I-VO)?
      – Art. 6 I für bestimmte **Verbraucherverträge**
        – mit *Ausnahme* der nach Art. 6 IV ausgeschlossenen Verträge (für die wiederum bei Pauschalreise und Immobilienteilzeitnutzungsverträgen Unterausnahmen zu beachten sind, für die Art. 6 I Rom I-VO gilt, dazu → Rn. 389)
      – Art. 7 II Unterabs. 2 und Art. 7 III Unterabs. 3 für bestimmte **Versicherungsverträge** (iSv Art. 7 I mit unterschiedlichen Regeln für unterschiedliche Risiken) (→ Rn. 404 ff.)
        – *Ausnahme*: Besteht eine *offensichtlich engere Verbindung* zu einer anderen Rechtsordnung (Art. 7 II Unterabs. 2 aE Rom I-VO)?
      – Art. 8 II, III für **Individualarbeitsverträge**
        – *Ausnahme*: Besteht eine *engere Verbindung* zu einer anderen Rechtsordnung (Art. 8 IV Rom I-VO)?
    • **Allgemeine Bestimmung** (sofern keine besonderen Bestimmungen anwendbar sind)
      – für die in **Art. 4 I** Rom I-VO aufgelisteten Vertragstypen (zB Kaufverträge, Dienstleistungsverträge),
      – sonst (bei anderen Vertragsarten oder bei komplexen Verträgen mit Bezug zu mehr als einer der in I oder komplexen Verträgen mit Bezug zu mehr als einer der in Abs. 1 lit. b genannten Vertragsarten Anknüpfung an die **charakteristische Leistung** (**Art. 4 II** Rom I-VO),
      – *Ausnahme* nach der **Ausweichklausel** wegen *offensichtlich engerer Verbindung* (Art. 4 III, 5 III Rom I-VO)

- Ist die Anwendung von Art. 4 I oder II Rom I-VO nicht möglich (und keine der besonderen Anknüpfungsregeln in Art. 5–8 Rom I-VO anwendbar): Anwendung des mit dem Vertrag am engsten verbundenen Rechts nach **Art. 4 IV Rom I-VO (Näheprinzip)**
3. Notwendigkeit ergänzender Prüfung von Richtlinien-basiertem nationalen IPR (Art. 23 Rom I-VO)
zB Art. 46 b EGBGB (→ Rn. 58, Fallbeispiel → Rn. 259 ff.), → Rn. 393 ff.
4. (Ergänzende) Anwendung von (einfach) zwingendem Recht aufgrund besonderer Kollisionsnormen? (→ Rn. 250 b ff.) 372
   - Anwendung zwingenden deutschen Rechts bei **reinem Inlandsachverhalt** (Art. 3 III Rom I-VO)
   - **Binnenmarktklausel** bei Wahl eines Nicht-EU-Rechts (Art. 3 IV Rom I-VO)
   - Bei einer Rechtswahl: Zwingendes Recht am gewöhnlichen **Aufenthaltsort des Verbrauchers** (Art. 6 II 2 iVm I Rom I-VO: Günstigkeitsprinzip, → Rn. 391), das bei objektiver Anknüpfung berufen wäre
   - Zwingendes Recht des Staates, das für bestimmte Risiken eine **Versicherungspflicht** auferlegt (Art. 7 IV Rom I-VO, ggf. iVm Art. 7 V Rom I-VO)
   - Zwingende **Arbeitnehmerschutzbestimmungen am Arbeitsort** (hilfsweise: am Sitz der einstellenden Niederlassung) nach Art. 8 I 2 Rom I-VO, die bei objektiver Anknüpfung berufen wären.
5. (Ergänzende) Anwendung von international zwingendem Recht?
   a) Ist international zwingendes Recht aufgrund einer **Spezialregelung** anwendbar?
      Zwingendes Recht am **Belegenheitsort einer Immobilie** (Art. 11 V Rom I-VO)
   b) Eingriffsnormen iSv Art. 9 I Rom I-VO)
      - Eingriffsnormen **der lex fori** (Art. 9 II Rom I-VO)
      - Dies schließt am Gerichtsort geltendes völkerrechtlich zwingendes Recht ein (→ Rn. 236 ff.)
      - Ist am Erfüllungsort geltenden **ausländischen Eingriffsnormen**, die die Erfüllung des Vertrags unrechtmäßig werden lassen, »Wirkung zu verleihen« (Art. 9 III Rom I-VO, → Rn. 249)?
6. Ordre-public Prüfung nach Art. 21 Rom I-VO (→ Rn. 150 ff.) 373
Paralell zu Bedenken:
7. Sonderanknüpfung von Rechtsfragen, die nicht dem Vertragsstatut unterliegen? 374
   [Zum Begriff Teilfrage → Rn. 138]
   a) **Rechtswahl** (Art. 3 V iVm Art. 10 sowie Art. 11 und 13 Rom I-VO)
      hypothetisches Vertragsstatut nach Art. 10 I Rom I-VO, aber ggf. Ausnahme nach Art. 10 II Rom I-VO (Möglichkeit für jede Partei, sich unter Umständen für das Nichtzustandekommen des (Rechtswahl-)Vertrages auf das an ihrem gewöhnlichen Aufenthalt geltende Recht zu berufen)
   b) eingeschränkte Möglichkeit der Berufung auf die eigene **Rechts-, Geschäfts- oder Handlungsunfähigkeit** nach Art. 13 Rom I-VO, → Rn. 329)
   c) **Zustandekommen des Vertrags** (Art. 3 V iVm Art. 10 sowie Art. 11 und 13 Rom I-VO)
      dh die gleichen Kriterien wie für die Rechtswahl
   d) **Form** (Art. 11 Rom I-VO, → Rn. 339 ff.; bei nachträglicher Rechtswahl iVm Art. 3 II 2 Rom I-VO)
      Sonderregelungen für die Form bei Verbraucherverträgen in Art. 11 IV Rom I-VO und bei Verträgen über dingliche Rechte, Miete oder Pacht einer unbeweglichen Sache in Art. 11 V Rom I-VO
   e) rechtsgeschäftliche oder gesetzliche **Forderungsübertragung** (Art. 14, 15 Rom I-VO)
   f) **Gesamtschuldnerausgleich** bei mehrfacher Haftung (Art. 16 Rom I-VO)
   g) **Aufrechnung** (Art. 17 Rom I-VO)

III. Besonderheiten

375   1. Bei der Anwendung der Rom I-VO sind die aus dem Allgemeinen Teil bekannten **Grundlagen** für die Anwendung von **unionsrechtlichem IPR** zu beachten: Auslegungsregeln, Sachnormverweisungscharakter der Verweisungen (Art. 20 Rom I-VO), unselbstständige Anknüpfung von Vorfragen, Auslegungszuständigkeit des EuGH. Da die Rom I-VO auf kollisionsrechtlicher Ebene das Pendant zur (älteren) *Verordnung (EG) Nr. 44/2001 des Rates über die gerichtliche Zuständigkeit und die Anerkennung und Vollstreckung von Entscheidungen in Zivil- und Handelssachen*, kurz **EuGVO**, EuGVVO[22] **oder Brüssel I** (→ Rn. 590) aus dem Bereich des Internationalen Verfahrensrechts darstellt, kann für die (systematische) Auslegung von in der Rom I-VO verwendeten Begriffen insbesondere auf die EuGVO zurückgegriffen werden (→ Rn. 69). Einzelne Erwägungsgründe der Rom I-VO sehen ausdrücklich vor, dass bei der **Begriffsauslegung ein Einklang zwischen den Verordnungen** geschaffen werden soll.[23]

376   2. Für den **Anwendungsbereich** der Rom I-VO ist genauer zu unterscheiden: *Zum einen* ist »im Großen« nach **Art. 1, 2 und 25 f. und 28 Rom I-VO** gegenüber **anderen Rechtsgebieten und -quellen** abzugrenzen. Insbesondere schließt Art. 1 Rom I-VO bestimmte Rechtsgebiete (zB das Gesellschaftsrecht) aus. Aufgrund deliktsrechtlicher **Qualifikation** der **culpa in contrahendo** im unionsrechtlichen IPR[24] (→ Rn. 88 ff.) fällt auch die c. i. c. nicht in den Anwendungsbereich der Rom I-VO, sondern in den der Rom II-VO. *Zum anderen* regelt **Art. 12 I Rom I-VO** »im Kleinen« die **Reichweite des Vertragsstatuts**: Es bestimmt einheitlich, wer, was, wem, wann, wie und wo leisten muss (einschließlich der Folgen der Nichterfüllung, **Verjährung** oder Nichtigkeit). Nur für die Art und Weise der Erfüllung und die vom Gläubiger im Fall mangelhafter Erfüllung zu treffenden Maßnahmen (zB Rügepflicht) ist das Recht des Erfüllungsortes zu berücksichtigen, Art. 12 II Rom I-VO.[25]

377   3. Für die in Nr. 6 des *Prüfungsschemas (Nr. 7 der Detailhinweise im Arbeitsblock)* genannten Rechtsfragen (**Rechtswahl, Zustandekommen** des Vertrags, **Rechts-, Geschäfts- oder Handlungsunfähigkeit, Form, Forderungsübertragung, Gesamtschuldnerausgleich** bei mehrfacher Haftung und **Aufrechnung**) sieht die Rom I-VO eine **Sonderanknüpfung** vor. Diese Fragen richten sich nicht nach dem Vertragsstatut (es sei denn die jeweils einschlägige IPR-Norm führt, wie Art. 10 I Rom I-VO, ebenfalls zum Vertragsstatut). Die – nach Art. 3 V Rom I-VO selbstständig angeknüpfte – Rechtswahl*klausel* in einem internationalen Vertrag wird als **eigener kollisionsrechtlicher Verweisungs*vertrag*** behandelt.[26]

378   4. Für die **Rechts-, Geschäfts- oder Handlungsunfähigkeit** ist auf autonomes IPR zurückzugreifen. Art. 13 Rom I-VO hält hier nur eine Sonderregelung für sich **beim Vertragsabschluss im selben Staat befindende** Parteien bereit (→ Rn. 329).

---

22 Am 14. 12. 2010 hat die Europäische Kommission einen Verordnungsvorschlag zur Änderung der EuGVO veröffentlicht, siehe KOM (2010) 748 endg.
23 Unter anderem Erwägungsgrund 7, 17, 24, vgl. *Bitter* IPRax 2008, 96.
24 S. Erwägungsgrund 10 der Rom I-VO und Fall 6.
25 S. PWW/*Brödermann/Wegen* Art. 12 Rom I-VO Rn. 26 ff.
26 Vgl. zB Reithmann/Martiny/*Martiny* Rn. 88 ff.

5. Viele Verweisungen in der Rom I-VO (zB Art. 4 I lit a, b oder II) knüpfen an den **gewöhnlichen Aufenthalt** an. Dieser Begriff ist **in Art. 19 Rom I-VO definiert** (→ Rn. 399 [Arbeitsblock]). 379

6. **Art. 18 Rom I-VO** erstreckt die Anwendbarkeit des Vertragsstatuts auf die **Beweislast** und **gesetzliche Vermutungen**. Für die **Beweisarten** wird an die *lex fori* und das Formstatut angeknüpft. 380

7. Bei der Prüfung von vertraglichen Ansprüchen ist ebenso wie bereits bei Überlegungen zur Rechtswahl in der Vertragsvorbereitung **neben** der Bestimmung des Vertragsstatuts stets die Anwendung der **Binnenmarktklausel** in Art. 3 Abs 4 Rom I-VO (sie betrifft zB die Wahl Schweizer Rechts) und von **deutschen oder ausländischen Eingriffsnormen** zu prüfen: Die im Allgemeinen Teil (→ Rn. 244 ff.) dargestellten Regelungen der Rom I-VO zum zwingenden Recht betreffen alle das Internationale Schuldvertragsrecht (daran erinnern Nr. 4 des *Prüfungsschemas und Nr. 6 der Detailhinweise im Arbeitsblock)*). Daneben ist – bereits kraft eigenen Geltungswillens und nach Art. 25 I Rom I-VO (→ Rn. 46), ggf. aber auch als Teil der zwingenden Normen der *lex fori* (Art. 9 II Rom I-VO) – vorrangiges **völkerrechtliches zwingendes Recht** zu beachten. Die – selten erforderliche – ergänzende Prüfung von **Richtlinien-basiertem nationalen IPR** nach Art. 23 Rom I-VO (s. Nr. 4 der *Detailhinweise im Arbeitsblock)* kann ebenfalls zur Anwendung von zwingendem Recht führen (s. dazu das Beispiel im Fall 28, → Rn. 260 f.). 381

> **Arbeitsblock**
> I. **Zur Ergänzung**
>   1. In wenigen Bereichen des internationalen Schuldvertragsrecht gilt **völkerrechtliches IPR**: 382
>   a) Siehe die Liste nach Art. 26 Rom I-VO, die am 17. 12. 2010 im Amtsblatt veröffentlicht wurde, ABl EU C 343, 3. Ob **künftige Übereinkommen** der Rom I-VO vorgehen, bestimmt die EU durch ihre Mitwirkung an deren Entstehung mit (→ Rn. 46).
>   b) Für **seit dem 17. 12. 2009 abgeschlossene Verträge** ist in Fällen mit Bezug zu **Dänemark**, für die die Rom I-VO nicht gilt (→ Rn. 47, → Rn. 68; strittig) – infolge der Abschaffung des alten nationalen Internationalen Schuldrechts in Art. 27 ff. EGBGB zum 17. 12. 2009 durch das *Gesetz zur Anpassung der Vorschriften des Internationalen Privatrechts an die Verordnung (EG) Nr. 593/2008* v. 25. 6. 2009 – direkt auf das **EVÜ** zurückzugreifen. Die einschlägigen Kommentierungen von Art. 27 ff. EGBGB aF (zB im PWW, im Palandt-Archiv: www.palandt.beck.de oder Ferrari/Kieninger/Mankowski/et. al.) weisen jeweils zu Beginn auf die jedem Artikel zu Grunde liegende EVÜ-Norm hin. 383
>   c) Für den Bereich des **Wechsel- und Scheckrechts** ist nationales IPR anzuwenden, das wörtlich völkerrechtliches IPR übernommen hat (→ Rn. 304).
>   2. Der Begriff des Dienstleistungsvertrages in Art. 4 I lit. b Rom I-VO umfasst auch **Werkverträge**. Dies ergibt sich aus einer autonomen Auslegung des Begriffs im Systemzusammenhang mit Art. 5 I lit. b EuGVO (zur Auslegung in Anlehnung an die Begriffsbildung in der EuGVO s. Erw. 17 Rom I-VO sowie → Rn. 252 a lit. d für ein Parallelbeispiel). Aus der Rechtsprechung zu Art. 5 I lit. b EuGVO folgt, dass der Begriff Dienstleistungsvertrag weit auszulegen ist und die Unterscheidung zB des deutschen Rechts, ob eine Tätigkeit oder ein Erfolg geschuldet ist, für die unionsrechtliche Einordnung nicht erheblich ist. Dazu Reithmann/Martiny/*Thode* Rn. 1081; Kropholler/v.Hein Art. 5 Rn. 42; Rauscher/*Leible* Bd. 1 Brüssel I-VO Art. 5 Rn. 50 sowie EuGH 25. 2. 2010 – C-381/08, Slg. 2010 I-01255, IPRax 2010, 438 – Car Trim) mit Anm. *Metzger* IPRax 2010, 420. 384
>   3. Beim IPR der **Forderungsübertragung, des Gesamtschuldnerausgleichs und der Aufrechnung (Art. 14–17 Rom I-VO)** ist jeweils sorgfältig darauf zu achten, welches Rechtsverhältnis genau betroffen und/oder von der IPR-Norm gemeint ist: 385

a) **Rechtsgeschäftliche Forderungsübertragung:** Das »Verhältnis« zwischen dem die Forderung übertragenden Zedenten und dem die Forderung empfangenden Zessionar (vgl. dazu die Erläuterung im Erwägungsgrund 38 der Rom I-VO) richtet sich nach dem nach Art. 3 ff. Rom I-VO zu ermittelnden Recht (Art. 14 I Rom I-VO); dies schließt nach Abs. 3 auch Forderungsübertragungen **zur Sicherheit** ein. Das Verhältnis zwischen dem Forderungsempfänger (Zessionar) und dem Hauptschuldner der abgetretenen Forderung bestimmt das Statut der übertragenen Forderung (Abs. 2). Für weitere Einzelheiten s. PWW/*Müller/Mörsdorf-Schulte* Rom I-VO Art. 14 Rn. 1–5.

386 b) **Gesetzlicher Forderungsübergang:** Die Regelung in Art. 15 Rom I-VO betrifft (aus deutscher Sicht) zB den Forderungsübergang auf einen **Bürgen** nach § 774 BGB. Der gesetzliche Forderungsübergang richtet sich nach dem Recht, auf dem die Verpflichtung beruht (bei einer Bürgschaft also nach dem Bürgschaftsstatut; man spricht auch vom **Zessionsgrundstatut**). Für weitere Einzelheiten s. PWW/*Müller/Mörsdorf-Schulte* Rom I-VO Art. 15 Rn. 1.

387 c) **Gesamtschuldnerausgleich:** Grund und Grenzen des Anspruchs auf Gesamtschuldnerausgleich bestimmt das Statut der getilgten Forderung (Art. 16 S. 1 Rom I-VO); beim Wettstreit zwischen verschiedenen Rechtsordnungen setzt sich das Schuldstatut des zuerst leistenden Schuldners durch (dazu PWW/*Brödermann/Wegen* Rom I-VO Art. 16 Rn. 5 mwN). Über Einwendungen des Schuldners herrscht das Vertragsstatut des Vertrags zwischen dem Hauptgläubiger und dem im Gesamtschuldnerausgleich in Anspruch genommenen Hauptschuldner (Art. 16 S. 2 Rom I-VO, PWW/*Brödermann/Wegen* Rom I-VO Art. 16 aaORn. 7).

388 d) **Aufrechnung:** Nach Art. 17 Rom I-VO können die Parteien das Recht, nach dem aufgerechnet werden kann (**Aufrechnungsstatut**) frei vereinbaren. Sonst gilt »das Vertragsstatut der Hauptforderung (Passivforderung), die durch die Aufrechnung mit der Gegenforderung (Aufrechnungsforderung) erfüllt werden soll« (PWW/*Brödermann/Wegen* Rom I-VO Art. 17 Rn. 2).

389 **4. Art. 6 Rom I-VO** bestimmt das anwendbare Recht für die meisten **Verbraucherverträge**:
a) Zunächst ist zu klären, ob der **Anwendungsbereich** betroffen ist:
- Abs. 1 enthält (i) Legaldefinitionen der Begriffe »*Verbraucher*« und »*Unternehmer*«, (ii) eine Beschreibung der *Anforderungen an die (werbende) Tätigkeit der Unternehmer* (Abs. 1 lit. a) und b)) und (iii) den Hinweis auf den *Vorrang von Art. 5 und 7 Rom I-VO* für Beförderungs- und Versicherungsverträge.

390
- Abs. 4 enthält Ausschlüsse, für die Art. 6 Rom I-VO nicht gilt (zB *ausschließlich im Ausland erbrachte Dienstleistungen, Beförderungsverträge, (Ferienhaus-)Miete*). Diese Ausschlüsse gelten aber ihrerseits nicht für bestimmte Unterausnahmen (*Pauschalreiseverträge, Teilzeitnutzungsverträge über Immobilien*), für die es besonderes richtlinienbasiertes Verbraucherschutzrecht gibt (für solche Verträge gilt wieder die Regel und damit Art. 6 I, II Rom I-VO).
- Ist der Anwendungsbereich nicht betroffen, gelten die allgemeinen Anknüpfungen des Internationalen Schuldrechts in **Art. 3 und 4 Rom I-VO** (so ausdrücklich Art. 6 III Rom I-VO für den Fall, dass die Anforderungen an die (werbende) Tätigkeit der Unternehmer aus Art. 6 I lit. a, b Rom I-VO nicht erfüllt sind).

391 b) Eine **Rechtswahl** nach Art. 3 Rom I-VO ist zulässig, wobei das **zwingende Recht** der nach der (objektiven) Regelanknüpfung zuständigen Rechtsordnung gleichwohl nach Art. 6 II 2 Rom I-VO zu beachten ist (**Günstigkeitsprinzip** oder »**Rosinentheorie zugunsten des Verbrauchers**«, lat. *favor consumatoris* (*Siehr*, Internationales Privatrecht, 3. Aufl. 2001, 150); führt die Regelanknüpfung zum deutschen Recht, greift zugunsten des Verbrauchers unabhängig vom gewählten Vertragsstatut zB die AGB-Kontrolle, § 312 BGB, kraft Richterrecht geltende Aufklärungs-, Hinweis- und Warnpflichten (vgl. PWW/*Remien* EGBGB Art. 6 Rn. 8 iVm ex Art. 29 Rn. 21 f.). Als (objektive) **Regelanknüpfung** sieht Abs. 1 den **gewöhnlichen Aufenthalt des Verbrauchers** vor. Ergänzend ist nach **Art. 23 Rom I-VO** neben Art. 6 Rom I-VO das nach Art. 46 b EGBGB berufene Recht zu beachten (→ Rn. 393).

c) **Literatur**: PWW/*Remien* Rom I-VO Art. 6 Rn. 1–24; Palandt/*Thorn* Rom I-VO Art. 5 Rn. 1–11; Staudinger/*Magnus* (2011) Rom I-VO Art. 6 Rn. 1–153; *Maulztsch* RabelsZ Bd. 75 (2011) 60 (73 ff.); *Mankowski* RIW 2009, 98–118; *Lando/Nielsen* Common Market Law Review 2008, 1707 ff.; *Brödermann* NJW 2010, 807.

5. Das auf **Arbeitsverträge** anwendbare Recht können die Parteien grundsätzlich frei nach Art. 3 Rom I-VO **wählen** (Art. 8 I 1 Rom I-VO). **Ergänzend** gilt der **Arbeitnehmerschutz der mangels Rechtswahl anwendbaren Rechtsordnung** (Art. 8 I 2 Rom I-VO, »Günstigkeitsvergleich«). Daher ist selbst bei einer Rechtswahl – wie bei Verbraucherverträgen (→ Rn. 391) – stets auch die objektive Anknüpfung zu prüfen (führt diese zum deutschen Recht, sind neben einem gewählten ausländischen Vertragsstatut zB §§ 1 ff. KSchG, die deutschen Kündigungsfristen, § 613a BGB, das Entgeltfortzahlungsgesetz, der Gleichbehandlungsgrundsatz, der Jugendarbeits- und der Mutterschutz, das Allgemeine Gleichbehandlungsgesetz anzuwenden; s. PWW/*Lingemann* Rom I-VO Art. 8 Rn. 7; Staudinger/*Magnus* (2011) Rom I-VO Art. 8 Rn. 79). **Mangels Rechtswahl** gilt 392
   - das Recht des Ortes, in dem oder von dem aus der Arbeitnehmer in **Erfüllung** seines Vertrages gewöhnlicherweise seine Arbeit verrichtet (s. Abs. 2 mit Details), **hilfsweise**, wenn sich dieser Ort nicht bestimmen lässt, das Recht des Ortes, der den Arbeitnehmer anstellenden **Niederlassung** (Abs. 3),
   - **sofern nicht** der Vertrag eine **engere Verbindung** zu einem anderen Staat hat: dann gilt dessen Recht (Ausweichklausel in Abs. 4).

6. Nach **Art. 23 Rom I-VO** will die Rom I-VO nicht die Anwendung von Vorschriften des Unionsrechts berühren, die **in besonderen Bereichen Kollisionsnormen** für vertragliche Schuldverhältnisse enthalten (→ Rn. 59). Dies betrifft (bisher) vor allem drei Bereiche: 393

   a) Die unter anderem auf der *Richtlinie 93/13 EWG des Rates v. 5. 4. 1993 über missbräuchliche Klauseln in Verbraucherverträgen* (vgl. Art. 46b IV Nr. 1 EGBGB) beruhende, **verbraucherschützende** Regelung in **Art. 46b EGBGB** ist danach **neben** der verbraucherschützenden Regelung in Art. 6 Rom I-VO und der Binnenmarktklausel in Art. 3 IV Rom I-VO anwendbar, wobei die Abgrenzung schwierig ist (→ Rn. 59). Es ist mit der Prüfung von Art. 6 und 3 IV Rom I-VO zu beginnen und danach zu fragen, ob zusätzlich nach Art. 46b EGBGB noch ein weiteres Recht zu berücksichtigen ist (vgl. *Martiny* RIW 2009, 737 [742 ff.]). In der Theorie ist sodann ein **Günstigkeitsvergleich** aus Sicht des Verbrauchers durchzuführen. In der Praxis sind kaum Fälle denkbar, in denen es auf einen Günstigkeitsvergleich mit dem nach Art. 46b EGBGB anwendbaren Recht wirklich ankommt (vgl. PWW/*Remien* EGBGB Art. 46b Rn. 7; *Martiny* RIW 2009, 737 [741 ff.]). 394

   b) **E-commerce**: Erwägungsgrund 40 der Rom I-VO erwähnt ausdrücklich die Richtlinie über den elektronischen Geschäftsverkehr (›*e-commerce*-Richtlinie‹ v. 8. 6. 2000, ABl. EG 2000 L 178, 1), die die Schaffung eines EU-einheitlichen rechtlichen Rahmens bezweckt, um den freien Verkehr von Diensten der Informationsgesellschaft sicherzustellen und etwaige Behinderungen abzuwehren. Entgegen ihrem ausdrücklichen Wortlaut enthält die Richtlinie durch die Festschreibung des **Herkunftslandprinzips** in Art. 3 I, II – umgesetzt in § 3 Telemediengesetz (TMG) v. 26. 2. 2007, BGBl. I 179 – eine Kollisionsnorm, die Angebot und Leistung sowohl in schuldrechtlicher als auch deliktischer Hinsicht regelt (str., so auch – zur Vorgängernorm (§ 4 Teledienstgesetz) – *Jayme/Kohler* IPRax 2000, 453 [456]; *Mankowski* IPRax 2002, 257 ff.; aA *Kropholler* IPR § 52 III 3 h. Für die Auslegung als IPR-Norm streitet nun auch ihre Erwähnung in Erwägungsgrund 40 der Rom I-VO). *Telemedien*anbieter und ihre *Telemedien* unterliegen danach dem Recht des Landes, in dem sie niedergelassen sind (Herkunftsland). Eine **Ausnahme** vom Herkunftslandprinzip (§ 3 I TMG) – für in Deutschland niedergelassene *Telemedien*anbieter also die Geltung ausländischen Rechts – normiert § 3 III TMG. 395

   c) **Entsendung von Arbeitnehmern vom Ausland nach Deutschland**: Die auf der Richtlinie 96/71/EG des Europäischen Parlaments und des Rates v. 16. 12. 1996 über die Entsendung von Arbeitnehmern im Rahmen der Erbringung von Dienstleistungen (Entsenderichtlinie) Abl. EG 1997 Nr. L 018, 1; s. zur Auslegung EuGH 19. 6. 2008 – C-319/06, Slg. 396

2008, I-4323 sowie EuGH 3. 4. 2008 – C-346/06, Slg. 2008, I-1989 - Rüffert, beruhenden deutschen Bestimmungen des Arbeitnehmerentsendegesetzes – AEntG, BGBl. 1996 I 227 (insbesondere Höchstarbeitszeiten, Mindestjahresurlaub, Mindestlohn, Mutterschutz und Gleichbehandlung) sind auf alle Arbeitsverhältnisse zwischen einem im Ausland ansässigen Arbeitgeber und dem nach Deutschland entsendeten Arbeitnehmer neben dem Vertragsstatut anzuwenden; Art. 7 AEntG stellt insofern im Verhältnis zu Art. 9 II Rom I-VO eine Sonderanknüpfung von Eingriffsnormen dar, die von Art. 23 Rom I-VO (und Erwägungsgrund 34) gestattet ist. Bei einer Entsendung in einen anderen Mitgliedstaat als den des angerufenen Gerichts legt Erwägungsgrund 34 nahe, dass die Eingriffsnormen des Entsendestaates, die ebenfalls in Umsetzung der Entsenderichtlinie ergangen sind, zu berücksichtigen sind. Zum Ganzen Palandt/*Thorn* Rom I-VO Art. 8 Rn. 6; PWW/*Lingemann* Rom I-VO Art. 8 Rn. 5; Reithmann/Martiny/*Martiny* Rn. 4901 ff.

397   7. Das **autonome IPR** enthält eine besondere Regelung für die **Ersetzungsbefugnis bei Geldschulden**: § 244 BGB enthält für in Deutschland fällige Geldschulden ausländischer Währung die versteckte Kollisionsnorm, dass der Schuldner nach seiner Wahl stets auch in Euro zahlen darf (Reithmann/Martiny/*Martiny* Rn. 364).

398   8. **Praktischer Hinweis**: Mit Vertragsaushandlung und Abschluss in deutscher oder einer ausländischen **Sprache** übernehmen die Vertragspartner die Informationspflicht über den Inhalt des Vertrags und müssen diesen gegen sich gelten lassen (vgl. BGHZ 87, 112 [114 f.] zur Wahl der deutschen Sprache). In der **Praxis** sollte man indes keine Risiken von unnötigen Streitigkeiten über die Auslegung oder gar einen angeblichen Dissens eingehen.
Beispiel: Man lässt den russischen, kaum englisch sprechenden Vertragspartner eine Erklärung in russischer Sprache des Inhalts unterzeichnen, dass ihm der Vertragsinhalt übersetzt wurde.

II. Zur Vertiefung

399   1. Nach Art. 19 I Rom I-VO ist der **gewöhnliche Aufenthalt von Gesellschaften**, Vereinen und juristischen Personen der **Ort ihrer Hauptverwaltung**. Diese Regelung ist deutlich enger als die Definition in Art. 60 EuGVVO, die den gewöhnlichen Aufenthalt für die Zwecke der Bestimmung der Zuständigkeit eines Gerichts bestimmt (→ Rn. 596). Dadurch wollte der europäische Gesetzgeber eine höhere Rechtsicherheit schaffen (Erwägungsgrund 39). **Ausnahmsweise** kommt es auf den gewöhnlichen Aufenthalt einer **Zweigniederlassung, Agentur** oder sonstigen Niederlassung an, wenn der Vertrag auf deren Tätigkeit beruht (Art. 19 II Rom I-VO). Bei **natürlichen Personen**, die im Rahmen ihrer beruflichen Tätigkeit handeln, ist der gewöhnliche Aufenthaltsort der Ort ihrer Hauptniederlassung. Für natürliche Personen, die außerhalb ihrer beruflichen Tätigkeit handeln, sieht die Verordnung keine Definition des gewöhnlichen Aufenthalts vor. Hier ist auf den tatsächlichen Daseinsmittelpunkt abzustellen (Palandt/*Thorn* Rom I-VO Art. 19 Rn. 6). Die Anknüpfung erfolgt **unwandelbar** an den gewöhnlichen Aufenthalt im Zeitpunkt des Vertragsschlusses (Art. 19 III Rom I-VO).

400   2. Die Rom I-VO hat nur die **Wahl eines staatlichen Rechts** im Auge und unterscheidet sich damit von im Falle der Wahl eines **Schiedsgerichts** anwendbaren IPR-Bestimmungen, das die Wahl von »Rechtsregeln« (→ Rn. 788) und damit auch die Wahl nicht-staatlichen Rechts zulässt. Die im internationalen kaufmännischen Verkehr insbesondere in Betracht kommenden **UNIDROIT-Principles** (→ Rn. 35) sehen dabei ausdrücklich vor, dass zwingendes Recht von der Wahl nicht berührt wird (Art. 1.4 UNIDROIT-Principles). Werden die UNIDROIT-Principles – oder die PECL oder der (gegenwärtig erst im Entwurf vorliegende) Gemeinsame Referenzrahmen – durch einen Verweis oder über ihre Einfügung in den Vertragstext – ggf. als Anlage – in den Vertrag **inkorporiert**, können sie als neutrale vorrangige *vertragliche* Regelung auch dann verwendet werden, wenn ergänzend eine staatliche Rechtsordnung (s. ausdrücklich Erwägungsgrund 13 der Rom I-VO) und/oder die Zuständigkeit eines **staatlichen Gerichts** gewählt wird (→ Rn. 605). Ist deutsches Recht Vertragsstatut, sind die UNIDROIT-Principles in solchen Fällen **nach §§ 133, 157 BGB** zu berücksichtigen. Nicht durchgesetzt hat sich hingegen der im Kommissionsentwurf der Rom I-VO noch enthaltene Vorschlag, den Parteien ausdrücklich auch zur Anwendung durch staatliche Gerichte die (exklusive) Wahl von ›auf

internationaler oder Unionsebene anerkannter Grundsätze und Regeln des materiellen Vertragsrechts‹ wie den UNIDROIT *Principles* (oder des noch in Entstehung begriffenen europäischen »*Gemeinsamen Referenzrahmens*«, → Rn. 70) zu gestatten (s. beispielhaft befürwortend: *Brödermann*, The growing importance of the UNIDROIT Principles in Europe – A Review in Light of Market Needs, the Role of Law and the 2005 Rome I Proposal, Uniform Law Review 2006, 749; zur ablehnenden Haltung der Bundesrepublik Deutschland und des Vereinigten Königreichs s. *Martiny* ZEuP 2006, 60 [68]).

Dagegen kann nach Art. 9 II der **Inter-American Convention on the Law Applicable to International Contracts** v. 17. 3. 1994 eine kollisionsrechtliche Rechtswahl nichtsstaatlichen Rechts geroffen werden (33 International Legal Materials [1994] 732 [735]). Diese Regelung verweist auf ›*general principles of international commercial law*‹ und bietet damit eine Grundlage für die direkte Anwendung der Principles: *Juenger* Uniform Law Review 2000, 171; *Michaels* RabelsZ 62 (1998) 580 (594 und 604 mit Hinweis auf den Vorschlag der amerikanischen Delegation, die Principles sogar zum objektiven Vertragsstatut zu machen). 401

3. **Weitere kollisionsrechtliche Übereinkommen** im Bereich des Schuldrechts sind das Haager Übereinkommen über das auf internationale Käufe beweglicher Sachen anwendbare Recht v. 15. 6. 1955 (*Jayme/Hausmann* Nr. 76) und sein Nachfolger, das Haager Übereinkommen über das auf internationale Warenkäufe anwendbare Recht v. 22. 12. 1986. Dem ersten ist die Bundesrepublik nicht beigetreten, letzteres ist bisher (Stand: November 2011) noch nicht in Kraft getreten (vgl. *Kegel/Schurig* IPR § 18 I 3, 699–702 mit Nachweisen zu ausländischen Fundstellen). 402

4. Sofern auf einen **Beförderungsvertrag** nicht internationales Einheitsrecht anwendbar ist (was häufig der Fall ist: für den Straßenverkehr → Rn. 289 zum CMR, für den Eisenbahnverkehr, den Luftverkehr, den Binnenschifffahrtsverkehr und das Seerecht s. die Übersicht bei PWW/*Remien* Rom I-VO Art. 5 Rn. 1), ist das anwendbare Recht nach **Art. 5 Rom I-VO** zu bestimmen: 403

   a) Für Verträge über die Beförderung von **Gütern** können die Parteien das anwendbare Recht **frei** nach Art. 5 I iVm Art. 3 Rom I-VO **wählen**. Andernfalls kommt (i) unter bestimmten Voraussetzungen nach Abs. 1 das Recht am **gewöhnlichen Aufenthaltsort des Beförderers** zur Anwendung (*wenn nämlich in diesem Staat auch der Übernahmeort, der Ablieferungsort oder der gewöhnliche Aufenthaltsort des Absenders liegen*), hilfsweise (wenn diese Voraussetzungen aus Art. 5 I 1 Rom I-VO nicht erfüllt sind) (ii) das **Recht des vereinbarten Alieferungsortes**, sofern nicht (iii) eine **offensichtlich engere Verbindung** zu einem anderen Staat besteht (III).

   b) Bei Verträgen über die Beförderung von **Personen** ist die **Parteiautonomie eingeschränkt**: Die Parteien können nach Art. 3 Rom I-VO nur die in Art. 5 II, lit. a–e Rom I-VO genannten Rechtsordnungen wählen (*Recht am gewöhnlichen Aufenthaltsort der zu befördernden Person, am gewöhnlichen Aufenthaltsort oder der Hauptverwaltung des Beförderers, des Abgangs- oder des Bestimmungsorts*). Objektiv knüpft Art. 5 II Unterabs. 2 Rom I-VO (i) **unter bestimmten Bedingungen an den gewöhnlichen Aufenthaltsort der zu befördernden Person** (*sofern nämlich in diesem Staat auch der Abgangs- oder der Bestimmungsort liegen*), (ii) **sonst** an den gewöhnlichen Aufenthaltsort **des Beförderers**, sofern nicht (iii) eine offensichtlich engere Verbindung zu einem anderen Staat besteht (Abs. 3).

5. Für das IPR der **Versicherungsverträge** unterscheidet **Art. 7 Rom I-VO** zwischen 404

   • **Großrisiken** (iSd RL 73/239/EWG), hier gelten nach Abs. 1 S. 1 die Anknüpfungsregeln in Abs. 2 als *loi uniforme* unabhängig von der Belegenheit des Risikos: **freie Rechtswahl** (Art. 7 II Unterabs. 1 Rom I-VO), sonst objektiv das Recht am **gewöhnlichen Aufenthaltsort des Versicherers** (Unterabs. 2), wenn nicht eine offensichtlich engere Verbindung zu einem anderen Staat besteht (Unterabs. 2 aE).

   • **anderen Risiken** (also zB die in England abgeschlossene Lebensversicherung eines deutschen Unionsbürgers): Hier gilt Art. 7 Rom I-VO nach seinem Abs. 1 nur, **wenn das andere Risiko im Gebiet der Mitgliedstaaten belegen** ist (was in dem Beispiel der Fall ist). Dann 405 gibt es – konzeptionell wie beim Personenbeförderungsvertrag – nur eine **eingeschränkte Rechtswahlmöglichkeit** nach Art. 3 Rom I-VO, für die Art. 7 III Rom I-VO in lit. a) bis e) Fallgruppen bereithält (zB kann das **Recht der Belegenheit des Versicherungsrisikos beim Vertragsabschluss gewählt** werden, im Beispiel der Lebensversicherung das Recht der **Staatsangehörigkeit der Versicherungsnehmers**). In einigen der Fallbeispiele spricht die Rom I-VO dabei atypisch eine Art **»Gesamtverweisung«** auf die objektiv berufenen Rechtsordnungen aus und gestattet es den Vertragsparteien, von etwaigen weiter gehenden Wahlmöglichkeiten im IPR des nach Art. 7 III iVm Art. 3 Rom I-VO bestimmten Rechts Gebrauch zu machen (Art. 7 III Unterabs. 2 Rom I-VO). Mangels Rechtswahl gilt das **Recht der Belegenheit des Versicherungsrisikos beim Vertragsabschluss** (Art. 7 III Unterabs. 3 Rom I-VO). Ist das Risiko auch außerhalb der EU belegen (zB teils in der EU, teils in Kroatien oder China), kommt es zu einer schwierigen **Statutenspaltung**: dazu PWW/*Ehling* Rom I-VO Art. 7 Rn. 7 und 16.

406
- und **Rückversicherungsverträgen** (hier gilt Art. 7 Rom I-VO nicht, Art. 7 I 2 Rom I-VO). Ergänzend ist nach Art. 7 IV Rom I-VO ggf. vorrangig das **(zwingende) Recht** eines Mitgliedstaates zu beachten, das für eine Versicherung eine **Versicherungspflicht** vorschreibt (dazu PWW/*Ehling* Rom I-VO Art. 7 Rn. 13). Art. 7 V sieht für bestimmte Fälle eine **fiktive Splitting eines Versicherungsvertrags** für den Fall vor, dass er Risiken in mehreren Mitgliedstaaten betrifft. Art. 7 VI Rom I-VO enthält schließlich auf einschlägigen Richtlinien basierten Maßgaben zur **Bestimmung der Belegenheit eines Risikos** bereit. Für weitere Einzelheiten s. den Überblick bei PWW/*Ehling* Rom I-VO Art. 7, Staudinger/*Armbrüster* (2011) Rom I-VO Art. 7 oder Palandt/*Thorn* Rom I-VO Art. 7; Reithmann/Martiny/*Schnyder* Rn. 4749 ff.).

407
6. **Altfälle:** Das Internationale Schuldrecht für **vor dem 17. 12. 2009** abgeschlossene Verträge enthalten **Art. 27–37 EGBGB aF.** Für die Anknüpfung von einigen Teil- und Vorfragen werden Art. 27 ff. EGBGB um weitere Bestimmungen ergänzt (→ Art. 11 EGBGB aF zur Form sowie Art. 7, 12 EGBGB zur Rechts- und Geschäftsfähigkeit; s. PWW/*Brödermann/Wegen* IntGesR Rn. 10). Diese Regelungen beruhen auf dem *Römischen EWG-Übereinkommen über das auf vertragliche Schuldverhältnisse anzuwendende Recht* v. 19. 6. 1980 **(EVÜ)** ABl. EWG L 266, 1; BGBl. 1986 II 810 (*Jayme/Hausmann* Nr. 70–74), das der deutsche Gesetzgeber 1986 kurz vor dessen Inkrafttreten in leicht abgeänderter Form ins EGBGB inkorporiert hat (vgl. Art. 1 II ZustG, BGBl. 1986 II 809, *Brödermann* NJW 2010, 807). Sie sind **einheitlich aus dem EVÜ selbst heraus auszulegen**. Aufgrund zweier das EVÜ ergänzender Protokolle ist **fakultativ** die letzte **Auslegungsinstanz** der **EuGH** (s. zusammenfassend zur Auslegungsmethode PWW/*Brödermann/Wegen* EGBGB ex Art. 36 Rn. 3 ff.). Das alte Recht ist dem neuen ähnlich (es spricht zB auch Sachnormverweisungen aus, Art. 35 EGBGB), es ist aber nicht gleich. So enthält es zB als allgemeine Anknüpfungsregel in Art. 28 II–IV EGBGB **gesetzliche Vermutungen**, die durch **engere Verbindungen** – nicht: offensichtlich engere Verbindungen (→ Rn. 38 zur Rechtspolitik) – mit dem Recht eines anderes Staates widerlegt werden können (Art. 28 V EGBGB). Der *Prütting/Wegen/Weinreich* kommentiert Art. 27 ff. EGBGB bis auf weiteres auch ab der 7. Aufl. 2012 weiter. Der *Palandt* hat die Kommentierung von *Thorn* elektronisch unter www.palandt.beck.de ins Internet eingestellt.

408
7. **Literatur:**
- Umfassend und grundlegend: Staudinger/*Bearbeiter* (2011) Rom I-VO IntVertragR; Reithmann/Martiny/*Martiny* ab Rn. 891 auch detailliert zu den einzelnen Vertragstypen; *Magnus* IPRax 2010, 27–44.
- Führt die Falllösung zur Anwendung **fremden Schuldrechts**, so bieten sowohl Staudinger/*Magnus* (2012) EGBGB Vorb. zu Art. 27–37 nF als auch Reithmann/Martiny (vor der Darstellung des jeweiligen einzelnen Vertragstyps) umfangreiche Hinweise (→ Rn. 812 f.).
- Zur Rechtswahl und zur objektiven Anknüpfung nach der Rom I-VO *Wagner* IPRax 2008, 377; Ferrari/Leible/*Magnus* 27 ff.
- Zur internationalen Forderungsabtretung nach der Rom I-VO *Einsele* RabelsZ 74 (2010) 9; *Flessner* IPRax 2009, 35; Ferrari/Leible/*Garcimartín* 217 ff.

- Zu Verbraucherverträgen nach der Rom I-VO Ferrari/Leible/*Ragno* 129 ff; *Martiny* ZEuP 2010, 747 (763 ff.).
- Zum Arbeitsrecht nach der Rom I-VO s. *Schneider* NZA 2010, 1380; *Mauer/Sadtler* RIW 2008, 544; Ferrari/Leible/*Mankowski* 171 ff.; *Lando/Nielsen* Common Market Law Review 2008, 1712 f.
- Zu grenzüberschreitenden Unternehmenskaufverträgen im Rahmen eines Share Deal s. *Göthel* ZIP 2011, 505.
- Zu Finanzdienstleistungen nach der Rom I-VO s. *Einsele* WM 2009, 289–300.
- Zu Vertriebsverträgen s. *Thume* IHR 2009, 141.
- Zu den internationalen IT-Verträgen s. *Lejeune* ITRB 2010, 66.
- Zur Beurteilung von internationalen Lizenzverträgen unter Rom I-VO s. *Stimmel* GRUR Int 2010, 783.
- Zu der besonderen neu eingeführten Kollisionsnorm für Pflichtversicherungsverträge in Art. 46 c EGBGB s. *Martiny* RIW 2009, 737 (750 ff.) bzw. zu Versicherungsverträgen nach der Rom I-VO Ferrari/Leible/*Gruber* 109 ff und *Looschelders/Smarowos* VersR 2011, 1.
- Zur Inhaltskontrolle von Rechtswahlklauseln in AGB: Riesenhuber/Karakostas/*Schaub* 195 (207 f.).

C. Gesetzliche Schuldverhältnisse

Das IPR der außervertraglichen Schuldverhältnisse wird einschließlich seiner benachbarten Bereiche (zB Direktklage gegen Versicherer, gesetzlicher Forderungsübergang, Innenausgleich bei Schuldnermehrheit, Form eines Schuldanerkenntnisses, Beweislastregeln) weitestgehend von der *Verordnung (EG) Nr. 864/2007 des Europäischen Parlaments und des Rates vom 11. 7. 2007 über das auf außervertragliche Schuldverhältnisse anzuwendende Recht* (»**Rom II**« oder »**Rom II-VO**«)[27] geprägt. Die Rom II-VO ist Teil des im ›Allgemeinen Teil‹ vorgestellten Systems von Kollisionsnormen, das die EU auf der Grundlage des **Haager Programms** des Europäischen Rats mit dem Ziel der Förderung der Anerkennung und Vollstreckung von Entscheidungen innerhalb der EU geschaffen hat (→ Rn. 12, → Rn. 69). 409

Sowohl das unionsrechtliche als auch das nationale IPR behandeln das Deliktsrecht, die ungerechtfertigte Bereicherung und die Geschäftsführung ohne Auftrag jeweils ähnlich und zusammen (im unionsrechtlichen IPR zusätzlich zusammen mit dem Verschulden bei Vertragsschluss); selten kommt im Deliktsrecht vorrangiges völkerrechtliches IPR zum Zuge. 410

Hinweis: Wer sich die strukturelle Beherrschung des IPR für eines dieser gesetzlichen Schuldverhältnisse erschließt, kann damit auch gut mit den anderen gesetzlichen Schuldverhältnissen umgehen.

I. Deliktsrecht

1. Rechtsquellen

Für einige wenige Spezialbereiche des Internationalen Deliktsrechts bestehen **internationale Übereinkommen** (→ Rn. 412 [Arbeitsblock]). Im Übrigen gilt das **unionsrechtliche IPR** in der **Rom II-VO** innerhalb ihres Anwendungsbereichs für **alle** 411

---

27 ABl. EU 2007 L 199, 40 (*Jayme/Hausmann* Nr. 80).

schadensbegründenden **Ereignisse**, die **ab dem 11. 1. 2009** eingetreten sind,[28] (Art. 31 f. Rom II-VO) **ohne Dänemarkbezug**. Außerhalb des Anwendungsbereichs der Rom II-VO (zB bei deliktischen Ansprüchen aus der Verletzung der Privatsphäre und der Persönlichkeitsrechte) und für vor dem 11. 1. 2009 begangene Delikte greift das nationale Kollisionsrecht in Art. 40–42 EGBGB. Für Grundstücksimmissionen gilt Art. 44 EGBGB, der wiederum auf die Rom II-VO (Art. 4, 7 Rom II-VO) verweist. Deklaratorisch betont das deutsche nationale Recht selbst den Vorrang der Rom II-VO in Art. 3 Nr. 1 lit. a EGBGB.

> **Arbeitsblock (zur Vertiefung)**
>
> 412   I. Für wenige Bereiche ist **durch internationale Übereinkommen vereinheitlichtes Sachrecht** (mit eigenen Rechtsanwendungsnormen) zu beachten (→ Rn. 259 ff.). Zu nennen ist insbesondere das auch für die Bundesrepublik gültige **Pariser Übereinkommen über die Haftung auf dem Gebiete der Kernenergie** v. 29. 7. 1966, BGBl. 1975 II 957; 1976 II 308; Neufassung 1985 II 690, 963. Zu weiteren Sachrechtsübereinkommen, insbesondere im internationalen **Schiffsverkehr**: Reithmann/Martiny/*Mankowski* Rn. 2571 ff., insbesondere → Rn. 2871 ff.
>
> 413   II. **Einfluss auf das Deliktsrecht** kann das **Genfer Übereinkommen über den Beförderungsvertrag im internationalen Straßengüterverkehr** v. 19. 5. 1956 (CMR) BGBl. 1961 II 1119; 1962 II 12, haben, obwohl es lediglich das materielle Recht des Frachtvertrags bei grenzüberschreitendem Verkehr regelt (dazu im Einzelnen *Hohloch* Deliktsstatut 226 und MüKoBGB/*Junker* EGBGB Art. 40 Rn. 74–78). Gleiches gilt für Übereinkommen zum internationalen **Eisenbahnverkehr** v. 9. 5. 1980 (COTIF) (*Hohloch* Deliktsstatut 227 und MüKoBGB/*Junker* EGBGB Art. 40 Rn. 86–92), das zum 1. 7. 2011 in Kraft getreten ist.
>
> 414   III. Durch internationale Übereinkommen **vereinheitlichtes Deliktskollisionsrecht** ist selten (*Hohloch* Deliktsstatut 229). Zu nennen ist insbesondere das **Haager Übereinkommen über das auf Straßenverkehrsunfälle anwendbare Recht** v. 4. 5. 1971 (*Jayme/Hausmann* Nr. 100 in Auszügen). Dieses Übereinkommen gilt für die Bundesrepublik bisher und wohl auch in Zukunft nicht (vgl. *Wandt* VersR 1990, 1301 mit Gültigkeit der Aussage auch heute noch). Es ist für einige Staaten als *loi uniforme* in Kraft getreten und muss daher aus deutscher Sicht im Fall einer Gesamtverweisung auf das Recht dieser Staaten durch das deutsche autonome Kollisionsrecht beachtet werden (vgl. *Kegel/Schurig* IPR § 18 IV 3 a, 746; MüKoBGB/*Junker* EGBGB Art. 40 Rn. 150). Gleiches gilt für das Haager Übereinkommen über das auf die **Produkthaftpflicht** anzuwendende Recht v. 2. 10. 1973 (auf englisch abgedr. in RabelsZ 37 [1973] 594, dazu MüKoBGB/*Junker* EGBGB Art. 40 Rn. 150–159).

2. Anknüpfungsregeln der vorrangigen Rom II-VO

415   **Hinweis:** Die Rom II-VO ist dem Leser aus der Darstellung im »Allgemeinen Teil« (oben A.-F.) bekannt. Die Kenntnis der Strukturen des Allgemeinen Teils und der Grundlagen für die Anwendung von unionsrechtlichem IPR wird im Folgenden vorausgesetzt (ggf. empfiehlt es sich, einmal den »Allgemeinen Teil« ohne die Arbeitsblöcke durchzuarbeiten, um sich einen Überblick zu verschaffen). Insbesondere werden die folgenden, (auch) die Rom II-VO betreffenden Passagen als bekannt vorausgesetzt: → Rn. 10 ff. (Einführungsfall, Herangehensweise an die Prüfung des Anwendungsbereichs, Anwendung als *loi uniforme* nach Art. 3 Rom II-VO), → Rn. 38 (Ausweichklausel), → Rn. 52 und → Rn. 69 (autonome Auslegung; s. auch Erwägungsgrund 11 der Rom II-VO), → Rn. 53 (Vorrang), → Rn. 59 (ergänzende Anwendung von Richtlinien-basiertem IPR für besondere Bereiche nach Art. 27 Rom II-VO), → Rn. 88 ff. (Qualifikation mit Fallbeispiel zu Rom II-VO), → Rn. 103 f. (Sachnormverweisungen nach Art. 24 Rom II-VO), → Rn. 129 f. (unselbstständige Anknüpfung von Vorfragen iSv Erstfragen, → Rn. 150 ff. iVm → Rn. 161, → Rn. 163 (Ordre-Public-Prüfung nach Art. 26 Rom II-VO), → Rn. 198 ff., → Rn. 200 und → Rn. 202 (intertemporales Recht, Art. 32 Rom II-VO), →

---

28 EuGH 17. 11. 2011 – C-412/10, ABl. C v. 28. 1. 2012, S. 15.

> Rn. 207 (Mehrrechtsstaaten-Frage, Art. 25 I Rom II-VO), → Rn. 244 ff., → Rn. 258 (Beachtung bzw. Anwendung zwingenden Rechts, Art. 16 Rom II-VO), → Rn. 290 (Vorrang von völkerrechtlich vereinigtem Sachrecht; die dort vorgestellte Argumentation zu Art. 1 Rom I-VO gilt für Rom II-VO entsprechend).

a) Rechtswahl

Im unionsrechtlichen IPR der gesetzlichen Schuldverhältnisse gilt – mit gewissen Einschränkungen – der **Vorrang** der **Parteiautonomie**. Art. 14 I Rom II-VO stellt den Parteien frei zu bestimmen, welchem Recht das außervertragliche Schuldverhältnis unterliegen soll (**subjektive Anknüpfung**). Die Rechtswahl kann ausdrücklich erfolgen oder sich mit hinreichender Sicherheit aus den Umständen ergeben. Sie darf keine Rechte Dritter berühren. **Im kaufmännischen Verkehr** kann sie **jederzeit** getroffen werden (Art. 14 I lit. b Rom II-VO, zB für die im unionsrechtlichen IPR deliktisch qualifizierten Ansprüche aus *culpa in contrahendo* – dazu Fall 6, → Rn. 88 ff. – bereits im Vertragsentwurf), **außerhalb des kaufmännischen Verkehrs nur nach Eintritt des schadensbegründenden Ereignisses** (Art. 14 I lit. b Rom II-VO). 416

Die **Wirkungen der Rechtswahl** werden durch Kollisionsnormen zur Anwendung **zwingenden Rechts** eingeschränkt. Nach Art. 14 II Rom II-VO kommen trotz Wahl eines anderen staatlichen Rechts die zwingenden Bestimmungen des Rechts des Staates zur Anwendung, in dem **alle Sachverhaltselemente** zum Zeitpunkt des schadensbegründenden Ereignisses liegen. Parallel dazu sieht Art. 14 III Rom II-VO eine **Binnenmarktklausel** vor. Danach kann die Wahl eines drittstaatlichen Rechts nicht die Anwendung der zwingenden unionsrechtlichen Bestimmungen (ggf. – bei Richtlinien – in der von dem Mitgliedstaat des angerufenen Gerichts umgesetzten Form) ausschließen, wenn alle Sachverhaltselemente im Zeitpunkt des Eintritts des schadensbegründenden Ereignisses in der EU belegen sind. Schließlich sind nach der **allgemeinen unionsrechtlichen Kollisionsnorm** von Rom II zum zwingenden Recht in **Art. 16 II Rom II-VO** stets die **international zwingenden Eingriffsnormen** am Gerichtsort zu beachten. 417

b) Objektive Anknüpfung

Wurde keine Rechtswahl getroffen, sehen die **Art. 5–9 Rom II-VO** Kollisionsnormen für einige besondere Bereiche (Produkthaftung, unlauterer Wettbewerb, Umweltschädigung, Geistiges Eigentum und Arbeitskampfmaßnahmen) vorrangig zu beachtende besondere Anknüpfungen vor (→ Rn. 423 [Arbeitsblock]). 418

Im Übrigen ist das anwendbare Recht nach der allgemeinen unionsrechtlichen Kollisionsnorm zum Deliktsrecht in **Art. 4 Rom II-VO** zu bestimmen. Sie sieht eine **dreistufige Prüfung** vor: 419

- Für den Sonderfall eines **gemeinsamen gewöhnlichen Aufenthaltsortes** (→ Rn. 426 und Art. 23 Rom II-VO) des Ersatzpflichtigen und des Geschädigten kommt nach **Art. 4 II** Rom II-VO das an diesem Ort geltende Recht zur Anwendung.
- Besteht kein gemeinsamer gewöhnlicher Aufenthalt, ist nach der **Grundregel** in **Art. 4 I** Rom II-VO das Recht am **Erfolgsort** anzuwenden: das Recht des Staates, in dem der Schaden eintritt (*lex loci damni*, vgl. Erwägungsgrund 18). Die Regelung schreibt ausdrücklich fest, dass dies unabhängig davon gilt, in welchem Staat

das schadensbegründende Ereignis oder indirekte Schadensfolgen eingetreten sind.
- Ergibt sich aus der Gesamtheit der Umstände eine *offensichtlich* engere **Verbindung** zum Recht eines anderen Staates (zB aufgrund eines zwischen den Parteien bestehenden Vertragsverhältnisses), ist dieses nach der **Ausweichklausel** in Abs. 3 anzuwenden (s. wiederum Erwägungsgrund 18).

> **Arbeitsblock (zur Rom II-VO)**
> I. Zur Ergänzung
>
> 420   1. **Anwendungsbereich:** Die Rom II-VO gilt nicht für Fälle mit Bezug zu Dänemark, Erwägungsgrund 40. Art. 1 IV Rom II-VO stellt ferner klar, dass Dänemark kein »Mitgliedstaat« im Sinne der Verordnung ist.
> **Beachte:** Wie bei der Rom I-VO (→ Rn. 370) ist auch bei der Rom II-VO im Einzelnen zu prüfen, ob der Anwendungsbereich eröffnet ist (Art. 1–3 Rom II-VO). Ist dies aber unproblematisch der Fall, reicht ein kurzer Hinweis darauf ohne nähere Darstellung. Bei Fällen mit Bezug zu Drittstaaten außerhalb der EU kann sich ein Hinweis zur universellen Anwendung nach Art. 3 Rom II-VO anbieten.
>
> 421   2. **Erfolgsort bei Streudelikten:** Die Verordnung enthält keine Regelung für den Fall, dass der Erfolg in verschiedenen Staaten eintritt (sog. *Streudelikt*). Zum verfahrensrechtlichen Pendant des Art. 4 Rom II-VO, dem Art. 5 Nr. 3 EuGVVO hat der EuGH entschieden, dass bei mehreren Erfolgsorten am jeweiligen Erfolgsort nur der an diesem Ort eingetretene Schaden eingeklagt werden kann (sog. **Mosaikprinzip**) (vgl. PWW/*Schaub* Rom II-VO Art. 4 Rn. 6, Palandt/*Thorn* Rom II-VO Art. 4 Rn. 8, *Wagner* IPRax 2008, 1 [4], zum Mosaikprinzip im nationalen Kollisionsrecht → Rn. 433). Wendet man diesen Gedanken aufgrund des systematischen Zusammenhangs der Rom II-VO zur EuGVO entsprechend an (→ Rn. 69), so gilt jeweils das Recht des Ortes, an dem der jeweilige Teilerfolg eintritt (vgl. die *Shevill*-Rechtsprechung des EuGH zur internationalen Zuständigkeit bei Persönlichkeitsverletzungen durch Massenmedien, dazu *Heiderhoff* EuZW 2007, 428 ff.).
>
> 422   3. **Ergänzung des Vertragsstatuts:** Art. 16 Rom II-VO verweist auf die Geltung international zwingender **Eingriffsnormen** des angerufenen Gerichts (→ Rn. 248). In der Praxis noch wichtiger dürfte Art. 17 Rom II-VO werden: Danach sind ergänzend neben dem von der Rom II-VO berufenen Statut ›faktisch und soweit angemessen‹ **Sicherheits- und Verhaltensregeln** am Ort und zum Zeitpunkt des haftungsbegründenden Ereignisses (dh am Handlungsort) zu berücksichtigen. S. PWW/*Schaub* Rom II-VO Art. 17.
>
> 423   4. Für bestimmte unerlaubte Handlungen enthält die Rom II-VO besondere Anknüpfungsregeln:
> a) **Produkthaftung:** Sofern sich die Parteien nicht im Wege der Rechtswahl auf das anwendbare Recht verständigen (Art. 14 Rom II-VO, → Rn. 416), gilt für die Produkthaftung vorrangig Art. 4 II Rom II-VO (Anknüpfung an den gemeinsamen gewöhnlichen Aufenthaltsort). Die **Grundregel** in Art. 5 I Rom II-VO sieht eine auf den Ort des Inverkehrbringens ausgerichtete **Anknüpfungsleiter** (s. Erwägungsgrund 20) vor. Es gilt das Recht *am gewöhnlichen Aufenthaltsort* des Geschädigten zum Zeitpunkt des Schadenseintritts, wenn das den Schaden verursachende Produkt in dem Staat in Verkehr gebracht wurde (lit. a). Subsidiär gilt das Recht des Staates, in dem das *Produkt erworben* wurde, sofern das Produkt in diesem Staat in Verkehr gebracht wurde (lit. b); anderenfalls das Recht des Staates, in dem der *Schaden eingetreten* ist, wenn in diesem Staat das Produkt in Verkehr gebracht wurde (lit. c). Die Anwendung dieser Anknüpfungsleiter wird **begrenzt durch** eine **Vorhersehbarkeitsklausel:** Konnte die Person, deren Haftung geltend gemacht wird, das *Inverkehrbringen in dem Staat nicht vorhersehen*, so kommt das Recht des gewöhnlichen Aufenthalts der in Anspruch genommenen Person zur Anwendung (Abs. 1 S. 2). Bei offensichtlich engerer Verbindung mit einem anderen Recht – etwa aufgrund eines bereits bestehenden Rechtsverhältnisses (zB Vertrag) – führt die **Ausweichklausel** in Abs. 2 zu diesem anderen Recht.

b) **Umweltschäden:** Vorbehaltlich einer vorrangigen Einigung über die Rechtswahl (Art. 14 Rom II-VO, → Rn. 416), räumt Art. 7 Rom II-VO dem Geschädigten einer Umweltschädigung ein **Wahlrecht** zwischen dem Recht des Erfolgsortes oder dem des Handlungsortes ein (eine nach Erwägungsgrund 25 beabsichtigte Begünstigung). Eine Legaldefinition der Umweltschädigung findet sich im Erwägungsgrund 24 (lesen!). Die Regelung wird durch **Art. 46 a EGBGB** ergänzt (vgl. Erwägungsgrund 25 S. 2), wonach die Wahl des anwendbaren Rechts durch den Geschädigten nur im ersten Rechtszug bis zum Ende des frühen ersten Termins oder dem Ende des schriftlichen Vorverfahrens ausgeübt werden kann.

5. **Erinnerung an den Allgemeinen Teil:** Die Rom II-VO enthält eine Reihe von besonderen Regelungen zu allgemeinen Fragen des IPR, die bei Anwendung der Rom II-VO zu beachten sind: so Art. 26 Rom II-VO zur **Ordre Public**-Prüfung (→ Rn. 150 ff. iVm → Rn. 161, → Rn. 163), Art. 32 Rom II-VO zum **intertemporalen Recht** (→ Rn. 198 ff., → Rn. 200 und → Rn. 202), Art. 25 I Rom II-VO zur **Mehrrechtsstaaten-Frage** (→ Rn. 207). 424

6. Die Rom II-VO regelt ferner auch **benachbarte Bereiche des Deliktsrechts** wie die **Direktklage gegen Versicherer** (Art. 18), den gesetzlichen **Forderungsübergang** (Art. 19), den Innenausgleich bei **Schuldnermehrheit** (Art. 20), die **Form** einseitiger Rechtshandlungen (Art. 21; zB **Schuldanerkenntnis**), gesetzliche **Vermutungen** und **Beweislastregeln** (Art. 22). Für den Bereich der Verletzung der **Privatsphäre** oder von **Persönlichkeitsrechten** hat die Kommission nach Art. 30 II Rom II-VO mit Vorarbeiten zur Kodifizierung des IPR begonnen: Dazu wurde bereits am 25. 5. 2011 ein Arbeitspapier des Rechtsausschusses des Europäischen Parlaments zur Änderung der Rom II-VO veröffentlicht. Abrufbar unter: http://www.europarl.europa.eu/meetdocs/2009_2014/documents/juri/dv/836/836983/836983_en.pdf). Am 26. 1. 2012 hat der Rechtsausschuss des Europäischen Parlaments einen Vorschlag zur Ergänzung der Rom II-VO vorgelegt, der das anwendbare Recht bei Persönlichkeitsverletzungen neu regeln soll, vgl. IPRax 2012, II. Für Einzelheiten zu Reformvorschlägen im internationalen Deliktsrecht der Rom II-VO s. *Junker* RIW 2010, 257. 425

II. Zur Vertiefung

1. Der Begriff des **gewöhnlichen Aufenthalts** wird in Art. 23 II Rom II-VO definiert. Danach kommt es für juristische Personen, Gesellschaften und Vereine auf den Sitz der Hauptverwaltung an. Nur wenn der Schaden aus dem Betrieb einer Zweigniederlassung resultiert, kommt es auf deren Sitz an. Bei natürlichen Personen, die im Rahmen der Ausübung ihrer beruflichen Tätigkeit handeln, ist der Ort der Hauptniederlassung maßgeblich. Eine Regelung des gewöhnlichen Aufenthaltsortes für natürliche Personen, die nicht beruflich handeln, enthält die Verordnung nicht. Hier dürfte – im Wege einer autonomen Auslegung – auf die allgemeinen Kriterien, also auf den Daseinsmittelpunkt der Person abzustellen sein (PWW/ *Schaub* Rom II-VO Art. 4 Rn. 8 und Rom II-VO Art. 23 Rn. 3). 426

2. **Unlauterer Wettbewerb und Kartellrecht:** In Art. 6 Rom II-VO wird die Grundregel aus Art. 4 I Rom II-VO (Anknüpfung an den Erfolgsort) für den Bereich des unlauteren Wettbewerbs und Ansprüche aus den freien Wettbewerb einschränkendem (kartellrechtswidrigem) Verhalten präzisiert, Erwägungsgrund 21. Es gilt das Recht am Ort der tatsächlichen oder wahrscheinlichen *Marktbeeinträchtigung* (für Einzelheiten s. PWW/*Schaub* Rom II-VO Art. 6 Rn. 3 ff.; Palandt/*Thorn* Rom II-VO Art. 6 Rn. 3 ff.). Die *Rechtswahl* ist nach Art. 6 IV Rom II-VO *ausgeschlossen* (Ausnahme: einseitiges Wahlrecht des Geschädigten nach Art. 6 III lit. b Rom II-VO). 427

Hinweis: Art. 6 III Rom II-VO betrifft das auf Ansprüche aus Kartellverstößen anwendbare Recht. Dagegen setzt sich das unionsrechtliche Kartellrecht in Art. 101 f. AEUV direkt als einheitliches Sachrecht durch, wenn die Wirksamkeit eines Vertrages zu beurteilen ist (→ Rn. 277), wobei ggf. bei Wahl eines Drittstaatenrechts als Vertragsstatut ein Hinweis auf eine kollisionsrechtliche Verweisung auf eine Eingriffsnorm (zB Art. 9 II oder III Rom I-VO) nicht schadet (→ Rn. 248 ff.). Die kollisionsrechtlichen Verweisungen auf die Eingriffsnormen üben hier eine Wächter- und Erinnerungsfunktion zur Sicherstellung der Beachtung des aus sich heraus geltenden EU-Kartellrechts aus.

428 3. Das IPR des **geistigen Eigentums** (in einem autonom und weit verstandenen Sinne, s. Erwägungsgrund 26) regelt Art. 8 Rom II-VO unter *Ausschluss einer Rechtswahl* nach Art. 14 Rom II-VO (s. Art. 8 III Rom II-VO). Art. 8 I Rom II-VO knüpft an das Recht des Staates, für den der Schutz beansprucht wird (*lex loci protectionis*) an. Unionsweit einheitliche Rechte des geistigen Eigentums (zB Gemeinschaftsmarke) werden vorrangig durch unionsrechtliche Vorschriften (zB die IPR-Regelung des Art. 98 II Gemeinschaftsmarkenverordnung, der eine Gesamtverweisung auf das Recht des Handlungsortes ausspricht) geregelt. Im Übrigen gilt das *Recht des Handlungsortes* (Art. 8 II Rom II-VO).

429 4. Auf **Arbeitskampfmaßnahmen** ist, mangels *Rechtswahl* nach Art. 14 Rom II-VO (→ Rn. 416), das Recht des *gemeinsamen gewöhnlichen Aufenthaltsortes* von Arbeitgeber und Arbeitnehmer (Art. 4 II Rom II-VO), ansonsten das Recht des tatsächlichen oder voraussichtlichen *Handlungsortes* anzuwenden (Art. 9 Rom II-VO).

430 5. Die Rom II-VO sieht wie die Rom I-VO die Möglichkeit der Geltung ergänzender in nationales Recht umgesetzter **Richtlinien** vor (Art. 27 Rom II-VO, Erwägungsgrund 35).

6. Literatur:
- Zur Zulässigkeit einer Inhaltskontrolle von AGB mit einer Rechtswahl nach Art. 14 I Rom II-VO: Riesenhuber/Karakostas/*Schaub* 195, 207 f.
- Ebenfalls zur Rechtswahl nach Rom II: *Landbrecht* RIW 2010, 783.
- Zu vertraglichen Haftungsbeschränkungen und Deliktsrecht: BGH IPRax 2010, 367 mit Anm. *Seibl* IPRax 2010, 347.
- Zum Internationalen Umwelthaftungsrecht, internationalen Kartellrecht, renvoi und Parteiautonomie unter Rom II: *Mankowski* IPRax 2010, 389.
- Zur Produkthaftung: *v.Hein* IPRax 2010, 330; *Junker* RIW 2010, 257 (265 f.).

3. Anknüpfungsregeln des nationalen IPR

431 Soweit nationales IPR nicht durch völkervertragliches oder unionsrechtliches IPR verdrängt wird (zB bei Verletzungen des Persönlichkeitsrechts), kommen Art. 38–42 EGBGB zur Anwendung. Sie enthalten für das Deliktsrecht, die ungerechtfertigte Bereicherung und die Geschäftsführung ohne Auftrag ein **dreiteiliges Anknüpfungssystem** (nachstehend unter [2]):

(1) Art. 42 EGBGB gestattet (nur) die **nachträgliche Rechtswahl**.

(2) Wurde keine Rechtswahl getroffen, gilt die **Regelanknüpfung** der Art. 38 ff. EGBGB:

(a) Haben der Verletzte und der Ersatzpflichtige einen **gemeinsamen gewöhnlichen Aufenthalt**, kommt – wie bei der Rom II-VO – das Recht dieses Ortes zur Anwendung (**Art. 40 II EGBGB**).

(b) Andernfalls gilt nach **Art. 40 I EGBGB** – anders als nach der Rom II-VO – grundsätzlich das **Recht des Tatortes** (*lex loci delicti*). Tatort ist sowohl der **Handlungsort** als auch der **Erfolgsort** (**Ubiquitätsregel**). Liegen allerdings Handlungsort und Erfolgsort in verschiedenen Staaten (sog. **Distanzdelikte**), so wird die Ubiquitätsregel durch ein einseitiges Bestimmungsrecht des Verletzten (**Optionsrecht**) modifiziert:

(aa) Nach Art. 40 I 1 EGBGB richten sich deliktische Ansprüche grundsätzlich nach dem Recht des Staates, in dem der Ersatzpflichtige gehandelt hat (**Recht des Handlungsortes**).

I. Deliktsrecht

(bb) Der Verletzte kann jedoch nach Art. 40 I 2 bestimmen, dass das Recht des Staates zur Anwendung gelangt, in dem der Erfolg eingetreten ist (**Recht des Erfolgsortes**).

(c) Im Fall einer **wesentlich engeren Verbindung** des Sachverhalt mit einer anderen Rechtsordnung verdrängt diese die Anknüpfungen nach Art. 40 II oder I EGBGB (Ausweichklausel des Art. 41 EGBGB).

Arbeitsblock (zum nationalen Deliktsrecht, Vertiefungsliteratur)
I. Zur Ergänzung
1. Das **Optionsrecht** des Verletzten ist ein kollisionsrechtliches Gestaltungsrecht. Grundsätzlich erfasst seine Ausübung alle deliktischen **Ansprüche eines Schadensfalls**, sodass es den Verletzten auch in späteren Prozessen bindet (str., *Kropholler* IPR § 53 IV 2 b, 524–527; aA – verfahrensrechtliche Natur des Optionsrechts – *Spickhoff* IPRax 2000, 1 [6]). Kritisch zum Optionsrecht: *Junker* RIW 2000, 241 [247]; *Spickhoff* IPRax 2000, 1 [6].
Beachte: Der Verletzte kann sein Optionsrecht nur im ersten Rechtszug bis zum Ende des frühen ersten Termins (§ 275 ZPO) oder dem Ende des schriftlichen Vorverfahrens (§ 276 ZPO) ausüben (Art. 40 I 3 EGBGB). 432
2. Im Falle von **Persönlichkeitsrechtsverletzungen durch Massenmedien** ist Handlungsort der Ort der Niederlassung des Herausgebers. Wird das Medium in verschiedenen Staaten vertrieben, so tritt auch die Rechtsgutverletzung in verschiedenen Staaten ein (**Streudelikt**). Nach hM gilt hier das sog. **Mosaikprinzip**, nach dem am jeweiligen Erfolgsort nur der Schaden geltend gemacht werden kann, der in dem betreffenden Staat erlitten wurde. Lediglich am Handlungsort kann der gesamte Schaden geltend gemacht werden (PWW/*Schaub* EGBGB Art. 40 Rn. 11). 433
3. Art. 40 III EGBGB enthält eine im Vergleich zum *ordre public* des Art. 6 EGBGB **speziellere Vorbehaltsklausel** zur Begrenzung des Schadensersatzes, den deutsche Gerichte zuerkennen können. Erforderlich ist auch hier, wie bei Art. 6 EGBGB, eine gewisse Inlandsbeziehung. 434
4. Bei Handlungen im **Internet** gilt für die EU-Mitgliedstaaten im Verhältnis untereinander die **e-commerce-Richtlinie** 2000/31/EG v. 17. 7. 2000, ABl. EG 2 L 178, 1. Entgegen ihres Wortlautes enthält sie durch die Festschreibung des **Herkunftslandprinzips** in Art. 3 I und II – umgesetzt in § 3 TMG (→ Rn. 321) – eine Kollisionsnorm, die unter anderem das Internationale Deliktsrecht auf dem Gebiet des elektronischen Geschäftsverkehrs regelt (vgl. *Jayme/Kohler* IPRax 2000, 453 (456); *Mankowski* IPRax 2002, 257 ff.). Für Delikte im Internet (beispielsweise unlauterer Wettbewerb, Beleidigungen, Produkt- und Prospektdelikte) ist daher allein das Recht des **Handlungsortes** maßgebend. Ausführlich *Kegel/Schurig* IPR § 18 IV 1 a bb, 728–730; *Fezer/Koos* IPRax 2000, 349; *Mankowski* IPRax 2002, 257 ff.; *Spindler* IPRax 2003, 412. 435
5. Zu **Grundstücksimmissionen**, die in Art. 44 EGBGB geregelt sind, → Rn. 465. 436

II. Zur Vertiefung
Literatur: 437
- Allgemein: *Leible/Lehmann* RIW 2007, 721; *Wagner* IPRax 2008, 1; PWW/*Schaub* EGBGB Art. 40 ff. und Rom II-VO Art. 1 ff.
- Zum **Anwendungsbereich des Deliktsstatuts**: PWW/*Schaub* EGBGB Art. 40 Rn. 2–5, Palandt/*Thorn* EGBGB Art. 40 Rn. 16–18 mwN.
- Zur **Rechtswahlfreiheit**: *v.Hein* RabelsZ 64 (2000) 595 und *Rugullis* IPRax 2008, 319; *Leible* RIW 2008, 257.
- Zur Haftung bei **Verkehrsunfällen**: PWW/*Schaub* EGBGB Art. 40 Rn. 17; Palandt/*Thorn* EGBGB Art. 40 Rn. 8 mwN; *Kropholler* IPR § 53 V 1, 535–543; *Staudinger* NJW 2011, 650; *Kuhnert* NJW 2011, 3347; *Wagner/Berentelg* MDR 2010, 1353; *Luckey* SVR 2010, 415; *Looschelders* VersR 1999, 1316.
- Zur Haftung bei **Eisenbahn-, Flugzeug- und Schiffsunfällen**: PWW/*Schaub* EGBGB Art. 40 Rn. 18 mwN; Palandt/*Thorn* EGBGB Art. 40 Rn. 9 mwN. 438
- Zur Haftung bei **Persönlichkeitsrechtsverletzungen**: PWW/*Schaub* EGBGB Art. 40 Rn. 23; *Kropholler* IPR § 53 V 4, 540–543.

> - Zum Internationalen **Produkthaftpflichtrecht**: PWW/*Schaub* EGBGB Art. 40 Rn. 21; *Kegel/Schurig* IPR § 18 IV 3 b, 747 ff.; *Thorn* IPRax 2001, 561.
> - Zum Internationalen **Umwelthaftpflichtrecht**: *Rest* VersR 1986, 609 (völkerrechtliche Aspekte am Beispiel **Tschernobyl**) und VersR 1986, 933 (IPR); *ders.* VersR 1987, 6 (Völkerrecht/IPR am Beispiel von Rheinverschmutzungsfällen). Siehe auch Art. 7 Rom II-VO (für Einzelheiten zur Umwelthaftung unter der Rom II-VO s. *Matthes* GPR 2011, 146).
> - Zum Internationalen **Kapitalanlegerschutz**: BGH IPRax 2011, 488, 492, 495 und 497 (vier Entscheidungen) mit Anm. *Engert/Groh* IPRax 2011, 458.
> - Zur Anknüpfung der Prospekthaftung unter der Rom II-VO s. *Schmitt* BKR 2010, 366.

II. Ungerechtfertigte Bereicherung

1. Rechtsquellen

440 Mangels allgemeiner internationaler Übereinkommen zur Frage der ungerechtfertigten Bereicherung bestimmt sich deren Statut nach dem unionsrechtlichen IPR in der Rom II-VO und außerhalb deren Anwendungsbereichs (→ Rn. 420) nach autonomem nationalen IPR (Art. 38 EGBGB).

2. Anknüpfungsregeln der Rom II-VO

441 Wie im Deliktsrecht ist beim Bereicherungsrecht eine vorrangige **Rechtswahl** nach Art. 14 Rom II-VO zu beachten (→ Rn. 416). Liegt eine solche nicht vor, richtet sich die objektive Anknüpfung nach der **Anknüpfungsleiter** des Art. 10 Rom II-VO.

442 Sofern zwischen den Parteien ein **Rechtsverhältnis** besteht (zB aus Vertrag oder aus Delikt), knüpft Art. 10 I Rom II-VO akzessorisch an dieses an: Dann muss zunächst das auf das bereits bestehende Rechtsverhältnis anwendbare Recht bestimmt werden. Liegt kein bestehendes Rechtsverhältnis vor, so wird – sofern vorhanden – auf den **gemeinsamen gewöhnlichen Aufenthalt** der Parteien zu dem Zeitpunkt, in dem das Ereignis eingetreten ist, das die ungerechtfertigte Bereicherung zur Folge hat, abgestellt (Art. 10 II Rom II-VO). Andernfalls kommt die **Auffanganknüpfung** des Art. 10 III Rom II-VO zum Tragen: Danach ist das Recht des Staates anzuwenden, in dem die ungerechtfertigte Bereicherung eingetreten ist (Erfolgsort). Bei offensichtlich engerer Verbindung mit einem anderen Staat gilt dessen Recht nach der **Ausweichklausel** in Art. 10 IV Rom II-VO.

3. Anknüpfungsregeln des nationalen Kollisionsrechts

443 Das nationale Kollisionsrecht greift außerhalb des Anwendungsbereichs der Rom II-VO, insbesondere beim Familien- und Erbrecht sowie bei der Verletzung der Privatsphäre oder des Persönlichkeitsrechts. Beim Internationalen Bereicherungsrecht sind wie für alle außervertraglichen Schuldverhältnisse zunächst eine nachträgliche **Rechtswahl** (Art. 42 EGBGB) und die Auflockerungsmöglichkeiten durch die **Ausweichklausel** des Art. 41 EGBGB (Anknüpfung an die wesentlich engere Verbindung) zu beachten (→ Rn. 431). Die Regelanknüpfung des Internationalen Bereicherungsrechts ist nach Art. 38 EGBGB dreigeteilt: Entsprechend der materiell-rechtlichen Unterscheidung wird zwischen der Leistungskondiktion (Art. 38 I EGBGB), der Eingriffskondiktion (Art. 38 II EGBGB) und sonstigen Fällen der Bereicherung

(beispielsweise der ›abgeirrten Leistung‹ wegen falscher Eingabe einer Bankleitzahl bei einer Überweisung, Verwendung auf fremdes Gut, Art. 38 III EGBGB) differenziert:

- Die **Leistungskondiktion** unterliegt nach Art. 38 I EGBGB akzessorisch dem Recht der zugrunde liegenden Leistungsbeziehung (zB Schuldvertrag, gesetzliche Unterhaltspflicht).
- Die **Eingriffskondiktion** knüpft nach Art. 38 II EGBGB an den Staat an, in dem der Eingriff in die ›geschützten Interessen‹ erfolgt ist. Durch diese Anknüpfung wird ein Gleichlauf von Ansprüchen aus ungerechtfertigter Bereicherung, Deliktsrecht und Geschäftsführung ohne Auftrag gewährleistet.
- Alle **sonstigen Fälle der Bereicherung** richten sich nach dem Recht des Staates, in dem die Bereicherung eingetreten ist (Art. 38 III EGBGB).

444

> **Arbeitsblock**
>
> I. Zur Ergänzung
>
> Literatur: PWW/*Ferenbacher* EGBGB Art. 38 Rn. 1 ff.; *Kegel/Schurig* IPR § 18 III, 712 ff.; *Kropholler* IPR § 53 II, 516 ff.; *Spickhoff* NJW 1999, 2209 (2211 f.); v. *Hoffmann/Thorn* IPR § 11 Rn. 2 ff.
>
> II. Zur Vertiefung
>
> Literatur: Reithmann/Martiny/*Martiny* Rn. 455–463, *Busse* RIW 2003, 406 und *Sendmeyer* IPRax 2010, 500.

445

III. Geschäftsführung ohne Auftrag

1. Rechtsquellen

Das Statut der Geschäftsführung ohne Auftrag bestimmt sich innerhalb von dessen Anwendungsbereich (→ Rn. 420) nach der vorrangigen Rom II-VO und sonst nach der autonomen nationalen IPR-Regelung des Art. 39 EGBGB.

446

2. Anknüpfungsregeln der Rom II-VO

Art. 14 Rom II-VO eröffnet wieder die Möglichkeit einer **Rechtswahl** (Art. 14 Rom II-VO, → Rn. 416). Sonst sieht Art. 11 Rom II-VO für die objektive Anknüpfung eine **Anknüpfungsleiter** vor:

- Vorrangig wird an das Recht eines zwischen den Parteien bestehenden **Rechtsverhältnisses** angeknüpft (Abs. 1).
- Sonst ist – soweit vorhanden – der **gemeinsame gewöhnliche Aufenthaltsort** im Zeitpunkt des Eintritts des schadensbegründenden Ereignisses maßgebend (Abs. 2).
- Als **Auffangtatbestand** ist das Recht des Staates entscheidend, in dem die Geschäftsführung erfolgt ist (Abs. 3).
- Bei offensichtlich engerer Verbindung mit einem anderen Staat gilt dessen Recht nach der **Ausweichklausel** in Abs. 4.

447

3. Anknüpfungsregeln des nationalen Kollisionsrechts

Wie bei dem Deliktsrecht und der ungerechtfertigten Bereicherung ist eine nachträgliche **Rechtswahl** nach Art. 42 EGBGB zulässig. Im Übrigen gelten die **Regelanknüpfungen** in Art. 39 EGBGB, sofern der Sachverhalt nicht eine **engere Verbindung** zu einer anderen Rechtsordnung aufweist (Art. 41 EGBGB):

448

- Art. 39 II EGBGB beruft für **Ansprüche aus der Tilgung fremder Schulden** das Recht jenes Staates, das auf die Verbindlichkeit anzuwenden ist, dem also die getilgte Schuld (Art. 3 ff. Rom I-VO) unterliegt.
- Für alle **sonstigen Fälle** der Vornahme fremder Geschäfte beruft Art. 39 I EGBGB das Recht des Staates an, in dem das Geschäft vorgenommen wurde (**Vornahmeort**, bei sukzessiven Handlungen in mehreren Rechtsgebieten – beispielsweise Vermögensverwaltung – ist das Recht des Staates maßgebend, in dem die Hilfeleistung ganz überwiegend erbracht wurde).

449 **Arbeitsblock Zur Ergänzung**

Literatur:

- **Allgemein**: PWW/*Fehrenbacher* EGBGB Art. 39 Rn. 1 ff.; Reithmann/Martiny/*Martiny* Rn. 464–469; Kegel/Schurig IPR § 18 II, 708–712; v. Hoffmann/Thorn IPR § 11 Rn. 8–16 mit anschaulichen Beispielsfällen; G. Fischer IPRax 2002, 11–17.
- **Zu internationalen Abkommen**: s. PWW/*Fehrenbacher* EGBGB Art. 39 Rn. 3.

IV. Verschulden bei Vertragsverhandlungen (*culpa in contrahendo*)

1. Rechtsquellen

450 Das Statut des Verschuldens bei Vertragsverhandlungen (*culpa in contrahendo*) bestimmt sich innerhalb des Anwendungsbereichs der Rom II-VO nach dem unionsrechtlichen IPR in Art. 12 Rom II-VO; die *culpa in contrahendo* ist ausdrücklich vom Anwendungsbereich der Rom I-VO ausgenommen (→ Rn. 420). Außerhalb des Anwendungsbereichs der Verordnung gibt es keine autonome Kollisionsnorm; es wird entweder an das Vertragsstatut oder an das Deliktsstatut angeknüpft.

2. Anknüpfungsregeln der Rom II-VO

451 Vorrangig ist auch hier eine **Rechtswahl** nach Art. 14 Rom II-VO möglich (ggf. im Entwurf für einen Vertrag, → Rn. 416). Sonst kommt die **Anknüpfungsleiter** des Art. 12 Rom II-VO[29] zum Zuge:

- Art. 12 I Rom II-VO knüpft **akzessorisch** an das **tatsächliche oder hypothetische Vertragsstatut** an.
- Kann das Statut so nicht bestimmt werden, kommt es – soweit vorhanden – auf das Recht des **gemeinsamen gewöhnlichen Aufenthaltsortes** der Parteien an (Art. 12 II lit. a Rom II-VO).
- Sonst gilt das Recht des Erfolgsortes (Art. 12 II lit. b Rom II-VO).
- Bei offensichtlich engerer Verbindung mit einem anderen Staat gilt dessen Recht nach der **Ausweichklausel** in Art. 12 II lit. c Rom II-VO.

452 Die Regelung von Art. 12 Rom II-VO erfasst nur Fälle eines Verschuldens bei Vertragsverhandlungen, die in unmittelbarem Zusammenhang mit den Verhandlungen vor Vertragsabschluss stehen. So nennt Erwägungsgrund 30 der Verordnung als Beispiel für ein Verschulden bei Vertragsverhandlungen die Verletzung einer **Offenlegungspflicht** und den **Abbruch von Vertragsverhandlungen**. Personenschäden

---

29 So die hM, vgl. PWW/*Schaub* Rom II-VO Art. 12 Rn. 3 mwN.

während der Vertragsanbahnung werden dagegen nicht erfasst, sondern unterfallen Art. 4 Rom II-VO.

3. Anknüpfungsregeln des nationalen Kollisionsrechts

Das nationale Kollisionsrecht sieht keine besondere Norm für das Verschulden bei Vertragsverhandlungen vor. Entweder wird an das Vertragsstatut oder an das Deliktsstatut angeknüpft, je nachdem ob es sich um deliktische Tatbestände oder die Verletzung von zB Aufklärungspflichten im Vorfeld eines Vertragsabschlusses geht.

Arbeitsblock Zur Ergänzung

Literatur: PWW/*Schaub* Rom II-VO Art. 12; *Lüttringhaus* RIW 2008, 193.

D. Sachenrecht

I. Rechtsquellen

Das Internationale Sachenrecht ist in den **Art. 43–46 EGBGB** gesetzlich geregelt. Für einige wenige Bereiche existieren daneben Spezialregelungen, denen europarechtliche bzw. völkerrechtliche Vorgaben zugrunde liegen, wie beispielsweise die auf dem **UNESCO-Kulturgüterübereinkommen** v. 14. 11. 1970 und der Richtlinie 93/7/EWG v. 15. 3. 1993 beruhenden Regelungen des **Kulturgüterrückgabegesetzes** (KultGüRückG) oder das **Genfer Abkommen über die internationale Anerkennung von Rechten an Luftfahrzeugen** v. 19. 6. 1948,[30] das hauptsächlich vereinheitlichtes Kollisionsrecht, aber auch einheitliches Sachrecht enthält.[31] Dem **Übereinkommen von Kapstadt über Sicherungsrechte an beweglichen Ausrüstungsgegenständen** v. 16. 1. 2001 ist die Europäische Gemeinschaft mit Bindungswirkung für ihre Mitgliedstaaten (Ausnahme: Dänemark) beigetreten, sodass das Übereinkommen für Deutschland am 18. 9. 2009 in Kraft getreten ist. Es schafft zusammen mit seinen ergänzenden Protokollen ein einheitliches internationales System zur Sicherung von Rechten an beweglichen Ausrüstungsgegenständen des Raumfahrt-Luftfahrt- und Eisenbahnverkehrs (→ Rn. 464).

II. Anknüpfungsregeln

Soweit Spezialregelungen nicht eingreifen, ist im Internationalen Sachenrecht nach Art. 43 I EGBGB das Recht des Belegenheitsortes der Sache (die *lex rei sitae*) maßgebend: Über einen sachenrechtlichen Vorgang entscheidet das Recht des Ortes (**räumliches Element**), an dem sich die Sache zur Zeit des sachenrechtlich relevanten Vorgangs (**zeitliches Element**) befindet. Diese Anknüpfungsregel ist sowohl für bewegliche Sachen als auch für Grundstücke anzuwenden.[32] Besteht zum Recht eines anderen Staates eine wesentlich engere Verbindung, so kann nach Art. 46 EGBGB von der *lex rei sitae* abgewichen werden (**Ausweichklausel**).

---

30 BGBl. 1959 II 129, 1960 II 1506.
31 Vgl. auch §§ 103–106 LuftFzgG und – zum Ganzen – *Kegel/Schurig* IPR § 19 VI, 778 ff.
32 *Kegel/Schurig* IPR § 19 I, 766.

457 **Besonderheiten:**
- Wird eine Sache aus dem Geltungsbereich einer Rechtsordnung in das Gebiet einer anderen Rechtsordnung verbracht, so bestehen die dinglichen Rechte an der Sache fort (Grundsatz der **Anerkennung wohlerworbener Rechte**), soweit sie nicht den sachenrechtlichen Prinzipien der neuen Rechtsordnung widersprechen, Art. 43 II EGBGB.[33] Von diesem Zeitpunkt an bestimmt jedoch die neue Rechtsordnung über die Sache (**Statutenwechsel**).
- Art. 43 II EGBGB regelt den Fall des sog. **schlichten Statutenwechsels**, bei dem der sachenrechtliche Vorgang nach Auffassung des alten Statuts entweder bereits vollendet oder aber endgültig fehlgeschlagen ist (**abgeschlossener Tatbestand**). Es bleibt dann bei der nach der alten *lex rei sitae* getroffenen Entscheidung. Sind hingegen unter Geltung des alten Statuts noch nicht alle Voraussetzungen der dinglichen Rechtsänderung erfüllt worden (**offener Tatbestand**), so ist gem. Art. 43 III EGBGB für den gesamten Erwerbsvorgang allein das Recht des neuen Belegenheitsortes maßgebend (**qualifizierter Statutenwechsel**). Art. 43 III EGBGB ordnet als einseitige Kollisionsnorm darüber hinaus an, dass bei solch offenen – auch ›gestreckt‹ genannten – Erwerbstatbeständen Vorgänge in einem anderen Staat wie inländische zu beurteilen sind.[34]

458
- Für **Transportmittel** (Luft-, Wasser- und Schienenfahrzeuge, nicht jedoch Kraftfahrzeuge – für diese gilt die allgemeine Anknüpfungsregelung des Art. 43 I EGBGB) normiert Art. 45 I EGBGB eine ausführliche Sonderregelung: Im Interesse der Gläubiger wird an das Recht des Herkunftsstaates angeknüpft. Gesetzliche Sicherungsrechte an den Fahrzeugen wiederum unterliegen nach Art. 45 II EGBGB dem Forderungsstatut. Dabei bestimmt sich die Rangfolge mehrerer Sicherungsrechte nach dem Recht des Staates, in dem sich die Fahrzeuge befinden. Eine Abweichung von dieser Grundanknüpfung kann im Einzelfall (→ Rn. 456) nach Art. 46 EGBGB in Betracht kommen.
- Bei **im Transport befindlichen Gütern** (*res in transitu*)[35] bleibt das Recht des Durchgangslandes unbeachtet. Da die sachenrechtlichen Beziehungen zum Absendeort abgebrochen wurden, ist allein das Recht des zukünftigen Bestimmungsortes maßgebend. Ausnahmen: Auch im Durchgangsland ist die *lex rei sitae* bei gesetzlichen Pfandrechten und örtlichen Vollstreckungsakten anzuwenden.[36]

Arbeitsblock

I. Zur Ergänzung

459
1. Die *lex rei sitae* ist für sämtliche sachenrechtlichen Vorgänge wie Begründung, Inhalt, Übertragung, Aufhebung und Verlust der Sachenrechte sowie für den Besitz maßgebend, nicht jedoch für schuldrechtliche Vorgänge oder für Rechte an Sachen, die der Gesamtrechtsnachfolge unterfallen (*Kegel/Schurig* IPR § 19 II, 767–771).

460
2. Art. 43 I EGBGB stellt eine **Gesamtverweisung** dar. Eine – in der Praxis seltene – Rück- oder Weiterverweisung durch das Kollisionsrecht der *lex rei sitae* ist daher nach Art. 4 I 1 EGBGB zu berücksichtigen (MüKoBGB/*Wendehorst* EGBGB Art. 43 Rn. 119). Wirksam begründete dingliche Rechte, die der Staat der zwischenzeitlichen Belegenheit wegen Unverträglichkeit mit seiner Sachenrechtsordnung nicht anerkannt hatte, leben mit ihrer Rückkehr in den alten Belegenheitsstaat wieder auf. Voraussetzung ist jedoch, dass nach der aktuellen *lex rei sitae*

---

[33] Palandt/*Thorn* EGBGB Art. 43 Rn. 5; PWW/*Brinkmann* EGBGB Art. 43 Rn. 17.
[34] *Kropholler* IPR § 54 III, 559 ff.; vgl. zuletzt BGH RIW 2009, 567.
[35] Str., auch nach der Kodifikation von 1999, vgl. Palandt/*Thorn* EGBGB Art. 43 Rn. 2; PWW/ *Brinkmann* EGBGB Art. 43 Rn. 18.
[36] Palandt/*Thorn* EGBGB Art. 43 Rn. 9.

beachtliche Vorgänge am zwischenzeitlichen Belegenheitsort nicht zum Erlöschen des fraglichen dinglichen Rechts geführt haben (vgl. BT-Drs. 14/343, 16).

Problematisch ist in diesem Zusammenhang, ob wegen des *numerus clausus* der **Sachenrechte** im deutschen Recht erforderlich ist, dass das nach einer ausländischen *lex rei sitae* begründetete dingliche Recht zumindest seiner Grundstruktur nach mit einem deutschen dinglichen Recht vergleichbar ist. Nach der sog. **Hinnahmetheorie** (MüKoBGB/*Wendehorst* EGBGB Art. 43 Rn. 154) soll der Schutz eines im Ausland wohlerworbenen Rechts dem *numerus clausus* vorgehen. Nach der **Transpositionslehre** bedarf es dagegen zum Schutz des inländischen Rechtsverkehrs eines zumindest funktionsadäquaten inländischen Rechtsinstituts (OLG Karlsruhe WM 2003, 584).

3. Beim Kauf einer beweglichen Sache im Ausland unter **Eigentumsvorbehalt** nach ausländischem (zB französischem) Recht, findet der Eigentumserwerb in Deutschland unter Berücksichtigung des ausländischen Eigentumsvorbehaltes statt. Dieser wird so behandelt, als ob er nach deutschem Recht vereinbart worden wäre (Art. 43 III EGBGB). **461**

4. Umstritten ist, ob und unter welchen Voraussetzungen im Internationalen Sachenrecht eine **Rechtswahl** möglich ist: Ablehnend die ganz überwiegende Ansicht, vgl. statt vieler PWW/*Brinkmann* EGBGB Art. 43 Rn. 6; Palandt/*Thorn* EGBGB Art. 43 Rn. 2 mwN; aA *Drobnig* RabelsZ 38 (1974) 460 f.; *Weber* RabelsZ 44 (1980) 510 und *Stoll* IPRax 2000, 259 (264). **462**

5. Literatur: **463**
   - Allgemein: *v. Hoffmann/Thorn* IPR § 12 Rn. 1–42; *Kegel/Schurig* IPR § 19, 762–787;
   - zur Behandlung von **Mobiliarsicherheiten**: *Drobnig* RabelsZ 38 (1974) 468;
   - zu **Grundpfandrechten**: Staudinger/*Stoll* (1996) IntSachenR Rn. 243–255;
   - zu **gesetzlichen Sicherungsrechten**: *Kleveman* (1990) 23 ff., 41 ff.;
   - zur Fortwirkung der **Eigentumsvermutung** in § 1006 BGB bei Verbringung von Sachen ins Ausland: BGH WiB 1994, 390 mit kritischer Anm. *v.Gierke*.

II. Zur Vertiefung

1. Das **Haager Abkommen** über das auf den Eigentumserwerb bei internationalen Käufen beweglicher Sachen anwendbare Recht v. 15. 4. 1958 (abgedr. in RabelsZ 24 [1959] 145–148) wurde von der Bundesrepublik nicht gezeichnet. Zu dem – von UNIDROIT und der International Civil Aviation Organization (ICAO) initiierten – **Übereinkommen von Kapstadt** über Sicherungsrechte an beweglichen Ausrüstungsgegenständen v. 16. 11. 2001 (das in Deutschland in Folge des Beitritts durch die Europäische Gemeinschaft mit Bindungswirkung für ihre Mitgliedstaaten, außer Dänemark, in Kraft ist, → Rn. 455, vgl. auch Ebenroth/Boujong/Joost/*Schmalenbach* (2009) Rn. V 129) gibt es für die Bereiche Eisenbahn- und Luftverkehr sowie Raumfahrt ergänzende Protokolle. Sie sind zum Teil in Kraft und werden in der Praxis genutzt (Eisenbahn, Luftfahrt), zum Teil sind sie in der Endverhandlung begriffen (Raumfahrt, s www.unidroit.org). Zu sonstigen sachenrechtlich relevanten **Staatsverträgen** s. im Einzelnen *Kegel/Schurig* IPR § 19 VI, 778 ff. **464**

2. Art. 44 EGBGB regelt das Problem **grenzüberschreitender Grundstückimmissionen**. Vorrangig greift hier das Pariser Übereinkommen zur Haftung gegenüber Dritten auf dem Gebiet der Kernenergie v. 29. 7. 1960, BGBl. 1975 II 959. Art. 44 EGBGB wurde infolge der Anpassung des EGBGB an die Rom II-VO dahingehend geändert, dass die Regelung nunmehr für Grundstücksimmissionen auf die Rom II-VO und zwar deren Art. 4 und 7 verweist. Damit kommt das Deliktstatut zur Anwendung (vgl. im Einzelnen PWW/*Brinkmann* EGBGB Art. 45 Rn. 1 ff. **465**

3. **Ausländische Enteignung:** **466**
   Enteignungen durch einen fremden Staat werden zwar grundsätzlich anerkannt, doch können sie nur das im Hoheitsgebiet des fremden Staates belegene Vermögen erfassen (völkerrechtlicher **Territorialitätsgrundsatz**, vgl. KG NJW 1988, 341 [343] mwN). Da somit bei einer ausländischen Enteignung einer juristischen Person die im Inland belegenen Anteile nicht erfasst werden, kann es zu einer sog. **Spaltgesellschaft** kommen (vgl. BGHZ 33, 195, und BGH WM 1984, 1372 sowie *Wiedemann*, Entwicklung und Ergebnisse der Rechtsprechung zu Spaltgesellschaften, FS Beitzke, 1979, 811).

> Die sachenrechtlichen Wirkungen einer Enteignung sind nicht anzuerkennen, wenn die Enteignung dem *ordre public* widerspricht. Dies ist in der Regel der Fall, wenn die Enteignung einerseits entschädigungslos und damit völkerrechtswidrig ist (zur Völkerrechtswidrigkeit von entschädigungslosen Enteignungen *Doehring* VölkerR § 2 Rn. 91, 93; *Ipsen* VölkerR § 47 Rn. 17 ff.), und wenn andererseits eine ausreichende Inlandsbeziehung besteht (vgl. OLG Bremen RIW 1959, 207 f. (indonesischer Tabakfall) und LG Hamburg RIW 1973, 163 (chilenischer Kupferfall); Staudinger/*Stoll* (1996) IntSachenR Rn. 210 ff.; auch rechtsvergleichend *Seidl-Hohenveldern*, Internationales Enteignungsrecht, FS Kegel, 1977, 265); vertiefend MüKoBGB/*Wendehorst* EGBGB Anh. zu Art. 46.

467   4. Im Rahmen der Entwicklung der Principles of European Law (→ Rn. 306 ff.) erarbeitet die Study Group on a European Civil Code ebenfalls Grundregeln zur Eigentumsübertragung an beweglichen Sachen und für Sicherungsrechte an beweglichem Eigentum (vgl. www.sgecc.net unter »Texts«).

468   5. Literatur:
   - Zum Internationalen **Wertpapierrecht**: PWW/*Brinkmann* EGBGB Art. 43 Rn. 9; Staudinger/*Stoll* (1996) IntSachenR Rn. 412–425;
   - zu **Immaterialgüterrechten** (Patentrechte, Urheberrechte): MüKoBGB/*Drexl* IntImmGR;
   - zum **Kulturgüterrückgabegesetz** eingehend *Halsdorfer* IPRax 2008, 395;
   - zur Erweiterung der lex rei sitae-Regel bei Sachen, die sich auf See befinden (**Off-shore Windparks**) *Wurmnest* RabelsZ 72 (2008) 236.

E. Familienrecht

469   Das internationale Familienrecht ist gegenwärtig einer der Hauptschauplätze für Rechtsentwicklungen: sowohl des Unionsrechts (zB Rom III-VO (Internationales Scheidungsrecht), Europäische Unterhaltsverordnung, Europäische Güterrechtsverordnung) als auch des Völkerrechts (Haager Kindesschutzübereinkommen, Haager Erwachsenenschutzübereinkommen). Die Regelungen sind zum Teil sehr detailliert, sodass die Anknüpfungsregeln nur in den Grundzügen vorgestellt werden. Generell ist es wichtig, sich stets zu vergegenwärtigen, für welche familienrechtliche Rechtsfrage das anwendbare Recht zu bestimmen ist (→ Rn. 76 ff. [Qualifikation]). In vielen Fällen kommt schlussendlich nationales IPR im EGBGB zum Zuge.

> **Arbeitsblock** Für die Anwendung **fremden Rechts** (einschließlich ausländischem IPR) ist hinzuweisen auf *Bergmann/Ferid* Internationales Ehe- und Kindschaftsrecht, Loseblattsammlung, Stand: Mai 2011 (191. Lieferung).

I. Eherecht

470   **Arbeitsblock Literatur:** Eingehend *Andrae* IntFamR §§ 1–4.

1. Eheschließung

a) Rechtsquellen

471   Im Verhältnis zu Italien gilt das Haager Abkommen zur Regelung des Geltungsbereichs der Gesetze auf dem Gebiet der Eheschließung (**Haager Eheschließungsabkommen**) v. 12. 6. 1902.[37] Im Verhältnis zum **Iran** gilt Art. 8 III Deutsch-ira-

---

[37] RGBl. 1904, 221; BGBl. 1955 II 188; abgedr. bei *Jayme/Hausmann* Nr. 30; Erläuterungen bei Staudinger/*Mankowski* (2011) EGBGB Art. 13 Rn. 3–13.

nisches Niederlassungsabkommen v. 17. 2. 1929.[38] Auch **Konsularverträge** können Einzelbestimmungen auf dem Gebiet der Eheschließung enthalten.[39] Im Übrigen ist Art. 13 EGBGB als Vorschrift des autonomen Rechts anwendbar.

Darüber hinaus gibt es **fremdenrechtliche Regelungen**, so insbesondere im Münchener CIEC-Abkommen über die Ausstellung von Ehefähigkeitszeugnissen v. 5. 9. 1980,[40] das die Beibringung eines Ehefähigkeitszeugnisses von ausländischen Staatsangehörigen für die Eheschließung im Inland regelt.

b) Anknüpfungsregeln

Nach Art. 13 I EGBGB unterliegen die sachlichen **Voraussetzungen** der Eheschließung dem Heimatrecht beider Verlobten bzw. Heiratswilligen (›Ein jeder nach seinem Recht‹). Fehlt danach eine Voraussetzung, so ist nach Art. 13 II Nr. 1–3 EGBGB unter bestimmten Bedingungen deutsches Recht anzuwenden. Maßgebend für die Anknüpfung ist der Zeitpunkt der Eheschließung (unwandelbares Statut). 472

Die **Form** einer **im Inland** geschlossenen Ehe richtet sich gem. Art. 13 III 1 EGBGB nach deutschem Recht (für die Eheschließung von zwei Ausländern ist eine Ausnahme möglich, vgl. Art. 13 III 2 EGBGB). Ausländische Staatsangehörige, die vor einem Standesbeamten in Deutschland die Ehe schließen wollen, müssen nach § 1309 I BGB ein Ehefähigkeitszeugnis ihres Heimatlandes mitbringen (vorbehaltlich der Befreiungsmöglichkeit in § 1309 II BGB). Die Form einer **im Ausland** geschlossenen Ehe richtet sich dagegen nach Art. 11 EGBGB.[41] Bei Eheschließungen im Ausland ist auch § 34 Personenstandsrechtsreformgesetz (PStG)[42] mit Wirkung ab dem 1. 1. 2009 zu beachten. 473

> I. Auf das **Verlöbnis** ist Art. 13 EGBGB entsprechend anzuwenden (vgl. PWW/*Martiny* EGBGB Art. 13 Rn. 1; Palandt/*Thorn* EGBGB Art. 13 Rn. 30; BGH NJW-RR 2005, 1089). Für eine allgemeine Darstellung des IPR zum Verlöbnis s. *Ferid* IPR Rn. 8–20 bis 8–35/36 und *Kegel/Schurig* IPR § 20 II, 793 ff., jeweils mwN.
> II. Zur **Qualifikation** des Anspruchs auf Zuweisung einer Ehewohnung als Frage, die dem Ehewirkungsstatut unterliegt: KG FamRZ 1991, 1190.
> III. Literatur: *Kropholler* IPR § 44, 330–344; *Kegel/Schurig* IPR § 20 III, IV, 796–831; *Andrae* IntFamR § 1.

474

2. Ehewirkungen

a) Rechtsquellen

Internationale Übereinkommen bestehen mit Ausnahme von Art. 8 III Deutsch-iranisches Niederlassungsabkommen v. 17. 2. 1929[43] nicht, sodass für die Bestimmung des **Ehewirkungsstatuts** grundsätzlich auf Art. 14 EGBGB zurückzugreifen ist. 475

---

38 RGBl. 1930 II 1006; BGBl. 1955 II 829; abgedr. bei *Jayme/Hausmann* Nr. 22.
39 Vgl. Palandt/*Thorn* EGBGB Anh. zu Art. 13 Rn. 1.
40 BGBl. 1997 II 1086; abgedr. bei *Jayme/Hausmann* Nr. 32.
41 Vgl. PWW/*Martiny* EGBGB Art. 13 Rn. 13; MüKoBGB/*Coester* EGBGB Art. 13 Rn. 146; *Mörsdorf-Schulte* NJW 2007, 1331 (1332 f.).
42 BGBl. 2007 I 122.
43 RGBl. 1930 II 1006; BGBl. 1955 II 829.

Art. 14 EGBGB regelt die Bestimmung des Grundstatuts des ehelichen Familienrechts.[44] Grundstatut deshalb, weil diese Vorschrift über ihren unmittelbaren Anwendungsbereich hinaus durch Verweisung auch für andere Bereiche des Familienrechts, insbesondere Art. 15 EGBGB gilt. Diese mittelbare Anwendung der Regelungen in Art. 14 EGBGB führt in einem gewissen Umfang zu einem einheitlichen Ehestatut.[45]

b) Anknüpfungsregeln

476 Unter engen Voraussetzungen können die Ehegatten das Ehewirkungsstatut durch **Rechtswahl** selbst bestimmen (vgl. Art. 14 II–IV EGBGB). Für alle übrigen Fälle bestimmt sich das anwendbare Recht mit Hilfe einer **Anknüpfungsleiter** (in Anlehnung an die von *Kegel* – einem der über Jahrzehnte im XX. Jahrhundert führenden Internationalen Privatrechtler – entwickelte ›Kegel'sche Leiter‹).[46] Angeknüpft wird nach Art. 14 I EGBGB an

- die **gemeinsame Staatsangehörigkeit** bzw. die letzte gemeinsame Staatsangehörigkeit der Ehegatten, sofern ein Ehegatte diese Staatsangehörigkeit noch hat (Art. 14 I Nr. 1 EGBGB), **sonst**
- den gemeinsamen gewöhnlichen Aufenthalt bzw. den letzten gemeinsamen gewöhnlichen Aufenthalt, sofern einer der Ehegatten diesen noch hat (Art. 14 I Nr. 2 EGBGB), **hilfsweise**
- die engste gemeinsame Verbindung (Art. 14 I Nr. 3 EGBGB).

477 Das Ehewirkungsstatut ist **wandelbar,** da der Gesetzgeber die Anknüpfungspunkte, wie zB die Staatsangehörigkeit oder den gewöhnlichen Aufenthalt an keinem bestimmten Zeitpunkt fixiert.[47]

> **Arbeitsblock**
> 478
> I. Zur Bestimmung des Personalstatuts von Mehrstaatern und Staatenlosen → Rn. 219 ff.
> II. Zur Qualifikation der Morgengabe als allgemeine Ehewirkung vgl. BGH IPRax 2011, 85 mit Anm. *Yassari* IPRax 2011, 63.
> III. Umstritten ist die Qualifikation **der Zuweisung von Ehewohnung und Hausrat**. Für die im Inland belegene Ehewohnung und den im Inland befindlichen Hausrat beruft der als einseitige Kollisionsnorm formulierte Art. 17 a EGBGB die *lex rei sitae* (v. *Hoffmann/Thorn* IPR § 8 Rn. 31 a–31 d; *Rieck* FPR 2007, 251 [255]; kritisch *Kegel/Schurig* IPR § 20 V 3, 837).
> IV. **Literatur**: PWW/*Martiny* EGBGB Art. 14; speziell zur Rechtswahl beim Ehewirkungsstatut: *Wegmann* NJW 1987, 1740 ff.

3. Ehelicher Güterstand

a) Rechtsquellen

479 Als Rechtsquellen sind vor allem – abgesehen von Art. 8 III Deutsch-iranisches Niederlassungsabkommen (→ Rn. 471) – **Art. 15 und 16 EGBGB** zu nennen.

Für **Flüchtlinge und Vertriebene** ist das Gesetz über den ehelichen Güterstand von Vertriebenen und Flüchtlingen v. 4. 8. 1969[48] zu berücksichtigen (vgl. Art. 15 IV EGBGB).

---

44 *Lüderitz* IPR Rn. 340.
45 *Andrae* IntFamR § 3 Rn. 34.
46 Vgl. dazu *Ferid* IPR Rn. 8–84.
47 Vgl. PWW/*Martiny* EGBGB Art. 14 Rn. 13 f.
48 BGBl. I 1067; abgedr. bei *Jayme/Hausmann* Nr. 37.

Am 16. 3. 2011 hat die Kommission einen *Vorschlag für eine Verordnung des Rates über die Zuständigkeit, das anzuwendende Recht, die Anerkennung und die Vollstreckung von Entscheidungen im Bereich des Ehegüterrechts* (»**EhegüterRVO-V**«)[49] vorgelegt (→ Rn. 481).

b) Anknüpfungsregeln

480 Auch das Güterrechtsstatut können die Ehegatten nach Art. 15 II, III EGBGB unter bestimmten Voraussetzungen durch **Rechtswahl** bestimmen. Ist dies nicht geschehen, so bestimmt Art. 15 I EGBGB einen **Gleichlauf zwischen Güterstatut und Ehewirkungsstatut**, indem er das Recht für anwendbar erklärt, das zum **Zeitpunkt der Eheschließung** Ehewirkungsstatut war. Da auf den Zeitpunkt der Eheschließung abgestellt wird, ist das Güterrechtsstatut – im Gegensatz zum Ehewirkungsstatut – **unwandelbar**: Eine spätere Änderung der Staatsangehörigkeit, des gewöhnlichen Aufenthalts oder der engsten Beziehung (vgl. Art. 14 I Nr. 1–3 EGBGB) bleibt unbeachtlich.[50]

Zu berücksichtigen ist, dass Art. 16 EGBGB für bestimmte Fälle einen Schutz des inländischen Rechtsverkehrs durch die Anwendung deutscher Normen (zB § 1357 BGB) trotz ausländischen Statuts vorsieht.

> **Arbeitsblock**
>
> I. Die **EhegüterRVO** soll in **allen EU-Mitgliedstaaten** mit Ausnahme von England, Irland und Dänemark angewendet werden und sachlich die **ehelichen Güterstände** erfassen (Art. 1 I, II EhegüterRVO-V). Der Begriff »ehelicher Güterstand« wird dabei als »sämtliche vermögensrechtlichen Regelungen, die im Verhältnis der Ehegatten untereinander sowie zwischen ihnen und Dritten gelten« definiert (Art. 2 lit. a EhegüterRVO-V). Das anwendbare Güterrecht kann von den Ehegatten oder zukünftigen Ehegatten **gewählt** werden, wobei Art. 16 EhegüterRVO-V den Kreis der wählbaren Rechte auf das Recht des gemeinsamen gewöhnlichen Aufenthalts, des gewöhnlichen Aufenthalts eines der Ehegatten oder die Staatsangehörigkeit eines der Ehegatten – jewiels im Zeitpunkt der Rechtswahl – beschränkt. Mangels Rechtswahl soll das anwendbare Recht anhand einer **Anknüpfungsleiter** nach Art. 17 EhegüterRVO-V bestimmt werden: Zunächst soll an den ersten gemeinsamen gewöhnlichen Aufenthalt nach der Eheschließung, anderenfalls, die gemeinsame Staatsangehörigkeit der Ehegatten bei Eheschließung und letztlich an das Recht, zu dem die engsten Verbindung besteht, angeknüpft werden. Das so bestimmte Güterrechtsstatut ist **unwandelbar**, eine Änderung können die Ehegatten jedoch durch Rechtwahl vornehmen (Art. 18 EhegüterRVO-V). Eingehend zum EhegüterRVO-V *Martiny* IPRax 2011, 437. — 481
>
> II. Zum neuen Abkommen über den **deutsch-französischen Wahlgüterstand** vgl. *Niethammer-Jürgens* FPR 2011, 440 (442 f.), *Klippstein* FPR 2010, 510. — 481a
>
> III. Literatur: Zur Rechtswahl beim Güterstand: *Wegmann* NJW 1987, 1740 (1742 ff.); lesenswert *Jayme* IPRax 1993, 80 f. (zur Schlüsselgewalt der Ehegatten; äußerst kritische Anmerkung zu BGH IPRax 1993, 97); umfassend *Andrae* IntFamR § 3 Rn. 83–184; PWW/*Martiny* EGBGB Art. 15, 16.

---

49 KOM (2011) 126 endg.
50 OLG Nürnberg 3. 3. 2011 – 9 UF 1390/10.

4. Ehescheidung

a) Rechtsquellen

482 Als völkervertragliche Rechtsquelle ist Art. 8 III des Deutsch-iranischen Niederlassungsabkommens v. 17. 2. 1929[51] zu berücksichtigen.[52] Maßgebliche Regelung im autonomen IPR ist **Art. 17 EGBGB**.

Für Scheidungen **ab dem 21. 6. 2012** ist die *Verordnung (EU) Nr. 1259/2010 des Rates vom 20. 12. 2010 zur Durchführung einer Verstärkten Zusammenarbeit im Bereich des auf die Ehescheidung und Trennung ohne Auflösung des Ehebandes anzuwendenden Rechts*[53] (»**Rom III-VO**«) zu beachten (→ Rn. 486 [Arbeitsblock]).

b) Anknüpfungsregeln

483 Scheidungsstatut ist nach Art. 17 I 1 EGBGB das Recht, das im **Zeitpunkt der Rechtshängigkeit des Scheidungsantrags** (vgl. § 261 ZPO im deutschen autonomen Zivilprozessrecht) für die **allgemeinen Wirkungen der Ehe** (Art. 14 EGBGB) maßgebend ist: Von diesem Zeitpunkt an ist das Scheidungsstatut **unwandelbar**. Kann die Ehe nach dem maßgebenden Ehewirkungsstatut nicht geschieden werden, ist eine Scheidung nach deutschem Recht durchzuführen, wenn der scheidungswillige Ehegatte in diesem Zeitpunkt Deutscher ist oder bei der Eheschließung war (Art. 17 I 2 EGBGB).

484 Auch bei ausländischem **Scheidungsstatut** kann die Ehe **im Inland** nach Art. 17 II EGBGB **nur** durch ein **deutsches gerichtliches Scheidungsverfahren** geschieden werden.[54]

485 Das Scheidungsstatut ist nach Art. 17 III 1 Hs. 1 EGBGB grundsätzlich auch für den **Versorgungsausgleich** maßgebend. Dieser ist jedoch nur durchzuführen, wenn Scheidungsstatut deutsches Recht ist und ihn zumindest das Heimatrecht eines der Ehegatten kennt (Art. 17 III 1 Hs. 2). Andernfalls ist ein Versorgungsausgleich gem. Art. 17 III 2 EGBGB unter bestimmten Voraussetzungen auf Antrag eines Ehegatten nach deutschem Recht durchzuführen.

486 **Arbeitsblock**
I. Zur Rom III-VO:
1. Die Rom III-VO wird lediglich in den **14 EU-Mitgliedstaaten anwendbar** sein, die sich auf den Sonderweg einer »Verstärkten Zusammenarbeit« (Art. 326 ff. AEUV) verständigt haben. Es handelt sich um Belgien, Bulgarien, Deutschland, Frankreich, Italien, Lettland, Luxemburg, Malta, Österreich, Portugal, Rumänien, Slovenien, Spanien und Ungarn. Sie gilt für die **Ehescheidung und die Trennung ohne Auflösung des Ehebandes**. Der Begriff der Ehe ist in Übereinstimmung mit der EheVO auszulegen. Nicht erfasst sind eingetragene Lebenspartnerschaften und gleichgeschlechtliche Ehen. Ebenfalls nicht erfasst ist die Ungültigkeitserklärung einer Ehe, für die es beim autonomen Recht bleiben soll.
2. Nach Art. 5 Rom III-VO können die Ehegatten das **Scheidungsstatut** in bestimmtem Umfang **wählen**: So können sie entweder das Recht des gemeinsamen gewöhnlichen Aufenthalts, des letzten gemeinsamen gewöhnlichen Aufenthalts, sofern einer der Ehegatten dort noch seinen gewöhnlichen Aufenthalt hat, das Heimatrecht eines der Ehegatten oder die *lex fori* – jeweils

---

51 RGBl. 1930 II 1002; BGBl. 1955 II 829 (*Jayme/Hausmann* Nr. 22).
52 Zur Unanwendbarkeit des Abkommens bei gemischt-nationalen Ehen vgl. BGH IPRax 1986, 382.
53 ABl. EU 2010 L 343, 10.
54 Vgl. *Beule* IPRax 1988, 150.

bezogen auf den Zeitpunkt der Rechtswahl – wählen. Der Begriff des »**gewöhnlichen Aufenthalts**« ist in der Verordnung nicht definiert; er findet sich auch in anderen Verordnungen und ist mittlerweile durch den EuGH konkretisiert worden (für Art. 8 und 10 EuEheVO: EuGH 22. 12. 2010 – Rs. C-497/10, ABl. EU C 55, 17).
3. Mangels Rechtswahl sieht Art. 8 Rom III-VO eine **Anknüpfungsleiter** vor. Zunächst wird an den gewöhnlichen Aufenthalt beider Ehegatten, anderenfalls den letzen gemeinsamen gewöhnlichen Aufenthalt während des letzten Jahres, ansonsten die gemeinsame Staatsangehörigkeit und letztlich die *lex fori* – jeweils bezogen auf den Zeitpunkt der Anrufung des Gerichts – angeknüpft.
4. Zu den ursprünglich geplanten Zuständigkeitsregelungen nach der Rom III-VO → Rn. 622.

II. Ist nach Art. 17 I EGBGB ein ausländisches Recht berufen, dessen Anwendung (deutsche) Grundrechte verletzt, so ist es nicht anzuwenden, **Art. 6 EGBGB**. Relevant wird dies va in Verbindung mit der Verletzung des Gleichheitsgrundsatzes: *Bolz* NJW 1990, 620 ff.; OLG Köln FamRZ 2002, 166 ff.; vgl. auch *Scholz* IPRax 2008, 213 und OLG Hamm NJW-RR 2010, 1090. 486a

III. Zur **Anwendung religiöser Rechtsordnungen**: OLG Stuttgart NJW-RR 2008, 742 – zu dieser Entscheidung auch *Rauscher/Pabst* NJW 2008, 3479; KG IPRax 2000, 126 mit Anm. *Herfarth* IPRax 2000, 101; *Andrae* IntFamR § 4 Rn. 77–89; *Andrae* NJW 2007, 1730.

IV. Zur Auflösung **nichtehelicher Lebensgemeinschaften**: Palandt/*Thorn* EGBGB Art. 17 Rn. 14 und EGBGB Art. 17 b Rn. 10 sowie zur Auflösung **ausländischer gleichgeschlechtlicher Ehen**: *Mankowski/Höffmann* IPRax 2011, 247.

V. Die **Vorfrage** (im Sinn einer Erstfrage), ob eine Ehe besteht, ist selbstständig anzuknüpfen und folglich nach Art. 13 EGBGB zu beurteilen (PWW/*Martiny* EGBGB Art. 17 Rn. 15 a; vgl. zum Begriff der Erstfrage → Rn. 125 ff.). 487

IV. **Literatur**: PWW/*Martiny* EGBGB Art. 17; *Rieck* FPR 2007, 251; *Andrae* IntFamR § 4; *Mansel/ Thorn* IPRax 2010, 9 f. Zum Verfahren der Verstärkten Zusammenarbeit vgl. *Zeitzmann* ZEuS 2011, 87. Zur Rom III-VO vgl. *Helms* FamRZ 2011, 1765. 488

II. Unterhaltsrecht

1. Rechtsquellen

Seit dem 18. 6. 2011 wird das internationale Unterhaltsrecht weitgehend durch die *Verordnung (EG) Nr. 4/2009 des Rates über die Zuständigkeit, das anwendbare Recht, die Anerkennung und Vollstreckung von Entscheidungen und die Zusammenarbeit in Unterhaltssachen* v. 18. 12. 2008 (»**EuUnthVO**«)[55] geregelt. Die EuUnthVO wird für das anwendbare Recht mittels eines Verweises von **Art. 15 EuUnthVO** durch das *Haager Protokoll über das auf Unterhaltspflichten anzuwendende Recht* v. 23. 11. 2007 (»**UnthProt**«)[56] ergänzt. 489

Daneben sind das **Haager Übereinkommen über das auf Unterhaltspflichten anzuwendende Recht** v. 2. 10. 1973[57] und das **Haager Übereinkommen über das auf Unterhaltsverpflichtungen gegenüber Kindern anzuwendende Recht** v. 24. 10. 1956[58] zu beachten. Das Übereinkommen von 1973 (*loi uniforme*, Art. 3) ist am 1. 4. 1987 in Kraft getreten. Ihm geht Art. 8 III Deutsch-iranisches Niederlassungsabkommen[59] vor. 490

---

55 ABl. EU 2009 L 7, 1 (*Jayme/Hausmann* Nr. 161).
56 ABl. EU 2009 L 331, 19 (*Jayme/Hausmann* Nr. 42).
57 BGBl. 1986 II 837; 1987 II 225 (*Jayme/Hausmann* Nr. 41).
58 BGBl. 1961 II 1012; 1972 II 589 (*Jayme/Hausmann* Nr. 40).
59 *Jayme/Hausmann* Nr. 22.

Die **Regelungen des autonomen IPR** wurden mit Wirkung vom 18. 6. 2011 aufgehoben (Art. 18 EGBGB) bzw. angepasst (Art. 17 b I 2 EGBGB).[60]

Arbeitsblock zur EuUnthVO und zum UnthProt (zur Vertiefung)

491 I. Die EuUnthVO gilt räumlich in allen EU-Mitgliedstaaten, einschließlich Irland sowie **teilweise dem Vereinigten Königreich** und **Dänemark**. Für letztere gilt die Regelung zum anwendbaren Recht (Art. 15 EuUnthVO) nicht (Rauscher/*Andrae* Bd. 4 Art. 1 EG-UntVO Rn. 49 f.).

491a II. **Sachlich** findet die EuUnthVO auf Unterhaltspflichten, die auf einem Familien-, Verwandtschafts- oder eherechtlichen Verhältnis oder auf Schwägerschaft beruhen, Anwendung. Der Begriff der »**Unterhaltspflicht**« ist autonom auszulegen (Erwägungsgrund 11). Das Bestehen eines **Familienverhältnisses** richtet sich dagegen nach dem Recht der einzelnen Mitgliedstaaten (Erwägungsgrund 21). Nach deutschem IPR sind die eingetragene Lebenspartnerschaft und vergleichbare Rechtsinstitute des ausländischen Rechts als Familienbeziehungen einzuordnen, sodass der sachliche Anwendungsbereich der EuUnthVO eröffnet ist. Entsprechend wurde Art. 17 b I 2 EGBGB mit Wirkung vom 18. 6. 2011 geändert. Zu den neuen Zuständigkeitsregelungen nach der EuUnthVO → Rn. 623.

491b III. Für das **anwendbare Recht** ist Art. 15 EuUnthVO maßgeblich: Danach soll sich das anwendbare Recht nach dem **UnthProt** für diejenigen Mitgliedstaaten, die durch das Protokoll gebunden sind, bestimmen (vgl. auch Erwägungsgrund 20).

Anstatt auf den Beitritt einzelner Mitgliedstaaten zum Protokoll zu warten, hat die **Europäische Gemeinschaft** von der in Art. 24 UnthProt eröffneten Möglichkeit Gebrauch gemacht und ist dem UnthProt selbst **mit bindender Wirkung für seine Mitgliedstaaten** – außer für Dänemark und das Vereinigte Königreich – **beigetreten** (vgl. *Beschluss des Rates v. 30. 11. 2009 über den Abschluss des Haager Protokolls v. 23. 11. 2007 über das auf Unterhaltspflichten anzuwendende Recht durch die Europäische Gemeinschaft* sowie den *Status Table* zum UnthProt auf der Webseite der Haager Konferenz unter www.hcch.net).

Da für ein Inkrafttreten des **UnthProt** gem. dessen Art. 25 zwei Ratifikationen erforderlich sind, hat die Europäische Gemeinschaft bei ihrem Beitritt erklärt, das Protokoll bis zu seinem Inkrafttreten vorläufig, und zwar **ab dem 18. 6. 2011** – dem Zeitpunkt des Beginns der Anwendung der EuUnthVO – anwenden zu wollen.

491c Ferner hat die Europäische Gemeinschaft bei ihrem Beitritt erklärt, dass das auf Unterhaltsforderungen anwendbare Recht nach dem UnthProt zu bestimmen ist, selbst wenn die geltend gemachte **Unterhaltsforderung von vor dem 18. 6. 2011** datiert: Entscheidend soll allein sein, dass der Zeitpunkt der Einleitung des Verfahrens (vgl. Art. 9 EuUnthVO), die Billigung oder der Abschluss des gerichtlichen Vergleichs oder die Ausstellung der öffentlichen Urkunde über die Unterhaltsforderung ab dem 18. 6. 2011 datiert (vgl. Art. 5 des *Beschlusses des Rates v. 30. 11. 2009 über den Abschluss des Haager Protokolls v. 23. 11. 2007 über das auf Unterhaltspflichten anzuwendende Recht durch die Europäische Gemeinschaft*).

491d **Zusammengefasst** heißt dies Folgendes:

- Wurde das **Verfahren ab dem 18. 6. 2011** eingeleitet, so bestimmt sich das anwendbare Recht einheitlich nach dem UnthProt, gleich, ob Unterhalt für vor dem 18. 6. 2011 oder für danach geltend gemacht wird.
- Wurde das **Verfahren vor dem 18. 6. 2011** eingeleitet, so bestimmt sich das auf den Unterhalt anwendbare Recht für Unterhaltsforderungen, die vor dem 18. 6. 2011 liegen, nach dem bisherigen Kollisionsrecht und für Unterhaltsforderungen ab dem 18. 6. 2011 nach dem UnthProt.

491e IV. Die EuUnthVO hat im Verhältnis der Mitgliedstaaten zueinander **Vorrang** vor Übereinkommen oder Vereinbarungen, die Regelungsbereiche umfassen, die in der EuUnthVO geregelt sind. Dagegen tritt die EuUnthVO zurück, wenn es um die Anwendung eines Übereinkommens oder

---

60 Vgl. Gesetz zur Durchführung der Verordnung (EG) Nr. 4/2009 und zur Neuordnung bestehender Aus- und Durchführungsbestimmungen auf dem Gebiet des internationalen Unterhaltsverfahrensrechts (EGAUG) v. 23. 5. 2011, BGBl. I 898.

> einer bilateralen oder multilateralen Vereinbarung im Verhältnis zwischen Mitgliedstaaten der EuUnthVO und Nichtmitgliedstaaten der EuUnthVO geht (Art. 69 EuUnthVO).
> Daher bleibt es beim bisherigen Kollisionsrecht – unabhängig für welchen Zeitraum der Unterhalt geltend gemacht wird – im Verhältnis von Mitgliedstaaten der **Haager Übereinkommen von 1956 bzw. 1973** zueinander, sofern einer der Mitgliedstaaten nicht zugleich Mitgliedstaat des UnthProt ist. Das Haager Übereinkommen von 1956 bleibt damit aus deutscher Sicht weiterhin anwendbar im Verhältnis zu **Liechtenstein und China-Macao** sowie das Haager Übereinkommen von 1973 im Verhältnis zu **Japan, der Schweiz und der Türkei**. Ebenfalls bleibt **Art. 8 III Deutsch-iranisches Niederlassungsabkommen** anwendbar. Dies gilt solange der betreffende Staat nicht dem UnthProt beitritt oder das betreffende Übereinkommen oder die Vereinbarung gekündigt wird (vgl. Art. 19 I UnthProt und Art. 69 EuUnthVO; s. auch Rauscher/*Andrae* Bd. 4 Art. 15 EG-UntVO Rn. 21).

2. Anknüpfungsregeln

a) Art. 15 EuUnthVO iVm UnthProt

Art. 15 EuUnthVO verweist für die Bestimmung des anwendbaren Rechts auf die Regelungen des UnthProt. Art. 8 UnthProt eröffnet die Möglichkeit einer beschränkten Rechtswahl durch Unterhaltsberechtigten und Unterhaltspflichtigen: Danach können jederzeit das Heimatrecht einer Partei, das Recht des gewöhnlichen Aufenthalts einer Partei, das Recht, das für den Güterstand gewählt oder tatsächlich auf den Güterstand angewandt wurde, oder das Recht, das für die Scheidung bzw. Trennung ohne Auflösung des Ehebandes gewählt oder tatsächlich auf die Ehescheidung bzw. Trennung ohne Auflösung des Ehebandes angewandt wurde, gewählt werden. Eine Rechtswahl nach Art. 8 EuUnthVO ist jedoch in den in Abs. 3–5 genannten Fällen, insbesondere gegenüber unter 18-jährigen ausgeschlossen. Außerdem kann nach Art. 7 UnthProt für einen konkreten Prozess die *lex fori* gewählt werden. 492

Liegt keine (wirksame) Rechtswahl vor, so sieht Art. 3 UnthProt eine Anknüpfung an den **gewöhnlichen Aufenthalt** des Unterhaltsberechtigten vor, sofern in Art. 4–6 UnthProt nichts anderes bestimmt ist. Maßgeblich ist der gewöhnliche Aufenthalt im Zeitpunkt, für den Unterhalt verlangt wird (Art. 3 II UnthProt). 492a

Eine **Sonderregelung** enthält das UnthProt für die Unterhaltspflicht der Eltern gegenüber dem Kind: Hier kommt es zunächst auf das Recht am gewöhnlichen Aufenthalt des Unterhaltsberechtigten an. Hat jedoch das Kind eine Behörde oder ein Gericht am gewöhnlichen Aufenthalt des Unterhaltspflichtigen angerufen, wird die *lex fori* angewendet (Art. 4 III 1 UnthProt). Art. 4 UnthProt sieht ferner eine **Kaskadenanknüpfung zugunsten des unterhaltsberechtigten Kindes** vor: Wenn das primär berufene Recht keinen Unterhalt gewährt, kommt die *lex fori* oder – wenn diese bereits wegen Anrufung der Behörde oder des Gerichts durch das Kind nach Art. 4 III 1 UnthProt anwendbar ist – das Recht am gewöhnlichen Aufenthalt des Kindes zur Anwendung. Wird auch danach kein Unterhalt gewährt, findet das Recht der gemeinsamen Staatsangehörigkeit Anwendung. 492b

Bei Ehegatten kann auch das Recht des letzten gemeinsamen gewöhnlichen Aufenthalts zur Anwendung kommen (vgl. Art. 5 UnthProt). 492c

b) Haager Übereinkommen

493 Das Haager Unterhaltsübereinkommen von 1973 knüpft grundsätzlich an den **gewöhnlichen Aufenthalt** des **Unterhaltsberechtigten** an (Art. 4 I des Übereinkommens).

494 Es enthält ferner Schutzvorschriften zugunsten des **Unterhaltsberechtigten** für den Fall, dass dieser nach seinem Aufenthaltsrecht keinen Unterhalt erlangen kann: Subsidiär ist an das **gemeinsame Heimatrecht** von Unterhaltsverpflichtetem und Unterhaltsgläubiger anzuknüpfen (Art. 5 des Übereinkommens), hilfsweise ist die *lex fori* der angerufenen Behörde anzuwenden (Art. 6 des Übereinkommens).

Den Interessen des **Unterhaltsverpflichteten** trägt Art. 7 des Übereinkommens Rechnung. Danach kann sich der Unterhaltsverpflichtete in bestimmten Fällen darauf berufen, dass er nach dem gemeinsamen Heimatrecht oder hilfsweise nach dem gemeinsamen Aufenthaltsrecht nicht zur Unterhaltsleistung verpflichtet sei.

495 **Arbeitsblock Literatur:** PWW/*Martiny* EGBGB Art. 18 sowie Anhang I und II zu Art. 18 EGBGB; Palandt/*Thorn* EGBGB Art. 18; *Andrae* GPR 2010, 196. Eingehend zur EuUnthVO und zum UnthProt Rauscher/*Andrae*.

III. Eingetragene Lebenspartnerschaft

496 In der Bundesrepublik Deutschland ist seit dem 1. 8. 2001 das Lebenspartnerschaftsgesetz (LPartG) in Kraft, das gleichgeschlechtlichen Paaren die Möglichkeit eröffnet, ihren Lebensumständen ein rechtliches Gepräge zu geben. Auch in zahlreichen anderen europäischen Rechtsordnungen steht homosexuellen (zT auch heterosexuellen) Paaren mit der sog. **registrierten Partnerschaft**[61] eine familienrechtliche Institution zur Verfügung. In dem **ab 1. 1. 2009** in Kraft getretenen Personenstandsrechtsreformgesetz (PStRG) v. 19. 2. 2007[62] sind die Begründung einer Lebenspartnerschaft, die Eintragung in das Lebenspartnerschaftsregister und die Fortführung des entsprechenden Eintrags geregelt. Die Vorschriften für die Eheschließung und das Eheregister gelten auch für eine eingetragene Lebenspartnerschaft. Nach § 17 PStRG bleibt die Länderöffnungsklausel des § 23 Lebenspartnerschaftsgesetz (LPartG) v. 16. 2. 2001,[63] die die Möglichkeit von abweichender Regelung in den Bundesländern vorsieht, unberührt.[64]

1. Rechtsquellen

497 Völkerrechtliche Verträge oder unionsrechtliche Regelungen bestehen nicht. Kollisionsrechtlich ist die eingetragene Lebenspartnerschaft in Art. 17 b EGBGB geregelt.

2. Anknüpfungsregeln

498 Für die Begründung, die allgemeinen und die güterrechtlichen Wirkungen ist ebenso wie für die Auflösung einer eingetragenen Lebenspartnerschaft nach Art. 17 b I 1

---

61 Dazu ausführlich *Basedow/Hopt/Kötz/Dopffel*, Die Rechtsstellung gleichgeschlechtlicher Lebensgemeinschaften, 2000.
62 BGBl. I 122.
63 BGBl. I 266.
64 Vgl. *Weber* NJW 2007, 3040 (3042).

EGBGB das Sachrecht des registerführenden Staates maßgebend. Im Vergleich mit Art. 13 EGBGB bleibt die Staatsangehörigkeit des jeweiligen Partners unbeachtet. Erbrechtliche Folgen der Lebenspartnerschaft hingegen unterliegen nach Art. 17 b I 2 EGBGB dem nach den allgemeinen Vorschriften bestimmten Recht (vgl. Art. 25 EGBGB). Sofern danach kein gesetzliches Erbrecht besteht, finden die Sachvorschriften des registerführenden Staates Anwendung (Art. 17 b I 2, 2. Hs. EGBGB). Für das Unterhaltsrecht findet die EuUnthVO Anwendung (→ Rn. 489 ff.); Art. 17 b I 2 EGBGB wurde entsprechend mit Wirkung vom 18. 6. 2011 – Beginn der Anwendung der EuUnthVO – geändert.

Für das Namensrecht verweist Art. 17 b II 1 EGBGB auf Art. 10 II EGBGB. Art. 17 b IV EGBGB enthält eine Kappungsgrenze als spezielle Ausformung des *ordre public*-Vorbehalts.[65]

Arbeitsblock

I. Nach Art. 17 b II EGBGB findet bei **Trennung** der eingetragenen Lebenspartnerschaft für die Verteilung von gemeinsamer Wohnung und Hausrat Art. 17 a EGBGB Anwendung.

II. Art. 17 b EGBGB ist eine allseitige Kollisionsnorm. Daher sind auch **registrierte heterosexuelle Lebenspartnerschaften** erfasst, vorausgesetzt, diese haben eine der deutschen Lebenspartnerschaft vergleichbare Funktion.

III. § 103 Gesetz über das Verfahren in Familiensachen und in den Angelegenheiten der freiwilligen Gerichtsbarkeit (FamFG) v. 17. 12. 2008, BGBl. I 2586 (2587), das am **1. 9. 2009** in Kraft getreten ist, regelt die internationale Zuständigkeit der deutschen Gerichte in Lebenspartnerschaftssachen, s. ausführlich *Althammer* IPRax 2009, 384 f.

IV. Im Rahmen eines fakultativen Anerkennungsverfahrens können Lebenspartnerschaften als ausländische Entscheidungen anerkannt werden (§ 108 II FamFG). Erfasst von § 108 FamFG sind nur ausländische Entscheidungen, die keine Ehesachen sind und die dem Geltungsbereich des FamFG unterfallen. Nach dem Wortlaut von § 108 III FamFG ist das Gericht örtlich zuständig, in dessen Bezirk der Antragsgegner im Zeitpunkt der Antragstellung seinen gewöhnlichen Aufenthalt hat (Nr. 1), hilfsweise in dessen Bezirk das Interesse an der Feststellung bekannt wird (Nr. 2).

V. Am 16. 3. 2011 hat die EU-Kommission einen *Vorschlag für eine Verordnung des Rates über die Zuständigkeit, das anzuwendende Recht, die Anerkennung und die Vollstreckung von Entscheidungen im Bereich des **Güterrechts eingetragener Partnerschaften*** vorgelegt (KOM [2011] 127 endg.). Die Vorschlag erfasst »eingetragene Partnerschaften«, also die Lebensgemeinschaft zweier Personen, die gesetzlich vorgesehen ist und von einer Behörde eingetragen wurde (Art. 1 I, 2 lit. b des Vorschlags). Dazu gehören auch verschiedengeschlechtliche Partnerschaften wie zB der *pacte de solidarité civil* (PACS) des französischen Rechts. Sachlich soll die Verordnung die »vermögensrechtlichen Aspekte« solcher Partnerschaften regeln (Art. 1 I, 2 lit. a des Vorschlags). Das anwendbare Recht kann nicht durch die Partner mittels Rechtswahl bestimmt werden. Der Vorschlag sieht in seinem Art. 15 **nur eine objektive Anknüpfung** an den Registrierungsort vor. Eingehend zum Ganzen *Martiny* IPRax 2011, 437.

VI. **Literatur:** PWW/*Martiny* EGBGB Art. 17 b; *Wagner* IPRax 2001, 281–293; *Henrich* FamRZ 2002, 137 ff.; *v. Hoffmann/Thorn* IPR § 8 Rn. 73a–73 n; insbesondere zur Qualifikation der deutschen eingetragenen Lebenspartnerschaft als Ehe in Belgien vgl. *Sieberichs* IPRax 2008, 277–278.

499

---

65 S. dazu PWW/*Martiny* EGBGB Art. 17 b Rn. 6.

IV. Kindschaftsrecht

500 Im Internationalen Kindschaftsrecht ist zwischen statusbegründenden und statusändernden Rechtsvorgängen zu unterscheiden.

1. Statusbegründende Rechtsvorgänge

a) Rechtsquellen

501 Für die Frage der **Abstammung** ist das **Brüsseler CIEC-Übereinkommen** über die Feststellung der mütterlichen Abstammung nichtehelicher Kinder v. 12. 9. 1962[66] zu beachten. Es ist umstritten, ob das Übereinkommen nur anwendbar ist, wenn durch IPR das Recht eines Vertragsstaates berufen wird oder ob es sich um einheitliches Sachrecht mit eigenen Rechtsanwendungsregeln handelt, sodass die Anwendung von IPR überflüssig ist.[67] Das autonome Kollisionsrecht ist in **Art. 19 I EGBGB** geregelt.

502 Für das **Rechtsverhältnis zwischen Eltern und ihrem Kind** findet bei Maßnahmen zum Schutze des Kindes das **Haager Minderjährigenschutzübereinkommen v. 5. 10. 1961** (kurz »MSA«)[68] Anwendung, wenn das Kind seinen gewöhnlichen Aufenthalt in einem Vertragsstaat hat.[69] Das MSA wird jedoch gem. Art. 51 KSÜ vom *Haager Übereinkommen über die Zuständigkeit, das anzuwendende Recht, die Anerkennung, Vollstreckung und Zusammenarbeit auf dem Gebiet der elterlichen Verantwortung und der Maßnahmen zum Schutz von Kindern v. 18. 10. 1996* (»KSÜ«),[70] das **seit dem 1. 1. 2011 für Deutschland in Kraft** getreten ist, im Verhältnis zu den Mitgliedstaaten beider Übereinkommen verdrängt. Soweit ersichtlich bleibt das MSA daher nur im Verhältnis zu China-Macao und der Türkei anwendbar, die dem KSÜ nicht beigetreten sind.[71] Des Weiteren findet sich eine Regelung des autonomen Kollisionsrechts in **Art. 21 EGBGB**.

Ferner ist wiederum Art. 8 III Deutsch-iranisches Niederlassungsabkommen (→ Rn. 471) zu beachten.

b) Anknüpfungsregeln

503 Die **Abstammung** des Kindes von seinen leiblichen Eltern unterliegt nach Art. 19 I 1 EGBGB grundsätzlich dem Recht des **gewöhnlichen Aufenthalts des Kindes**. Das Abstammungsstatut ist also insoweit wandelbar. Zusätzlich kann die Abstammung im Verhältnis zu jedem Elternteil auch nach dessen Heimatrecht (Art. 19 I 2 EGBGB; wandelbares Statut), alternativ gem. Art. 19 I 3 EGBGB nach dem gesetzlichen Ehewirkungsstatut der Mutter festgestellt werden. Das Abstammungsstatut nach dem gesetzlichen Ehewirkungsstatut der Mutter ist unwandelbar: Entscheidend ist der Zeitpunkt der Geburt des Kindes oder – wenn die Ehe zuvor durch den Tod eines Ehegatten aufgelöst wurde – der Zeitpunkt der Auflösung. Für das Verhältnis der

---

66 BGBl. 1965 II 23, 1163 (*Jayme/Hausmann* Nr. 51 mit Hinweis auf die Vertragsstaaten – zB die Schweiz – in Fn. 1).
67 Übersicht über den Meinungsstand bei Staudinger/*Henrich* (2008) EGBGB Vorb. zu Art. 19 Rn. 29–32.
68 BGBl. 1971 II 219, 1150 (*Jayme/Hausmann* Nr. 52).
69 Vgl. Art. 13 I MSA; den Vorbehalt nach Art. 13 III hat die Bundesrepublik nicht erklärt.
70 *Jayme/Hausmann* Nr. 53.
71 Vgl. den jeweiligen *Status Table* der Übereinkommen unter www.hcch.net (Stand: März 2012).

Anknüpfungspunkte zueinander gilt das **Günstigkeitsprinzip**: Die Elternschaft besteht, wenn sie nach dem einen oder anderen Anknüpfungspunkt gegeben ist. Wegen des Günstigkeitsprinzips ist insbesondere ein *renvoi* nicht zu beachten, der zu einem Recht führen würde, nach dem keine Abstammung gegeben sein würde.

Für das **Rechtsverhältnis zwischen Eltern und Kindern** ist zunächst das KSÜ anzuwenden. Nach dessen Art. 15 gilt für das auf behördliche Maßnahmen anzuwendende Recht (Entscheidung zum Sorgerecht, Umgangsrecht, zur Herausgabe des Kindes) das **Gleichlaufprinzip**. Das bedeutet, dass die für die Entscheidung nach dem KSÜ zuständige Stelle auch ihr eigenes Recht anwendet (Art. 15 I KSÜ). Ausnahmsweise kann ein anderes Recht angewandt oder berücksichtigt werden, zu dem eine enge Verbindung besteht (Art. 15 II KSÜ). Dagegen unterliegt die Zuweisung und das Erlöschen der elterlichen Sorge kraft Gesetzes (Art. 16 KSÜ) dem Recht des gewöhnlichen Aufenthalts des Kindes, auch soweit es zum Recht eines Nichtvertragsstaates führt (Art. 16 I KSÜ; *loi uniforme*). Für Fragen der Ausübung der elterlichen Verantwortung ist nach Art. 17 KSÜ das Recht des gewöhnlichen Aufenthalts des Kindes (auch soweit es zum Recht eines Nichtvertragsstaates führt) maßgebend. 504

Im Verhältnis zu Nicht-Vertragsstaaten des KSÜ kann das MSA zur Anwendung kommen (Art. 51 KSÜ). Nach Art. 2 MSA ist bei Schutzmaßnahmen grundsätzlich das Recht des **gewöhnlichen Aufenthaltsortes** des Minderjährigen anzuwenden. Grundsätzlich gilt daher das **Gleichlaufprinzip**; danach wendet das nach dem Übereinkommen zuständige Gericht auch sein eigenes Recht selbstständig an. Im autonomen Recht bestimmt Art. 21 EGBGB, wie das Haager Minderjährigenschutzübereinkommen, dass auf das Eltern-Kind-Verhältnis das Recht am **gewöhnlichen Aufenthaltsort des Kindes** anzuwenden ist. 505

c) Besonderheiten

Für Verpflichtungen des Vaters gegenüber der Mutter aufgrund der Schwangerschaft s. Art. 19 II EGBGB.[72] 506

Art. 20 EGBGB erfasst die **Anfechtung der Abstammung**. Nach Art. 20 S. 1 EGBGB kann die Abstammung nach jedem Recht angefochten werden, aus dem sich ihre Voraussetzungen ergeben (**strenge Akzessorietät der Anknüpfung**). Zusätzlich kann die Anfechtung nach dem Recht des gewöhnlichen Aufenthalts des Kindes erfolgen, Art. 20 S. 2 EGBGB.

> **Arbeitsblock**
> I. Seit dem 1998 in Kraft getretenen Kindschaftsrechtsreformgesetz (KindRG), BGBl. 1997 I 2942, wird im autonomen deutschen Kollisionsrecht nicht mehr zwischen ehelicher und nichtehelicher Kindschaft unterschieden.
> II. Umstritten ist die Rangfolge der in Art. 19 I aufgeführten Anknüpfungsalternativen: Für **Gleichrangigkeit** iSe echten Alternativität PWW/*Martiny* Art. 19 EGBGB Rn. 9; *Looschelders* IPRax 1999, 420 (421 mwN), für eine **subsidiäre Anknüpfung** v. Hoffmann/Thorn IPR § 8 Rn. 132.
> III. Bei der nach Art. 19 I 1 und 2 EGBGB ermittelten Rechtsordnung kann sich die **Vorfrage** stellen, ob das Kind ehelich geboren ist. Umstritten ist, ob diese Vorfrage selbstständig oder aber unselbstständig anzuknüpfen ist (vgl. zum Streitstand v. Hoffmann/Thorn IPR § 8 Rn. 127–129).
> IV. Zur Anknüpfung **bei Mehrstaatern, Staatenlosen, Flüchtlingen und Asylberechtigten** → Rn. 219 ff und Art. 5 EGBGB.

507

---

72 Siehe Palandt/*Thorn* EGBGB Art. 19 Rn. 9.

> V. Nur Verfahrensfragen regelt das **Römische CIEC-Übereinkommen** über die Erweiterung der Zuständigkeit der Behörden, vor denen **nichteheliche Kinder** anerkannt werden können v. 14. 9. 1961, BGBl. 1965 II 19, 1967 II 1162; *Jayme/Hausmann* Nr. 50; vgl. dazu Staudinger/ *Henrich* (2008) EGBGB Vorb. zu Art. 19 Rn. 3.
>
> VI. **Literatur**: *Mansel/Thorn* IPRax 2010, 12; *Looschelders* IPRax 1999, 420–426; *Andrae* IntFamR § 5 und § 6 (insbesondere zum KSÜ ab Rn. 125); umfassend die Kommentierung in Staudinger, EGBGB/IPR, Band ›Art 18, Anh. I–III zu Art. 18, Vorb. A + B zu Art. 19‹ (2003) sowie Band ›Art. 19–24‹ (2002). S. auch zum KSÜ: *Rauscher* NJW 2011, 2332, *Schulz* FamRZ 2011, 156 und *Wagner/Janzen* FPR 2011, 110.

2. Statusverändernde Rechtsvorgänge

508 Für die statusverändernden Rechtsvorgänge ist vorab auf **Art. 23 EGBGB** hinzuweisen. Danach ist auf die **Zustimmung des Kindes** (oder eines Dritten, das zu dem Kind in einem familienrechtlichen Verhältnis steht) zu bestimmten **statusverändernden Vorgängen** (Abstammungserklärung, Namenserteilung, Adoption) das **Heimatrecht** des Kindes zusätzlich (**kumulativ**) zum Hauptstatut anzuwenden (Art. 23 I 1 EGBGB). Dieses gilt sowohl für die Erforderlichkeit als auch für die Erteilung der Zustimmung. Ausnahmsweise ist zum Wohl des Kindes deutsches Recht anzuwenden (Art. 23 I 2 EGBGB).

Zunächst ist aber auch für alle statusverändernden Vorgänge das **Hauptstatut** zu bestimmen.

a) Legitimation

509 Im deutschen Kollisions- und Sachrecht ist das Rechtsinstitut der Legitimation im Zuge des Kindschaftsrechtsreformgesetzes (→ Rn. 507) im Jahre 1997 abgeschafft worden. Dennoch kann die Legitimation als Vorfrage weiterhin von Bedeutung sein, beispielsweise wenn nach ausländisch berufenem Recht ein Unterhaltsanspruch des Kindes von seiner ehelichen Abstammung abhängt. Das Legitimationsstatut wird dann durch unselbstständige Anknüpfung ermittelt.[73]

510 **Arbeitsblock** Literatur: *Andrae* IntFamR § 6 und § 7; Palandt/*Thorn* Art. 21 EGBGB; umfassend Staudinger/*Henrich* (2008) EGBGB Vorb. zu Art. 21 und Art. 21.

b) Adoption

aa) Rechtsquellen

511 Völkerrechtliche Quellen sind meist nicht zu beachten (Ausnahme: das Deutsch-iranische Niederlassungsabkommen v. 17. 2. 1929.[74]

Im Übrigen ist **Art. 22 EGBGB** als autonome Kollisionsnorm anzuwenden. Die Vorfrage, ob ein Kind minderjährig ist, ist nach Art. 7 EGBGB selbstständig anzuknüpfen.

---

73 *Henrich* IPRax 1999, 114 f.
74 RGBl. 1930 II 1006; BGBl. 1955 II 829 (*Jayme/Hausmann* Nr. 22 iVm dem Schlussprotokoll RGBl. 1930 II 1012).

bb) Anknüpfungsregeln

Die **Adoption durch Ehegatten** unterliegt dem nach Art. 14 I EGBGB im Zeitpunkt der Adoption maßgebenden **Ehewirkungsstatut** (Art. 22 I 2 EGBGB). Für alle **übrigen Fälle** gilt nach Art. 22 I 1 EGBGB das Heimatrecht des Annehmenden zum Zeitpunkt der Annahme. Das Adoptionsstatut ist in jedem Fall ab Vornahme der Adoption **unwandelbar**.[75]

512

Arbeitsblock

I. **Hinweis**: Art. 23 EGBGB ist ggf. zu beachten (→ Rn. 508).
II. Um **vereinheitlichtes Sachrecht** ohne eigene Rechtsanwendungsregeln (→ Rn. 275 ff.) handelt es sich bei dem **Europäischen Übereinkommen über die Adoption von Kindern** v. 24. 4. 1967, BGBl. 1980 II 1093, 1981 II 72. Das deutsche Adoptionsrecht entspricht dem Übereinkommen (vgl. v. *Bar/Mankowski* IPR I § 2 II 2 b Rn. 37 aE). Einheitliches Sachrecht und Verfahrensregeln enthält auch das **Haager Übereinkommen über den Schutz von Kindern und die Zusammenarbeit auf dem Gebiet der internationalen Adoptionen** v. 29. 5. 1993, BGBl. II 1035, das mit Wirkung zum 1. 3. 2002 für Deutschland in Kraft getreten ist (*Jayme/Hausmann* Nr. 223). Es gilt im Verhältnis zwischen Deutschland und über 55 Staaten, überwiegend in Europa, Nord- und Südamerika, Australien, Neuseeland und Indien, eingehend hierzu sowie zum Adoptionsübereinkommens-Ausführungsgesetz (*Jayme/Hausmann* Nr. 223 a): *Andrae* IntFamR § 7 Rn. 1–18.
III. **Literatur**: *Kropholler* IPR § 49 III, 419–422; *Kegel/Schurig* IPR § 20 XIII, 967–981; *Frank* StAZ 2003, 257–263; umfassend Staudinger/*Henrich* (2008) EGBGB Vorb. zu Art. 22 sowie Art. 22.

513

V. Vormundschaft und Pflegschaft

1. Rechtsquellen

Im IPR der Vormundschaft, Pflegschaft und Beistandschaft wird das autonome Recht weitgehend durch **völkerrechtliche Verträge**[76] verdrängt. Zu beachten sind insbesondere:

514

- das **Haager Kindesschutzübereinkommen** v. 19. 10. 1996;[77]
- das **Haager Minderjährigenschutzübereinkommen** v. 5. 10. 1961;[78] der sachliche Anwendungsbereich entspricht dem des Haager Kindesschutzübereinkommens;[79]
- das **Deutsch-iranische Niederlassungsabkommen** v. 17. 2. 1929;[80] es geht dem Minderjährigenschutzübereinkommen von 1961 nach dessen Art. 18 II vor.
- das **Haager Übereinkommen über den internationalen Schutz von Erwachsenen** v. 13. 1. 2000, das zum 1. 1. 2009 für die Bundesrepublik Deutschland in Kraft getreten ist (»ESÜ«).[81] Es ist bei internationalen Sachverhalten auf den Schutz Erwachsener anzuwenden, die aufgrund einer Beeinträchtigung oder Unzulänglichkeit ihrer persönlichen Fähigkeiten nicht in der Lage sind, ihre Interessen zu

---

75 *Ferid* IPR Rn. 8–370.
76 Ein Überblick zum Anwendungsbereich dieser völkervertraglichen Rechtsquellen findet sich bei MüKoBGB/*Klinkhardt* EGBGB Art. 24 Rn. 61 ff. sowie bei *Andrae* IntFamR § 6 Rn. 1 ff.
77 BGBl. 2009 II 602 (*Jayme/Hausmann* Nr. 53 mit Vertragsstaaten in Fn. 1); für die Anordnung von Vormundschaft, Pflegschaft oder Beistandschaft als Schutzmaßnahmen im Sinne des Übereinkommens vgl. *Andrae* IntFamR § 6 Rn. 9.
78 BGBl. 1971 II 219, 1150 (*Jayme/Hausmann* Nr. 52 mit Vertragsstaaten in Fn. 1).
79 *Andrae* IntFamR § 6 Rn. 9.
80 RGBl. 1930 II 1006, BGBl. 1955 II 829 (*Jayme/Hausmann* Nr. 22).
81 BGBl. 2007 I 314; abgedr. bei *Jayme/Hausmann* Nr. 20; vgl. zu den Mitgliedstaaten des *Status Table* des Übereinkommens unter www.hcch.net.

schützen (Art. 1 I ESÜ). Das ESÜ[82] ist gegenüber dem Deutsch-iranischen Niederlassungsabkommen nachrangig.

515 Soweit Staatsverträge nicht anzuwenden sind, zB weil ihr räumlicher Anwendungsbereich nicht eröffnet ist, ist **Art. 24 EGBGB** als Kollisionsnorm des autonomen Rechts heranzuziehen.

2. Anknüpfungsregeln

516
- Zum Kindesschutzübereinkommen und zum Minderjährigenschutzübereinkommen → Rn. 502, → Rn. 504 f.
- Im autonomen IPR richtet sich die **gesetzliche** Vormundschaft, Betreuung und Pflegschaft gem. Art. 24 I 1 EGBGB in vollem Umfang (also hinsichtlich **Entstehung, Änderung, Ende und Inhalt**) nach dem **Heimatrecht** des Mündels bzw. Pfleglings.

517 Bei der **angeordneten** Vormundschaft, Betreuung und Pflegschaft unterliegen **Entstehung, Änderung und Ende** nach Art. 24 I 1 EGBGB dem **Heimatrecht** des Mündels bzw. Betreuten oder Pfleglings, während der **Inhalt** nach Art. 24 III EGBGB dem **Recht des anordnenden Staates** unterliegt. Sonderregeln enthalten Art. 24 I 2 EGBGB für Ausländer mit (gewöhnlichem) Aufenthalt im Inland sowie Art. 24 II EGBGB für Abwesende und Unbekannte. Für **vorläufige Maßregeln** zur Vormundschaft, Betreuung und Pflegschaft gilt das Recht des anordnenden Staates (Art. 24 III EGBGB).

- Nach dem **ESÜ** wendet die für eine Erwachsenenschutzmaßnahme zuständige Stelle ihr eigenes Recht an (**Gleichlaufprinzip**; Art. 13 I ESÜ). Bei engerer Verbindung zum Recht eines Staates kann dieses gem. Art. 13 II ESÜ angewendet werden.

Arbeitsblock Literatur: *Andrae* IntFamR § 6; PWW/*Martiny* EGBGB Art. 24; Staudinger/*Henrich* (2008) EGBGB Vorb. zu Art. 24 sowie EGBGB Art. 24; Palandt/*Thorn* EGBGB Art. 24 und EGBGB Anh. zu Art. 24. Zum Kollisionsrecht der Vorsorgevollmacht vgl. *Röthel/Woitge* IPRax 2010, 494.

F. Erbrecht

I. Rechtsquellen

518 Das **Erbstatut** ist grundsätzlich nach **Art. 25 EGBGB** zu bestimmen; einige gem. Art. 3 II vorrangige völkerrechtliche Verträge regeln zumeist nur Teilbereiche (→ Rn. 520 a).

Für Verfügungen von Todes wegen ist Art. 26 EGBGB zu beachten. Dabei richtet sich die spezielle Frage nach dem auf die **Form** von Verfügungen von Todes wegen anwendbaren Recht nach dem **Haager Übereinkommen über das auf die Form letztwilliger Verfügungen anzuwendende Recht** v. 5. 10. 1961,[83] das jedoch Erbverträge nicht erfasst. Das Übereinkommen ist nach seinem Art. 6 eine *loi uniforme*. Daher bleibt wegen Art. 3 Nr. 2 EGBGB für die Anwendung von Art. 26 EGBGB

---

[82] Eine sehr eingehende Darstellung des ESÜ findet sich bei *Ludwig* DNotZ 2009, 251.
[83] BGBl. 1965 II 1145 (*Jayme/Hausmann* Nr. 60).

(dessen Absätze 1–3 dem Übereinkommen nachgebildet wurden) auf Formfragen nur insoweit Raum, als er Erbverträge betrifft (Art. 26 IV EGBGB).[84] Innerhalb des Anwendungsbereichs des Haager Übereinkommens ist der Rückgriff auf Art. 26 I–III EGBGB allenfalls zulässig, wenn dabei die staatsvertragliche Herkunft der Regelung und die daraus resultierenden Auslegungsbesonderheiten beachtet werden.

Am 14. 10. 2009 hat die Europäische Kommission einen *Vorschlag für eine Verordnung des Europäischen Parlaments und des Rates über die Zuständigkeit, das anzuwendende Recht, die Anerkennung und die Vollstreckung von Entscheidungen und öffentlichen Urkunden in Erbsachen sowie zur Einführung eines Europäischen Nachlasszeugnisses*[85] vorgelegt. Ein geänderter Entwurf wurde am 13. 3. 2012 durch das Europäische Parlament angenommen (»EuErbVO-V«).[86] Die Annahme durch den Ministerrat der EU wird für April 2012 erwartet (→ Rn. 520).

II. Anknüpfungsregeln

Erbstatut ist nach Art. 25 I EGBGB grundsätzlich das **Heimatrecht** des Erblassers 519 (Art. 5 EGBGB) im Zeitpunkt seines Todes. Dabei handelt es sich um eine Gesamtnormverweisung, sodass Rück- und Weiterverweisungen zu beachten sind (Art. 4 I 1 EGBGB). Das mit Hilfe von Art. 25 I EGBGB ermittelte Gesamtstatut kann durch das am Belegenheitsort eines Grundstücks geltende **Einzelstatut** verdrängt werden (→ Rn. 186 ff.). Für ein im Inland belegenes Grundstück kann der (ausländische) Erblasser nach Art. 25 II EGBGB durch Verfügung von Todes wegen die Anwendung deutschen Erbrechts **wählen** (einseitige Kollisionsnorm und Sachnormverweisung).

Für die Gültigkeit und die Bindungswirkung von Verfügungen von Todes wegen kommt es nach Art. 26 V 1 EGBGB auf das Recht an, das im Zeitpunkt der Errichtung der Verfügung (hypothetisches) Erbstatut nach Art. 25 I EGBGB gewesen wäre (sog. **Errichtungsstatut**). Für die Bestimmung des **Formstatuts** der Verfügung von Todes wegen knüpft Art. 1 I des Haager Übereinkommens **alternativ** (→ Rn. 39) an den Ort der Verfügung, die Staatsangehörigkeit, den Wohnsitz sowie den gewöhnlichen Aufenthalt des Erblassers oder – bei Grundvermögen – an den Belegenheitsort an.

Arbeitsblock
I. Zur Ergänzung
  1. Zum EuErbVO-V: 520
    a) Die künftige EuErbVO soll **in allen EU-Mitgliedstaaten** mit Ausnahme von England, Irland und Dänemark gelten (Erwägungsgründe 35, 36). Erstere können jedoch für ihre Anwendung optieren. Sachlich soll sie auf die **Rechtsnachfolge von Todes wegen** Anwendung finden, wobei ein Negativkatalog bestimmte Rechtsfragen ausnimmt (Art. 1 I 1, III EuErbVO-V). Sie soll loi uniforme sein (Art. 15 a EuErbVO-V).
    b) Anders als nach Art. 25 I EGBGB, nach dem das Heimatrecht des Erblassers zum Todeszeitpunkt maßgeblich ist, soll die Rechtsnachfolge von Todes wegen nach Art. 16 I EuErbVO-V an das **Recht des gewöhnlichen Aufenthaltsortes** des Erblassers im Todes-

---

84 Vgl. *Mansel* StAZ 1986, 315; *Siehr* IPRax 1987, 4, 6; aA Palandt/*Thorn* Art. 26 EGBGB Rn. 1.
85 KOM (2009) 154 endgültig (*Jayme/Hausmann* Nr. 61), dazu mwN *Mansel/Thorn/Wagner* IPRax 2010, 1 (10); *Kindler* IPRax 2010, 44–50.
86 Europäisches Parlament, Plenarsitzungsdokument Nr. A 7-0045/2012.

zeitpunkt geknüpft werden. Besteht eine offensichtlich engere Verbindung zu einem anderen Staat als dem des gewöhnlichen Aufenthalts, so ist das Recht dieses Staates anzuwenden (Art. 16 II EuErbVO-V). Es besteht jedoch die Möglichkeit, das **Heimatrecht zu wählen** (Art. 17 EuErbVO-V). Teilweise kann es zu einer Anwendung des **Belegenheitsrechts** kommen (Art. 22 EuErbVO-V). Der **Begriff des gewöhnlichen Aufenthalts** ist im EuErbVO-V nicht definiert. Erwägungsgründe 12–12 b enthalten jedoch Leitlinien zur Bestimmung des gewöhnlichen Aufenthalts.

c) Der **Erbvertrag** wird in Art. 19 b EuErbVO-V geregelt: Ein Erbvertrag über den Nachlass **einer Person** unterliegt dem hypothetischen Erbstatut, das im Zeitpunkt der Errichtung gegolten hätte. Ein Erbvertrag, durch den sich mehrere Personen binden ist nur zulässig, wenn er nach dem hypothetischen Erbstatut jeder dieser Personen im Zeitpunkt der Errichtung zulässig gewesen wäre (Art. 19 II Unterabs. 1). Die materielle Wirksamkeit und die Bindungswirkungen unterliegen demjenigen der nach Art. 19 II Unterabs. 1 bestimmten Rechte, zu dem der Erbvertrag die engste Bindung hat.

d) Für die **Form** von Verfügungen von Todes wegen sieht Art. 19 d EuErbVO-V mehrere Anknüpfungsalternativen vor.

e) Art. 36 ff. EuErbVO-V sehen die Einführung eines **Europäischen Nachlasszeugnisses** vor, das neben den nationalen Zeugnissen (Erbschein) stehen und gemeinschaftsweit als Nachweis der Stellung als Erbe, Vermächtnisnehmer und der Befugnisse des Testamentsvollstreckers oder Fremdverwalters gelten soll. Der Vorschlag enthält ein Formblatt für die Erstellung des Nachlasszeugnisses. Die zwingenden Angaben ergeben sich aus Art. 41 EuErbVO-V. Nach Art. 42 EuErbVO-V wird die inhaltliche Richtigkeit des Zeugnisses vermutet, sodass zB mit befreiender Wirkung an die im Zeugnis als berechtigt angegebene Person geleistet werden kann, es sei denn der Leistende kannte die inhaltliche Unrichtigkeit des Zeugnisses oder hat diese grob fahrlässig nicht gekannt.

f) Die EuErbVO soll 20 Tage nach Verkündung in Kraft treten und 36 Monate nach Inkrafttreten gelten (Art. 51 EuErbVO-V). Sie wird damit frühestens auf Erbfälle ab 2015 Anwendung finden.

520a 2. Einige **völkerrechtliche Verträge** (zB Abkommen mit der Türkei und dem Iran) regeln zumeist nur einzelne Aspekte des internationalen Erbrechts wie zB die **Testierfähigkeit**; vgl. dazu die Übersicht bei Staudinger/*Dörner* (2007) EGBGB Vorb. zu Art. 25 f. Rn. 21–209.

521 3. Zur **Reichweite** des Erbstatuts: PWW/*Freitag* EGBGB Art. 25 Rn. 12–32, Palandt/*Thorn* EGBGB Art. 25 Rn. 10 ff.; umstritten ist zB, ob die Testierfähigkeit vom Erbstatut erfasst wird.

522 4. Teilweise ist die **Abgrenzung** des **Erbstatuts zu anderen Statuten** schwierig, zB die Abgrenzung zum Güterrechtsstatut beim Zugewinnausgleich nach § 1371 I BGB, zum Gesellschaftsrechtsstatut oder zum Vertragsstatut zB bei Schenkungen von Todes wegen, hierzu eingehend PWW/*Freitag* EGBGB Art. 25 Rn. 27 ff. Für die Abgrenzung des Erbstatuts zum Vertragsstatut ist zu beachten, dass das Schuldstatut von der Rom I-VO geregelt wird und die Auslegungskompetenz daher beim EuGH liegt. Dies hat in der Abgrenzung der beiden Statute zur Folge, dass eine Entscheidung des EuGH, dass eine bestimmte Frage nicht vom Vertragsstatut erfasst wird, bewirkt, dass diese Frage zwingend unter das Erbstatut fällt (vgl. PWW/*Freitag* EGBGB Art. 25 Rn. 30).

5. Für die **Todeserklärung** wird nach Art. 9 S. 1 EGBGB im Regelfall an die Staatsangehörigkeit des Verschollenen angeknüpft (vgl. *Lüderitz* IPR Rn. 231).

523 6. **Praktischer Hinweis**: Die im Ausland von Konsularbeamten beurkundeten Testamente (**Konsulartestamente**) und Erbverträge stehen den von einem inländischen Notar aufgenommenen Urkunden gleich (§ 10 II Konsulargesetz, BGBl. I 2317, vgl. Palandt/*Edenhofer* vor § 2229 Rn. 3).

524 7. Beim **gemeinschaftlichen Testament** kommt es auf das Heimatrecht beider Erblasser an (zu sich daraus ergebenden Angleichungsschwierigkeiten vgl. OLG Zweibrücken FamRZ 1992, 608 [609 f.]: Zu einem gemeinschaftlich von einem deutschen und einem jugoslawischen Staatsangehörigen errichteten Testament.).

8. Bei der **eingetragenen Lebenspartnerschaft** ist nach Art. 17 b I 2 Hs. 1 EGBGB für gesetzliche Erbansprüche das von Art. 25 EGBGB berufene Erbstatut maßgebend. Gewährt dies dem Lebenspartner kein gesetzliches Erbrecht, finden die Sachvorschriften des registerführenden Staates Anwendung, Art. 17 I 2 Hs. 2 EGBGB; eingehend *Henrich* FamRZ 2000, 137. Soweit ausländisches Recht berufen ist, wird das Erbrecht des Lebenspartners durch Art. 17 IV EGBGB auf das Maß des deutschen Rechts beschränkt.

9. **Erbscheinsarten**: Im IPR sind der Eigenrechtserbschein (§ 2353 BGB), der gegenständliche beschränkte Eigenrechtserbschein (§ 2353 BGB), der gegenständlich beschränkte Fremdrechtserbschein (§ 2369 BGB) sowie der gemischte Erbschein zu unterscheiden, vgl. *Kropholler* IPR § 51 VI 3, 450–451. Zum Europäischen Nachlasszeugnis → Rn. 520.

10. Zum *ordre public* im Erbrecht *Looschelders* IPRax 2009, 246.

11. Literatur: *Kropholler* IPR § 51 I–IV, S. 433–444; *Ferid* IPR Rn. 9-1 bis 9–104.

II. Zur Vertiefung
    Literatur:
    a) Zum EGBGB: *Kegel/Schurig* IPR § 21 I–III, 995–1016 mit umfangreichen Literaturhinweisen; eine deutsche Darstellung des Erbrechts fremder Staaten geben *Ferid/Firsching* Internationales Erbrecht (Nachlieferung: Oktober 2011); zum Qualifikationsproblem bei der Konkurrenz zwischen Erbstatut und Güterrechtsstatut → Rn. 166 ff.
    b) Zum Entwurf der EuErbVO v. 14. 10. 2009: *Wagner* DNotZ 2010, 506, Rauscher/*Rauscher* Bd. 4, Einl. EG-ErbVO-E, *Buschbaum/Kohler* GPR 2010, 106 und 162, *Majer* ZEV 2011, 445 (zu Drittstaatensachverhalten).

525

G. Gesellschaftsrecht

Das Internationale Gesellschaftsrecht bestimmt das anwendbare Recht für die Rechtsverhältnisse von Kapitalgesellschaften oder Personengesellschaften, die mit eigener Organisationsstruktur nach außen hervortreten (zB KG, oHG, zum Teil auch BGB-Gesellschaft). Das mit Hilfe des Internationalen Gesellschaftsrechts ermittelte Gesellschaftsstatut betrifft alle gesellschaftsrechtlichen Fragen vom Beginn bis zum Ende einer Gesellschaft: zB Rechtsfähigkeit, Firmierung, Befugnisse der Organe (›**Einheitslehre**‹.[87] Einige Einzelfragen (zB die **Vorfrage** nach der Geschäftsfähigkeit der Gesellschaftsgründer) sind gesondert anzuknüpfen; zum Teil sind **fremdenrechtliche Regelungen** (zB §§ 13 d–g HGB) heranzuziehen.

526

Arbeitsblock (zur Ergänzung) Für eine tabellarische Übersicht über die **Reichweite des Gesellschaftsstatuts**: PWW/*Brödermann/Wegen* IntGesR Rn. 9 f.

I. Rechtsquellen

Im Internationalen Gesellschaftsrecht ist zurzeit streng danach zu unterscheiden, ob die zu lösende gesellschaftsrechtliche Frage einen EU-Bezug oder Bezug zu einem Drittstaat hat. Für den Binnenmarkt gelten andere Anknüpfungsregeln.

527

1. Innerhalb der EU und des EWR

Innerhalb der EU ist für (noch seltene) unionsrechtliche Gesellschaftsformen unionsrechtliches IPR anzuwenden. In der Regel ist für Fälle mit Bezug zu verschiedenen

528

---

87 BGHZ 25, 134 (144) = IPRax 2000, 423 (424) – Überseering I.

Mitgliedstaaten der EU auf von der **Rspr. des EuGH**[88] im Grundsatz entwickelte, vom **BGH**[89] in das Internationale Gesellschaftsrecht iSe übertragene und vom EuGH fortentwickelte Grundsätze[90] zurückzugreifen, die sich aus den Regelungen zur **Niederlassungs- und Dienstleistungsfreiheit** (Art. 54, 62 AEUV)[91] sowie zur **Warenverkehrsfreiheit** (Art. 34 AEUV) ergeben. Am 20. 2. 2012 hat die EU-Kommission ein Konsultationspapier zum Europäischen Gesellschaftsrecht veröffentlicht.[92] Ziel der Konsultation ist es, eine Modernisierung des Europäischen Gesellschaftsrechts vorzuweisen. Im **EWR** – und damit im Verhältnis zu **Island, Liechtenstein** und **Norwegen** – gelten diese Grundsätze entsprechend, da das EWR-Übereinkommen entsprechende Bestimmungen zu den Grundfreiheiten enthält.[93]

2. Außerhalb der EU und des EWR (Drittstaatenbezug)

529 Für gesellschaftsrechtliche Fragen mit Bezug zu einem Drittstaat (außerhalb der EU und des EWR) ist jeweils eingehend zu prüfen, ob ein bilateraler Staatsvertrag einschlägig ist. Unionsrechtliches IPR besteht insoweit nicht.

a) Im Anwendungsbereich eines bilateralen Staatsvertrages

530 Völkerrechtliches Internationales Gesellschaftsrecht ist oft versteckt in bilateralen Investitionsschutzabkommen enthalten. Im Verhältnis zu den über **50 Einzelstaaten der USA** ist – innerhalb seines sachlichen Anwendungsbereiches[94] – der **Deutsch-Amerikanische Freundschafts-, Handels- und Schifffahrtsvertrages**[95] v. 29. 10. 1954 zu beachten (→ Rn. 536). Im Verhältnis zu **ca. 40 weiteren asiatischen, afrikanischen und latein-amerikanischen Staaten** – unter anderem China, Hongkong, Indien, Israel, Malaysien, Singapur[96]– sind nach Art. 3 Nr. 2 EGBGB vorrangig anwendbare **Staatsverträge mit internationalprivatrechtlich konstitutiver Bedeutung** (→ Rn. 535 f.) heranzuziehen. Häufig handelt es sich um bilaterale **Investitionsschutzabkommen mit einem sehr weit gefassten Anwendungsbereich**, der ggf. auch Beteiligungen an Gesellschaften, Ansprüche auf Geld und vertragliche Leistungen, die einen wirtschaftlichen Wert haben, sowie geistiges Eigentum als ›Investition‹ umfasst.[97] Ergänzend sind bilaterale **Staatsverträge »mit deklaratorischer Bedeutung«** (→ Rn. 537) zu beachten, etwa im Verhältnis zu Ägypten oder Thailand.[98]

> **Arbeitsblock (zur Ergänzung) Literatur:**
> 1. Nachweise bei Soergel/*Lüderitz* EGBGB Art. 10 Anh. Rn. 12 ff.; vgl. auch *Beitzke*, Einige Bemerkungen zur Rechtsstellung ausländischer Gesellschaften in deutschen Staatsverträgen, FS Luther, 1976, 1–20.

---

88 EuGH 9. 3. 1999 – C-212/97, Slg. 1999 I-1459, NJW 1999, 2027 – Centros; EuGH 5. 11. 2002 – C-208/00, Slg. 2002 I-9919, NJW 2002, 3614 – Überseering.
89 Jüngst BGH RIW 2011, 800 ff. (mit einer Zusammenfassung zum IPR des Gesellschaftsrecht ab Rn. 14).
90 EuGH 30. 9. 2003 – C-167/01, Slg. 2003 I-10155 = NJW 2003, 3331 – Inspire Art.
91 PWW/*Brödermann/Wegen* IntGesR Rn. 11.
92 Abrufbar unter http://ec.europa.eu/yourvoice/ipm/forms/dispatch?form=companylaw2012.
93 PWW/*Brödermann/Wegen* IntGesR Rn. 11.
94 Vgl. in diesem Sinne BSozG 12. 1. 2011 – B 12 KR 17/09 r Rz 36.
95 BGBl. 1956 II 487 (500).
96 PWW/*Brödermann/Wegen* IntGesR Rn. 24 f.
97 PWW/*Brödermann/Wegen* IntGesR Rn. 24 f.
98 PWW/*Brödermann/Wegen* IntGesR Rn. 26.

2. **Speziell zur Auffindung einschlägiger bilateraler Staatsverträge:** Spahlinger/Wegen/*Spahlinger* Rn. 259 f. (mit nützlicher Übersicht für 41 Staaten in Rn. 260); MüKoBGB/*Kindler* IntGesR Rn. 309; PWW/*Brödermann/Wegen* IntGesR Rn. 23–27.

b) Nationale Rechtsprechung

Im Verhältnis zu (ca. 130) weiteren Staaten kommt autonomes deutsches Internationales Gesellschaftsrecht zur Anwendung. Mangels Kodifikation ist auf die von der deutschen Rspr. entwickelten Grundsätze zurückzugreifen.[99] 531

> **Hinweis:** Ein Anfang Januar 2008 vorgelegter Referentenentwurf für ein Gesetz zum Internationalen Privatrecht der Gesellschaften, Vereine und juristischen Personen (RefE GesR),[100] der an das Registerrecht, hilfsweise das Gründungsrecht anknüpfen wollte (Entwurf von Art. 10 I EGBGB) hat sich nicht durchgesetzt.

II. Anknüpfungsregeln

1. Innerhalb der EU und des EWR

Im Geltungsbereich des Vertrages über die Arbeitsweise der Europäischen Union (ex EG-Vertrag, → Rn. 8) und des Vertrags über den europäischen Wirtschaftsraum bestimmt sich das Gesellschaftsstatut nach der Rechtsprechung des (Europäischen) Gerichtshofs (→ Rn. 528) und des BGH (→ Rn. 528) nach der **Gründungstheorie**. Maßgebend ist das Recht, nach dem bereits die Gründung der Gesellschaft vollzogen wurde (meist das Recht des satzungsmäßigen Sitzes.).[101] 532

> **Arbeitsblock (zur Ergänzung)**
> I. **Ausschluss des *renvoi*:** Wird das Gesellschaftsstatut für eine Gesellschaft im Anwendungsbereich des EU-Vertrages oder des EWR-Übereinkommens bestimmt, ist ein *renvoi* ausgeschlossen. Die in → Rn. 103 f. zum kodifizierten unionsrechtlichen IPR angestellten Überlegungen müssen für die Anwendung des (auf den Bestimmungen der Niederlassungs- und Dienstleistungsfreiheit fußenden) unionsrechtlichen Richterrechts entsprechend geltend: Auch hier gebietet die Suche nach dem »effet utile« das Verständnis als Sachnormverweisung (strittig; im Ergebnis wie hier auch PWW/*Brödermann/Wegen* IntGesR Rn. 17 mit noch zu nationaler Argumentation aus Art. 4 I 1 EGBGB; dagegen MüKoBGB/*Kindler* IntGesR Rn. 407). 533
> II. **Unionsrechtliches IPR für unionsrechtliche Gesellschaftsformen:** Unionsrechtliche Verordnungen über europäische Gesellschaftsrechtsformen enthalten neben – nach Art. 288 II AEUV vorrangigen – Regelungen zum unionsrechtlichen Sachrecht auch unionsrechtliches IPR: So 534
> • die Verordnung (EWG) Nr. 2137/85 über die Schaffung einer **Europäischen Wirtschaftlichen Interessenvereinigung** (EWIV-Verordnung) v. 25. 7. 1985, ABl. EWG L 199, 1, abgedr. bei v. *Borries/Winkel*, Europäisches Wirtschaftsrecht, Loseblatt, Stand 2011, Nr. 315, und
> • die Verordnung (EG) Nr. 2157/2001 des Rates v. 8. 10. 2001 über das Statut der Europäischen Gesellschaft **Societas Europae** (SE), ABl. EG L 294, 1.
> Soweit unionsrechtliches einheitliches Gesellschaftsrecht zur Anwendung kommt, bleibt kein Raum für eine IPR-Prüfung (→ Rn. 275). Das einheitliche Sachrecht regelt aber meist nicht alle für die Falllösung wichtigen Fragen, sodass eine IPR-Prüfung erforderlich wird. Für viele Fragen

---

99 PWW/*Brödermann/Wegen* IntGesR Rn. 28–31.
100 Literatur zu dem Gesetzesentwurf *Wagner/Timm* IPRax 2008, 81 ff.; *Bollacher* RIW 2008, 200 ff.
101 Meist das Recht des satzungsmäßigen Sitzes, vgl. *Lüderitz* IPR Rn. 237.

> enthalten diese Verordnungen dazu einschlägige Verweisungen. So bestimmt Art. 19 I Unterabs. 2 EWIV-Verordnung, dass Geschäftsführer einer EWIV nicht Personen sein können, »die
> - nach dem auf sie anwendbaren Recht oder
> - nach dem innerstaatlichen Recht des Staates des Sitzes der Vereinigung oder
> - aufgrund einer in einem Mitgliedstaat ergangenen oder anerkannten gerichtlichen Entscheidung oder Verwaltungsentscheidung
> - dem Verwaltungs- oder Leitungsorgan von Gesellschaften nicht angehören dürfen, Unternehmen nicht leiten dürfen oder nicht als Geschäftsführer einer Europäischen Wirtschaftlichen Interessenvereinigung handeln dürfen«. Nach dieser Bestimmung hängen die an EWIV-Geschäftsführer zu stellenden Anforderungen vom Ergebnis mehrerer kumulativ durchzuführender Prüfungen ab. Unter anderem ist nach der im zweiten Spiegelstrich enthaltenen Bestimmung eine Prüfung nach dem innerstaatlichen Recht des Sitz-Staates vorzunehmen: Die Norm verknüpft den Anknüpfungsgegenstand der ›an einen Geschäftsführer zu stellenden persönlichen Voraussetzungen‹ im **zweiten** Spiegelstrich mit dem Anknüpfungspunkt ›Sitz der Vereinigung‹. S. vertiefend *Meyer-Landrut* Europ. Wirtschaftl. Interessenvereinigung 15 ff.; *Brödermann/Iversen* Europ. GemeinschaftsR und IPR Rn. 310 ff. und 399 ff.

2. Außerhalb der EU und des EWR (Drittstaatenbezug)

535 Bei Fällen mit Drittstaatenbezug gelten unterschiedliche Regeln, je nachdem, ob ein bilateraler Staatsvertrag anwendbar ist.

a) Im Anwendungsbereich eines bilateralen Staatsvertrages

536 Die Gründungstheorie gilt **kraft bilateralen Staatsvertrages** im Verhältnis zu den über 50 Einzelstaaten der **USA**. Nach Art. XXV Abs. 5 des **Deutsch-Amerikanischen Freundschafts-, Handels- und Schifffahrtsvertrages** v. 29. 10. 1954 (→ Rn. 530) ist das **Gründungsrecht** anzuwenden.[102]

537 Im Verhältnis zu ca. 40 weiteren Staaten wie **China, Hongkong, Indien, Israel, Malaysien, Singapur** (→ Rn. 530) gilt ebenfalls das Gründungsrecht in dem vom bilateralen Abkommen vorgegebenen sachlichen Rahmen,[103] Bilaterale Investitionsschutzabkommen mit kollisionsrechtlich konstitutiver Bedeutung[104] räumen Gesellschaften **aus dem jeweiligen Vertragsstaat** Rechte ein, wenn sie **nach den dort geltenden Gesetzen gegründet und errichtet und/oder eventuell auch eingetragen** worden sind (und die Rechtsfrage, um die es geht, vom Anwendungsbereich des Abkommens erfasst wird, → Rn. 543): Insoweit ist das Gründungsrecht maßgeblich (→ Rn. 543);[105] für die deutschen Gesellschaften schreiben diese Abkommen hingegen die Anknüpfung an die Sitztheorie vor (→ Rn. 540; s. meist Art. 1 Nr. 4 a dieser Abkommen).

538 Die staatsvertraglichen Verweisungen sind als **Sachnormverweisungen** zu verstehen (→ Rn. 101).[106]

539 **Hinweis:** Im Gegensatz zu den soeben dargestellten bilateralen Investitionsschutzabkommen mit kollisionsrechtlich konstitutiver Bedeutung enthalten andere Investitionsschutzabkommen so weite Formulierungen zum Gesellschaftsrecht, dass sich daraus keine konstitutiven Vorgaben für die

---

102 Vgl. dazu *Ebenroth/Bippus* NJW 1988, 2137 sowie BGH IPRax 2003, 265 f.
103 Vgl. in diesem Sinne BSozG 12. 1. 2011 –B 12 KR 17/09 r Rz 36.
104 Arg. BGHZ 153, 353 (355); MüKoBGB/*Kindler* IntGesR Rn. 306, 309; PWW/*Brödermann/Wegen* IntGesR Rn. 24.
105 S. meist Art. 1 Nr. 4 b dieser Abkommen; PWW/*Brödermann/Wegen* IntGesR Rn. 24.
106 Siehe PWW/*Brödermann/Wegen* IntGesR Rn. 27.

internationalprivatrechtliche Anknüpfung des Gesellschaftsstatuts ergeben (**Staatsverträge mit deklaratorischer Bedeutung**, so etwa die Abkommen mit Ägypten und Thailand (PWW/*Brödermann/Wegen* IntGesR Rn. 26 mit beispielhaftem Zitat)). Hier muss man im Einzelfall genau recherchieren (→ Rn. 530 [Literaturtipps]).

b) Nationale Rechtsprechung

Das Gesellschaftsstatut bzw. Personalstatut von Gesellschaften, die aus Ländern **außerhalb (i)** des Geltungsbereiches des **EU-Vertrags** und des **EWR-Vertrags** oder **(ii)** des Anwendungsbereichs eines einschlägigen Investitionsschutzabkommens (**Staatsvertrag mit internationalprivatrechtlich konstitutiver Bedeutung**) stammen, wird nach der deutschen Rechtsprechung und hM durch den **Sitz der Hauptverwaltung** bestimmt. Entscheidend ist das Recht am Ort des **effektiven Verwaltungssitzes** (sog. **Sitztheorie**).[107] Dabei wird auf den Ort, ›wo die grundlegenden Entscheidungen der Unternehmensleitung effektiv in laufende Geschäftsführungsakte umgesetzt werden‹[108] abgestellt. Liegt der effektive Verwaltungssitz außerhalb des Staates, nach dessen Recht eine Gesellschaft gegründet wurde:

540

Beispiel: Liegt der tatsächliche Hauptverwaltungssitz einer deutschen GmbH im Ausland, ist nach der Sitztheorie das Recht des Sitzstaates anzuwenden; dabei ist ggf. ein *renvoi* des Internationalen Gesellschaftsrechts des Sitzstaates auf das deutsche Gründungsrecht zu beachten.

Unter dem Einfluss der Rechtsprechung des EuGH (→ Rn. 550 ff.) wird in der Literatur ein genereller Übergang zur **Gründungstheorie** vertreten.[109] Dies würde – wie auch der gescheiterte Referentenentwurf (→ Rn. 531) – die aktuelle Unterscheidung im Gesellschaftsrecht je nach einschlägiger Rechtsquelle überwinden.

541

Besonderheiten:

542

- Das Gesellschaftsstatut bestimmt mit der Entscheidung über die Rechtsfähigkeit insbesondere auch über die Frage der **Parteifähigkeit** einer Gesellschaft (vgl. § 50 ZPO). Besitzt eine Gesellschaft nach ihrem vom IPR berufenen ausländischen Gesellschaftsstatut Rechtsfähigkeit, so ist sie im Inland rechtsfähig, ohne dass es eines förmlichen Anerkennungsaktes bedürfte.
- Die **Verlegung des Sitzes** bewirkt bei Anwendung der **Sitztheorie** auf Gesellschaften aus Drittstaaten einen **Statutenwechsel**.[110] Bei einer Sitzverlegung in die Bundesrepublik ist daher in der Regel eine **Neugründung** erforderlich, um die Erfordernisse des deutschen Rechts (zB Eintragung einer GmbH) zu erfüllen.[111]

Arbeitsblock

I. Zur Ergänzung

1. **Rechtsvergleichung**: Zahlreiche europäische Staaten (Belgien, Frankreich, Griechenland, Italien, Luxemburg, Portugal, Spanien) folgen in ihrem autonomen IPR der Sache nach ebenfalls der **Sitztheorie** (wenn das internationalprivatrechtliche Thema der Bestimmung des auf die Frage der Rechtsfähigkeit anwendbaren Rechts zum Teil – im romanischen Rechtsverständnis – auch ausschließlich als ein Thema der ›Anerkennung‹ behandelt wurde (dazu vertiefend

543

---

107 Vgl.BGHZ 178, 192 ff.; 97, 269 (271); OLG Hamburg NJW 1986, 2199.
108 BGHZ 97, 269 (271).
109 So beispielsweise *Behrens* IPRax 2003, 193; *Eidenmüller* ZIP 2002, 2231 (2244); *Leible/Hoffmann* ZIP 2003, 923 (930).
110 OLG München NJW 1986, 2197; *Ebenroth* JZ 1988, 18 (25).
111 BGHZ 97, 269 (271 f.); *Kegel/Schurig* IPR § 17 II 2, 518 f.

Brödermann/Iversen Europ. GemeinschaftsR und IPR Rn. 133–137 sowie Rn. 149, Fn. 289, und Rn. 134, 141 zur Geltung der Sitztheorie in anderen europäischen Staaten). In anderen Staaten (insbesondere im anglo-amerikanischen Rechtskreis und in Dänemark, Großbritannien, Irland und den Niederlanden) folgt man für die Bestimmung des Gesellschaftsstatuts bereits seit langem der **Gründungstheorie** (Staudinger/*Großfeld* (2002) IntGesR Rn. 31 ff. und *Großfeld* Int. UnternehmensR 28–34; vgl. zum amerikanischen Recht *Ebenroth/Einsele* ZVglRWiss 87 [1988] 217). Für die genannten europäischen Staaten: in: *Brödermann/Iversen* Europ. GemeinschaftsR und IPR Rn. 148 mwN).

544 2. *Renvoi*: Verweist das autonome deutsche richterliche Internationale Gesellschaftsrecht auf ein fremdes Recht, so ist ggf. die **Rück- oder Weiterverweisung** zu beachten (Art. 4 I EGBGB; vgl. Palandt/*Thorn* EGBGB Anh. zu Art. 12 Rn. 4). Gerichtserprobtes Beispiel aus der Praxis: Für die Beurteilung einer nach dem Recht von Anguilla (kleine Antillen) gegründeten Gesellschaft, deren Verwaltungssitz in Manila (Philippinen) liegt, verweist die deutsche Sitztheorie auf das philippinische Recht; dieses verweist weiter ins anguillanische Recht, das die Verweisung annimmt (OLG Hamburg Urt. v. 7. 8. 2003 - 10 U 13/0 – 418 O 81/00).

545 3. Zur **Anerkennung** der Rechtsfähigkeit ausländischer Gesellschaften bedarf es in einigen Staaten teilweise eines besonderen Anerkennungsaktes (vgl. zB für Frankreich *Brödermann/Iversen* Europ. GemeinschaftsR und IPR Rn. 133 ff.; *Batiffol/Lagarde* DIP I Rn. 201; nach deutschem Verständnis stellt sich die Frage der Anerkennung nicht: Wurde die Gesellschaft nach dem mit Hilfe des IPR berufenen Rechts wirksam errichtet, ist sie grundsätzlich existent und bedarf keiner besonderen Anerkennung. Daher wurde eine Reihe von **völkerrechtlichen Verträgen** geschlossen, die das Problem der Anerkennung regeln (→ Rn. 530, → Rn. 536 f.).

546 4. **Zum deutschen Theorienstreit** (für das Internationale Gesellschaftsrecht in Fällen mit Bezug zu Drittstaaten außerhalb der EU und des EWR, mit denen die Bundesrepublik Deutschland keinen einschlägigen Staatsvertrag abgeschlossen hat): Die unterschiedlichen Positionen zur Anknüpfung (→ Rn. 540) haben in Deutschland zu einem Theorienstreit geführt, der aber in der Praxis durch die *Trabrennbahn*-Entscheidung des BGH (→ Rn. 540) zunächst zugunsten der Sitztheorie entschieden ist:

- Wesentliches Ziel der Anwendung der **Sitztheorie** ist es sicherzustellen, dass die Gläubiger der Gesellschaft möglichst stets eine **hinreichende Haftungsmasse** erhalten und im Zweifel beim Auseinanderfallen von Verwaltungssitz und Gründungsrecht die persönliche Haftung der Gesellschafter Platz greift. Aus diesem Grund folgten auch andere europäische Staaten (Belgien, Frankreich, Griechenland, Italien, Luxemburg, Portugal, Spanien) in ihrem autonomen IPR der Sache nach der Sitztheorie (wenn das internationalprivatrechtliche Thema der Bestimmung des auf die Frage der Rechtsfähigkeit anwendbaren Rechts zum Teil – im romanischen Rechtsverständnis – auch ausschließlich als ein Thema der ›Anerkennung‹ behandelt wurde (dazu vertiefend *Brödermann/Iversen* Europ. GemeinschaftsR und IPR Rn. 133–137 sowie Rn. 149, Fn. 289, und Rn. 134, 141 zur Geltung der Sitztheorie in anderen europäischen Staaten).

547 - Die **Gründungstheorie** hat zur Folge, dass die Gesellschafter bei der Gründung einer Gesellschaft frei entscheiden können, welches Recht die Gesellschaft beherrschen soll. In der deutschen Literatur wird die Gründungstheorie zum Teil in eingeschränkter Form vertreten: Vgl. Hachenburg/Ulmer/*Behrens* Einleitung Rn. 128 und in *Behrens* IPRax 2003, 193 (206) (Anwendung zwingender Schutzvorschriften des Sitzstaates nicht grundsätzlich, sondern nur nach einer Bedarfsprüfung im Einzelfall); *Sandrock* ZVglRWiss 102 (2003) 447 (der im Ergebnis die Möglichkeiten des *ordre public*-Vorbehalts in besonderem Maße im Internationalen Gesellschaftsrecht nutzen möchte, vgl. *Behrens* IPRax 2003, 193 [206]); *Zimmer*, Internationales Gesellschaftsrecht, 1996 (grundsätzlich Gründungsrecht, aber bei rein ›pseudo-ausländischen‹ Gesellschaften Inlandsrecht). Vgl. im Übrigen den Überblick zu Modifikationen der Gründungstheorie bei MüKoBGB/*Kindler* IntGesR Rn. 367–399.

548 5. **Zur Überwindung der gespaltenen Anknüpfung** im Internationalen Gesellschaftsrecht: Vor dem Hintergrund, dass sowohl für alle in einem anderen Mitgliedstaat der EU oder des EWR (→ Rn. 312) gegründeten Gesellschaften als auch für alle in den USA und zahlreichen weiteren Staaten gegründeten Gesellschaften die Gründungstheorie anzuwenden ist (→ Rn. 532), sollte sich die Rechtsprechung der **allgemeinen Anwendung der Gründungstheorie** gegenüber **allen** ausländischen Gesellschaften öffnen (in diesem Sinne Behrens IPRax 2003, 193 [205 f.]). Dies entspricht dem Grundgedanken der World Trade Organization (WTO), die für einen globalen Wettbewerb steht. Hierfür streiten auch praktische Gründe des einheitlichen Umgangs mit ausländischen Gesellschaften. Missbrauch, der Gläubiger gefährdet, kann zB auf der gesellschaftsrechtlichen Ebene begegnet werden (*fraus omnia corrumpit*).

6. Für **Tochtergesellschaften** als selbstständige Rechtssubjekte ist auf den Sitz der Tochtergesellschaft abzustellen (*Ebenroth* JZ 1988, 18 [23] [unter c, dd]). Zum **Konzernkollisionsrecht** vgl. *Ebenroth* JZ 1988, 75; Staudinger/*Großfeld* (2002) IntGesR Rn. 556–604.

7. Literatur
   a) **allgemein**: *Kindler* IPRax 2009, 189 ff.; *Behrens* IPRax 2003, 193; *Kindler* NJW 2003, 1073; *Zimmer* BB 2003, 1; PWW/*Brödermann/Wegen* IntGesR Rn. 9 f. (mit einer ausführlichen tabellarischen Zusammenfassung für die jeweiligen gesellschaftsrechtlichen Einzelfragen); Staudinger/*Großfeld* (2002) IntGesR; MüKoBGB/*Kindler* IntGesR Rn. 331–405; UHW/*Behrens* Einleitung B.
   b) **speziell zur Anwendung der bilateralen Staatsverträge**: Spahlinger/Wegen/*Spahlinger* Rn. 259 f. (mit nützlicher Übersicht für 41 Staaten in Rn. 260); MüKoBGB/*Kindler* IntGesR Rn. 309; PWW/*Brödermann/Wegen* IntGesR Rn. 23–27.

II. Zur Vertiefung

1. Zum Hintergrund der Entwicklung der europäischen Rechtsprechung:
   a) Die **Diskrepanz im nationalen IPR** der Mitgliedstaaten (→ Rn. 450 f.) bewirkte faktisch, dass dieselbe Gesellschaft unter bestimmten Umständen (zB Gründung in den Niederlanden und Verwaltungssitz in Düsseldorf) in einem Teil der EU handeln konnte und in einem anderen Teil nicht existierte (›*Jenseits der jeweiligen nationalen Rechtsordnung, die ihre Gründung und Existenz regelt, haben sie keine Realität*‹ – so die unglückliche deutsche Fassung der Worte ›*They exist only by virtue of the varying legislation which determines their incorporation and functioning*‹ in EuGH 27. 9. 1988 C-302/87, Slg. 1988, 5615 (5511) – Daily Mail; Rep. 1988, 5483 (5511) Erw. 19; s. auch EuGH v. 16. 12. 2008 – C-210/06, Slg. 2008 I-9641 – Cartesio).
   b) Vor dem Hintergrund des sich zunehmend entwickelnden Binnenmarktes und Unionsrechts war dieser Zustand schließlich nicht mehr hinzunehmen. Er beschränkte die den Unionsbürgern nach Art. 54, 62 AEUV (bitte lesen!) gleichgestellten Gesellschaften in ihrer **Niederlassungs- und Dienstleistungsfreiheit**, Art. 49, 56 ff. AEUV. Im Anschluss an die zwei bereits zitierten Grundsatzentscheidungen des EuGH 9. 3. 1999 - C-212/97, Slg. 1999 I-1459 – Centros = NJW 1999, 2027, und EuGH 5. 11. 2002 - C-208/00, Slg. 2002 I-9919 – Überseering = NJW 2002, 3614) (→ Rn. 528) entschied der BGH in seiner *Überseering*-Folgeentscheidung v. 13. 3. 2003, die die Verlegung des Verwaltungssitzes von den Niederlanden nach Düsseldorf betraf, dass die Rechtsfähigkeit nach der Gründungstheorie zu bestimmen sei. Mittlerweile hat der EuGH in seiner Entscheidung *Inspire Art* EUGH 30. 9. 2003 - C-167/01, Slg. 2003 I-10155 = NJW 2003, 3331) entschieden, dass das Gründungsstatut einer aus einem anderen Mitgliedstaat zugezogenen ausländischen Gesellschaft **alle gesellschaftsrechtlichen Rechtsfragen** umfasse. Durch die Anknüpfung an die Gründung wird auch beim Auseinanderfallen von Verwaltungssitz und Gründungsrecht bereits auf kollisionsrechtlicher Ebene sichergestellt, dass jede nach dem Recht irgendeines Mitgliedsstaates gegründete Gesellschaft, die ihren Sitz innerhalb der EU hat, ihre Grundfreiheiten entfalten kann.
   c) In seiner Entscheidung *Cartesio* EuGH 16. 12. 2008 - C-210/06, Slg. 2008 I-9641 hat der EuGH in Anlehnung an seine Entscheidung *Daily Mail* festgestellt (Zusammenfassung nach PWW/*Brödermann/Wegen* IntGesR Rn. 14), dass ein Mitgliedstaat (i) sowohl die Anknüpfung bestimmen kann, die eine Gesellschaft aufweisen muss, um nach seinem innerstaatlichen Recht als gegründet angesehen zu werden und damit in den Genuss der Niederlassungsfreiheit zu kommen als auch (ii) die Anknüpfung, die für den Erhalt dieser

Eigenschaft verlangt wird. Diese Befugnis umfasst das Recht, es einer Gesellschaft seines nationalen Rechts nicht zu gestatten, diese Eigenschaft zu behalten, wenn sie sich durch die Verlegung ihres Sitzes in einen anderen Mitgliedstaat dort neu organisieren möchte und damit die Anknüpfung löst, die das nationale Recht des Gründungsstaats vorsieht. Der Gründungsstaat kann damit über das Weiterleben der nach seinem Recht gegründeten Gesellschaft entscheiden (Ausnahme: Die im Gründungsstaat gegründete Gesellschaft will sich in eine Gesellschaft nach dem Recht eines anderen Mitgliedstaates umwandeln; dies ist möglich, wenn der Zuzugsstaat diese Umwandlung nach seinem Recht ausdrücklich ohne vorherige Aufhebung oder Liquidation zulässt, EuGH 16. 12. 2008 - C-210/06, Slg. 2008 I-9641 aaORn. 112 - Cartesio. Vgl. *Bollacher* RIW 2009, 150 ff.; *Haar* GPR 2010, 187 f.;

553   2. **Folgerungen für das Verhältnis zwischen Europarecht und IPR:** Während das Europarecht in den Mitgliedstaaten der EU in vielen Bereichen des IPR mittlerweile durch die unionsrechtlichen IPR-Verordnungen (insbesondere die Rom I- und II-Verordnungen) als **Rechtsquelle des IPR** wirkt, wirkt es im Internationalen Gesellschaftsrecht vor allem (und jedenfalls) als **Rechtsschranke**: Es setzt dem nationalen richterlichen IPR, das jahrzehntelang durch die Sitztheorie geprägt war, Grenzen (wenn man Art. 54 AEUV nicht als eigene Kollisionsnorm und damit sogar als Rechtsquelle begreift; strittig; so Brödermann/Iversen Europ. GemeinschaftsR und IPR Rn. 96 ff., 271 (seinerzeit – 1994 – zum gleich lautenden Art. 58 EGV-Maastricht, der später Art. 48 EGV-Nizza wurde); eingehend zB UHW/*Behrens* GmbHG Rn. B 28 ff.): Innerhalb des Anwendungsbereichs des EUV und des AEUV darf das nationale Recht, einschließlich des IPR, *nach den Rechtsvorschriften eines Mitgliedstaats gegründeten Gesellschaften* (dies ist mE als eine alternative Sachnormverweisung zu verstehen, s. *Brödermann/Iversen* Europ. GemeinschaftsR und IPR Rn. 96 ff., 271), *die ihren satzungsmäßigen Sitz, ihre Hauptverwaltung oder ihre Hauptniederlassung innerhalb der Union haben* (dies ist mE eine weitere sachrechtliche Tatbestandsvoraussetzung, *Brödermann/Iversen* Europ. GemeinschaftsR und IPR Rn. → Rn. 154 ff., → Rn. 169) nicht in ihrer Niederlassungs- oder Dienstleistungsfreiheit beeinträchtigen. Die Beurteilung von außerhalb der EU gegründeten Gesellschaften unterliegt diesen Schranken nicht. Deshalb ist die deutsche Rechtsprechung insoweit frei, auf Gesellschaften aus anderen Staaten weiter die Sitztheorie anzuwenden. Darüber hinaus wirkt das Europarecht als **Rechtsquelle** von im Einzelfall vorrangig anwendbarem gesellschaftsrechtlichem Sachrecht (etwa bei der *Societas Europae*, → Rn. 534) oder von nach der IPR-Prüfung anzuwendenden nationalem Gesellschaftsrecht von Mitgliedstaaten der EU (s. zB *Grabitz/Hilf*, Das Recht der Europäischen Union, Kommentar, Loseblatt mit Ergänzungslieferung: Oktober 2009). Da die Rom-Verordnungen als **universell** geltendes IPR ausgestaltet sind, kommt es – außer im Verhältnis zu Dänemark, strittig (→ Rn. 68) – zu keiner **Rechtsspaltung** im IPR. Im Gesellschaftsrecht ist dies anders, weil die Rechtsschranke der Grundfreiheiten nur für die Gesellschaften gilt, die die Tatbestandsvoraussetzungen vom Art. 54 AEUV erfüllen und damit in den Anwendungsbereich des EU-Rechts fallen.

554   3. **Zum Wegzug von Kapitalgesellschaften aus Deutschland:** Der tatsächliche Wegzug von GmbH und Aktiengesellschaften mit Registersitz in Deutschland in das Ausland wird durch das am 1. 11. 2008 in Kraft getretene **MoMiG** ohne Beschränkung ermöglicht. Eine deutsche GmbH oder Aktiengesellschaft muss nur noch ihren Registersitz in Deutschland haben, der Sitz der Verwaltung oder der Geschäftsleitung kann sich dagegen an einem anderen Ort im In- oder Ausland befinden. Damit wird der tatsächliche Wegzug von GmbH's und Aktiengesellschaften ermöglicht. Die Neuregelung gilt nicht für Personengesellschaften. S. PWW/ *Brödermann/Wegen* IntGesR Rn. 18 ff.; *Fingerhuth/Rumpf* IPRax 2008, 90 ff.

555   **Hinweis**: Von den Fragen des Internationalen Gesellschaftsrechts zu unterscheiden sind gesellschaftsrechtliche Fragen. So ist es zum Beispiel eine **gesellschaftsrechtliche** Frage, ob der Beschluss der Gesellschafterversammlung einer deutschen Kapitalgesellschaft, ihren tatsächlichen **Verwaltungssitz in das Ausland** zu verlegen, als **Liquidationsbeschluss** zu werten ist (in diesem Sinne die hM, vgl. Staudinger/*Großfeld* (2002) IntGesR Rn. 579 ff.; Rowedder/ Schmidt-Leithoff/*Schmidt-Leithoff* Einl. Rn. 336). Im Hinblick auf die in lit. d dargestellte

Rechtsprechung zur Niederlassungs- und Dienstleistungsfreiheit lässt sich auch diese gesellschaftsrechtliche Wertung bei einer Verlegung des Sitzes in einen anderen Mitgliedstaat der EU oder des EWR nicht mehr aufrechterhalten.

4. **Literatur:** 556
- Zum Verordnungsvorschlag über das Statut der **Europäischen Privatgesellschaft** (Societas Privata Europaea – SPE) (EPG) (KOM (2008), 396 s. PWW/*Brödermann/Wegen* IntGesR Rn. 21; Reithmann/Martiny/*Hausmann* Rn. 5243 ff.; *Maschke* BB 2011, 1027; *Wicke* GmbHR 2011, 566; *Hommelhoff/Teichmann* GmbHR 2010, 337; *Jung* BB 2010, 1233; *Wedemann* EuZW 2010, 534; *Bornmann/König* RIW 2010, 111; *Teichmann* RIW 2010, 120.
- Zum Grünbuch »**Europäischer Corporate Governance-Rahmen**« (KOM [2011] 164/3), das am 5. 4. 2011 von der Europäischen Kommission vorgelegt wurde s. *Jung* BB 2011, 1987 und *Hopt* EuZW 2011, 609.
- Ausführliche Darstellung **ausländischer Rechtsordnungen** (zum GmbH-Recht, aber einschließlich des für alle Gesellschaftsformen geltenden ausländischen Internationalen Gesellschaftsrechts): Hachenburg/Ulmer/*Behrens* Einl. A.
- Zum Stand der **europäischen Rechtsangleichung** im Gesellschaftsrecht: PWW/*Brödermann/Wegen* IntGesR Rn. 21 f.; *Nicolaysen* EuropaR II § 27 II, 198–200 (Überblick) und § 34 I, 304 f. (zu den Rechtsgrundlagen); Dauses/*Behrens* E. III. ›Gesellschaftsrecht‹ (auch zur Angleichung des Internationalen Gesellschaftsrechts durch Richtlinien unter E. III. 3); Grabitz/Hilf/Randelzhofer/*Forsthoff* EGV Art. 48 Rn. 75 ff.
- Zum **unionsrechtlichen IPR** in gesellschaftsrechtlichen EU-Verordnungen und Verordnungsentwürfen: *Brödermann/Iversen* Europ. GemeinschaftsR und IPR Rn. 304 ff.
- Zur Bildung von **Spaltgesellschaften** in Folge von Enteignungen im Ausland: → Rn. 466.
- Zur Konsequenzen der Beendigung einer SE-Beteiligungsvereinbarung s. *Forst* EuZW 2011, 333.

H. Insolvenzrecht

I. Rechtsquellen

Zwischen den Mitgliedstaaten der Europäischen Union (Ausnahme: Dänemark) gilt 557 seit dem 31. 5. 2002 die Europäische Verordnung über Insolvenzverfahren,[112] die zum Teil in Art. 102 EGInsO Eingang gefunden hat. Die EuInsVO findet jedoch nur Anwendung für Verfahren, bei denen der Mittelpunkt der hauptsächlichen Interessen des Schuldners in der Union liegt (Erwägungsgrund 14 der EuInsVO). Vermögen, das in Drittstaaten belegen ist, wird von der EuInsVO nicht erfasst.

Für alle sonstigen Insolvenzverfahren mit Auslandsbezug ist in Ermangelung interna- 558 tionaler Übereinkommen auf das autonome Internationale Insolvenzrecht in den §§ 335–359 InsO zurückzugreifen

Ausnahme: Die 1826 und 1834 von Württemberg und Bayern mit mehreren Schweizer Kantonen abgeschlossenen Konkursverträge, wobei allerdings das Schweizer Bundesrecht – Art. 166 ff. IPRG – Vorrang genießt.

---

112 EuInsVO oder EG-InsVO, Rauscher/*Mäsch* Bd. 2 Einl. EG-InsVO, Verordnung (EG) Nr. 1346/2000, ABl. EG 2000 L 160, 1, geändert durch Verordnung (EG) Nr. 681/2007, ABl. EG L 159, 1.

II. Anknüpfungsregeln

559 Das Insolvenzverfahren wird nach Art. 4 EuInsVO, im autonomen Kollisionsrecht nach § 335 InsO, dem Recht des Mitgliedstaates unterstellt, in dem das Verfahren eröffnet wird (**lex fori concursus**). Die *lex fori concursus* gilt im Wesentlichen für alle materiellen Insolvenzrechtsfragen. Für einige Bereiche bestehen Sonderanknüpfungen, zB für dingliche Rechte Dritter oder unter Eigentumsvorbehalt stehende bewegliche Sachen, die sich im Zeitpunkt der Eröffnung des Insolvenzverfahrens in einem anderen Mitgliedstaat befinden, für Verträge über unbewegliche Gegenstände, für Arbeitsverträge oder für die Aufrechnung eines Insolvenzgläubigers, (§§ 336–340 InsO, Art. 5–15 EuInsVO).[113]

> **Arbeitsblock**
> I. Zur Ergänzung
>
> **560** 1. Die Frage nach der Zulässigkeit der **Anfechtung** einer vom (Gemein-) Schuldner vorgenommenen Handlung richtet sich nach Art. 4 II 2 lit. m EuInsVO grundsätzlich nach der *lex fori concursus*. Hierfür spricht auch der Gedanke der Einheit des Insolvenzstatuts (ebenso die hM im autonomen deutschen Internationalen Insolvenzrecht, vgl. *Schack* IntZivilverfahrensR § 25 V Rn. 1100 ff., aA *Henkel*, FS Nagel, 1987, 93 [106]). Auch der BGH hat die Insolvenzanfechtung bisher dann der *lex fori concursus* unterstellt, ›wenn der Bezug zum Recht des Konkurseröffnungsstaats ganz überwiegt und Interessen aus einer anderen Rechtsordnung nicht berührt werden‹ (so die überzeugende Lesart von *Hanisch* IPRax 1993, 69 [72 f.] zu BGH IPRax 1993, 87 [92]: Der BGH hatte die ›zusätzliche Heranziehung ausländischen Konkursanfechtungsrechts‹ für einen Fall abgelehnt, in dem der Inlandsbezug überwiegt und ausländische Interessen nicht berührt werden), vgl. auch PWW/*Brinkmann* EGBGB Art. 43 Rn. 14. Die internationale **Zuständigkeit für Insolvenzanfechtungsklagen** liegt nach Art. 3 I EuInsVO bei den Gerichten des Mitgliedstaates, in dessen Gebiet das Insolvenzverfahren eröffnet wurde, unabhängig davon, wo der Anfechtungsgegner seinen Sitz hat (vgl. jüngst EuGH RIW 2009, 234 f., dazu *Mankowski/Willemer* RIW 2009, 669).
>
> **561** 2. Da die *lex fori concursus* vom **Insolvenzverfahren** abhängt, macht es Sinn, bereits an dieser Stelle auf einige wesentliche verfahrensrechtliche Aspekte hinzuweisen:
>
> a) Die EuInsVO regelt außer dem anwendbaren Recht auch die **internationale Entscheidungszuständigkeit** der Gerichte oder anderer zuständiger Stellen (vgl. Art. 2 lit. d EuInsVO) für die Eröffnung des Insolvenzverfahrens (Art. 3 EuInsVO). Die örtliche Zuständigkeit wird jedoch nicht von der EuInsVO bestimmt; hier gilt das Recht des entsprechenden Mitgliedstaates (vgl. bei deutscher internationaler Zuständigkeit § 3 InsO).
>
> b) Die **Anerkennung** eines in einem anderen Mitgliedstaat eröffneten Insolvenzverfahrens richtet sich nach Art. 16 f. EuInsVO. Ausgehend von dem Prinzip, dass ein Insolvenzverfahren grundsätzlich alle im In- und Ausland belegenen Vermögensgegenstände des Schuldners erfassen soll (**Universalitätsprinzip**), wird ein ausländisches Insolvenzverfahren grundsätzlich auch im Anwendungsbereich der Insolvenzordnung anerkannt. Die Anerkennung erfolgt kraft Gesetzes und bedarf keines förmlichen Anerkennungsakts. Es erfolgt auch keine Überprüfung der internationalen Zuständigkeit des eröffnenden Gerichts. Dies ergibt sich aus Erwägungsgrund 22 EuInsVO; der Wortlaut von Art. 3 EuInsVO ist insoweit missverständlich. Anerkennungshindernisse ergeben sich nur aus Art. 17, 26 EuInsVO (insbesondere: *ordre public*). Außerhalb des Anwendungsbereichs der EuInsVO richtet sich die Anerkennung nach § 343 InsO (**autonomes Recht**). Auch hier bedarf es keines förmlichen Anerkennungsakts; zwei Anerkennungshindernisse sind jedoch die mangelnde internationale Zuständigkeit des eröffnenden Gerichts nach deutschem Recht und der Verstoß gegen den *ordre public* (§ 343 I InsO).

---

113 Dazu *Schack* IntZivilverfahrensR § 25 I 3 Rn. 1089.

b) Für die **Vollstreckung** einer im Insolvenzverfahren ergangenen Entscheidung eines Gerichts sowie von Sicherungsmaßnahmen, die nach Eröffnung eines Insolvenzverfahrens getroffen werden, verweist Art. 25 I 2 EuInsVO auf die Regelungen zur Anerkennung und Vollstreckung in der EuGVO (vgl. Art. 68 II EuGVO). Nach § 353 I 1, II InsO kann hingegen außerhalb des Anwendungsbereichs der EuInsVO aus ausländischen gerichtlichen Entscheidungen und Sicherungsmaßnahmen nur vollstreckt werden, wenn ihre Zulässigkeit durch Vollstreckungsurteil ausgesprochen ist. 562

c) Trotz der Anerkennung eines ausländischen Insolvenzverfahrens besteht die Möglichkeit zur Eröffnung eines **gegenständlich** auf das im Inland befindliche Vermögen des Schuldners **beschränkten Insolvenzverfahrens** (Art. 3 II, 27 ff. EuInsVO; §§ 354–358 InsO). Wird ein gegenständlich beschränktes Insolvenzverfahren eröffnet, ist deutsches Recht als *lex fori concursus* anwendbar (Zum Vergleich: Beachte auch das gegenständlich beschränkte Erbscheinverfahren; → Rn. 664 ff.). 563

3. Ist ausländisches Insolvenzrecht anwendbar, bestimmt auch das ausländische Recht, ob der ausländische Insolvenzverwalter zur **Verfügung, Verwaltung oder Prozessführung** befugt ist. Er ist berechtigt, in Deutschland belegenes Vermögen zur ausländischen Masse zu ziehen und Forderungen des Schuldners im eigenen Namen geltend zu machen. Das anwendbare ausländische Recht bestimmt auch, ob sich ein in Deutschland in Anspruch genommener (Dritt-)Schuldner durch **Aufrechnung** befreien kann (BGH NJW 1985, 2897 (2900 unter III) sowie Reithmann/Martiny/*Hausmann* Rn. 5772). 564

4. Die EuInsVO enthält keine Regelung zur Konzerninsolvenz, vgl. hierzu Rauscher/*Mäsch* Bd. 2 Einl. EG-InsVO Rn. 6 ff.

5. Literatur zur EuInsVO: Rauscher/*Mäsch* Bd. 2 EG-InsVO (ausführliche Kommentierung); *Eidenmüller* IPRax 2001, 2; *Wimmer* NJW 2002, 2427; *Riewe* NZI 2009, 549; *Mansel*/*Thorn* IPRax 2010, 21 ff. 565

II. **Zur Vertiefung**

1. Die **EuInsVO** v. 29. 5. 2000 ersetzt das aus politischen Gründen – Verärgerung des Vereinigten Königreichs über die Fortdauer des Importverbots der EU für britisches Rindfleisch – nicht in Kraft getretene, im Wesentlichen wortlautidentische europäische Insolvenzübereinkommen von 1995 (vgl. hierzu Rn. 431 der 2. Auflage). 566

2. Beachte: Kein Staatsvertrag ist das 1997 beschlossene *UNCITRAL Model Law on Cross-Border Insolvency* (hierzu *Wimmer* ZIP 1997, 2220 mit engl. Text 2224; Text ebenfalls unter www.uncitral.org [Stand: März 2012]). Dieses Modellgesetz dient Staaten bei der Vorbereitung von Insolvenzgesetzen und trägt damit zur Rechtsvereinheitlichung bei. Auf der Webseite der UNCITRAL findet sich auch ein »*UNCITRAL Practice Guide on Cross-Border Insolvency Cooperation* (the »Practice Guide«)« aus dem Jahre 2009, der praktische Hinweise bei grenzüberschreitenden Insolvenzfällen enthält. 567

3. Zur Abgrenzung zwischen den früheren beiden **deutschen insolvenzrechtlichen Teilrechtsordnungen** s. *Brödermann/Rosengarten*, IPR/IZVR, 2. Aufl. 1996, Rn. 190 ff. (Selbst heute noch – Stand: Dezember 2011 – sind nicht alle Gesamtvollstreckungsverfahren im Osten und Konkursverfahren im Westen abgeschlossen!). 568

4. Literatur: *Habscheid* ZZP 114 (2001), 167; *ders.* ZIP 1999, 1113; *Hanisch* IPRax 1995, 6. 569

3. Teil. Die Anwendung des Internationalen Privatrechts in der Praxis

Die Anwendung des IPR stellt nur einen kleinen Teil der Lösung eines Falles mit Auslandsbezug dar. Von der Frage nach der gerichtlichen Zuständigkeit bis hin zur Frage nach der Vollstreckbarkeit von Urteilen sind in der Praxis eine Vielzahl von Problemen zu lösen. Bereits bei der Vorbereitung und Verhandlung eines Vertrages ist es wichtig, für den ›Ernstfall‹ eines Streites über den Vertrag die prozessualen Möglichkeiten und Grenzen genau zu prüfen und ggf. (zB durch eine zur Rechtswahlklausel passende Gerichtsstands- oder Schiedsgerichtsklausel) zu gestalten. 570

Grundsätzlich zu unterscheiden sind Verfahren vor staatlichen Gerichten (A) und vor Schiedsgerichten (B).

A. Kollisionsfälle vor staatlichen Gerichten

I. Internationales Zivilverfahrensrecht I (Prozessvoraussetzungen)

Hat ein Gericht einen Fall mit Auslandsbezug zu beurteilen, muss es zunächst klären, ob es als deutsches Gericht überhaupt **entscheiden darf** und – wenn dies der Fall ist – welches Prozessrecht zur Anwendung kommt. Dieses sind Fragen des **Internationalen Zivilverfahrensrechts (IZVR)**. Das IZVR umfasst das Recht der streitigen Gerichtsbarkeit (**Internationales Zivilprozessrecht**, im Folgenden 1.–3.) und das **Recht der freiwilligen Gerichtsbarkeit** (4.). **Hinweis:** Begrifflich ist zu unterscheiden: Während das IPR im engeren Sinne als Verweisungsrecht nur die Abgrenzung zwischen nationalen Rechtsordnungen regelt, umfasst das IZVR auch – sogar überwiegend – international vereinheitlichtes Sachrecht (genauer: Prozess- und Sachrecht). 571

Bei der Anwendung des IZVR ist – wie bei der IPR-Prüfung – in der Regel der **Vorrang von internationalen Übereinkommen bzw. EU-Verordnungen** vor autonomem Recht zu beachten: Für die nach Art. 288 II AEUV unmittelbar gegenüber Unionsbürgern iSv Art. 20 I AEUV und ihnen nach Art. 54, 62 AEUV gleichgestellten Gesellschaften anwendbaren Verordnungen folgt dies aus dem allgemeinen Vorrangprinzip des Unionsrechts gegenüber nationalem Recht (→ Rn. 67). Für internationale Übereinkommen ist der Vorrang in der Regel mit Hilfe der Regeln *lex specialis derogat legi generali* und *lex posterior derogat legi priori* zu begründen;[1] die ohnehin nur deklaratorische Regelung in Art. 3 EGBGB gilt nicht für das IZVR. Der Grundsatz des Vorrangs völkervertraglichen Rechts ist im Bereich der Anerkennung und Vollstreckung vom sog. **Günstigkeitsprinzip** durchbrochen (→ Rn. 691). 572

1. Deutsche Gerichtsbarkeit

Gerichtsbarkeit bedeutet die Befugnis eines jeden Staates, überhaupt Gerichtsgewalt innerhalb seines Hoheitsgebietes auszuüben (*facultas iurisdictionis*). Sie ist von der 573

---

1 *Kropholler* EinheitsR 94; *Schack* IntZivilverfahrensR Rn. 68.

internationalen Zuständigkeit zu unterscheiden und noch vor dieser als selbstständige Prozessvoraussetzung in jeder Lage des Verfahrens von Amts wegen zu prüfen. Die Gerichtsbarkeit entspringt der Gebietshoheit (bzw. der Souveränität) eines Staates und gründet sich damit auf das **Völkerrecht**.[2] Hiernach wäre innerhalb der Grenzen der Bundesrepublik Deutschland jedermann der bundesdeutschen Gerichtsbarkeit unterworfen. Von diesem Grundsatz gibt es jedoch Ausnahmen.

a) Immunität staatlicher Repräsentanten

574 **Fall 32:** Nebel in Berlin. Die nicht berufstätige dänische Ehefrau des dänischen Botschafters fährt mit ihrem Auto auf der Heimfahrt in die eheliche Wohnung in Zehlendorf einen Berliner Studenten auf seinem Fahrrad an. Der Student erhebt Klage auf Zahlung von Schadensersatz beim AG Berlin-Schöneberg. Darf ein deutsches Gericht überhaupt über die Klage entscheiden?

Bestimmte staatliche Repräsentanten genießen **Immunität** und sind daher von der Gerichtsbarkeit befreit. Hierzu gehören in unterschiedlichem Umfang fremde Staatsoberhäupter, Mitglieder diplomatischer Missionen und Mitglieder konsularischer Vertretungen. Die **Immunität fremder Staatsoberhäupter** ergibt sich meist bereits aus Art. 25 S. 2 GG iVm den allgemeinen Regeln des Völkerrechts.[3] Für die **Mitglieder diplomatischer Missionen** und **konsularischer Vertretungen** ist die Reichweite der Immunität hingegen in völkervertraglichen Übereinkommen festgelegt: dem **Wiener Übereinkommen über diplomatische Beziehungen** v. 18. 4. 1961[4] und dem **Wiener Übereinkommen über konsularische Beziehungen** v. 24. 4. 1963.[5] Fast alle Staaten haben diese Übereinkommen ratifiziert. Nach §§ 18 und 19 I GVG sind die Wiener Übereinkommen jedoch unabhängig davon anwendbar, ob der Entsendestaat Vertragsstaat ist.

575 In Fall 32 kommt das Wiener Übereinkommen über **diplomatische** Beziehungen zur Anwendung. Nach Art. 37 I iVm Art. 29–36 des Übereinkommens genießt die Ehefrau des Diplomaten grundsätzlich ebenso Immunität wie ihr Ehemann, da sie fremder Nationalität ist und im Haushalt ihres Mannes wohnt. Nach Art. 37 I, 31 I 2 des Übereinkommens ist die Ehefrau des Botschafters deshalb vor zivilrechtlichen Klagen immun, wenn diese nicht privates unbewegliches Vermögen, private Nachlasssachen oder eine freiberufliche oder gewerbliche Tätigkeit betreffen.

Das deliktsbegründende Verhalten der Ehefrau fällt unter keine dieser Ausnahmen, sodass die Klage als unzulässig abzuweisen ist. Der Student geht leer aus.

576 Anders bei Mitgliedern **konsularischer** Vertretungen: Ihre Immunität ist nicht nur nach Art. 43 I des Wiener Übereinkommens über konsularische Beziehungen auf dienstliche Handlungen beschränkt, sondern selbst im Fall dienstlicher Handlungen bei zivilrechtlichen Klagen aus Verkehrsunfällen nicht gegeben (Art. 43 II lit. b des Wiener Übereinkommens über konsularische Beziehungen; vgl. jedoch § 19 II GVG).[6]

---

2 *Geimer* IntZivilProzR Rn. 371 ff.
3 Vgl. auch § 20 GVG; BVerfG NJW 1998, 50 (53); *Geimer* IntZivilProzR Rn. 757–762; *Doehring* VölkerR § 12 Rn. 670; *Ipsen* VölkerR § 26 Rn. 35; *Verdross/Simma* VölkerR § 1177.
4 BGBl. 1969 II 957, 1006, 1018; 1965 II 147 (*Jayme/Hausmann* Nr. 140).
5 BGBl. 1969 II 1585, 1674, 1688; 1971 II 1285 (*Jayme/Hausmann* Nr. 141).
6 Zum Begriff der dienstlichen Handlung vgl. einerseits LG Hamburg NJW 1986, 3034 – Wirtschaftsförderung und andererseits OLG Hamburg NJW 1988, 2191 – Reeperbahnbummel.

Arbeitsblock

I. Zur Ergänzung   577

1. Die Gerichtsbarkeit bzw. Immunität ist **von Amts wegen** zu prüfen (vgl. BGHZ 19, 341 (345); BVerfGE 46, 342 (359) für das Vollstreckungsverfahren). Ergeht trotz fehlender Gerichtsbarkeit ein Urteil, so ist es nach hM nichtig (OLG Frankfurt a. M. NJW-RR 1996, 1200; vgl. aber *Geimer* IntZivilProzR Rn. 528–532). Zur **Aufhebung** der Immunität vgl. *Geimer* IntZivilProzR Rn. 791 ff., 810.

2. Zur **Reichweite** der Immunität nach dem Wiener Übereinkommen vgl. die Kommentierung zu §§ 18, 19 GVG bei BLAH/*Hartmann*. Für ›sonstige Exterritoriale‹ vgl. § 20 GVG und die Kommentierung zu § 20 GVG bei BLAH/*Hartmann*. Zur Immunität von **Regierungsmitgliedern** s. *Ipsen* VölkerR § 26 Rn. 36 (unter Hinweis auf das Urteil des IGH v. 14. 2. 2002 im Haftbefehl-Fall).   578

3. Literatur: *Schack* IntZivilverfahrensR Rn. 168–191.

II. Zur Vertiefung   579
Geimer IntZivilProzR Rn. 757–817, 471–551.

b) Staatenimmunität

Fall 33 (angelehnt an AG Bonn IPRax 1988, 351; bestätigt durch LG Bonn NJW 1989, 1225): Nach einem Reaktorunglück in Tschernobyl gelangt radioaktive Luft in die Bundesrepublik Deutschland und vernichtet Großteile der Obsternte. Ein rheinländischer Obstbauer klagt vor dem LG Bonn auf Schadensersatz gegen die Ukraine als Betreiber des Kernkraftwerkes. Besteht die deutsche Gerichtsbarkeit?   580

Die Bundesrepublik Deutschland ist Vertragsstaat des **Europäischen Übereinkommens über die Staatenimmunität** v. 16. 5. 1972.[7] Das Übereinkommen regelt die Fälle der Immunität ausländischer Staaten allerdings **nur im Verhältnis zu Vertragsstaaten**, ist also keine *loi uniforme*. Da die Ukraine nicht Vertragsstaat ist, kommt das Übereinkommen nicht zur Anwendung.[8]   581

Im Übrigen ist die Bundesrepublik Deutschland zur Gewährung von Immunität gegenüber **fremden Staaten** bisher nicht durch internationale Übereinkommen verpflichtet.[9] Jedoch ergibt sich aus Art. 25 GG sowie – auf einfachgesetzlicher Ebene – aus § 20 GVG, dass sich die deutsche Gerichtsbarkeit nicht auf jene Personen erstreckt, die nach den **allgemeinen Regeln des Völkerrechts** von ihr befreit sind. Für die Immunität von Staaten gilt nach deutschem Völkerrechtsverständnis die Doktrin der **restriktiven Immunität** (im Gegensatz zur früher vertretenen absoluten Immunität) als allgemeine Regel des Völkerrechts: Bei hoheitlichen Handlungen (*acta jure imperii*) sind die Staaten von der Gerichtsbarkeit befreit, bei Handlungen privatwirtschaftlicher Tätigkeit (*acta jure gestionis*) unterfallen sie jedoch der Gerichtsbarkeit.[10] Hiernach kommt es für die Lösung von Fall 33 darauf an, ob sich der Reaktorunfall bei hoheitlicher oder privatwirtschaftlicher Tätigkeit der Ukraine ereignete.   582

---

7 BGBl. 1990 II 35, 1400 (*Jayme/Hausmann* Nr. 142).
8 Eine ausführliche Erläuterung des Übereinkommens findet sich bei *Geimer* IntZivilProzR Rn. 667–738.
9 Insbesondere ist das Übereinkommen der Vereinten Nationen v. 2. 12. 2004 über die gerichtliche Immunität der Staaten und ihres Eigentums (ILM 44 [2005] 801) bisher noch nicht in Kraft getreten.
10 Vgl. BVerfGE 16, 27 (62); *Doehring* VölkerR § 12 Rn. 670 ff.; *Ipsen* VölkerR § 26 Rn. 18, 24 ff.

583 Die **Abgrenzung** zwischen *acta jure imperii* und *acta jure gestionis* ist nach der *lex fori* zu treffen.[11] Entscheidend ist nach hM[12] die ›Natur‹ des staatlichen Handelns. Wurde der Staat in Ausübung von typischer Hoheitsgewalt tätig – und konnte er diese Handlungen auch nicht als Privater durchführen –, so liegen *acta jure imperii* vor.

Das Betreiben des Reaktors von Tschernobyl dürfte nach der Lehre von der restriktiven Immunität als *actum jure gestionis* eingeordnet werden, da das Betreiben eines der Stromversorgung dienenden Kraftwerks ohne Ausübung hoheitlicher Gewalt möglich ist.[13] Hiernach kann sich die Ukraine im Fall 33 nicht auf staatliche Immunität berufen. Die Ukraine ist daher nicht von der deutschen Gerichtsbarkeit befreit (anders wäre es, wenn der Reaktor militärischen Zwecken diente).

584 **Arbeitsblock**
I. Zur Ergänzung
Literatur
- Zum Europäischen Übereinkommen über die Staatenimmunität: *Kronke* IPRax 1991, 141–148.
- **Zur Immunität von Staaten im Übrigen:** EuGH 29. 5. 2001 – C1/00 SA, Slg. 2001, I-4219, NJW 2001, 3109 – Pfändung bei der EG-Kommission; BVerfGE 16, 27 ff. (insbes. 61 ff., aber im Ganzen lesenswert); BGH RIW 2010, 72 ff.; *Geiger* NJW 1987, 1124 mwN; *Verdross/Simma* VölkerR §§ 1168–1177 (unbedingt lesen!); *Doehring* VölkerR § 12 Rn. 658 ff.; *Geimer* IntZivilProzR Rn. 576–587; *Schack* IntZivilverfahrensR Rn. 172–191; zum Verhältnis der Staatenimmunität zur EuGVO *Stürner* IPRax 2008, 197–206.

585 - **Zur Immunität internationaler Organisationen:** *Geimer* IntZivilProzR Rn. 825–843 b; *Wenckstern* NJW 1987, 1113; *Ipsen* VölkerR § 31 Rn. 31 f.

586 II. Zur Vertiefung
Umstritten ist, ob auch **Staatsunternehmen** staatliche Immunität genießen (vgl. Nachweise bei *Geimer* IntZivilProzR Rn. 621 ff.). Die wohl **hM** geht davon aus, dass Staatsunternehmen mit eigener Rechtspersönlichkeit **keine Staatenimmunität** in Anspruch nehmen können (BGHZ 18, 1 [9–10]). Die **Gegenansicht** nimmt an, dass Staatsunternehmen sich ebenfalls auf Immunität berufen können, wenn sie hoheitlich handeln (OLG Frankfurt a. M. IPRax 1983, 68 [69 f.]), sodass es nach dieser Ansicht auch hier auf die Unterscheidung zwischen *acta jure imperii* und *acta jure gestionis* ankommt (vgl. *Busl* JuS 1988, 542 [543]); vertiefend, auch zur Frage des Haftungsdurchgriffs auf den Staat *F. A. Mann* RIW 1987, 186–193; *v. Hoffmann* in Ber.DGVR 25 (1984) 35–74 (insbes. 47 ff.); zur Vollstreckungsimmunität BVerfG IPRax 2011, 389 (392); *Bungenberg* IPRax 2011, 356 ff.; rechtsvergleichend *Esser* RIW 1984, 577–585.

2. Internationale Zuständigkeit

587 **Fall 34** (angelehnt an BGH NJW 1991, 3095): Ein in Paris wohnhafter belgischer Staatsbürger begeht bei seinem Urlaub in Deutschland eine Straftat und wird vor dem LG Düsseldorf angeklagt. Mit der Strafverteidigung beauftragt er einen Anwalt aus Düsseldorf. In dem Strafverfahren wird der Belgier zu einer Geldstrafe verurteilt. Aus Ärger über dieses Ergebnis verweigert er seinem Anwalt das Honorar. Der Anwalt verklagt seinen Mandanten am 30. 3. 2009 vor dem LG Düsseldorf auf Zahlung von 6.000 EUR. Ist das LG Düsseldorf zuständig?

588 Unterliegen die Parteien der deutschen Gerichtsbarkeit, so ist noch nicht entschieden, ob ein deutsches Gericht über den Fall entscheiden darf. Es muss auch **international**

---
11 BVerfGE 16, 27 (62); AG Bonn IPRax 1988, 351 (352 re. Sp.) zu einem Tschernobyl-Prozess; vgl. *Ipsen* VölkerR § 26 Rn. 24.
12 BVerfGE 16, 27 (62).
13 AG Bonn IPRax 1988, 351 (352 re. Sp.); *Rest* VersR 1986, 933 (939 f.).

zuständig sein. Die Regeln über die internationale Zuständigkeit bestimmen, ob das Gericht eines Staates gegenüber den Gerichten eines anderen Staates zur Entscheidung berufen ist oder die Entscheidung den fremden Gerichten zu überlassen ist.[14]

Aus **internationalprivatrechtlicher Sicht** ist die Bestimmung des zuständigen Gerichts von grundlegender Bedeutung: Das Gericht wendet **das am Gerichtsstand (*forum*) geltende IPR** an. Da sich die Verweisungsrechte in den verschiedenen Staaten unterscheiden, kann – je nach Gerichtsstand – unterschiedliches Sachrecht zur Anwendung kommen. Bei der Prüfung der internationalen Zuständigkeit ist erneut zunächst zu prüfen, ob ein internationales Übereinkommen oder eine auch diesem gegenüber noch vorrangige EU-Verordnung anwendbar ist (→ Rn. 572).

Praktischer Hinweis: Bei der IPR-Prüfung eines grenzübergreifenden Sachverhalts ist daher stets vorab zu überlegen, aus der Sicht welchen Gerichts mit der Prüfung begonnen werden muss.

a) EU-Recht und völkerrechtliche Verträge

Für die Prüfung der internationalen Zuständigkeit deutscher Gerichte (oder der Gerichte anderer Mitgliedstaaten der EU) ist für die Prüfung unionsrechtlicher und völkerrechtlicher Regelungen zu unterscheiden zwischen 589

- den allgemeinen Regeln (lit. aa))
- besonderen Regeln in Fällen mit Bezug zu EFTA-Staaten (lit. bb)), und
- besonderen Regeln für familienrechtliche Fälle (lit. cc)).

aa) Das Grundregime der EuGVO

Die wichtigste Verordnung aus europäischer Sicht ist die **Verordnung (EG) Nr. 44/2001 des Rates über die gerichtliche Zuständigkeit und die Anerkennung und Vollstreckung von Entscheidungen in Zivil- und Handelssachen** v. 22. 12. 2000 (EuGVO, häufig auch EuGVVO oder **Brüssel I-VO** genannt).[15] Die EuGVO hat am 1. 3. 2002 das auf Art. 220 EWGV gestützte **Europäische Übereinkommen über die gerichtliche Zuständigkeit und die Vollstreckung gerichtlicher Entscheidungen in Zivil- und Handelssachen (EuGVÜ,** frz.: *Convention de Bruxelles*, engl.: *Brussels Convention*) v. 27. 9. 1968[16] weitgehend ersetzt (das EuGVÜ gilt gem. Art. 68 I EuGVO noch in bestimmten überseeischen Gebieten). Am 19. 10. 2005 ist zwischen der EG und Dänemark ein Abkommen unterzeichnet worden, das die Anwendung der EuGVO auf die Beziehungen zwischen den Mitgliedstaaten, für welche die EuGVO gilt, und Dänemark zum Ziel hat.[17] Es ist am 1. 7. 2007 in Kraft getreten.[18] 590

Die Anwendbarkeit der EuGVO ist **stets** zu prüfen, wenn der Fall Bezug auch nur zu einem Mitgliedstaat hat. Dabei stellt sich zunächst die Frage nach dem **Anwendungsbereich** der EuGVO. Ist dieser eröffnet, so ist die weitere Frage zu klären, ob auch eine **Zuständigkeit** nach der EuGVO besteht. Für die Prüfung dieser Fragen 591

---

14 Hdb. IZVR/*Kropholler* Bd. 1 Kap. III Rn. 3.
15 ABl. EG 2001 L 12, 1(*Jayme/Hausmann* Nr. 160). Beachte: Die folgende Bearbeitung basiert auf der Fassung der EuGVO v. 14. 5. 2010 und berücksichtigt keine etwaigen Änderungen im Zuge der Reform der EuGVO (→ Rn. 595), weil das europäische Gesetzgebungsverfahren zum Zeitpunkt der Drucklegung noch nicht abgeschlossen war.
16 BGBl. 1972 II 733.
17 ABl. EU L 299, 62; zur Erforderlichkeit eines Abkommens zur Erweiterung des Anwendungsbereichs der EuGVO auf Dänemark: *Wagner* EuZW 2006, 424 (426); *Nielsen* IPRax 2007, 506.
18 ABl. EU L 94, 70; vgl. hierzu *Geimer/Schütze* Europ. ZivilVerfahrensR A.14.

wird ein Vorgehen nach dem in dem nachfolgenden Arbeitsblock aufgeführten Schema empfohlen.

> **Hinweis:** Das Schema sollte bereits an dieser Stelle durch Lektüre der genannten Vorschriften nachvollzogen werden, um einen ersten Überblick zu erlangen.

Arbeitsblock

592 Prüfung der internationalen Zuständigkeit nach der EuGVO (und dem LugÜ, → Rn. 620)
Hinweis: Ggf. ist der **Vorrang anderer Übereinkommen** für besondere Rechtsgebiete (Art. 71 I EuGVO; vgl. Auflistung bei *Kropholler/v.Hein* EuGVO Art. 71 Rn. 3) zu beachten.
1. **Anwendungsbereich EuGVO/LugÜ**
   a) **Sachlicher** Anwendungsbereich (Art. 1)
      • Zivil- oder Handelssache,
      • kein Ausschluss nach Art. 1 II (zu lit. b/Abgrenzung zur EuInsVO vgl.: *Lüttringhaus/Weber* RIW 2010, 45 ff.; *Brinkmann* IPRax 2010, 324 ff. sowie → Rn. 561 ff.) und
   b) **Zeitlicher** Anwendungsbereich
      vgl. Art. 66, 30
   c) **Persönlicher** Anwendungsbereich
      • Grundsatz: Wohnsitz des Beklagten in einem Mitgliedstaat (Art. 2, 4) (der Wohnsitz bestimmt sich nach Art. 59, 60),
      • Ausnahmen: Art. 22, 23 und – insoweit str. – Art. 24 (die jeweils ihren persönlichen Anwendungsbereich selbst bestimmen).
   d) **Ungeschriebene Anwendungsgrenzen**
      • Kein reiner Inlandsfall (Stichwort ›internationaler Sachverhalt‹, vgl. *Kropholler/v.Hein* EuGVO vor Art. 2 Rn 6 ff.).
      • Kein reiner Drittstaatensachverhalt: Seit EuGH 13. 7. 2000 – C-412/98, Slg. 2000, I-5925, IPRax 2000, 520 genügt es auch bei Auslandsberührung nur zu einem Drittstaat grundsätzlich, dass der Beklagte seinen Wohnsitz in einem Mitgliedstaat hat. Etwas anderes gilt nur dann, wenn die EuGVO die Anwendung einer besonderen Zuständigkeit ausdrücklich vom Wohnsitz des Klägers in einem Mitgliedstaat abhängig macht (zB Art. 9 I lit. b, *Kropholler/v.Hein* EuGVO vor Art. 2 Rn. 6–8; *Staudinger* IPRax 2000, 483–488).

593 2. **Zuständigkeiten nach EuGVO/LugÜ**
   a) **Ausschließliche** Zuständigkeit nach Art. 22.
   b) **Vereinbarte** (ausschließliche) Zuständigkeit (Art. 23).
   c) **Rügelose Einlassung** (Art. 24), soweit kein ausschließlicher Gerichtsstand besteht.
   d) **Spezielle** Zuständigkeit für Versicherungssachen (Art. 8–14), Verbrauchersachen (Art. 15–17) sowie Arbeitssachen (Art. 18–21),
   e) **Besondere** Zuständigkeiten nach Art. 5–7
   oder wahlweise
   allgemeiner Gerichtsstand am Wohnsitz bzw. Sitz des Beklagten (Art. 2–4, 59, 60).
3. **Keine Unzuständigkeit** nach Art. 27–30 EuGVO/LugÜ (Einrede der Rechtshängigkeit und im Zusammenhang stehende Verfahren, BGH MDR 1997, 387; Beispiel: Anhängigkeit einer negativen Feststellungsklage in einem anderen Mitgliedstaat der EU). Ob die Erhebung einer negativen Feststellungsklage, die alleine das Ziel verfolgt, die Sperrwirkung des Art. 27 EuGVO herbeizuführen, mit dem Sinn und Zweck der Zuständigkeitsvorschriften der EuGVO zu vereinbaren ist, hat in jüngster Zeit insbesondere im Bereich des gewerblichen Rechtsschutzes für Diskussion gesorgt. In der Entscheidung EuGH 27. 4. 2004 – C-150/02, Slg. 2004 I-3565, RIW 2004, 541–543 – Turner, bestätigt durch EuGH 10. 2. 2009 – C-185/07, Slg. 2009, I-663, IPRax 2009, 336 – West Tankers, hat der EuGH klargestellt, dass zumindest der Erlass eines grenzüberschreitenden Prozessführungsverbots (*Anti-Suit-Injunction*) kein zulässiges Mittel ist, um die rechtsmissbräuchliche Ausnutzung der Sperrwirkung des Art. 27 EuGVO zu verhindern, vgl. dazu *Krause* RIW 2004, 533 (539); *Illmer* IPRax 2009, 312–318).

Die EuGVO enthält **unionsrechtliches Prozessrecht**, das wie unionsrechtliches Sachrecht unmittelbar gilt (→ Rn. 284 f. sowie → Rn. 67 zum Vorrang des Unionsrechts) und nationales Prozessrecht verdrängt. Zusammen mit insbesondere den vergleichbaren Regelungen im LugÜ und den Regelungen in der EuEheVO (II) (→ Rn. 620 und → Rn. 622) kann man vom **Europäischen (Internationalen) Prozessrecht** sprechen. Innerhalb der EU gilt darüber hinaus auch im Internationalen Prozessrecht (und im für Ausländer geschaffenen Prozessrecht) das **Gebot der Unionsrechtskonformität** (dazu → Rn. 646). Damit ist auch im Prozessrecht – wie im IPR (→ Rn. 4 ff.) – zwischen **drei Fallkategorien** zu unterscheiden: **nationalen** Fällen, **europäischen** Fällen und internationalen Fällen, die **Drittstaaten** außerhalb der EU betreffen (für die Schweiz und Norwegen als Mitgliedstaaten des LugÜ besteht aus zivilprozessualer Sicht eine der Rechtslage in der EU weitgehend assimilierte Stellung).

Da die EuGVO nicht alle Fragen des Internationalen Prozessrechts regelt, ist ergänzend auch für die Bearbeitung von europäischen Fällen auf prozessrechtliche Regelungen in Übereinkommen und im autonomen Recht (einschließlich von Ausführungsgesetzen zu internationalen Übereinkommen) zurückzugreifen.

594

Hinweis für Studenten: Für eine klausurmäßige Falllösung – ebenso wie später bei Ausarbeitungen für die Praxis – sollte das vorstehende Schema zwar gedanklich durchgeprüft werden, doch sind bei der schriftlichen Bearbeitung nur die fallrelevanten Prüfungspunkte zu erwähnen. Das bedeutet zB auch, dass es keinen Sinn macht, lange Ausführungen über die Wirksamkeit einer zweifelhaften Gerichtsstandsvereinbarung über die ausschließliche Zuständigkeit Dresdner Gerichte zu machen, wenn der Beklagte seinen Wohnsitz in Dresden hat, sodass die Zuständigkeit Dresdner Gerichte ohnehin gegeben wäre.

595

4. Reformüberlegungen

Am 14. 12. 2010 hat die EU-Kommission einen Vorschlag für eine **Neufassung der EuGVO** vorgelegt (**KOM[2010] 748 endg.**). Gegenstände der Reformüberlegungen sind im Bereich des Erkenntnisverfahrens die Ausdehnung der EuGVO auf Beklagte mit Sitz in Drittstaaten, die Stärkung von Gerichtsstandsvereinbarungen und die bessere Verzahnung der gerichtlichen Streitbeilegung mit der Schiedsgerichtsbarkeit. Für die Vollstreckung von Entscheidungen soll innerhalb der EU das sog. Exequaturverfahren (→ Rn. 673 ff.) außer bei Entscheidungen über Verleumdungsklagen und kollektiven Schadensersatzklagen abgeschafft werden. Ferner will die Kommission die Möglichkeiten erweitern, einstweiligen Rechtsschutz in einem Mitgliedstaat zu erlangen, wenn in der Hauptsache das Gericht eines anderen Mitgliedstaates zuständig ist (vgl. zum Verordnungsentwurf der Kommission: *Hess* IPRax 2011, 125 ff.; *Mansel/Thorn/Wagner* IPRax 2011, 1 [11]).

Der Rechtsausschuss des Europäischen Parlaments hat in seinem Entwurf einer legislativen Entschließung v. 28. 6. 2011 (PE467.046) zum Verordnungsvorschlag der Kommission Stellung bezogen. Der Berichterstatter spricht sich darin für Modifikationen bei der Abschaffung des Exequaturverfahrens aus (zB soll das Recht der Anfechtung der Anerkennung oder Vollstreckung einer Entscheidung aufgrund ihrer Unvereinbarkeit mit dem *ordre public* des vollstreckenden bzw. anerkennenden Mitgliedstaats erhalten bleiben). Zudem lehnt er die Ausweitung der Zuständigkeitsregeln der EuGVO auf Schuldner aus Drittstaaten ab (so schon Entschließung des Europäischen Parlaments v. 7. 9. 2010, ABl. EU 2011 C 308E, 36). Außerdem soll die Nichtanwendbarkeit der Verordnung auf die Schiedsgerichtsbarkeit beibehalten werden.

Wegen dieser erheblichen Differenzen zu wesentlichen Punkten des Reformvorschlags der Kommission wird daher der weitere Fortgang des ordentlichen Gesetzgebungsverfahrens abzuwarten sein.

Anwendungsbereich: In Fall 34 greift ein vorrangig anwendbares Abkommen nicht ein.[19] Der **sachliche** Anwendungsbereich der EuGVO ist eröffnet, da es sich um eine Zivil- bzw. Handelssache

596

---

19 Art. 71 EuGVO und *Kropholler/v.Hein* EuGVO Art. 71 Rn. 2 unter Hinweis auf die gemeinsame Erklärung des Rates und der Kommission zu Übereinkünften mit Drittstaaten, abgedr. in IPRax 2001, 259 (261).

(Art. 1 I 1 EuGVO)²⁰ handelt und für die Hauptsache ein Ausschluss nach Art. 1 II EuGVO nicht eingreift. Auch der **zeitliche** Anwendungsbereich der EuGVO liegt vor, denn diese gilt für Klagen, die nach dem 1. 3. 2002 erhoben worden sind (Art. 66 iVm Art. 76 EuGVO). Weiterhin muss der **persönliche** Anwendungsbereich der EuGVO eröffnet sein. Dies ist grundsätzlich der Fall nach Art. 2–4 EuGVO, wenn der **Beklagte** seinen **Wohnsitz** in einem Mitgliedstaat hat (wichtige Ausnahmen: Art. 22, 23 EuGVO). Es kommt also weder auf die Staatsangehörigkeit des Beklagten noch die des Klägers an. Der Begriff des Wohnsitzes ist in Art. 59 EuGVO für natürliche Personen bestimmt (für juristische Personen und Gesellschaften greift Art. 60 EuGVO). In Fall 34 hat der beklagte Belgier seinen Wohnsitz in Frankreich als Mitgliedstaat, sodass auch der **persönliche** Anwendungsbereich der EuGVO vorliegt. Damit ist der Anwendungsbereich der EuGVO eröffnet. Sie schließt die Anwendung der autonomen Regeln über die internationale Zuständigkeit aus (Art. 3 EuGVO iVm Anhang I der EuGVO).²¹

597 **Zuständigkeit**: Eine ausschließliche Zuständigkeit nach Art. 22 EuGVO ist nicht gegeben. Auch liegt weder eine Gerichtsstandsvereinbarung nach Art. 23 EuGVO vor, noch ist es zu einer rügelosen Einlassung nach Art. 24 EuGVO gekommen. Besondere Zuständigkeiten nach Art. 8–21 EuGVO sind ebenfalls nicht gegeben, da es sich weder um Versicherungs- noch um Verbraucher- oder individuelle Arbeitsvertragssachen handelt. In Art. 2 I EuGVO ist der **Grundsatz actor sequitor forum rei** niedergelegt, wonach der Beklagte an seinem Wohnsitz (vgl. Art. 59 EuGVO) zu verklagen ist, wenn die EuGVO nichts anderes bestimmt. In Fall 34 kommt daher aufgrund des französischen Wohnsitzes des Beklagten eine internationale Zuständigkeit der französischen Gerichte in Betracht. Der Beklagte kann jedoch (nach Wahl des Klägers) auch in einem anderen Mitgliedstaat verklagt werden, wenn eine besondere Zuständigkeit nach Art. 5–7 EuGVO gegeben ist.

598 Hier kommt der Gerichtsstand des **Erfüllungsortes** der maßgeblichen Verpflichtung nach Art. 5 Nr. 1 EuGVO in Betracht, da der Kläger Ansprüche aus einem Vertrag geltend macht. Der Begriff der vertraglichen Streitigkeit ist autonom und weit auszulegen. Die Bestimmung des Erfüllungsortes im Sinne von **Art. 5 Nr. 1 lit. a EuGVO** richtet sich grundsätzlich nach dem Vertragsstatut (*lex causae*), das nach dem Kollisionsrecht des Gerichtsstaates zu ermitteln ist.²² Der Erfüllungsort **für Dienstleistungs- und Kaufverträge** wird jedoch nicht nach dem Vertragsstatut, sondern **verordnungsautonom** durch **Art. 5 Nr. 1 lit. b EuGVO** bestimmt.²³ Danach ist der Erfüllungsort der Verpflichtung für die Erbringung von Dienstleistungen der Ort in einem Mitgliedstaat, an dem diese nach dem Vertrag erbracht worden sind (zum Begriff der Dienstleistung, vgl. Art. 57 AEUV). Da die Erbringung der anwaltlichen Tätigkeit eine Dienstleistung im Sinne des Art. 5 Nr. 1 lit. b EuGVO darstellt und im vorliegenden Fall ausschließlich in Düsseldorf (Ort der Kanzlei) erbracht wurde,²⁴ ist Düsseldorf für die Zwecke der Zuständigkeitsprüfung nach der EuGVO **einheitlicher Erfüllungsort** des Vertrags und damit auch für die maßgebliche Zahlungspflicht des belgischen Schuldners (→ Rn. 612). Anderes kann bei Verbraucherverträgen gelten, wenn der Anwalt seine Tätigkeit auf den anderen Mitgliedstaat ›ausrichtet‹ (Art. 15 I lit. c EuGVO), wofür eine passive Webseite allein allerdings nicht ausreicht.²⁵

599 **Hinweis**: Die Zuständigkeit kann sich auch aus einer Erfüllungsortvereinbarung ergeben (Art. 5 Nr. 1 lit. b EuGVO: ›... sofern nichts anderes vereinbart worden ist ...‹), wobei unklar ist, ob die zuständigkeitsbegründende Wirkung der Vereinbarung von der Einhaltung der Formvorschriften für Gerichtsstandsvereinbarungen nach Art. 23 EuGVO abhängt oder sich nach der *lex causae* richtet. Der EuGH

---

[20] Zum Vorliegen von Zivilsachen vgl. EuGH 21. 4. 1993 – C-172/91, Slg. 1993, I-1963, IPRax 1994, 37.
[21] *Geimer* IntZivilProzR Rn. 1278.
[22] EuGH 6. 10. 1976 – 12/76, Slg. 1976, 1473, NJW 1977, 491.
[23] *Kropholler/v.Hein* EuGVO Art. 5 Rn. 38; auch → Rn. 612.
[24] Vgl. BGH 29. 1. 1981 – III ZR 1/80, WM 1981, 411; 31. 1. 1991 – III ZR 150/88, NJW 1991, 3095 (3096); *Hau* IPRax 2000, 354 (359).
[25] EuGH 7. 12. 2010 – C-585/08 und C-144-09, RIW 2011, 241 Rn. 69 ff.; *Mansel/Thorn/Wagner* IPRax 2011, 1 (15); auch → Rn. 611.

hatte die Anwendung der Formanforderungen des Art. 17 EuGVÜ (jetzt Art. 23 EuGVO) zunächst verneint,[26] die Wirksamkeit einer abstrakten Erfüllungsortvereinbarung später jedoch an den Anforderungen des Art. 17 EuGVÜ (jetzt Art. 23 EuGVO) gemessen.[27]

Da ein Ausschluss der internationalen Zuständigkeit nach Art. 27–29 EuGVO nicht ersichtlich ist, ist das LG Düsseldorf nach Art. 5 Nr. 1 lit. b EuGVO international zuständig. 600

Hinweis: Bei der Anwendung von Art. 5 EuGVO folgt aus der internationalen Zuständigkeit auch die örtliche Zuständigkeit (›Gericht des Ortes‹; anders etwa bei Art. 22 und Art. 2–4 EuGVO, ›Gerichte dieses Mitgliedstaates‹).[28] Hingegen sind die Zulässigkeit des Rechtsweges sowie die sachliche und funktionelle Zuständigkeit nicht Gegenstand der internationalen Zuständigkeit, sondern werden davon unabhängig innerstaatlich geregelt.[29]

Fall 35 (angelehnt an EuGH 6. 10. 1976 – 14/76, Slg. 1976, 1497, NJW 1977, 490): Ein französisches Pharmaunternehmen leitet in Mülhausen (Frankreich) Chemieabfälle in den Rhein. Ein deutscher Bauer wässert seine in der Nähe von Bonn gelegenen Felder mit dem vergifteten Rheinwasser und erleidet erheblichen Schaden. Wo kann er Klage auf Zahlung von Schadensersatz erheben? 601

Die EuGVO ist anwendbar. Neben dem sachlichen und zeitlichen Anwendungsbereich des Übereinkommens ist auch der persönliche Anwendungsbereich gegeben, da der **Sitz des beklagten Unternehmens** in einem Mitgliedstaat liegt und dem Wohnsitz gleichgestellt ist (Art. 2–4 I, 60 I lit. a EuGVO). Ein spezielleres Übereinkommen ist nicht anwendbar. 602

Zuständigkeiten nach Art. 22, 23, 24, 8–17 EuGVO liegen nicht vor. Die allgemeine Wohnsitzzuständigkeit richtet sich ebenfalls nach dem Sitz des Unternehmens (Art. 2–4 I, 60 I lit. a EuGVO). Damit ist das Gericht in Mülhausen (bzw. das nach französischem Prozessrecht für Mülhausen örtlich zuständige Gericht) international zuständig. Alternativ kommt – da eine unerlaubte Handlung vorliegt – die besondere Deliktszuständigkeit nach Art. 5 Nr. 3 EuGVO in Betracht, nach der der Geschädigte auch am ›**Ort des schädigenden Ereignisses**‹ klagen kann. Der Begriff der unerlaubten Handlung ist autonom auszulegen und betrifft alle Klagen, mit denen eine Schadenshaftung des Beklagten geltend gemacht wird, die nicht an einen Vertrag iSd Art. 5 Nr. 1 EuGVO angeknüpft wird. Darunter wird sowohl der Ort der schadensverursachenden Handlung als auch der Ort des Schadenserfolgs verstanden. Liegen diese in verschiedenen Staaten (**Distanzdelikt**), so gibt Art. 5 Nr. 3 EuGVO dem Kläger ein **Wahlrecht**.[30]

In Fall 35 liegen der Handlungsort in Mülhausen und der Erfolgsort in Bonn, sodass in beiden Städten eine internationale Gerichtszuständigkeit gegeben wäre. Der Bauer kann also wählen, ob er nach Art. 2 I, 60 I lit. a EuGVO (Sitz des Unternehmens) oder Art. 5 Nr. 3 EuGVO (Handlungsort) in Mülhausen oder nach Art. 5 Nr. 3 EuGVO (Erfolgsort) in Bonn klagt. Bei der Entscheidung sind in der Praxis mehrere Faktoren zu berücksichtigen, so unter anderem Unterschiede bei den Gerichtskosten, bei den Anwaltskosten, bei der durchschnittlichen Dauer von Gerichtsverfahren, im Kollisionsrecht, bei den Möglichkeiten der Vollstreckung sowie sprachliche Unterschiede.

---

26 EuGH 17. 1. 1980 – 56/79, Slg. 1980, 89 = IPRax 1981, 89 - Spellenberg.
27 EuGH 11. 11. 1986 – 313/85, Slg. 1986, 3337 = IPRax 1989, 383.
28 *Kropholler/v.Hein* EuGVO vor Art. 2 Rn. 3.
29 Vgl. *Geimer* IntZivilProzR Rn. 845.
30 EuGH 30. 11. 1976 – 21/76, Slg. 1976, 1735, NJW 1977, 493 – Mines de Potasse.

603 **Hinweis:** Konkurrierende Ansprüche, etwa aus Vertrag oder ungerechtfertigter Bereicherung, fallen nicht unter Art. 5 Nr. 3 EuGVO.[31] Eine Haftung aus § 311 II iVm § 241 II BGB (früher c. i. c.) ist jedoch von Art. 5 Nr. 3 EuGVO erfasst.[32] Ein nur nach Art. 5 Nr. 3 EuGVO zuständiges Gericht kann daher ausschließlich über deliktische Ansprüche entscheiden.

Achtung: Im Gegensatz dazu besteht wegen § 17 II GVG auf nationaler Ebene eine umfassende Kognitionsbefugnis des nach § 32 ZPO örtlich zuständigen Gerichts, wenn bei der Darlegung eines Anspruchs aus unerlaubter Handlung ein einheitlicher prozessualer Anspruch geltend gemacht wird.[33]

604 **Fall 36:** Ein weißrussisches Unternehmen verkauft Textilien an eine deutsche Gesellschaft in Nürnberg. In ihrem schriftlich abgeschlossenen Vertrag vereinbaren die Parteien per E-Mail die Anwendung deutschen Rechts sowie die ausschließliche Zuständigkeit der Gerichte in Nürnberg. Die Ware kommt in mangelhaftem Zustand an und kann nur mit einem Verlust von 9.000 EUR weiterveräußert werden. Die deutsche Firma erhebt Klage auf Zahlung von Schadensersatz vor dem LG Nürnberg. Ist dieses international zuständig?

605 Die internationale Zuständigkeit des LG Nürnberg könnte sich aus der EuGVO ergeben. Der sachliche und der zeitliche Anwendungsbereich liegen vor. Da die Beklagte keinen Sitz in einem Mitgliedstaat der EU hat (vgl. Art. 4 I, 60 I EuGVO), ist es fraglich, ob auch der persönliche Anwendungsbereich des Übereinkommens eröffnet ist. Auf den Sitz der Beklagten in einem Mitgliedstaat kommt es jedoch nicht an, wenn das LG Nürnberg nach Art. 22, 23 oder – insoweit str. (dazu → Rn. 610) – nach Art. 24 EuGVO zuständig ist. Dabei gehen die ausschließlichen Zuständigkeiten nach Art. 22 EuGVO den besonderen Zuständigkeiten nach Art. 23 und 24 EuGVO vor.[34] In Fall 36 liegt keine der in Art. 22 EuGVO genannten Zuständigkeiten vor. In Betracht kommt hingegen wegen der von den Parteien getroffenen **Gerichtsstandsvereinbarung** die Zuständigkeit des LG Nürnberg nach **Art. 23 I EuGVO**. Diese Vorschrift ist anwendbar, wenn

- eine der Parteien ihren Wohnsitz bzw. Sitz (Art. 60 I EuGVO) in einem Vertragsstaat hat,
- die Parteien die Zuständigkeit des Gerichts oder der Gerichte eines Vertragsstaates vereinbart haben und
- die Gerichtsstandsvereinbarung einer der in Art. 23 I 3 oder II EuGVO enthaltenen Formvorschriften (zB Schriftform, E-Mail) genügt.

606 In Fall 36 hat die Klägerin ihren Sitz in der Bundesrepublik und damit in einem Mitgliedstaat. Auch ist die Vereinbarung des Gerichtsstands Nürnberg *schriftlich* erfolgt. Daher ist Art. 23 I EuGVO seinem Wortlaut nach anwendbar.

Die überwiegende Ansicht in der **Literatur und** der **EuGH**[35] lassen diese Voraussetzungen von Art. 23 I EuGVO grundsätzlich genügen,[36] sodass in Fall 36 das LG Nürnberg international ausschließlich zuständig wäre.

---

31 EuGH 27. 10. 1998 – C-51/97, Slg. 1998 I-6511 Rn. 49 – Réunion européenne.
32 EuGH 17. 9. 2002 – C-334/00, Slg. 2002, I-7357 = NJW 2002, 3159.
33 BGH NJW 2003, 828; siehe auch *Spietzhoff* IPRax 2009, 128–134.
34 *Kropholler/v.Hein* EuGVO Art. 22 Rn. 3.
35 EuGH 13. 7. 2000 – C-412/98, Slg. 2000, I-5925 Rn. 41 f., IPRax 2000, 520.
36 *Kropholler/v.Hein* EuGVO Art. 23 Rn. 4 ff. mwN.

Ein Teil des deutschen Schrifttums will Art. 23 I EuGVO dagegen nur dann anwenden, wenn die Zuständigkeitsvereinbarung Berührungspunkte zu mehreren Mitgliedstaaten aufweist, da die EuGVO lediglich das Ziel habe, den Rechtsverkehr zwischen den Mitgliedstaaten zu erleichtern.[37] Folgt man dieser Ansicht, so kommt Art. 23 EuGVO in Fall 36 nicht zur Anwendung, da nur Berührungspunkte zu einem Mitgliedstaat, nämlich der Bundesrepublik bestehen. Anderes würde gelten, wenn die Parteien einen Gerichtsstand in Rom vereinbart hätten, sodass auch Berührungspunkte zu dem Mitgliedstaat Italien vorlägen. Ginge man somit von der Nichtanwendbarkeit der EuGVO aus, würde sich die internationale Zuständigkeit in Fall 36 nach dem autonomen IZVR richten (vgl. Art. 4 I EuGVO).

607

Der Grundsatz des *effet utile* – also das im Unionsrecht wichtige Auslegungskriterium, Lösungen zu entwickeln, die den Gemeinsamen Markt möglichst fördern (→ Rn. 70) – streitet jedoch für die Gegenmeinung und damit für die einheitliche Auslegung von Art. 23 I EuGVO in ganz Europa. Deshalb ist das LG Nürnberg in Fall 36 nach Art. 23 I EuGVO zuständig.

Arbeitsblock zur EuGVO
I. Zur Vertiefung
 1. Abweichend von der Grundregel aus Art. 2–4 EuGVO kommt es bei der Anwendung von Art. 22, 23 und (insoweit str.) Art. 24 EuGVO **nicht** darauf an, ob der Beklagte seinen Wohnsitz bzw. Sitz im Hoheitsgebiet eines Mitgliedsstaates hat:

608

 a) **Art. 22 EuGVO** (lesen!) bestimmt seinen persönlichen Anwendungsbereich selbst. Es kommt nicht darauf an, ob **auch nur eine Partei** ihren Wohnsitz bzw. Sitz in einem Mitgliedstaat hat (vgl. Art. 4 I EuGVO).
 Beispiel: Bei Klagen, die dingliche Rechte an unbeweglichen Sachen sowie die Miete oder Pacht von unbeweglichen Sachen zum Gegenstand haben, sind die Gerichte des Mitgliedsstaates, in dem die unbewegliche Sache belegen ist, ausschließlich zuständig (vgl. dazu EuGH 27. 1. 2000 – C-8/98, Slg. 2000, I-393, NJW 2000, 2009 sowie die Ferienhausentscheidungen des EuGH 26. 2. 1992 – C-280/90, Slg. 1992, I-1111, NJW 1992, 1029; vgl. aber auch die Entscheidung zu Teilzeitnutzungrechten im Rahmen von Club-Mitgliedschaften EuGH 13. 10. 2005 – C-73/04, Slg. 2005, I-8667, IPRax 2006, 159 f. mit Anm. *Mankowski* ZZPInt 10 [2005] 309). Der Begriff der unbeweglichen Sache bestimmt sich dabei nach dem Recht des Belegenheitsortes (*lex rei sitae*). Dagegen sind die Begriffe Miete oder Pacht autonom zu bestimmen und erfassen alle Miet- und Pachtverhältnisse über unbewegliche Sachen unabhängig von ihren besonderen Merkmalen. Jedoch sind bei Mietverträgen zum vorübergehenden privaten Gebrauch von höchstens sechs Monaten auch die Gerichte am Wohnsitz des Beklagten zuständig (Art. 22 Nr. 1 S. 2 EuGVO).
 Art. 22 Nr. 2 EuGVO regelt die ausschließliche Zuständigkeit für Klagen, welche die Gültigkeit, die Nichtigkeit oder die Auflösung einer Gesellschaft oder juristischen Person oder die Gültigkeit der Beschlüsse ihrer Organe zum Gegenstand haben (vgl. zur Reichweite von Art. 22 Nr. 2 EuGVO: *Thole* IPRax 2011, 541 ff.; *Schmitt* IPRax 2010, 310 ff.). Die internationale Zuständigkeit besteht dabei in demjenigen Mitgliedstaat, in welchem die betreffende Gesellschaft oder juristische Person ihren Sitz hat. Für die Bestimmung des Sitzes stellt die Vorschrift nicht auf den Sitzbegriff des Art. 60 EuGVO ab, sondern erklärt das nationale Kollisionsrecht für anwendbar. Obwohl das Internationale Privatrecht einzelner Rechtsordnungen grundsätzlich auf den tatsächlichen Verwaltungssitz abstellen würde (sog. ›Sitztheorie‹; so weiterhin der BGH in Drittstaatenkonstellationen → Rn. 540), ist wegen der EuGH-Rechtsprechung zur Niederlassungsfreiheit (Art. 49, 54 AEUV → Rn. 528)

---

37 Noch zu Art. 17 EuGVÜ: OLG München IPRax 1991, 59 (60 f.); Überblick über den Streitstand bei *Kropholler/v.Hein* EuGVO Art. 23 Rn. 4–10.

im Rahmen des Art. 22 Nr. 2 EuGVO der sog. ›Gründungstheorie‹ zu folgen. Demnach ist der Satzungssitz im Herkunftsstaat maßgeblich.
Besteht für einen Rechtsstreit eine ausschließliche Zuständigkeit nach Art. 22 EuGVO, so hat sich jedes andere angerufene und nach Art. 22 EuGVO nicht zuständige Gericht nach Art. 25 EuGVO **von Amts wegen** für unzuständig zu erklären.

609   b)   Zu **Art. 23 EuGVO** vgl. oben Fall 36 → Rn. 604 ff. Besonderheiten ergeben sich aus Art. 23 III (Wohnsitz beider Parteien in einem Drittstaat), Art. 23 IV (Trust-Bedingungen), Art. 23 V (Schutz des Verbrauchers und des Versicherungsnehmers) sowie aus Art. 21 (Schutz des Arbeitnehmers). Wichtig ist, dass sich das **Zustandekommen** einer Gerichtsstandsvereinbarung nach der mit dem IPR des Forums zu bestimmenden *lex causae* richtet (vgl. dazu Rauscher/*Mankowski* Bd. 1 Brüssel I-VO Art. 23 Rn. 41; *Kropholler/v.Hein* EuGVO Art. 23 Rn. 18), soweit nicht Art. 23 EuGVO selbst eine abschließende Regelung trifft (so für die Form, Art. 23 I 3 EuGVO), vgl. *Kropholler/v.Hein* EuGVO Art. 23 Rn. 23 ff. mwN. Über das Verhältnis von Art. 23 EuGVO zu den §§ 305 ff. BGB und sonstigem zwingenden Recht vgl. OLG NJW 2004, 3126 (3128); *Kropholler/v.Hein* EuGVO Art. 23 Rn. 19 f.

610   c)   Der Anwendungsbereich von **Art. 24 EuGVO (rügelose Einlassung)** ist umstritten. Zum Teil wird in Anlehnung an Art. 23 EuGVÜ gefordert, dass es ausreicht, wenn **eine der Parteien** ihren Wohnsitz in einem Mitgliedstaat hat. Andere fordern in Anlehnung an Art. 2–4 EuGVO auch für Art. 24 EuGVO, dass der **Beklagte** seinen Wohnsitz in einem Mitgliedstaat haben muss; vgl. den Überblick bei *Kropholler/v.Hein* EuGVO Art. 24 Rn. 1–4 mwN. Art. 24 EuGVO gilt auch für den Fall, dass sich der **Kläger** rügelos auf eine Aufrechnungsforderung einlässt, die einem Rechtsverhältnis entstammt, für das eine Gerichtsstandsvereinbarung bestand (vgl. OLG Koblenz RIW 1987, 629 (630) auf Vorabentscheidung durch EuGH 7. 3. 1985 – 48/84, Slg. 1985, 787, RIW 1985, 313 – Spitzley/Sommer).

       d)   Fraglich ist außerdem das **Verhältnis der Zuständigkeit kraft rügeloser Einlassung** zu den Schutzbestimmungen der EuGVO für **Verbraucher, Arbeitnehmer und Versicherungsnehmer**. Zumindest im Hinblick auf die Zuständigkeitsregeln für Versicherungssachen (Art. 8–14 EuGVO) hat der EuGH sich für die Anwendbarkeit des Art. 24 EuGVO ausgesprochen (EuGH 20. 5. 2010 – C-111/09, Slg. 2010, I-4545, IPRax 2011, 580). Obwohl die Zuständigkeitsvorschriften der Art. 8–14 EuGVO den Schutz der schwächeren Partei – dh des Versicherungsnehmers – bezweckten, sei deren bewusste Einlassung als eine (nachträgliche) stillschweigende Zuständigkeitsvereinbarung anzusehen und führe zur internationalen Zuständigkeit des angerufenen Gerichts nach Art. 24 EuGVO (EuGH 20. 5. 2010 – C-111/09, Slg. 2010, I-4545 Rn. 30 ff., IPRax 2011, 580; *Mansel/Thorn/Wagner* IPRax 2011, 1 (16 f.); kritisch *Mankowski* RIW 2010, 667 ff.). Zur Möglichkeit eines richterlichen Hinweises auf die Folgen einer rügelosen Einlassung: EuGH 20. 5. 2010 – C-111/09, Slg. 2010, I-4545 Rn. 32, IPRax 2011, 580; *Staudinger* IPRax 2011, 548 (550 ff.).

611   2.   Für Verbraucherverträge iSd Art. 15 I EuGVO begründet Art. 16 einen **speziellen Gerichtsstand** am **Wohnsitz des Verbrauchers**, wenn der Unternehmer in dem Mitgliedstaat, in dessen Hoheitsgebiet der Verbraucher seinen Wohnsitz hat, eine berufliche oder gewerbliche Tätigkeit ausübt oder eine solche auf irgendeinem Weg unter anderem auf diesen Mitgliedstaat ausrichtet und der ›Vertrag‹ in den Bereich dieser Tätigkeit fällt. Dies bedeutet eine erhebliche Erweiterung des Verbrauchergerichtsstandes, denn die Regelung erfasst anders als noch Art. 13 I Nr. 3 EuGVÜ nicht nur Verträge über die Erbringung von Dienstleistungen oder die Lieferung beweglicher Sachen, sondern jede Art von Vertrag oder jeden Anspruch aus einem Vertrag, den der Vertragspartner des Verbrauchers in Ausübung einer beruflichen oder gewerblichen Tätigkeit abschließt. Anders als nach Art. 13 I Nr. 3 EuGVÜ ist keine rechtsgeschäftliche Handlung bzw. eine Vertragsanbahnung im Wohnsitzstaat des Verbrauchers mehr erforderlich (vgl. zur Erweiterung des Verbrauchergerichtsstandes Rauscher/*Staudinger* Bd. 1 Brüssel I-VO Art. 15 Rn. 12 ff.; zur Klage aus Vertrag nach Art. 5 Nr. 1 EuGVÜ wegen Gewinnmitteilung EuGH 11. 7. 2002 – C-96/00, Slg. 2002, I-6367, NJW 2002, 2697).

Art. 15 II EuGVO bildet (genau wie Art. 8 II und Art. 18 II EuGVO für Versicherungs- und Arbeitssachen) eine Besonderheit im Hinblick auf den räumlichen Anwendungsbereich der

Verordnung bei **Verbrauchersachen**. Danach wird die in einem Mitgliedstaat bestehende Zweigniederlassung, Agentur oder sonstige Niederlassung für Streitigkeiten aus dem Betrieb einem Wohnsitz gleichgestellt, wenn der Vertragspartner des Verbrauchers ansonsten über keinen Wohnsitz in einem Mitgliedstaat verfügt.

3. Der zu Art. 5 Nr. 1 EuGVÜ herrschende Streit über die Bestimmung des **Erfüllungsortes** (vgl. *Kropholler/v.Hein* EuGVO Art. 5 Rn. 22 mwN) sollte durch die EuGVO beigelegt werden. Für die Masse der Verträge ist nunmehr eine **verordnungsautonome** Bestimmung des Erfüllungsortes in Art. 5 Nr. 1 EuGVO vorgesehen. So wurde in Art. 5 Nr. 1 lit. b EuGVO **für alle** aus einem **Kauf- oder Dienstvertrag** resultierenden **Ansprüche** ein grundsätzlich einheitlicher **Erfüllungsgerichtsstand** geschaffen, der nicht nur für die charakteristische Vertragsleistung, sondern insbesondere **auch für die finanzielle Gegenleistung oder Schadensersatzforderungen** gilt (EuGH 3. 5. 2007 – C-386/05, Slg. 2007 I-3699 – Color Drack; *Kropholler/v. Hein* EuGVO Art. 5 Rn. 45; *Schlosser* EuGVVO Art. 5 Rn. 1 a). Danach gilt bei Kauf- und Dienstleistungsverträgen ein (einheitlicher) Erfüllungsort für die Zwecke der Bestimmung der internationalen Zuständigkeit. Dies ist derjenige Ort in einem Mitgliedstaat, an dem die Sachen nach dem Kaufvertrag geliefert worden sind oder hätten geliefert werden müssen (bzw. der Ort, an dem die Dienstleistungen vertragsgemäß erbracht worden sind oder hätten erbracht werden müssen). Schwierigkeiten bereiten allerdings Kauf- und Dienstleistungsverträge, nach denen Leistungen an verschiedenen Orten zu erbringen sind. Der EuGH hält Art. 5 Nr. 1 lit. b EuGVO auch in diesen Fällen für anwendbar (vgl. für Kaufverträge: EuGH 3. 5. 2007 – C-386/05, Slg. 2007 I-3699 Rn. 28, IPRax 2007, 444 – Color Drack; für Dienstleistungsverträge: EuGH 11. 3. 2010 – C-19/09, Slg. 2010, I-2121 Rn. 29, IPRax 2011, 73– Wood Floor). Er versteht als maßgeblichen Erfüllungsort den Ort, an dem die engste Verknüpfung zwischen dem Vertrag und dem zuständigen Gericht besteht, wobei dies im Allgemeinen der Ort der hauptsächlichen Leistungserbringung sei (EuGH 11. 3. 2010 – C-19/09, Slg. 2010, I-2121 Rn. 31 f., IPRax 2011, 73 – Wood Floor).
Sofern sich die hauptsächliche Leistung ausgehend von wirtschaftlichen Kriterien nicht ermitteln lässt, gesteht der EuGH dem Kläger zumindest bei Kaufverträgen ein Wahlrecht zur Klage an jedem Erfüllungsort zu (EuGH 3. 5. 2007 – C-386/05, Slg. 2007 I-3699 Rn. 45, IPRax 2007, 444 – Color Drack), wohingegen er bei einem Handelsvertretervertrag primär auf die Vertragsbestimmungen und den Ort der tatsächlichen Erfüllung abstellt und im Zweifel den Erfüllungsort mit dem Wohnsitz des Dienstleisters identifiziert (EuGH 11. 3. 2010 – C-19/09, Slg. 2010, I-2121 Rn. 42, IPRax 2011, 73 – Wood Floor).
Soweit es nicht um Dienstleistungs- oder Kaufverträge geht, bleibt es bei der Bestimmung des Erfüllungsortes nach dem Vertragsstatut (*lex causae*) → Rn. 252 a, → Rn. 598; im übrigen besteht insoweit auch **kein einheitlicher Erfüllungsgerichtsstand** (vgl. EuGH 6. 10. 1976, C-12/76, Slg. 1976, 1473 – Tessili; 6. 10. 1976, C-14/76, Slg. 1976, 1497 – de Bloos, vertiefend Magnus/Mankowski/*Mankowski* Art. 5 (in englischer Sprache).

4. Hinzuweisen ist darauf, dass der besondere Gerichtsstand für Unterhaltsklagen in Art. 5 Nr. 2 EuGVO mit Inkrafttreten der EuUnthVO am 18. 6. 2011 (ausführlich hierzu → Rn. 489 ff.) von deren Art. 3 ff. abgelöst wurde (Art. 68 I EuUnthVO; zu den Zuständigkeitsregeln der EuUnthVO → Rn. 623).

5. Erwähnenswert, weil dem autonomen Recht weitgehend unbekannt, ist Art. 6 Nr. 1 EuGVO, der einen besonderen **Gerichtsstand für Streitgenossen** (auf der Beklagtenseite) schafft (vgl. dazu EuGH 11. 10. 2007, C-98/06, Slg. 2007, I-8319 = IPRax 2008, 253 mit Anm. *Althammer* IPRax 2008, 228–233).
Art. 6 Nr. 3 EuGVO begründet einen **Gerichtsstand der Widerklage**, der allerdings nicht zugleich die Zulässigkeitsvoraussetzungen der Prozessaufrechnung mitregelt. Diese untersteht vielmehr weiterhin den nationalen Rechtsordnungen (vgl. EuGH 13. 7. 1995 – C-341/93, Slg. 1995, I-2053 = NJW 1996, 42). Ausführlich *Slonina* IPRax 2009, 399–408.

6. Sind mehrere Gerichte international zuständig, kann der Kläger zwischen den Gerichtsständen frei wählen. Art. 27–30 EuGVO regeln die Rechtshängigkeit mehrerer Klagen in unterschiedlichen Mitgliedstaaten nach der Zeitfolge ihrer Erhebung. Bis zur Entscheidung des zuerst

612

613

614

615

angerufenen Gerichts über seine Zuständigkeit hat das danach angerufene Gericht seine Entscheidung auszusetzen. Diskutiert wird in diesem Zusammenhang die Möglichkeit sog. ›Torpedo-Klagen‹: Bedingt durch ein weites Verständnis des europäischen Streitgegenstandsbegriffs kann ein Verfahren durch Erhebung einer negativen Feststellungsklage in einem anderen Mitgliedstaat, dessen Gerichtsverfahren sehr lange dauern (zB Italien, sog. ›italienischer Torpedo‹, vgl. v.Hase/Krolovitsch RIW 2009, 836 [839]), erheblich verzögert werden; siehe dazu ArbG Mannheim IPRax 2008, 37, Stumpe IPRax 2008, 22–24.

616 7. Nach Art. 31 EuGVO kann für den **einstweiligen Rechtsschutz** anstelle eines nach der EuGVO zuständigen Gerichts auch ein nach dem autonomen Recht zuständiges Gericht angerufen werden.

617 8. Die Zuständigkeitsordnung der EuGVO gilt auch im **internationalen Mahnverfahren**, vgl. dazu Kropholler/v.Hein EuGVO vor Art. 2 Rn. 17; Schack IntZivilverfahrensR Rn. 382; Wagner RIW 1995, 89. Für das Europäische Mahnverfahren schreibt dies die Verordnung (EG) Nr. 1896/2006 des Europäischen Parlaments und des Rates v. 12. 12. 2006 zur Einführung eines Europäischen Mahnverfahrens (EuMahnVO, auch EG-MahnVO [Rauscher/*Mäsch* Bd. 2 Einl. EGInsVO]; ABl. EU L 399, 1) ausdrücklich vor (Art. 6 I), trifft für Verbrauchersachen jedoch eine abweichende Regelung (Art. 6 II). Eine Einführung in die EuMahnVO findet sich bei Hess/Bittmann IPRax 2008, 305–311; Einhaus IPRax 2008, 323–330. Für die Vollstreckung von im Mahnverfahren erwirkten Vollstreckungstiteln innerhalb Europas (außer Dänemark) gelten hingegen besondere Regeln, dazu → Rn. 687.

618 9. **Auslegungszuständigkeit des EuGH**: Dem Ziel der **einheitlichen Auslegung der EuGVO** dient das in Art. 267 AEUV vorgesehene (modifizierte) **Vorabentscheidungsverfahren**, das eine Auslegungsbefugnis des EuGH statuiert. Danach sind alle Gerichte, deren Urteil im konkreten Verfahren nicht mehr mit Rechtsmitteln des innerstaatlichen Rechts angefochten werden kann, verpflichtet, eine Auslegungsfrage zur Vorabentscheidung vorzulegen, wenn die Vorlagevoraussetzungen erfüllt sind (Art. 267 III AEUV). Diese sind:
- Es handelt sich um eine ›Frage der **Auslegung** der Verordnung‹.
- Die Auslegungsfrage stellt sich in einem **schwebenden Verfahren**.
- Die Auslegungsfrage stellt sich bei einem **letztinstanzlichen Gericht**.

Daneben sind auch Instanzgerichte zur Vorlage berechtigt, wenn die Beantwortung der Vorlagefrage nach ihrer Ansicht zum Erlass des Urteils erforderlich, dh entscheidungserheblich, ist (Art. 267 II AEUV). Das Ziel der einheitlichen Auslegung wird insbesondere dadurch erreicht, dass der EuGH die Rechtsbegriffe der EuGVO, wie auch bisher des EuGVÜ (vgl. EuGH 1. 10. 2002 – C-167/00, Slg. 2002, I-8111 Rn. 35, NJW 2002, 3617 mwN; EuGH 11. 7. 2002 – C-96/00, Slg. 2002, I-6367, NJW 2002, 2697) weitgehend vertragsautonom auslegt (vgl. für den Begriff der ›Zivilrechtssache‹ iSv Art. 1 I EuGVÜ zuletzt EuGH 21. 4. 1993 – C-172/91, Slg. 1993, I-1963, NJW 1993, 2091; allgemein zur unionsrechtlich autonomen Auslegung vgl. Kropholler/v.Hein EuGVO Einl. Rn. 54 ff.). Für das revidierte **LugÜ** besteht ebenfalls **eine Auslegungsbefugnis** des EuGH, weil es sich aus Sicht der EU um einen Bestandteil des Unionsrechts handelt (vgl. Gutachten 1/03 des EuGH (Plenum) v. 7. 2. 2006, Slg. 2006 I-1145; Geimer/Schütze Europ. ZivilVerfahrensR Einl. A.1 Rn. 195 f.). Vertragsstaaten des LugÜ, die nicht zugleich EU-Mitglied sind, können Vorlageverfahren beim EuGH allerdings nicht initiieren, sondern sich lediglich an laufenden Verfahren durch schriftliche Stellungnahmen beteiligen.

619 II. **Literatur:**
Übersicht zur Rechtsprechung zur EuGVO bei Mansel/Thorn/Wagner IPRax 2011, 1 (13 ff.); Jayme/Kohler IPRax 2007, 493 ff.; siehe ferner Schnickels/Dietzl EuZW 2003, 581; Zur Entstehung und Bedeutung der EuGVO: Kropholler/v.Hein EuGVO Einl. Rn. 13–39.
Kommentare: Kropholler/v.Hein EuGVO; BLAH/Hartmann Schlussanhang V C 2; Zöller/Geimer Anhang I; MüKoZPO/Gottwald IZPR

bb) Völkerrechtliche Regelungen für Fälle mit Bezug zu EFTA-Staaten

Ähnliche Bedeutung wie der EuGVO (→ Rn. 590 ff.) kommt dem revidierten **Luganer Übereinkommen über die gerichtliche Zuständigkeit und die Vollstreckung gerichtlicher Entscheidungen in Zivil- und Handelssachen** v. 30. 10. 2007 (**LugÜ**)[38] zu. Es löst das Vorgängerübereinkommen v. 16. 9. 1988[39] ab, welches zwischen den Mitgliedstaaten der EU und den Mitgliedstaaten der EFTA geschlossen worden war. Nach der Ratifikation durch sämtliche EU-Staaten (auch Dänemark) und **Norwegen** (als erster EFTA-Staat) ist das revidierte LugÜ am 1. 1. 2010 in Kraft getreten. Inzwischen ist auch die Ratifikation durch Island und die Schweiz erfolgt. Für die Schweiz gilt das LugÜ seit dem 1. 1. 2011 und für Island seit dem 1. 5. 2011.[40]

620

Das LugÜ stimmt inhaltlich in seinen Art. 1–62 nahezu **wortgleich** mit der EuGVO überein (deshalb kann das im Arbeitsblock → Rn. 592 f. für die EuGVO entwickelte Prüfungsschema auch für das LugÜ verwendet werden). Auf die nachfolgenden Ausführungen zur EuGVO kann daher in der Regel auch für die Arbeit mit dem LugÜ zurückgegriffen werden. Das LugÜ übernimmt im Gegensatz zum Luganer Übereinkommen aus dem Jahr 1988 auch vollständig die Zuständigkeitsnormen der EuGVO, insbesondere auch die modernisierte Vorschrift über den Verbrauchergerichtsstand (Art. 15), sowie das gestraffte Vollstreckbarerklärungsverfahren (Art. 38 ff.). In der revidierten Fassung finden sich nun auch einige vertragsautonome Begriffsbestimmungen (zB für den Erfüllungsort, Art. 5 I lit. b LugÜ).[41]

621

cc) Besondere Regelungen für familienrechtliche Fälle

In Fragen der Ehescheidung, -trennung und Ungültigerklärung der Ehe als auch für Verfahren, die die elterliche Verantwortung für gemeinsame Kinder der Ehegatten betreffen, gilt die am 1. 8. 2004 in Kraft getretene **Verordnung (EG) Nr. 2201/2003 des Rates über die Zuständigkeit und Anerkennung und Vollstreckung von Entscheidungen in Ehesachen und in Verfahren betreffend die elterliche Verantwortung und zur Aufhebung der Verordnung (EG) Nr. 1347/2000 (EuEheVO (II), auch EheVO nF oder Brüssel II a-VO genannt)** v. 27. 11. 2003[42] mit Wirkung ab dem 1. 3. 2005. Damit hat die EuEheVO II die praktisch kaum durchführbare, erst seit dem 1. 3. 2001 geltende Verordnung (EG) Nr. 1347/2000 des Rates über die Zuständigkeit und Anerkennung und Vollstreckung von Entscheidungen in Ehesachen und in Verfahren betreffend die elterliche Verantwortung für die gemeinsamen Kinder der Ehegatten (EuEheVO, auch EheGVO oder Brüssel II-VO genannt) v. 29. 5. 2000[43] abgelöst.

622

Die EuEheVO (II) gilt hingegen nicht für Fragen wie die Unterhaltspflicht und sonstige Nebenfolgen der Eheauflösung (Art. 1 III). Sie gilt ferner nicht im Verhältnis zu Dänemark (Art. 2 Nr. 3, Erwägungsgrund 31) EuEheVO (II). Für Altfälle findet die EuEheVO (aF) weiterhin Anwendung, soweit ihr zeitlicher Anwendungsbereich eröffnet ist (Art. 42 EuEheVO [aF]), der der EuEheVO (II) hingegen noch nicht (Art. 64 EuEheVO [II]).[44]

---

38 ABl. EU 2009 L 147, 5 (*Jayme/Hausmann* Nr. 152).
39 BGBl. 1994 II 2658.
40 ABl. EU L 138, 1.
41 Vgl. ausführlich zum LugÜ: *Wagner/Janzen* IPRax 2010, 298 ff.
42 ABl. EU L 338, 1 (*Jayme/Hausmann* Nr. 162).
43 ABl. EG L 160, 19 (*Jayme/Hausmann*, 12. Aufl. 2004, Nr. 161).
44 Rauscher/*Rauscher* Bd. 4 Einl. Brüssel IIa-VO Rn. 1.

Die noch im ursprünglichen Kommissionsvorschlag⁴⁵ zur mittlerweile am 18. 6. 2011 in Kraft getretenen Rom III-VO (→ Rn. 486) vorgesehenen Änderungen der Zuständigkeitsregelungen für Ehesachen in der EuEheVO (II) konnten im Rahmen des Verfahrens der Verstärkten Zusammenarbeit nach Art. 326 ff. AEUV keine Berücksichtigung finden. Die für sämtliche Mitgliedstaaten geltende EuEheVO (II) kann nämlich nicht von einzelnen (hier: 14) Mitgliedstaaten im Wege der Verstärkten Zusammenarbeit geändert werden. Allerdings ist zu erwarten, dass die Überlegungen zur Änderung der Zuständigkeitsregeln für Ehesachen in einen künftigen Reformprozeß der EuEheVO (II) einfließen werden.⁴⁶ Nach Art. 65 EuEheVO (II) hat die Kommission bereits zum 1. 1. 2012 einen Bericht über deren Anwendung vorzulegen.

623 Für das Unterhaltsrecht wurden durch die EuUnthVO (→ Rn. 489 ff.) mit Wirkung v. 18. 6. 2011 unter anderem selbstständige Regelungen zur internationalen Zuständigkeit geschaffen. Sie ersetzen die unterhaltsrechtlichen Bestimmungen der EuGVO (vgl. Art. 68 I EuUnthVO; → Rn. 613). Ausgehend vom gesetzgeberischen Ziel, die Stellung des Unterhaltsgläubigers zu verbessern,⁴⁷ sind erhebliche Änderungen gegenüber den Vorschriften der EuGVO vorgenommen worden.⁴⁸ Nach der Generalnorm des Art. 3 EuUnthVO sind international und örtlich die mitgliedstaatlichen Gerichte des Ortes zuständig, an dem der Beklagte (lit. a) oder die unterhaltsberechtigte Person (lit. b) ihren gewöhnlichen Aufenthalt haben. Daneben besteht unter bestimmten Voraussetzungen eine Zuständigkeit für Unterhaltssachen als Nebenverfahren zu Verfahren in Bezug auf den Personenstand (lit. c) oder auf die elterliche Verantwortung, dh insbesondere Sorgerechtsverfahren, (lit. d). Durch die Schaffung einer Auffang- und Notzuständigkeit in den Art. 6 bzw. 7 EuUnthVO wird außerdem auch in Fällen mit überwiegendem Drittstaatenbezug ein Forum in der EU eröffnet. Die Möglichkeit einer Gerichtsstandsvereinbarung ist im Vergleich zur EuGVO restriktiver ausgestaltet (Art. 4 EuUnthVO).

624 **Arbeitsblock**
EuEheVO (II)

Die seit **1. 3. 2005** geltende **EuEheVO (II) (Brüssel-IIa,** → Rn. 622) enthält Zuständigkeitsregelungen für Verfahren in Ehesachen und Verfahren, die die Ehescheidung, die Trennung ohne Auflösung des Ehebandes und die Ungültigerklärung oder die elterliche Verantwortung – **auch für Kinder nicht miteinander verheirateter oder geschiedener Eltern** – zum Gegenstand haben (vgl. Erwägungsgründe 5 und 6 sowie die allein auf die ›elterliche Verantwortung‹ abstellende weite Formulierung in Art. 8 I, die die Einschränkung auf gemeinsame Kinder miteinander verheirateter Eltern in Art. 3 I EuEheVO (aF) nicht mehr enthält). Damit hat sie einen **weiteren Anwendungsbereich als die EuEheVO (aF)**. (Brüssel II, → Rn. 622), welche lediglich Zuständigkeitsregelungen für Verfahren in Ehesachen und Verfahren, die die elterliche Sorge für gemeinsame Kinder von Ehegatten betreffen, enthielt. Die EuEheVO (II) genießt gegenüber deutschem Internationalen Verfahrensrecht Vorrang (vgl. Art. 7 EuEheVO (II) und → Rn. 594). Zeitgleich mit Inkrafttreten der EuEheVO ist am 1. 3. 2005 das **Gesetz zur Aus- und Durchführung bestimmter Rechtsinstrumente auf dem Gebiet des internationalen Familienrechts v. 26. 1. 2005** (IntFamRG, BGBl. I 162 (*Jayme/Hausmann* Nr. 162 a) in Kraft getreten, das nach § 1 Nr. 1 IntFamRG auch der Durchführung der

---

45 KOM (2006) 399 endg.
46 *Mansel/Thorn/Wagner* IPRax 2011, 1 (10) Fn. 99.
47 Erwägungsgründe 9, 10, 15.
48 Ausführlich hierzu *Gruber* IPRax 2010, 128 (129 ff.); Rauscher/*Andrae* Bd. 4 Einl. EG-UntVO Rn. 1 ff.

EuEheVO dient. Eine ausführliche Kommentierung der EuEheVO findet sich bei Rauscher/*Rauscher* Bd. 4 Brüssel IIa-VO, eine Übersicht zu aktueller Rechtsprechung bei *Mansel/Thorn/Wagner* RIW 2011, 1 (22 ff.).

b) Nationales Recht

Bei der Prüfung der internationalen Zuständigkeit nach autonomem IZVR ist zu unterscheiden: 625

Lediglich für einige **Einzelfragen** hat der deutsche Gesetzgeber die Frage der internationalen Zuständigkeit **ausdrücklich geregelt**. Eine umfassende Kodifikation für den Bereich Familiensachen und Angelegenheiten der freiwilligen Gerichtsbarkeit ist erstmals durch die am 1. 9. 2009 in Kraft getretenen **§§ 98–106 des Gesetzes über das Verfahren in Familiensachen und in den Angelegenheiten der freiwilligen Gerichtsbarkeit (FamFG)** vorgesehen. Für Familiensachen ist die internationale Zuständigkeit jeweils ausdrücklich geregelt (§§ 98–104 FamFG). Für Angelegenheiten der freiwilligen Gerichtsbarkeit (zB Registersachen, unternehmensrechtliche Verfahren, Nachlasssachen) bestimmt § 105 FamFG, dass sich die internationale stets nach der örtlichen Zuständigkeit richtet.⁴⁹

In allen **übrigen Fällen** gilt die **Faustregel**, dass die örtliche Zuständigkeit die internationale Zuständigkeit indiziert (sog. ›**Doppelfunktionalität der örtlichen Zuständigkeitsvorschriften**‹).⁵⁰ Die örtliche Zuständigkeit ist in §§ 12 ff. ZPO geregelt. 626

Auch im autonomen Recht gibt es ausschließliche Zuständigkeiten (zB §§ 24, 29 a ZPO), vereinbarte Zuständigkeiten (§§ 38–40 ZPO), besondere Zuständigkeiten (zB §§ 29 und 32 ZPO) sowie den allgemeinen Gerichtsstand am Wohn- bzw. Geschäftssitz (§§ 12, 13, 17 ZPO). 627

Die Zuständigkeitsprüfung nach autonomem IZVR lässt sich nach dem in dem nachfolgenden Arbeitsblock aufgeführten Schema durchführen:

Arbeitsblock 628
Prüfung der internationalen Zuständigkeit nach autonomem Recht
1. **Nichtanwendbarkeit** der EuGVO/EuEheVO (II)/EuUnthVO bzw. völkerrechtlicher Verträge (vgl. Geimer IntZivilProzR Rn. 1887–1904; zur Freiwilligen Gerichtsbarkeit vgl. → Rn. 660 ff.).
2. **Ausdrückliche Regelungen** der internationalen Zuständigkeit
   • zB §§ 15, 16, 23, 27 II, 38 II (iVm § 40), 38 III Nr. 2 (iVm § 40), 689 II 2, 703 d ZPO; §§ 98 ff. FamFG; § 14 I 2 UWG.
   • zu Familiensachen und Angelegenheiten der freiwilligen Gerichtsbarkeit → Rn. 660 ff.
3. **Faustregel**: Örtliche Zuständigkeit indiziert internationale Zuständigkeit 629
   a) **Spezialgesetze** zur örtlichen Zuständigkeit:
      • zB § 26 FernUSG; § 14 II UWG; § 56 II LuftverkehrsG; §§ 246 III, 249 I, 275 IV AktG; §§ 61 III, 75 GmbHG; § 51 III 3 GenG; § 82 ArbGG.
   b) **ZPO** (§§ 12 ff.)
      (1) Ausschließliche Zuständigkeit (zB §§ 24, 29 a ZPO).
      (2) Vereinbarte Zuständigkeit (§§ 38, 40 ZPO, Ausschließlichkeit hängt von der Parteivereinbarung ab: vgl. Zöller/*Vollkommer* § 38 Rn. 42).
      (3) Rügelose Einlassung (§§ 39, 40 II 2 ZPO).

---

⁴⁹ Weitere Beispiele bei *Geimer* IntZivilProzR Rn. 947.
⁵⁰ BGH NJW 1989, 1356; RIW 2007, 873 (875); *Geimer* IntZivilProzR Rn. 946.

> (4) **Besondere Zuständigkeit** (zB §§ 21, 22, 29, 32 ZPO)
> **oder wahlweise** (§ 35 ZPO) allgemeiner Gerichtsstand am Wohnsitz bzw. Sitz des Beklagten (§§ 12, 13, 17 ZPO).

630 Folgt man der unter → Rn. 607 dargestellten Minderheitsansicht im Schrifttum, die für die Anwendung von Art. 23 I EuGVO Berührungspunkte der Gerichtsstandsvereinbarung zu mehreren Mitgliedstaaten verlangt, ist in Fall 36 weder die EuGVO noch völkerrechtliche Verträge anwendbar, sodass autonomes Recht anzuwenden ist. Da eine ausschließliche Zuständigkeit (vgl. § 40 II 1, 2. Alt. ZPO) nicht besteht, könnte sich die internationale Zuständigkeit des LG Nürnberg wegen der **Gerichtsstandsvereinbarung** aus § 38 ZPO ergeben. § 38 II ZPO enthält eine ausdrückliche Regelung der internationalen Zuständigkeit bei Gerichtsstandsvereinbarungen: Hat eine der Parteien ›keinen allgemeinen Gerichtsstand im Inland‹, so können die Parteien ein Gericht wählen, bei dem die inländische Partei ihren allgemeinen Gerichtsstand hat oder ein besonderer Gerichtsstand begründet ist. Die Vereinbarung muss schriftlich getroffen sein oder schriftlich bestätigt worden sein. Schließlich sind die weiteren allgemeinen Schranken für Gerichtsstandsvereinbarungen aus § 40 ZPO zu beachten (die Vereinbarung darf nur vermögensrechtliche Ansprüche aus einem bestimmten Rechtsverhältnis betreffen).

631 Die Beklagte in Fall 36 hat keinen allgemeinen inländischen Gerichtsstand. Mit der schriftlichen Vereinbarung des Gerichtsstands Nürnberg wurde der allgemeine Gerichtsstand der Klägerin gewählt. Da auch die Schranken des § 40 ZPO beachtet wurden, ist die Vereinbarung nach § 38 II ZPO zulässig. Das LG Nürnberg ist deshalb international zuständig. Es kann dahingestellt bleiben, ob sich die internationale Zuständigkeit darüber hinaus aus § 38 I ZPO ergibt.[51]

632 **Fall 37:** Eine Gesellschaft aus Magdeburg verkauft einem Unternehmen aus Seoul in einem dem deutschen Recht unterstellten Vertrag Metallschrauben. Erfüllungsort ist Seoul. Vergeblich fordert die Verkäuferin das südkoreanische Unternehmen auf, den Restkaufpreis von 25.000 EUR zu zahlen. Ermittlungen ergeben, dass das südkoreanische Unternehmen seinerseits noch ausstehende Forderungen aus Uhrenverkäufen gegen eine andere deutsche Firma in München hat. Die Magdeburger Gesellschaft verklagt das südkoreanische Unternehmen daraufhin in München auf Zahlung von 25.000 EUR nebst Zinsen. Ist das für die Stadt München zuständige LG München I international zuständig?

633 Die **EuGVO** ist nicht anwendbar. Weder hat das beklagte Unternehmen seinen Sitz in einem Mitgliedstaat der EU (vgl. Art. 4 I, 60 I EuGVO) noch ist das LG München I nach Art. 22 oder 23 EuGVO zuständig. Auch für eine Zuständigkeit nach Art. 24 EuGVO (rügelose Einlassung) fehlt jeglicher Anhaltspunkt. Völkerrechtliche Verträge sind ebenfalls nicht anwendbar.

634 Die internationale Zuständigkeit ist daher nach autonomem Recht zu beurteilen. Eine ausschließliche Zuständigkeit liegt nicht vor. Ebenso wie in Fall 36 kommt eine besonders geregelte internationale Zuständigkeit in Betracht (→ Rn. 628). Nach **§ 23 S. 1, 1. Alt. ZPO** ist für vermögensrechtliche Klagen jedweder Art das Gericht international zuständig, in dessen Bezirk sich (selbst wenig) **Vermögen** von Personen befindet, die keinen Wohnsitz im Inland haben. Nach § 23 S. 2, 1. Alt. ZPO ist Vermögen des Beklagten ohne Wohnsitz im Inland, das aus Forderungen gegen Drittschuldner besteht, grundsätzlich am Wohnsitz des Drittschuldners belegen (es sei denn, eine Sache haftet für die Forderung als Sicherheit, § 23 S. 2, 2. Alt. ZPO). In Fall 37 hat das beklagte südkoreanische Unternehmen keinen Wohnsitz im Inland, wohl aber eine in München am

---

51 Str., vgl. *Schack* IntZivilverfahrensR Rn. 502.

Geschäftssitz eines Drittschuldners belegene Forderung. Der Geschäftssitz ist auch in diesem Zusammenhang einem Wohnsitz gleichzusetzen.[52] Deshalb sind die Voraussetzungen von § 23 ZPO erfüllt, sodass das LG München I international zuständig ist. Alternative Zuständigkeiten anderer deutscher Gerichte bestehen nicht. Insbesondere kann sich eine internationale Zuständigkeit nicht aus § 29 ZPO ergeben, da der Erfüllungsort der Geldschuld (§§ 270 IV, 269 I BGB) Seoul ist.

Im Zusammenhang mit der internationalen Zuständigkeit nach § 23 ZPO sind jedoch folgende Aspekte zu bedenken: Zum einen hat der BGH entschieden,[53] dass die internationale Zuständigkeit trotz der Vermögensbelegenheit im Inland nur dann gegeben ist, wenn der Sachverhalt darüber hinaus einen hinreichenden **Inlandsbezug** aufweist.[54] Zum anderen ist stets vor einer auf § 23 ZPO als Zuständigkeitsnorm gestützten Klage zu prüfen, ob ein Urteil in dem Heimatstaat des Beklagten vollstreckt werden muss (wenn etwa das im Inland belegene Vermögen nicht ausreicht, um die Klagforderung zu befriedigen), und ob dieser fremde Staat die Anerkennung und Vollstreckung des deutschen Urteils möglicherweise versagt, wenn die Zuständigkeit nur nach § 23 ZPO begründet wird. 635

Fall 38: Ein nigerianischer Tourist verursacht in Berlin einen Verkehrsunfall. Kann der Geschädigte seinen Schaden von 4.000 EUR in Berlin einklagen? 636

Weder die EuGVO noch andere völkerrechtliche Verträge sind für die Prüfung der internationalen Zuständigkeit heranzuziehen. Spezialregelungen des autonomen Rechts zur internationalen Zuständigkeit sind ebenfalls nicht anwendbar. Die internationale Zuständigkeit könnte sich jedoch – entsprechend der genannten **Faustregel** – aus der örtlichen Zuständigkeit ergeben. Nach § 32 ZPO ist bei Klagen aus unerlaubten Handlungen das Gericht des Tatorts örtlich zuständig. Daher ist das AG Berlin auch international zuständig. Weitere Zuständigkeiten bestehen in Deutschland nicht.

Arbeitsblock
I. **Zur Vertiefung**
  1. Das autonome Recht der internationalen Zuständigkeit in **Familien- und Ehesachen** ist durch die EuEheVO (II) weitgehend verdrängt worden. Nur wenig Raum bleibt für die in Art. 7 I, 14 EuEheVO (II) vorbehaltenen nationalen Restzuständigkeiten (vgl. Rauscher/*Rauscher* Bd. 4 Brüssel IIa-VO Art. 7 Rn. 8 ff.). 637
  2. Ebenso wie bei Art. 23 EuGVO richtet sich auch im autonomen Recht das **Zustandekommen der Gerichtsstandsvereinbarung** (anders als die **Zulässigkeit** ihres Abschlusses, insoweit gilt die *lex fori*) nach der *lex causae*. Da die Gerichtsstandsvereinbarung fast immer als Bestandteil des Hauptvertrags geschlossen wird, unterliegt sie meist dem Statut des Hauptvertrags (vgl. BGHZ 59, 23 [26 f.]; Hdb. IZVR/*Kropholler* Bd. I Kap. III Rn. 482–486). Auch hier ist jedoch zu beachten, dass die **Formvorschriften** sich bereits aus § 38 ZPO (also der *lex fori*) ergeben und damit insoweit für eine Anwendung der *lex causae* kein Raum ist (BGHZ 59, 23 [29]; *Schack* IntZivilverfahrensR Rn. 501). Die Vereinbarung über die ausschließliche Zuständigkeit eines ausländischen Forums kann unwirksam sein, wenn dadurch die Anwendung international zwingenden Rechts, zB Art. 17, 18 der Handelsvertreterrichtlinie (RL 86/653/EWG, ABl. EG L 382, 17; dazu EuGH 9. 11. 2000 – C-381/98, Slg. 2001, I-9305 – Ingmar), umgangen wird; dazu *Rühl* IPrax 2007, 294 ff. Dies gebietet die unionsrechtskonforme Anwendung von § 38 ZPO (→ Rn. 646 zum unionsrechtlichen Konformitätsgebot). 638

---

52 Vgl. BAG NJW 1985, 2910 (2911).
53 BGH NJW 1991, 3092.
54 Dazu mit Recht kritisch *Geimer* NJW 1991, 3072.

3. Teil. Die Anwendung des Internationalen Privatrechts in der Praxis

639 3. Hinsichtlich der internationalen Zuständigkeit bestehen im **einstweiligen Rechtsschutz** kaum Besonderheiten (vgl. *Schack* IntZivilverfahrensR Rn. 470–489).

640 4. Ist die internationale Zuständigkeit deutscher Gerichte gegeben, so ist die Bundesrepublik zur Justizgewährung verpflichtet. Eine Unzuständigkeit nach der (US-amerikanischen) Lehre vom ›*forum non conveniens*‹ kommt nicht in Betracht (*Geimer* IntZivilProzR Rn. 1073–1083 mwN auch auf die Rspr.; kritisch *Schack* IntZivilverfahrensR Rn. 559–578; für den Bereich der EuGVO vgl. *Kropholler/v.Hein* EuGVO vor Art. 2 Rn. 20). Eine Regelung, die der *forum non conveniens*-Lehre ähnliche Erwägungen enthält, ist Art. 15 EuEheVO (II).

641 5. Kann der Kläger zwischen verschiedenen Gerichtsständen in verschiedenen Staaten wählen, so kann er damit auch das auf den Fall anwendbare Prozessrecht (die jeweilige *lex fori*, → Rn. 644), das anwendbare IPR und das letztlich anwendbare materielle Recht bestimmen (→ Rn. 588 aE). Er kann dadurch uU beeinflussen, dass ein Recht zur Anwendung kommt, das – wie zB das US-Recht – außerordentlich hohe Schadensersatzsummen kennt. Diese Möglichkeit des ›*forum shopping*‹ ist aus deutscher Sicht legitim, wird aber zT kritisiert (Überblick bei *Geimer* IntZivilProzR Rn. 1095–1125; *Schütze* Rechtsverfolgung 62–71 und *Schack* RabelsZ 58 (1994) 40 ff., jeweils auch zu den Abwehrstrategien des Beklagten; sehr anschaulich zu US-Fällen: *Siehr*, ›Forum Shopping‹ im internationalen Rechtsverkehr, ZfRV 25 [1984] 124). Beim *forum shopping* ist auch auf die Vollstreckbarkeit zu achten (vgl. zB später Fall 41 → Rn. 701 zu Schwierigkeiten bei der Vollstreckung exorbitanter Schadensersatzansprüche).

642 6. Zur internationalen **Streitverkündung** vgl. *Meier*, Grenzüberschreitende Drittbeteiligung, 1994.

7. Zur **Einrede der Rechtshängigkeit**, gestützt auf eine bereits im Ausland erhobene Klage: vgl. die Nachweise → Rn. 706.

II. **Literatur**:
Nagel/Gottwald IntZivilProzR § 3 Rn. 200–349; Hdb. IZVR/*Kropholler* Bd. I Kap. III Rn. 1–601.

3. Sonstige Prozessvoraussetzungen und Verfahrensfragen

643 Deutsche Gerichte verfahren grundsätzlich nach der ***lex fori***, also nach deutschem Verfahrensrecht (*forum regit processorum*). Auf ausländische Vorschriften nimmt das autonome IZVR nur selten Bezug, so aber in § 55 (Prozessfähigkeit) und § 110 II Nr. 1 ZPO (Entbehrlichkeit der Ausländersicherheit). Völkerrechtliche Verträge regeln hauptsächlich Verfahrensfragen, für deren Lösung die Hilfe fremder Staaten erforderlich ist (**internationale Rechtshilfe**), so vor allem für die Zustellung oder Beweisaufnahme im Ausland.

Arbeitsblock

I. Zur Ergänzung

644 1. Örtliche Zuständigkeit
Bei der Bestimmung der örtlichen Zuständigkeit ist zu beachten, dass bestimmte Vorschriften der EuGVO, die die internationale Zuständigkeit regeln, gleichzeitig auch die örtliche bestimmen, so zB Art. 5 EuGVO.

2. **Grundsatz der *lex fori***
Nach der hM gilt der Grundsatz der *lex fori* nahezu uneingeschränkt (vgl. zB BGH NJW 1992, 438 (439); vertiefend *Leipold* Lex fori 25–33 und *Geimer* IntZivilProzR Rn. 20, 319–330 mit Hinweis auf eine ausgesprochen abgelegene Ausnahme in Eheprozessen, Rn. 328). Besondere Bedeutung hat dabei oft die Entscheidung zwischen der prozessrechtlichen oder materiellrechtlichen **Qualifikation** eines Rechtsinstituts.
Beispiel: Im englischen Recht kann aus einem Vertrag in bestimmten Fällen – anders als im deutschen Recht – **nicht auf Erfüllung** geklagt werden. Klagt ein Gläubiger in diesen Fällen vor einem deutschen Gericht bei englischem Vertragsstatut auf Erfüllung, so hängt der Erfolg davon ab, ob die Frage der Klagbarkeit von Erfüllungsansprüchen materiellrechtlich (dann

englisches Recht) oder prozessrechtlich (dann deutsches Recht als *lex fori*) qualifiziert wird (vgl. *Geimer* IntZivilProzR Rn. 347–349 mwN, insgesamt zur Qualifikation: *Geimer* IntZivilProzR Rn. 312–318 o). Unter Hinweis auch auf solche Abgrenzungsschwierigkeiten zwischen materiellem Recht und Verfahrensrecht hat ein Teil der Literatur den Grundsatz der *lex fori* insgesamt in Frage gestellt (vgl. *Coester-Waltjen* IntBeweisR 82, 144; kritisch dazu zB v. Bar/Mankowski/*Mankowski* IPR I § 5 Rn. 77–79; differenzierend nach einzelnen Bereichen des IZVR: *Geimer* IntZivilProzR Rn. 333–362). Klassisch ist das Problem der **Verjährung**: Im deutschen Recht ist sie im BGB geregelt und Teil des Sachrechts (§§ 194 ff. BGB); in den US-amerikanischen Rechtsordnungen wird die Verjährung hingegen prozessrechtlich qualifiziert (vgl. dazu *Hay* IPRax 1989, 197). Zu den aus diesem Unterschied folgenden Qualifikationsproblemen vgl. die Darstellung des vom Reichsgericht entschiedenen ›**Tennessee-Wechsel**‹-Falles (→ Rn. 100) bei *Kegel/Schurig* IPR § 2 II 3 b, 141 f.

Ausnahmen zum Grundsatz der *lex fori* ergeben sich teilweise aus **völkerrechtlichen Verträgen**. Zum Beispiel richtet sich die Prozessfähigkeit einer New Yorker Gesellschaft nach Art. XXV Abs. 5 S. 2 des Deutsch-amerikanischen Freundschafts-, Handels- und Schifffahrtsvertrags v. 29. 10. 1954, BGBl. 1956 II 488, nach New Yorker Recht (OLG Zweibrücken NJW 1987, 2168). Ebenso ergibt sich die Unklagbarkeit von Ansprüchen aus Devisenkontrakten, die gegen das Devisenrecht eines Vertragsstaates des Bretton Woods-Übereinkommens über den Internationalen Währungsfonds verstoßen, aus Art. VIII Abschn. 2 lit. b des Übereinkommens (vgl. BGHZ 55, 334 [337–338] und → Rn. 238). 645

3. **Unionsrechtliches Konformitätsgebot** 646
Wie im IPR (→ Rn. 42), gilt auch im IZVR das unionsrechtliche Konformitätsgebot: Dh bei der Schaffung und Anwendung von IZVR ist das Unionsrecht zu beachten (vertiefend *Brödermann* MDR 1992, 89 [93 ff.]). So hat zB eine Entscheidung des Europäischen Gerichtshofs im Jahr 1993 (EuGH 1. 7. 1993 – C-20/92, Slg. 1993 I-3777 – Hubbard/Homburger; hierzu *Streinz/Leible* IPRax 1998, 162–170), die die Frage der Auferlegung einer **Prozesskostensicherheit** gegenüber einem englischen Testamentsvollstrecker betraf, zur Abänderung von § 110 I ZPO geführt: Das Verlangen einer Prozesskostensicherheit von einem in Ausübung seines Berufs handelnden Unionsbürger mit Wohnsitz in einem anderen Vertragsstaat allein aus dem Grund, dass er Angehöriger eines anderen Mitgliedstaates ist, beschränkte ihn in seiner Dienstleistungsfreiheit (Art. 56, 57 AEUV) und es verstieß gegen das allgemeine Diskriminierungsverbot (Art. 18 AEUV). Deshalb müssen Unionsbürger und ihnen nach Art. 54, 62 AEUV) gleichgestellte Gesellschaften heute in keinem Mitgliedstaat mehr Prozesskostensicherheit zahlen (gleiches gilt für Kläger aus Vertragsstaaten des EWR). Ebenso haben vom EuGH angemahnte unionsrechtliche Schranken die Regelungen zum Arrest in § 917 II ZPO beeinflusst (vgl. *Brödermann/Iversen* Europ. GemeinschaftsR und IPR Rn. 30). Nach der abermaligen Neufassung von § 917 II ZPO (in Kraft seit 1. 1. 2004) ist der europäische Einfluss nun nicht mehr ohne weiteres erkennbar.

II. **Zur Vertiefung**
1. **Internationale Zustellung** 647
Die **Zustellung im Ausland** ist im **autonomen IZVR** in §§ **183, 184 ZPO** und in der **Rechtshilfeordnung für Zivilsachen (ZRHO)** v. 19. 10. 1956 (abgedr. bei *Geimer/Schütze* IntRechtsverkehr Bd. V, G I) geregelt (zur Auslandszustellung außerhalb von Prozessen vgl. § 132 II BGB). Nach § 184 I ZPO kann das Gericht zB die Benennung eines **Zustellungsbevollmächtigten** anordnen (dieser kann auch bereits privatrechtlich in einem internationalen Vertrag bestimmt werden). Die ZRHO enthält allgemeine, von den Justizministerien des Bundes und der Länder beschlossene Richtlinien für den Rechtshilfeverkehr (vgl. *Schack* IntZivilverfahrensR Rn. 675 und 681). Diese autonomen Bestimmungen werden **weitgehend** durch unionsrechtliche und völkerrechtliche Regelungen **verdrängt** (vgl. *Stadler* IPRax 2002, 471–478); die wichtigsten sind:

- in der EU die Verordnung (EG) Nr. 1393/2007 des Europäischen Parlaments und des Rates über die Zustellung gerichtlicher und außergerichtlicher Schriftstücke in Zivil- oder Handelssachen in den Mitgliedstaaten (»Zustellung von Schriftstücken«) und zur Aufhebung 648 der Verordnung (EG) Nr. 1348/2000 des Rates (EuZVO) v. 13. 11. 2007, ABl. EU L 324, 79 (*Jayme/Hausmann* Nr. 224), die die ursprüngliche Verordnung aus dem Jahr 2000 zum 13. 11. 2008 abgelöst hat. Diese Reform betraf insbesondere die Standardisierung der Belehrung, Übersetzungserfordernisse und postalische Zustellung. Zur in der Praxis besonders bedeutsamen Frage der Parteizustellung siehe *Hess* IPRax 2008, 477–479. Nach Art. 20 EuZVO geht die Verordnung staatsvertraglichen Regelungen und nach § 183 V ZPO der Zustellung nach §§ 183, 184 ZPO vor. Ergänzend gelten die §§ 1067–1069 ZPO. Im Verhältnis zu **Dänemark** ist das am 19. 10. 2005 zwischen der EG und Dänemark unterzeichnete Abkommen über die Zustellung gerichtlicher und außergerichtlicher Schriftstücke in Zivil- und Handelssachen, ABl. EU L 300, 53, am 1. 7. 2007 in Kraft getreten, ABl. EU L 94, 70.

- Art. 1–7 des **Haager Übereinkommens über den Zivilprozess (HZPÜ)** v. 1. 3. 1954, BGBl. 1958 II 577 (*Jayme/Hausmann* Nr. 210), in Deutschland ergänzt durch ein **Ausführungsgesetz** vom 18. 12. 1958, BGBl. I 939 (*Jayme/Hausmann* Nr. 210 a) und

649
- das **Haager Übereinkommen über die Zustellung gerichtlicher und außergerichtlicher Schriftstücke im Ausland in Zivil- oder Handelssachen (HZÜ 1965)** v. 15. 11. 1965, BGBl. 1977 II 1453 (*Jayme/Hausmann* Nr. 211), das nach seinem Art. 22 für Vertragsstaaten die Art. 1–7 des Übereinkommens von 1954 verdrängt. Es wird durch ein Ausführungsgesetz v. 22. 12. 1977, BGBl. I 3105, und die **Bekanntmachung über das Inkrafttreten des Haager Zustellungsübereinkommens** v. 21. 6. 1979, BGBl. II 779, ergänzt.

650
- Im Verhältnis zu einigen Staaten (zB Dänemark, Schweden, Österreich, Schweiz, Niederlande, Frankreich) werden die multilateralen Übereinkommen **durch bilaterale Abkommen ergänzt**, die die Zustellung in den betroffenen Staaten in der Regel noch weitergehender als die Übereinkommen vereinfachen (vgl. dazu auch Art. 11 HZÜ 1965); im Verhältnis zu anderen Staaten (zB Australien, Kanada) gelten nur bilaterale Rechtshilfeabkommen (*Pfennig* IntZustellung 58–59 und 42–46; vgl. insgesamt den tabellarischen Überblick bei *Schütze* IntZivilProzR Rn. 578–580).

651
- In der Praxis stellt das **HZÜ 1965** die **wichtigste Rechtsquelle** der Zustellung im außereuropäischen Ausland dar. Nach Art. 2 HZÜ 1965 bestimmt jeder Vertragsstaat eine ›**Zentrale Behörde**‹, die Anträge auf Zustellung von Schriftstücken aus anderen Vertragsstaaten entgegennimmt und die Zustellung nach Art. 5 HZÜ im eigenen Staat bewirkt oder veranlasst. Diese Zustellung durch die Zentrale Behörde eines Vertragsstaats hat die zeitraubende Zustellung auf diplomatischem oder konsularischem Wege, die Art. 8 HZÜ 1965 grundsätzlich zulässt, weitgehend verdrängt (Die Bundesrepublik Deutschland hat für Zustellungen in ihrem Hoheitsgebiet ohnehin Widerspruch gegen die diplomatische oder konsularische Zustellung nach Art. 8 HZÜ sowie gegen andere Formen der Zustellung nach Art. 10 HZÜ erklärt, vgl. § 6 Ausführungsgesetz v. 22. 12. 1977, BGBl. I 3105). **Soweit völkerrechtliche Regelungen nicht bestehen**, muss die Zustellung im Ausland regelmäßig in einer formlosen Art und Weise durchgeführt werden. Dies geschieht – häufig unter Zuhilfenahme der deutschen Konsulate im Ausland – durch die einfache Übergabe des zuzustellenden Schriftstücks an den Adressaten, sofern dieser zur Annahme bereit ist (vgl. dazu *Pfennig* IntZustellung 22 bis 32 und 68/69).

652
2. Beweisaufnahmen

a) Die Beweisaufnahme im Ausland ist in § 363 ZPO geregelt. Für die Beweisaufnahme gilt in der EU seit dem 1. 1. 2004 die **Verordnung (EG) Nr. 1206/2001 des Rates über die Zusammenarbeit zwischen den Gerichten der Mitgliedstaaten auf dem Gebiet der Beweisaufnahme in Zivil- und Handelssachen** v. 28. 5. 2001 (EuBVO), ABl. EG L 174, 1 (*Jayme/Hausmann* Nr. 225). Durchführungsvorschriften enthalten seit 1. 1. 2004 die durch das EG-Beweisaufnahmedurchführungsgesetz v. 4. 11. 2003 geschaffenen Regelungen im neuen 11. Buch der ZPO, **§§ 1072–1075 ZPO**. Die EuBVO regelt nur das ›Wie‹ der Beweisaufnahme, überlässt das ›Ob‹ dagegen den innerstaatlichen Rechtsvorschriften (vgl. Rauscher/v. *Hein* Bd. 2 EG-BewVO Art. 1 Rn. 18). Allgemein zum Verhältnis der EuBVO zum innerstaatlichen Recht s. Rauscher/v. *Hein* Bd. 2 EG-BewVO Art. 1 Rn. 18 ff. Im

Verhältnis zur EuBVO nachrangige völkerrechtliche Regelungen enthalten insbesondere Art. 8–16 HZPÜ (→ Rn. 648) und das **Haager Übereinkommen über die Beweisaufnahme im Ausland in Zivil- und Handelssachen** (HBÜ) v. 18. 3. 1970, BGBl. 1977 II 1472 (*Jayme/Hausmann* Nr. 212), das das HZPÜ zwischen den Vertragsstaaten insoweit verdrängt. Ergänzend sind das **Ausführungsgesetz** v. 22. 12. 1977, BGBl. I 3105; *Jayme/Hausmann* Nr. 212 a, und die **Bek.** v. 21. 6. 1979, BGBl. II 780 heranzuziehen (sämtliche Texte abgedr. bei BLAH/*Hartmann* Anh. nach § 363 ZPO). Das Übereinkommen regelt sowohl die Beweisaufnahme aufgrund eines Rechtshilfeersuchens als auch die Beweisaufnahme durch diplomatische oder konsularische Vertreter und durch Beauftragte (ausführlich *Junker* Discovery 212–357, insbes. 225–237; zur Beweiserhebung im Ausland insgesamt: *Schütze* Rechtsverfolgung 135–147; *Schack* IntZivilverfahrensR Rn. 786–829).

b) *Pre-trial discovery*: Zu einem **Justizkonflikt** haben amerikanische Beweisanordnungen nach autonomem US-Bundesrecht geführt: Nach Rule 26 der ›Federal Rules of Civil Procedure‹ haben die Parteien zur Vorbereitung der Hauptverhandlung (*trial*) unter anderem die Möglichkeit, die Unterlagen des Gegners **auszuforschen** (zu ›entdecken‹: *pre-trial discovery*, vgl. *Trittmann/Leitzen* IPRax 2003, 7–12; *Roggenbuck* IPRax 1997, 76–80; *Schütze* Prozessführung 139–151). Dabei treffen den Gegner Mitwirkungspflichten (zB nach Rule 26 die Pflicht zur anfänglichen Offenlegung solcher Beweismittel, die für die eigene Klage oder Einwendungen in Betracht kommen), deren Nichtbeachtung zu scharfen Sanktionen (zB Präklusion oder Fiktion von Zugeständnissen nach Rule 37 b 2 A) führt (vgl. *Junker* Discovery 36, 145–189). Um solch ein Ausforschungsverfahren, das dem deutschen Recht fremd ist, in Deutschland zu vermeiden, hat die Bundesrepublik bei der Hinterlegung der Ratifikationsurkunde zum HBÜ gem. Art. 23 des Übereinkommens erklärt, dass in ihrem Hoheitsgebiet Rechtshilfeersuchen um *pre-trial discovery* nicht erledigt würden (Bek. zum HBÜ, B 5, abgedr. bei BLAH/*Hartmann* Anh. III nach § 363 ZPO). Amerikanische Gerichte haben dennoch *pre-trial discovery* von in Deutschland belegenen Unterlagen angeordnet und dabei unter Berufung auf autonomes amerikanisches Recht die Anwendung des auch von den USA ratifizierten HBÜ vermieden (vgl. zum Ganzen: *Junker* Discovery 362–401; *ders.* BB 1987, 1752–1754; für die Reaktion eines deutschen Gerichts vgl. LG Kiel IPRax 1984, 146 und die Darstellung bei *Kegel/Schurig* IPR § 23 VI, 1137–1139 mwN). Auch das deutsche Recht sanktioniert indes in bestimmten Fällen die Verweigerung von Beweisaufnahmen im Ausland, vgl. BGH IPRax 1987, 176 mit Anm. *Schlosser* IPRax 1987, 153. Die Tatsache, dass ein US-amerikanisches Urteil, dem ein *pre-trial discovery*-Verfahren vorausgegangen ist, in Deutschland vollstreckt werden soll, ist an sich kein Vollstreckungshindernis, vgl. BGH NJW 1992, 3096 (3099).

3. **Beweis durch Urkunden**
Zu erwähnen ist auch das Haager Übereinkommen zur **Befreiung ausländischer Urkunden von der Legalisation** v. 5. 10. 1961, BGBl. 1965 II 876 (*Jayme/Hausmann* Nr. 250). Es sieht für ausländische Urkunden, die im Inland (insbesondere als Beweismittel) vorzulegen sind, das gegenüber der Legalisation vereinfachte Verfahren zur Erteilung der so genannten **Apostille** vor (vgl. dazu BLAH/*Hartmann* § 438 Rn. 8–10 auch zu weiteren Rechtsquellen; sehr lesenswert *Nagel/Gottwald* IntZivilProzR § 9 Rn. 116–520).

4. **Ermittlung fremden Rechts**
Auch zur Ermittlung fremden Rechts, zu der deutsche – anders als zB französische – Gerichte verpflichtet sind (*iura novit curia*, vgl. § 293 S. 2 ZPO; s. auch BGH MDR 2002, 899 f. und *Kegel/Schurig* IPR § 15 II und III, 498–508), können deutsche Gerichte internationale **Rechtshilfeersuchen** stellen. Eine völkerrechtliche Grundlage enthält vor allem das **Europäische Übereinkommen betreffend Auskünfte über ausländisches Recht** v. 7. 6. 1968, BGBl. 1974 II 938. In der Praxis spielt dieses Übereinkommen jedoch eine eher untergeordnete Rolle. Weit häufiger werden im förmlichen Beweisverfahren (§§ 402 ff. ZPO) Sachverständigengutachten eingeholt. Hierfür bieten sich insbesondere das Max-Planck-Institut für ausländisches und internationales Privatrecht in Hamburg sowie die entsprechenden Lehrstühle an den Universitäten (zB Berlin, Hamburg, Heidelberg, Köln und München) an. Zu dieser ›Gutachten-

653

654

655

Praxis< vgl. das zweifelhafte Urteil BGH NJW 1991, 1418, dazu zu Recht kritisch *Samtleben* NJW 1992, 3057. Weiter vertiefend, auch zur Frage des **Ersatzrechts** bei Nichtfeststellbarkeit des fremden Rechts, vgl. *Schütze* IntZivilProzR Rn. 2598–2600 a mwN; MüKoBGB/*Sonnenberger* Einleitung IPR Rn. 635–643. Zum Nachweis deutschen Rechts im ausländischen Prozess vgl. *Schütze* Rechtsverfolgung 148–159. Zur Frage der **(Ir-)Revisibilität ausländischen Rechts** nach Neufassung der §§ 545 I ZPO, 72 I FamFG vgl. *Geimer* IntZivilProzR Rn. 2601–2610 (Revisibilität bejahend).

Hinweis: Der Grundsatz *iura novit curia* entbindet den Rechtsanwalt nicht davon, zum ausländischen Recht vorzutragen (**Beibringungsgrundsatz**). Unterlässt es eine Partei, ihr in zumutbarer Weise zugängliche Erkenntnisquellen beizubringen, kann das Gericht zu ihrem Nachteil von weiteren Ermittlungen absehen und davon ausgehen, dass durchgreifend neue Erkenntnisse nicht zu gewinnen sind (BGH NJW 1976, 1581 [1583]; *Geimer* IntZivilProzR Rn. 2588).

Nach einer von der EU-Kommission abgegebenen Erklärung zur Rom II-VO, ABl. EU 2007 L 199, 49, wird die Kommission aufgrund der unterschiedlichen Handhabung spätestens im Januar 2013 eine Untersuchung zur Anwendung des ausländischen Rechts durch die Gerichte der Mitgliedstaaten (unter Berücksichtigung der Ziele des Haager Programms) vorlegen und auf dieser Basis rechtsvereinheitlichend agieren.

656 **5. Stellung des Ausländers im deutschen Prozess**
a) Ausländer haben grundsätzlich freien Zugang zu deutschen Gerichten (**Justizgewährungsanspruch**, vgl. *Geimer* IntZivilProzR Rn. 336–342; *Schütze* IntZivilProzR Rn. 183–184). Privatpersonen haben dabei ebenso wie deutsche Gesellschaften Anspruch auf **Prozesskostenhilfe** (vgl. BLAH/*Hartmann* § 114 Rn. 10 und Art. 20–24 HZPÜ iVm §§ 9–10 AusfG [*Jayme/Hausmann* Nr. 210, 210a]: wichtig für ausländische juristische Personen).

657 b) Zur **Verbesserung der Zugangsmöglichkeiten zur Justiz für Unionsbürger** und ihnen nach Art. 54, 62 AEUV gleichgestellte Gesellschaften sieht die Richtlinie des Rates RL Nr. 2002/8 v. 27. 1. 2003 (**EG-Prozesskostenhilferichtlinie** ABl. EG L 26, 41; ABl. EU L 32, 15) die Schaffung gemeinsamer Mindestvorschriften vor, um innerhalb der EU eine angemessene Prozesskostenhilfe in Streitsachen mit grenzüberschreitendem Bezug zu gewährleisten. Insbesondere soll das Verfahren der Beantragung von Prozesskostenhilfe im Ausland durch die Entwicklung von Standardformularen und die Festlegung von Übermittlungs- und Empfangsstellen für Unionsbürger erleichtert werden. Die Richtlinie wurde in Deutschland durch das **EG-Prozesskostenhilfegesetz** fristgerecht zum 30. 11. 2004 umgesetzt, BGBl. I 2006, 3392. Danach können Antragsteller beim AG an ihrem Wohnsitz oder gewöhnlichen Aufenthaltsort den Antrag auf Übermittlung ihres Prozesskostenhilfegesuchs an das zuständige Gericht in einem anderen Mitgliedstaat stellen. Das Wohnsitzgericht prüft, ob der Antrag keine offensichtlichen Fehler enthält und vollständig ist, es wirkt auf die Beifügung der richtigen Anlagen hin und fertigt von Amts wegen Übersetzungen der Eintragungen in die vorgesehenen Standardformulare (vgl. §§ 1077 f. ZPO).

658 c) Kläger, die ihren gewöhnlichen Aufenthalt nicht in einem Mitgliedstaat der EU oder einem Vertragsstaat des EWR haben (→ Rn. 646) müssen nach § 110 ZPO **Sicherheit** für die Gerichtskosten und die Anwaltskosten des Prozessgegners **leisten**, es sei denn, zwischen der Bundesrepublik und dem betreffenden ausländischen Staat, dem der Kläger angehört, ist die **Gegenseitigkeit verbürgt** bzw. der Befreiungstatbestand des Art. 17 HZPÜ **erfüllt** (dazu *Schütze* IntZivilProzR Rn. 242 ff. und BLAH/*Hartmann* Anh. nach § 110 ZPO).

659 **6. EuBagatellVO:**
Für geringfügige Forderungen gibt es nach der **Verordnung (EG) Nr. 861/2007 zur Einführung eines europäischen Verfahrens für geringfügige Forderungen** (EuBagatellVO-V) v. 11. 7. 2007, ABl. EG L 199, 1 ff. ein seit 2009 geltendes vereinfachtes Verfahren für grenzüberschreitende Rechtssachen (s. Art. 3). Die Verordnung gilt nach ihrem Art. 2 für Zivil- und Handelssachen unabhängig von der Art der Gerichtsbarkeit, wenn der Streitwert der Klage ohne Zinsen, Kosten und Auslagen zum Zeitpunkt der Einleitung des Verfahrens 2.000 EUR

nicht überschreitet. Die Verfahrensvereinfachung wird insbesondere herbeigeführt durch entsprechende Antragsformulare (Art. 4 I, Anhang I) sowie eine vereinfachte Beweisregelung (Art. 8). Eine Einführung findet sich bei *Hess/Bittmann* IPRax 2008, 305 (311–314).

III. Literatur zu weiteren Verfahrensfragen
a) **Zum einstweiligen Rechtsschutz:** *Schütze* IntZivilProzR Rn. 418–439 mwN.
b) **Zum internationalen und Europäischen Mahnverfahren:** → Rn. 617.

4. Exkurs: Freiwillige Gerichtsbarkeit

Das IZVR der freiwilligen Gerichtsbarkeit bringt einige Besonderheiten: In zentralen Bereichen der freiwilligen Gerichtsbarkeit, den Vormundschafts- und Nachlasssachen, sind die EuGVO und das LugÜ nach ihrem jeweiligen Art. 1 II Nr. 1 nicht anwendbar.[55] Insbesondere gelten sie nicht im Bereich des Minderjährigenschutzes.[56] 660

Als besonders wichtige Bereiche werden für die Zwecke dieses Kurzlehrbuchs zwei Bereiche herausgegriffen: der Minderjährigenschutz und das Nachlassverfahren.

a) Minderjährigenschutz

Wie im gesamten IZVR ist zwischen Fällen mit Bezug zu Drittstaaten außerhalb der EU und europäischen Fällen zu unterscheiden. 661

Als wesentliche **europäische Rechtsquelle** ist die EuEheVO (II) zu nennen. Ihrem sachlichen Anwendungsbereich nach (Art. 1 I lit. b EuEheVO [II]) gilt sie für Fragen der Zuweisung, Ausübung, Übertragung oder teilweisen Entziehung der elterlichen Verantwortung unabhängig davon, ob eine Verbindung zu einem Verfahren in Ehesachen besteht. Der Begriff der elterlichen Verantwortung ist in Art. 2 Nr. 7 EuEheVO (II) festgelegt. Die Zuständigkeit richtet sich nach dem gewöhnlichen Aufenthalt des Kindes zum Zeitpunkt der Antragstellung (Art. 8 EuEheVO [II]). Daneben sehen die Art. 9–11 spezielle Zuständigkeiten vor. Zur Zuständigkeitsvereinbarung vgl. Art. 12 EuEheVO (II). Die EuEheVO (II) verdrängt in ihrem sachlichen Anwendungsbereich das MSA (→ Rn. 663) (Art. 60 EuEheVO [II]). 662

Die wichtigsten völkerrechtlichen Übereinkommen sind: 663

- Haager Übereinkommen über die Zuständigkeit der Behörden und das anzuwendende Recht auf dem Gebiet des Schutzes von Minderjährigen (MSA) v. 5. 10. 1961;[57]
- Haager Übereinkommen über die zivilrechtlichen Aspekte internationaler Kindesentführung (HKÜ) v. 25. 10. 1980.[58] Das HKÜ ist für die Bundesrepublik am 1. 12. 1990 in Kraft getreten.[59]
- Haager Übereinkommen über die Zuständigkeit, das anzuwendende Recht, die Anerkennung, Vollstreckung und Zusammenarbeit auf dem Gebiet der elterlichen Verantwortung und der Maßnahmen zum Schutz von Kindern (KSÜ) v. 19. 10. 1996.[60] Das KSÜ wurde von der Bundesrepublik am 17. 9. 2010 ratifi-

---

55 *Kropholler/v.Hein* EuGVO Art. 1 Rn. 21 ff.
56 BGHZ 88, 113 (120).
57 BGBl. 1971 II 217 (*Jayme/Hausmann* Nr. 52).
58 BGBl. 1990 II 206 (*Jayme/Hausmann* Nr. 222); hierzu *Pirrung* IPRax 1997, 182 f.
59 BGBl. 1991 II 329; siehe auch www.hcch.net (Stand: Dezember 2011).
60 BGBl. 2009 II 603 (*Jayme/Hausmann* Nr. 53).

ziert und ist für sie am 1. 1. 2011 in Kraft getreten.[61] Vorausgegangen war der Versuch einer gemeinsamen Ratifikation durch alle EG-Mitgliedstaaten – und zwar auch im Namen der Gemeinschaft[62]–. Dieses Vorgehen wurde wegen der teilweisen Überschneidung des Regelungsbereichs des KSÜ mit der EuEheVO (II) und der damit einhergehenden ausschließlichen Ratifizierungskompetenz der EG gewählt. Nachdem nicht alle Mitgliedstaaten in der Lage waren, die Ratifikationsurkunde rechtzeitig zu hinterlegen, tolerierte die Europäische Kommission die separate Ratifikation durch einzelne Mitgliedstaaten.[63]

Wie das MSA umfasst das KSÜ den gesamten Kindesschutz: Neben verfahrensrechtlichen Bestimmungen enthält es auch einheitliche Regeln über das von den zuständigen Behörden anzuwendende Recht und stellt somit **einheitliches Sachrecht** dar. Das HKÜ hat hingegen einen engeren Anwendungsbereich und regelt va die Zuständigkeit staatlicher Stellen für die Entscheidung über die Herausgabe eines Kindes.

Nach Art. 51 KSÜ verdrängt das Übereinkommen im Verhältnis zwischen seinen Vertragsstaaten das MSA sowie das **Haager Abkommen zur Regelung der Vormundschaft über Minderjährige** v. 12. 6. 1902.[64] Vorrang gegenüber dem KSÜ genießt hingegen gem. Art. 50 KSÜ das HKÜ, wobei eine Berufung auf Vorschriften des KSÜ zu dem Zweck, die Rückkehr eines entführten Kindes zu erwirken oder das Umgangsrecht durchzuführen, möglich sein soll. Soweit das KSÜ von einzelnen Vertragsstaaten des MSA noch nicht ratifiziert wurde, wird das dort grundsätzlich noch geltende MSA im Verhältnis zum HKÜ nach Art. 34 HKÜ verdrängt, soweit sich Überschneidungen ergeben.

Im Verhältnis zu der EuEheVO (II) gilt, dass diese das HKÜ ebenfalls nicht verdrängt. Vielmehr wird es durch bestimmte Vorschriften der Verordnung, namentlich Art. 10 und Art. 11 EuEheVO (II) ergänzt, mit dem Ziel, das Abkommen in seiner innergemeinschaftlichen Wirkung zu stärken.

b) Nachlassverfahren

664 **Fall 39:** Ein in Halle lebender Italiener verstirbt im Dezember 2009 und hinterlässt sowohl in der Toscana belegenes Vermögen als auch ein Grundstück in Halle. Die Tochter will einen Erbschein (§ 2353 BGB) beantragen. Ist das Nachlassgericht in Halle zuständig? Was ist ihr zu raten?

665 Das FamFG (→ Rn. 625) hat zum 1. 9. 2009 einen Paradigmenwechsel bei der Bestimmung der internationalen Zuständigkeit in Nachlasssachen herbeigeführt. Da in diesem Bereich kein Übereinkommen existiert, welches die internationale Zuständigkeit regelt, bestimmt sich die Zuständigkeit deutscher Gerichte allein nach autonomem Recht. Während die früher hM davon ausging, dass deutsche Gerichte dann zuständig sind, wenn auf die Erbfolge materielles deutsches Recht anzuwenden ist (**Gleichlaufprinzip**),[65] folgt die internationale Zuständigkeit nach Einführung des FamFG jetzt allgemein der örtlichen Zuständigkeit (**§ 105 FamFG**). Nach §§ 342 I Nr. 6, 343 I FamFG bestimmt sich die örtliche – und damit auch internationale –

---

61 BGBl. 2010 II 1527; siehe auch www.hcch.net (Stand: Dezember 2011).
62 Kraft Ermächtigung durch den Beschluss des Rates v. 5. 6. 2008, ABl. EU L 151, 36.
63 Vgl. zum Ratifikationsprozess: Mansel/*Thorn*/Wagner IPRax 2011, 1 (12); dies. IPRax 2009, 1 (10 f.).
64 RGBl. 1904, 240.
65 Vgl. Palandt/*Heldrich*, 68. Aufl. 2009, EGBGB Art. 25 Rn. 18 mwN.

Zuständigkeit grundsätzlich nach dem Wohnsitz, den der Erblasser zur Zeit des Erbfalls hatte. Damit ist das AG Halle zuständig.

Möglich ist auch die Erteilung eines beschränkten Erbscheins auf im Inland befindliche Gegenstände (§ 2369 I BGB, neugefasst mit Einführung des FamFG). Damit kann der Erbe über den inländischen Nachlass verfügen, ohne die oft zeitaufwändige Ermittlung der Erbfolge bezüglich der ausländischen Nachlassgegenstände abwarten zu müssen.[66]

666

> **Arbeitsblock**
> I. Zur Einführung
> Im **autonomen Recht** sind insbesondere zu berücksichtigen:
> - Für den Bereich **Vormundschafts-, Familien-, Betreuungs- und Unterbringungssachen**: §§ 97–106 FamFG, die nur heranzuziehen sind, wenn nicht (bei Vormundschaft über Minderjährige) ein internationales Übereinkommen Anwendung findet. Auf bilateraler Ebene ist das Deutsch-iranische Niederlassungsabkommen v. 17. 2. 1929, RGBl. 1930 II 1006; BGBl. 1955 II 829 (*Jayme/Hausmann* Nr. 22) zu beachten, das durch das KSÜ unberührt bleibt (vgl. dort Art. 52 I).
> - Für die **Annahme als Kind (Adoption)**: §§ 101, 187 FamFG
> - Für **Grundbuchsachen** gilt der Grundsatz der *lex rei sitae*. Im Übrigen wird man auch im Bereich der Grundbuchsachen die Faustregel anzuwenden haben, nach der die örtliche Zuständigkeit die internationale Zuständigkeit indiziert (→ Rn. 626).
>
> II. Zur Vertiefung
> 1. Zum **Haager Entführungsabkommen (HKÜ)**: *Staudinger* IPRax 2000, 194–202; OLG Hamm RabelsZ 60 (1996) 475.
> 2. Zu den **kindschaftsrechtlichen Übereinkommen** vgl. Palandt/*Thorn* EGBGB Anh. zu Art. 24; zu Feststellungsentscheidungen im Eltern-Kind-Verhältnis vgl. *Hohloch* IPRax 2010, 567 ff.
> 3. Zum Nachlassverfahrensrecht vgl. §§ 345 ff. FamFG.
> 4. Die Auswirkungen des **FamFG** auf Verfahren mit Auslandsbezug beschreibt ausführlich *Althammer* IPRax 2009, 381–389.

667

668

669

670

671
672

II. Internationales Zivilverfahrensrecht II (Anerkennung und Vollstreckung)

Gerichtsurteile sind staatliche Hoheitsakte. Deshalb wirken sie grundsätzlich nur dort, wo der Staat, in dem sie ergehen, Hoheitsgewalt ausüben kann, dh innerhalb der Staatsgrenzen.

673

> **Beispiel:** Ein deutsches Urteil hat nur innerhalb der Bundesrepublik materielle Rechtskraft iSv § 322 I ZPO.

Im Inland entfalten ausländische Gerichtsurteile deshalb grundsätzlich keine Wirkung, es sei denn, sie werden im Inland **anerkannt**. Anerkennung bedeutet die **Erstreckung der Wirkungen des ausländischen Urteils auf das Inland**. Sie ist vor allem Voraussetzung für die **Vollstreckung**.

Die Anerkennung bedarf in der Regel **keines separaten Anerkennungsverfahrens** (so aber zB in Ehesachen: § 107 FamFG, vgl. dazu → Rn. 707 sowie Zöller/*Geimer* § 328 Rn. 288–299), sondern wird inzident in anderem Zusammenhang mitgeprüft. In der Praxis stellt sich die Frage der Anerkennung am häufigsten in Verfahren zur

674

---

66 Palandt/*Weidlich* § 2369 Rn. 1.

Vollstreckung ausländischer Urteile (sog. Exequaturverfahren; *exequatur* = lat. ›er vollstrecke‹; zur möglichen Reform der EuGVO und der Abschaffung des Exequaturverfahrens → Rn. 595). Als Rechtsquellen für die Prüfung der Anerkennungs- und Vollstreckungsvoraussetzungen kommen erneut europäische Verordnungen und multilaterale Übereinkommen/bilaterale Abkommen (dazu unter 1.) sowie autonomes Recht (2.) in Betracht (→ Rn. 572).

1. EuGVO und Völkerrechtliche Verträge

675 **Fall 40** (in Abwandlung von OLG Saarbrücken NJW 1988, 3100): Ein französischer Gläubiger nimmt eine deutsche Schuldnerin aus einer Bürgschaft in Anspruch und erlangt vor dem Handelsgericht Paris ein obsiegendes Urteil. Das Handelsgericht Paris ist lediglich mit Laienrichtern besetzt. Das Urteil wird von dem LG Hamburg durch Beschluss für vollstreckbar erklärt. Der deutschen Schuldnerin wird dieses mitgeteilt. Sie möchte gegen die Entscheidung vorgehen. Hat ihre Beschwerde gegen die Vollstreckbarerklärung vor dem OLG Aussicht auf Erfolg?

676 Auch im Bereich der Anerkennung und Vollstreckung stellen aus deutscher Sicht die **EuGVO** sowie **das LugÜ** (→ Rn. 620 und im Insolvenzrecht → Rn. 562) die in der Praxis wichtigsten unionsrechtlichen bzw. völkervertraglichen Rechtsquellen auf dem Gebiet der Zivil- und Handelssachen dar (vgl. jeweils Art. 1 I EuGVO/LugÜ). Für bestimmte **Entscheidungen in Ehescheidungs- und -trennungssachen** (einschließlich Entscheidungen zur Ungültigerklärung der Ehe, Umgangsentscheidungen und Entscheidungen über die Rückgabe eines Kindes) gilt (außer im Verhältnis zu Dänemark) die EuEheVO (II), die auch **Sorgerechtsstreitigkeiten über Kinder nicht miteinander verheirateter oder geschiedener Eltern** einbezieht, → Rn. 622. Für **europäische Vollstreckungstitel aus unbestrittenen Forderungen** gelten seit Oktober 2005 Sonderregelungen einer für diese Fälle speziell geschaffenen Verordnung, dazu → Rn. 687.

Die Durchsetzung der **in einem Mitgliedstaat der EU bzw. Vertragsstaat** ergangenen Entscheidung in einem anderen Mitglied- bzw. Vertragsstaat (vgl. Art. 38 EuGVO/LugÜ) ist gegenüber dem autonomen Recht stark – in den Spezialbereichen Ehescheidung/Sorgerecht und Europäischer Vollstreckungstitel sogar besonders stark (→ Rn. 686 f.) – vereinfacht. Die ausländischen Entscheidungen (Art. 32 EuGVO/LugÜ) sowie öffentlichen Urkunden und Vergleiche (Art. 57, 58 EuGVO/LugÜ) bedürfen – von den genannten Spezialbereichen abgesehen – lediglich einer auf Antrag des Berechtigten erteilten **Vollstreckbarkeitserklärung** (Art. 38 I EuGVO/LugÜ, eine Sonderregelung gilt für die Vollstreckung von Entscheidungen im **Vereinigten Königreich**, vgl. Art. 38 II EuGVO/LugÜ). Im Unterschied zum EuGVÜ prüft das Gericht nach der EuGVO im erstinstanzlichen Vollstreckbarerklärungsverfahren nur die Einhaltung äußerlicher Förmlichkeiten (Art. 41, 53, 54 EuGVO/LugÜ). Die Vollstreckbarerklärung erfolgt erstinstanzlich in einem **strikt einseitigen Verfahren**, in dem der Schuldner vom Gericht nicht gehört wird (Art. 41 S. 2 EuGVO/LugÜ). Anerkennungsversagungsgründe (Art. 34, 35 EuGVÜ) können nach Art. 41 S. 1 EuGVO/LugÜ nur geprüft werden, wenn der Schuldner einen Rechtsbehelf nach Art. 43 EuGVO/LugÜ einlegt.

677 **Zulässiges Rechtsmittel** in Fall 40 (für den die EuGVO anwendbar ist) ist die **Beschwerde** der deutschen Schuldnerin nach Art. 43 EuGVO gegen die Vollstreckbarerklärung des französischen Urteils. Sie ist in § 11 I des **Gesetzes zur Ausführung zwischenstaatlicher Anerkennungs- und Vollstreckungsverträge in Zivil- und**

Handelssachen (Anerkennungs- und Vollstreckungsausführungsgesetz – AVAG)[67] näher geregelt.

Die Beschwerde könnte erstens darauf gestützt werden, dass die **formellen Voraussetzungen der Vollstreckbarerklärung** nicht gegeben seien. Entgegen dem Wortlaut von Art. 45 EuGVO (lesen!) kann der Schuldner **auch formelle Einwendungen** erheben, die die bereits auch von Amts wegen zu prüfenden Voraussetzungen für die Vollstreckbarerklärung betreffen. Die strikte Anwendung des Wortlauts von Art. 45 EuGVO würde im Widerspruch zum unionsrechtlichen Grundrecht auf rechtliches Gehör[68] dazu führen, dass der durch die Vollstreckbarerklärung Beschwerte – in aller Regel ein Unionsbürger oder eine ihm nach Art. 54, 62 AEUV gleichgestellte Gesellschaft – formelle Einwendungen sonst überhaupt nicht vortragen könnte (denn er kann diese Einwendungen nicht im Anerkennungs- und Vollstreckungsverfahren vortragen, Art. 41 S. 2 EuGVO iVm **§ 6 AVAG**).[69]

Formelle **von Amts wegen zu prüfende Voraussetzungen** für die Vollstreckbarerklärung sind: 678

- ein **Antrag des Berechtigten** auf Erklärung der Vollstreckbarkeit an den Vorsitzenden einer Kammer des zuständigen LG (vgl. Art. 38 I, 39 EuGVO iVm § 4 AVAG);
- die **Begründung eines Wahldomiziles** – faktisch nur eine Zustelladresse – in der Bundesrepublik (Art. 40 II EuGVO);
- die Vollstreckbarkeit des Urteils nach dem Recht des Urteilsstaates und deren Nachweis durch eine **Entscheidungsausfertigung und** eine dem **Muster** des Anhangs V entsprechende **Bescheinigung** (Art. 38 I, 53 II iVm Art. 55, 56 EuGVO);
- ein **vollstreckungsfähiger Inhalt** nach dem Recht des Anerkennungsstaates.[70]

Am Vorliegen dieser formellen (vom erstinstanzlichen Gericht bereits geprüften) Voraussetzungen bestehen in Fall 40 keine Zweifel.

Erst im **Beschwerdeverfahren** kann das Bestehen von weiteren Anerkennungsversagungsgründen nach Art. 34, 35 EuGVO geltend gemacht und überprüft werden. Die EuGVO kennt folgende **Anerkennungsversagungsgründe**: 679

- Art. 34 Nr. 1 EuGVO: ›offensichtliche‹ Unvereinbarkeit mit dem *ordre public* des Anerkennungsstaates;
- Art. 34 Nr. 2 EuGVO: Verstoß gegen den Grundsatz der Gewährung **rechtlichen Gehörs**;
- Art. 34 Nr. 3 EuGVO: Unvereinbarkeit mit einer **im Anerkennungsstaat** zwischen den Parteien ergangenen, **rechtskräftigen Entscheidung**;
- Art. 34 Nr. 4 EuGVO: Unvereinbarkeit mit einer früheren anerkennungsfähigen Entscheidung aus einem Nichtvertragsstaat;
- Art. 35 I, 1. Alt. EuGVO: Verstoß gegen die **Zuständigkeitsregeln der EuGVO** in Art. 22 (ausschließliche Zuständigkeit), Art. 8–14 (Versicherungssachen) oder Art. 15–17 (Verbrauchersachen);
- Art. 35 I, 2. Alt. EuGVO: **entgegenstehende Vereinbarungen** (Anerkennungsverbote) des Anerkennungsstaates mit einem **Drittstaat**.

---

67 *Jayme/Hausmann* Nr. 160 a.
68 EuGH 28. 3. 2000 – C-7/98, Slg. 2000, I-1935, NJW 2000, 1853 (1854 f.).
69 Vgl. auch BGH IPRax 2008, 38; der BGH hat die Frage nicht dem EuGH vorgelegt, dazu kritisch *Hess* IPRax 2008, 25–30.
70 So OLG Saarbrücken NJW 1988, 3100 (3101 li. Sp.: Bestimmtheit).

680 Eine Überprüfung der Entscheidung auf ihre Gesetzmäßigkeit findet nach Art. 36 EuGVO nicht statt (**Verbot der *révision au fond***).

> **Anmerkung:** Die Anerkennungsvoraussetzungen des LugÜ sind nach dessen Revision (→ Rn. 620 f.) praktisch identisch.

681 In Fall 40 kommt lediglich ein ›offensichtlicher‹ Verstoß gegen den inländischen *ordre public* in Betracht, weil das Handelsgericht Paris ausschließlich mit **Laienrichtern** besetzt war. Voraussetzung ist, dass durch die Anerkennung bzw. Vollstreckung grundlegende Werte der zweitstaatlichen (hier: deutschen) Rechtsordnung oder elementare staatspolitische Zielsetzungen des Zweitstaates in Frage gestellt würden.[71] Diese Grenzen der Anerkennungsfähigkeit sind jedoch in Fall 40 nicht überschritten: Bei der Erwähnung der ›Handelssachen‹ in Art. 1 EuGVO war dem europäischen Gesetzgeber bewusst, dass in einigen Staaten handelsrechtliche Streitigkeiten Gerichten zugewiesen sind, die ausschließlich mit Laienrichtern besetzt sind. Schon daraus wird deutlich, dass die Vertragsstaaten in diesen gerichtsverfassungsrechtlichen Besonderheiten gerade keinen Verstoß gegen elementare Werte der Rechtsordnungen der anderen Vertragsstaaten erblickten.[72]

Die Beschwerde der deutschen Schuldnerin hat daher keine Aussicht auf Erfolg.

> **Arbeitsblock**
> **I. Zur Vertiefung**
>
> 682 Entsprechend der bereits in → Rn. 594 dargestellten Unterscheidung zwischen europäischen und nicht europäischen Fällen einerseits sowie der ergänzenden Anwendbarkeit von Übereinkommen und nationalem Recht auch auf europäische Fälle (soweit die EuGVO Fragen nicht oder nicht vollständig regelt) ist auch im Folgenden zwischen den Regelungen in der EuGVO – sowie in weiteren europäischen Verordnungen – und in anderen Übereinkommen zu unterscheiden:
>
> 683 **1. Unionsrechtliche Regelungen**
> a) **EuGVO** (›Art.‹ ohne Gesetzesbezeichnung beziehen sich auf die EuGVO):
> aa) In der **Praxis** ergeben sich die meisten Probleme im Zusammenhang mit **Art. 34 Nr. 2**. Nach dieser Vorschrift ist eine Anerkennung zu versagen, wenn eine **Zustellung** des prozesseinleitenden Schriftstückes **nicht so rechtzeitig** und in einer Weise erfolgte, dass der Beklagte sich verteidigen konnte, **es sei denn**, er hat gegen die Entscheidung **keinen Rechtsbehelf** eingelegt, obwohl er die Möglichkeit dazu hatte (instruktiv *Kropholler/v. Hein* EuGVO Art. 34 Rn. 33–37 zur Rechtzeitigkeit der Zustellung und Rn. 42–44 zur Versäumnis von Rechtsbehelfen im Urteilsstaat).
> Hierbei kommt es im Gegensatz zu Art. 27 Nr. 2 EuGVÜ (vgl. zu Art. 27 Nr. 2 EuGVÜ und der Frage, ob die *remise au parquet* des französischen Rechts als ordnungsmäßige Zustellung angesehen werden kann: EuGH 13. 10. 2005 – C-522/03, Slg. 2005, I-8639, IPRax 2006, 157) nicht mehr formal darauf an, ob die Zustellung **ordnungsgemäß** war.
> Bei einer ordnungsgemäßen Zustellung nach einschlägigen Vorschriften, insbesondere der **EuZVO** (→ Rn. 648), ist jedoch die Möglichkeit der Verteidigung indiziert, wenn diese zugleich **rechtzeitig** erfolgte (vgl. *Kropholler/v. Hein* EuGVO Art. 34 Rn. 39; instruktiv zum unionsrechtlichen Anspruch auf einen fairen Prozess: EuGH 28. 3. 2000 – C-7/98, Slg. 2000, I-1935, NJW 2000, 1853). Im Gegensatz dazu indizieren schwerwiegende Zustellungsmängel, dass dem Schuldner kein ausreichendes rechtliches Gehör gewährt wurde (BGH IPRax 2008, 530 mit Anm. *Roth* IPRax 2008, 501–503).

---

71 Vgl. OLG Saarbrücken NJW 1988, 3100, re. Sp. zum EuGVÜ.
72 Vgl. OLG Saarbrücken NJW 1988, 3100.

bb) Schwierigkeiten bereitet den Gerichten immer wieder der Fall, dass der Beklagte sich **684**
im Urteilsstaat nicht auf das Verfahren einlässt, sodass es zu einem **Versäumnisurteil**
kommt, bei dessen Vollstreckung im Zweitstaat der Beklagte einwendet, die Klagschrift sei ihm – insbesondere **mangels Übersetzung** – nicht ordnungsgemäß zugestellt worden (vgl. zum EuGVÜ: EuGH 3. 7. 1990 – C-305/88, Slg. 1990, I-2725, IPRax 1991, 177 m. Anm. *Rauscher* IPRax 1991, 155; OLG Bamberg RIW 1987, 541 m. Anm. *Gerth*; zum deutsch-französischen Rechtsverkehr OLG Hamm RIW 1988, 131 m. Anm. *Mezger* RIW 1988, 477–478; ausführlich *Linke* RIW 1986, 409, und *Stürner*, FS Nagel, 1987, 446–456). Das unionsrechtliche Ziel, die größtmögliche Freizügigkeit von Urteilen aus einem Mitgliedstaat der EU im gesamten Gemeinsamen Markt sicherzustellen, gebietet es, Art. 34 Nr. 2 EuGVO im Sinne des *effet utile* dahingehend auszulegen, dass es für die Zulässigkeit des Einwands der Unmöglichkeit der rechtzeitigen Verteidigung nur darauf ankommt, ob der Zustellungsempfänger die im Verfahren einleitenden Schriftstück verwendete **Sprache** tatsächlich nicht fließend beherrscht, und er sich tatsächlich auch keine Übersetzung beschafft hat (das ist eine Beweisfrage, zu der der Zustellungsempfänger auch befragt werden kann). Bei juristischen Personen, die im nationalen Markt, aus dem das Schriftstück kommt, tätig sind, streitet eine aus der allgemeinen Lebenserfahrung folgende Vermutung dafür, dass ihre Organe die Sprache verstehen bzw. sich Kenntnis vom Inhalt des Schriftstücks verschafft haben. Zur Möglichkeit der Anerkennung trotz fehlender Übersetzung: *Geimer/Schütze* Europ. ZivilVerfahrensR A.1 Art. 34 Rn. 137, 156.

cc) Zur Frage, inwieweit die Regeln der EuGVO über die Anerkennung und Vollstreckung **685**
– und dabei insbesondere Art. 34 Nr. 2 EuGVO – auf Entscheidungen im **einstweiligen Rechtsschutz** anwendbar sind, vgl. *Kropholler/v. Hein* EuGVO Art. 31 Rn. 20–23 und Art. 34 Rn. 25.

dd) Unter bestimmten Voraussetzungen kann die Frage, ob eine Entscheidung anerkennungsfähig ist, auch im Wege der positiven **Feststellungsklage** geklärt werden (Art. 33 II iVm §§ 25, 26 AVAG; vgl. *Kropholler/v. Hein* EuGVO Art. 33 Rn. 2–9).

b) **EuEheVO (II):** Jede durch einen Mitgliedstaat ausgesprochene Ehescheidung ist nach **686**
Art. 21 I EuEheVO (II) automatisch **anzuerkennen, ohne dass es hierfür eines besonderen Verfahrens bedarf**. Gleiches gilt für Entscheidungen über die Trennung von Tisch und Bett, über die elterliche Sorge sowie für Eheungültigkeitserklärungen (Nichtigkeit, Aufhebung). Ergänzend gilt § 107 FamFG (→ Rn. 707). Anerkennungsversagungsgründe sind in Art. 22 und 23 EuEheVO (II) aufgezählt. Sie sind zB während eines Verfahrens zur Vollstreckbarerklärung (Art. 28 ff. EuEheVO [II]) oder inzident bei der Prüfung einer Vorfrage zu beachten.

Entscheidungen über das Umgangsrecht oder die Rückgabe des Kindes werden von den anderen Mitgliedstaaten nicht nur anerkannt, sondern können dort auch **direkt, ohne zusätzliche Vollstreckbarkeitserklärung** vollstreckt werden (Art. 40 I iVm Art. 41 I und 42 I EuEheVO [II]).

c) **Europäische Vollstreckungstitel-VO:** Am 21. 4. 2004 wurde die **Verordnung (EG)** **687**
Nr. 805/2004 des Europäischen Parlamentes und des Rates zur Einführung eines Europäischen Vollstreckungstitels für unbestrittene Forderungen (EuVTVO, auch **EG-VollstrTitelVO,** ABl. EU L 143, 15 (*Jayme/Hausmann* Nr. 184; *Rauscher/Pabst* Bd. 2 Einl. EG-VollstrTitelVO) erlassen. Sie betrifft bestimmte Titel über unbestrittene Geldforderungen in Zivil- und Handelssachen (Vollstreckungsbescheide, Anerkenntnis- und Versäumnisurteile, Prozessvergleiche und öffentliche Urkunden, zB notarielle Urkunden und vollstreckbare Titel des Jugendamtes nach §§ 59, 60 SGB VIII). Die EuVTVO ist am 21. 1. 2005 in der EU (mit Ausnahme Dänemarks) in Kraft getreten (vgl. jedoch Art. 33 S. 2). Für die von der Verordnung betroffenen Titel entfällt unter bestimmten Voraussetzungen das **Vollstreckbarerklärungsverfahren**, Art. 5 (s. dazu *Rauscher/Pabst* Bd. 2 Art. 5 EG-VollstrTitelVO Rn. 1 ff.). Der Titel muss lediglich durch das zuständige Gericht des Titelerlassstaates unter Verwendung eines der Formblätter im Anhang der Verordnung als **Europäischer**

Vollstreckungstitel bestätigt werden. Hiermit kann sich der Gläubiger im Vollstreckungsmitgliedstaat **unmittelbar** an die zuständigen Vollstreckungsorgane wenden. Eingehend zur EuVTVO: *Gebauer* FPR 2006, 252 ff.
Am 21. 10. 2005 ist in Deutschland das ergänzende **EG-Vollstreckungstitel-Durchführungsgesetz** v. 18. 8. 2005 in Kraft getreten, durch das – im Wege der Abänderung der Zivilprozessordnung (§§ 215, 276 II, 338, 499, 1079–1088 ZPO, 245 FamFG) – einerseits der von der Europäischen Vollstreckungstitel-VO vorausgesetzte europäische Mindeststandard im gerichtlichen Erkenntnisverfahren sichergestellt wird (Einführung von Belehrungspflichten gegenüber den Schuldnern), und durch das andererseits bestimmte besondere Fallkonstellationen geregelt werden (zB die Ausstellung, Berichtigung und der Widerruf von Bestätigungen zu inländischen Titeln, die in anderen Mitgliedstaaten der EU als europäische Vollstreckungstitel bestätigt worden sind und im Inland vollstreckt werden sollen).

d) **EuUnthVO:** Für Entscheidungen in Unterhaltssachen ist nach Art. 17 I, II **EuUnthVO** eine erleichterte Vollstreckung ohne Durchführung eines Exequaturverfahrens in anderen Mitgliedstaaten vorgesehen, soweit der Staat, aus dem die Entscheidung stammt, durch das UntProt gebunden ist (im Übrigen gelten die Art. 23 ff. EuUnthVO, welche die hergebrachten Versagungsgründe und das Vollstreckbarerklärungsverfahren der EuGVO übernehmen).

e) **Grünbuch zur vorläufigen Kontenpfändung:** Am 24. 10. 2006 wurde das Grünbuch zur effizienteren Vollstreckung von Urteilen in der Europäischen Union: vorläufige Kontenpfändung KOM (2006) 618 endg. von der Kommission vorgelegt. Ziel des Grünbuchs ist die Schaffung eines europäischen Instruments zur Behebung des Problems, dass Schuldner Guthaben jederzeit von Konten, die ihren Gläubigern bekannt sind, auf andere Konten im selben oder einem anderen Mitgliedstaat transferieren können, ohne dass ihre Gläubiger in der Lage wären, diese Gelder ebenso schnell zu blockieren, da es nach den geltenden Vorschriften nicht möglich ist, eine überall in der Europäischen Union vollstreckbare vorläufige Kontenpfändung zu erwirken. Über die Vorlage des Grünbuchs hinaus ist die Europäische Kommission nicht weiter tätig geworden.

2. **Weitere völkerrechtliche Verträge**
   a) **Übereinkommen**

688   aa) **Unterhaltsentscheidungen:** Wichtig sind das **Haager Übereinkommen über die Anerkennung und Vollstreckung von Unterhaltsentscheidungen (HUVÜ)** v. 2. 10. 1973, BGBl. 1986 II 826; 1987 II 118 (*Jayme/Hausmann* Nr. 181) – nicht zu verwechseln mit dem Haager Unterhaltsübereinkommen vom gleichen Datum, → Rn. 9) und das **Haager Übereinkommen über die Anerkennung und Vollstreckung von Entscheidungen auf dem Gebiet der Unterhaltspflicht gegenüber Kindern** v. **15. 4. 1958**, BGBl. 1961 II 1006; 1962 II 15 (*Jayme/Hausmann* Nr. 180), wobei das Übereinkommen von 1973 das Übereinkommen von 1958 ersetzt, soweit die Vertragsstaaten des Übereinkommens von 1958 dem Übereinkommen von 1973 beigetreten sind (vgl. www.hcch.net [Stand: Dezember 2011]); ausführlich *Baumann* Anerkennung insbes. 170–178.
Für die Erleichterung der Durchsetzung von Unterhaltsansprüchen im Ausland – insbes. **in anderen Staaten**, die nicht Vertragsstaaten der Unterhaltsübereinkommen sind – ist das **UN-Übereinkommen über die Geltendmachung von Unterhaltsansprüchen im Ausland** v. 20. 6. 1956, BGBl. 1959 II 150, 1971 II 105, zu beachten. Im Verhältnis zu den USA und Kanada, die nicht Vertragsstaaten des Übereinkommens sind, ist das **Auslandsunterhaltsgesetz (AUG)** v. 23. 5. 2011, BGBl. I 898, zu berücksichtigen. Zur **Abänderung ausländischer Unterhaltstitel** vgl. KG IPRax 1994, 455 m. Anm. *Baumann* IPRax 1994, 435.

689   bb) **Andere Rechtsgebiete:** Weiterhin sind Übereinkommen zu beachten, die nicht ausschließlich zur Regelung der Anerkennung und Vollstreckung geschaffen wurden, sondern lediglich einige Bestimmungen darüber enthalten: So zB das Haager Übereinkommen über den Zivilprozess (**HZPÜ 1954**) v. 1. 3. 1954, BGBl. 1958 II 576

(Jayme/Hausmann Nr. 210), für die Anerkennung und Vollstreckung von **Kostenentscheidungen** (Art. 18 f.) sowie (nur zur Anerkennung) das Übereinkommen über den Beförderungsvertrag im internationalen **Straßengüterverkehr (CMR)** v. 19. 5. 1956, BGBl. 1961 II 1129, dazu Hdb. IZVR/*Martiny* Bd. III/2 Kap. II Rn. 430–444; weitere Übereinkommen bei *Geimer* IntZivilProzR Rn. 2758–2761; die wichtigsten Übereinkommen werden ausführlich abgehandelt bei Hdb. IZVR/*Martiny* Bd. III/2 Kap. II Rn. 11–204 (nur Anerkennung) und Hdb. IZVR/*Wolff* Bd. III/2 Kap. IV, Rn. 409–525 (nur Vollstreckbarerklärung).

Hinweis: Bei den Übereinkommen zur Anerkennung und Vollstreckung handelt es sich nie um *lois uniformes* (v. Bar/Mankowski IPR I § 5 I 7 b Rn. 58).

b) **Bilaterale Abkommen** 690

Bilaterale Abkommen zur Anerkennung und Vollstreckung bestehen zurzeit (i) mit **Tunesien**, der **Schweiz** und **Israel** sowie (ii) mit folgenden Mitgliedstaaten der EU: Belgien, Griechenland, Großbritannien, Italien, Österreich, den Niederlanden und Spanien (nach Art. 69 EuGVO werden diese Verträge durch die EuGVO ersetzt, soweit diese Anwendung findet). Weitere bilaterale Abkommen bestehen mit Mitgliedstaaten des LugÜ. Dies sind: Norwegen und Schweiz (nach Art. 65 LugÜ werden diese Verträge im Rahmen des Anwendungsbereiches des LugÜ durch dieses verdrängt). Die Abkommen sind zum Teil abgedruckt bei *Jayme/Hausmann* Nr. 188, 189 und – mit Erläuterungen – bei BLAH/*Hartmann* Schlussanhang V B 1–11; ausführliche Abhandlungen der Abkommen (außer des Deutsch-spanischen) finden sich bei Hdb. IZVR/*Waehler* Bd. III/2 Kap. III (nur Anerkennung) und Hdb. IZVR/*Wolff* Bd. III/2 Kap. IV Rn. 526–556 (nur Vollstreckbarerklärung); zum Deutsch-spanischen Abkommen: *Böhmer* IPRax 1988, 334. Nähere Bestimmungen enthalten die jeweiligen **Ausführungsgesetze** zu den Abkommen: dazu → Rn. 692.

c) **Günstigkeitsprinzip** 691

Das Verhältnis der völkervertraglichen Rechtsquellen untereinander sowie zum autonomen Recht wird vom sog. **Günstigkeitsprinzip** beherrscht, soweit (i) – in Bezug auf die EuGVO und die EuEheVO (II) – dies nicht der Rechtsquellenhierarchie zwischen dem Europäischen Unionsrecht und nationalem Recht (→ Rn. 39 und Art. 69 EuGVO, Art. 60, 61, 62 EuEheVO [II]) widerspricht und soweit (ii) die Verträge keine abweichenden Regelungen enthalten (wie zB Art. 64 ff. LugÜ, Art. 29 des Haager Unterhaltsvollstreckungsübereinkommens v. 2. 10. 1973). Nach dem Günstigkeitsprinzip kann sich der Antragsteller auf die anerkennungsfreundlichste Bestimmung berufen. Grund dafür ist, dass die Staaten durch die völkerrechtlichen Verträge in der Regel nur festlegen, unter welchen Voraussetzungen eine Anerkennung zwingend zu erfolgen hat; sie wollen (und können) dem anderen Staat jedoch nicht die Möglichkeit nehmen, eine Anerkennung und Vollstreckung auch in anderen Fällen zuzulassen. ZT ist das Günstigkeitsprinzip in den völkerrechtlichen Verträgen selbst normiert, so zB in Art. 23 des Haager Unterhaltsvollstreckungsübereinkommens v. 2. 10. 1973. Allgemein zum Günstigkeitsprinzip: Zöller/*Geimer* § 328 Rn. 5; *Schack* IntZivilverfahrensR Rn. 897–899; *Geimer* IntZivilProzR Rn. 2766–2767 b; BGH IPRax 1989, 104 (106) m. Anm. *Siehr* IPRax 1989, 93 (96).

3. **Autonomes Recht (AVAG)** 692

Das AVAG (Nachweise → Rn. 677) hat die Ausführungsbestimmungen für eine Reihe von bestehenden Verträgen in einem Gesetz zusammengefasst. Es gilt auch für alle künftigen Staatsverträge. Das AVAG gilt heute nach § 1 I auch für die Ausführung der EuGVO und für die Ausführung des EuGVÜ, des LugÜ, des HUVÜ 1973, der bilateralen Abkommen mit Norwegen, Israel und Spanien, vgl. im Einzelnen: *Geimer* NJW 1988, 2157; *Böhmer* IPRax 1988, 334. Die Ausführungsbestimmungen zur Europäische Vollstreckungstitel-VO wurden hingegen in die ZPO aufgenommen (→ Rn. 687).

4. Zur Anerkennung und Vollstreckung **deutscher Urteile im Ausland** vgl. §§ 1067 ff. ZPO. Für 693
die Vollstreckung von **deutschen Versäumnisurteilen und Vollstreckungsbescheiden** – die nicht Europäische Vollstreckungstitel sind (→ Rn. 687) – sowie von **Arrestbefehlen und**

> einstweiligen Verfügungen vgl. §§ 30 ff. AVAG (zB kann es hier notwendig sein, auf eine besondere Ausfertigung – ggf. mit nachträglicher Angabe von Tatbestand und Entscheidungsgründen – hinzuwirken).

694 Bei der Prüfung der Anerkennungs- und Vollstreckungsfähigkeit deutscher Urteile im Ausland können **weitere** von Deutschland zwar gezeichnete, aber nicht transformierte und ratifizierte **Übereinkommen** von Bedeutung sein: so das **Luxemburger CIEC-Übereinkommen über die Anerkennung von Entscheidungen in Ehesachen** v. 8. 9. 1967 und das **Haager Übereinkommen über die Anerkennung von Ehescheidungen und Ehetrennungen** v. 1. 6. 1970 (beide aufzufinden über Vorauflagen (12. Aufl.) von *Jayme/Hausmann*).

II. Literatur:

695 Ausführliche Abhandlungen zur Anerkennung und Vollstreckung nach völkerrechtlichen Verträgen bei Hdb. IZVR/*Martiny/Waehler/Wolff* Bd. III/2.

2. Autonomes Recht

696 Das autonome Recht kommt immer dann zum Zuge, wenn unionsrechtliche Regelungen und völkerrechtliche Anerkennungs- und Vollstreckungsverträge nicht anwendbar sind oder (selten) die Berufung auf autonomes Recht dem Gläubiger günstiger erscheint und das Unionsrecht der Anwendung des Günstigkeitsprinzips nicht entgegensteht (vgl. dazu den vorstehenden Arbeitsblock → Rn. 691).

> **Fall 41** (in Anlehnung an eine Entscheidung des Supreme Court of Alaska: Sturm, Ruger & Co. v. Day, 594 P2nd 38 [Alaska]): Ein deutscher Hersteller von Revolvern vertreibt seine Produkte auf dem amerikanischen Markt. Ein US-Bürger aus Anchorage, Alaska, erwirbt im Januar 2009 einen Revolver. Beim Entladen des Revolvers fällt dieser zu Boden. Da das Produkt fehlerhaft ist, löst sich ein Schuss, der den Eigentümer erheblich verletzt. Der Supreme Court von Alaska spricht ihm 140.000 US-Dollar für seinen deliktischen Schadensersatzanspruch aus *product liability* (Produkthaftpflicht) und 250.000 US-Dollar als *punitive damage* zu. Das Gericht sieht diese Verurteilung ua als *punishment* (Bestrafung) dafür an, dass der beklagte Hersteller trotz Kenntnis des Produktmangels eine Rückrufaktion unterlassen hatte. Als der Amerikaner in Deutschland die Vollstreckung dieser Entscheidung begehrt, wendet der deutsche Hersteller ein, das Urteil könne in Deutschland nicht vollstreckt werden, da die ›Gegenseitigkeit nicht verbürgt sei‹ und die Zuerkennung von *punitive damages* gegen den *ordre public* verstoße.

697 Zwischen den USA und der Bundesrepublik gilt kein völkerrechtlicher Vertrag, der die Anerkennung und Vollstreckung von Gerichtsentscheiden regelt, sodass auf autonomes Recht zurückzugreifen ist.

698 Die Anerkennung und Vollstreckung nach dem autonomen Recht ist für den Gläubiger schwieriger als das Verfahren nach der EuGVO (sowie nach den meisten völkerrechtlichen Verträgen). Nach **§§ 722, 723 ZPO** muss der Gläubiger **Klage auf Vollstreckbarerklärung** erheben, über die durch **Urteil** entschieden wird. Zwar findet auch in diesem Verfahren **keine** *révision au fond* statt (§ 723 I ZPO und → Rn. 680). Doch muss das fremde Urteil **zum einen** im Urteilsstaat **rechtskräftig** sein (anders Art. 38 I EuGVO: vollstreckbar). **Zum anderen** muss es **anerkennungsfähig** sein, wofür **§ 328 ZPO** (iVm § 723 II ZPO) **strengere Anforderungen** stellt als zB Art. 34, 35 EuGVO. Neben den bereits aus der EuGVO bekannten Voraussetzungen

- Gewährung des **rechtlichen Gehörs** (§ 328 I Nr. 2 ZPO),
- keine Unvereinbarkeit mit einem zwischen den Parteien ergangenen, **rechtskräftigen Urteil** (§ 328 I Nr. 3 ZPO),
- keine (EuGVO einschränkend ›offensichtliche‹) Unvereinbarkeit mit dem *ordre public* (§ 328 I Nr. 4 ZPO),

fordert das autonome Recht darüber hinaus die

- **internationale Zuständigkeit** der Gerichte des Staates, dem das ausländische Gericht angehört in spiegelbildlicher Anwendung der deutschen Regeln über die internationale Zuständigkeit (§ 328 I Nr. 1 ZPO; anders Art. 35 EuGVO),
- **Verbürgung der Gegenseitigkeit** (§ 328 I Nr. 5 ZPO); Ausnahmen bestehen nach § 328 II ZPO für nichtvermögensrechtliche Ansprüche, für die ein inländischer Gerichtsstand nicht gegeben war.

In Fall 41 müssten die Gerichte von Alaska nach § 328 I Nr. 1 ZPO zunächst in **entsprechender Anwendung des deutschen Zuständigkeitsrechts** international zuständig gewesen sein (es reicht aus, dass irgendein Gericht des Urteilsstaates zuständig gewesen wäre).[73] Man spricht dabei von der Prüfung der **internationalen Anerkennungszuständigkeit** (oder indirekten Zuständigkeit) der Gerichte des Erststaates;[74] den Gegensatz dazu stellt die internationale **Entscheidungszuständigkeit** (oder direkte Zuständigkeit) dar (→ Rn. 588). 699

Da der Tatort (jedenfalls der Erfolgsort) in Anchorage, Alaska, lag, war der Supreme Court von Alaska in entsprechender Anwendung von § 32 ZPO örtlich und waren damit die Gerichte von Alaska international (vgl. Faustregel → Rn. 626) zuständig.

Weiterhin ist das Kriterium der **Verbürgung der Gegenseitigkeit** iSv § 328 I Nr. 5 ZPO zu prüfen. Fraglich ist, ob ein entsprechendes deutsches Urteil in dem Urteilsstaat ohne wesentlich größere Schwierigkeiten ebenso vollstreckbar wäre; bei Mehrrechtsstaaten wie den USA ist dies für den betroffenen Einzelstaat zu prüfen. Im Rechtsverkehr mit Alaska treten bei der Vollstreckung deutscher Urteile keine besonderen Probleme auf; die Gegenseitigkeit ist verbürgt.[75] 700

Fraglich ist jedoch, ob der Vollstreckbarerklärung der *ordre public*-Vorbehalt nach § 328 I Nr. 4 ZPO entgegensteht. *Punitive damages* haben nach US-amerikanischem Recht Bestrafungs- und Abschreckungsfunktion sowie (vereinzelt) Ausgleichs- und (zunehmend) Rechtsdurchsetzungsfunktion.[76] Auf Grund des im Vordergrund stehenden Bestrafungs- und Abschreckungscharakters werden *punitive damages* häufig mit ›Strafschadensersatz‹ übersetzt.[77] Voraussetzung für die Zubilligung von *punitive damages* sind ein bestehender Schadensersatzanspruch des Geschädigten und ein besonders verwerfliches – nicht notwendig vorsätzliches – Verhalten des Schädigers.[78] In einem viel beachteten und sehr lesenswerten Urteil hat der BGH im Jahre 1992 erklärt, *punitive damages* könnten wegen Verstoßes gegen den *ordre public* in Deutschland grundsätzlich nicht für vollstreckbar erklärt werden, da die Bestrafungs- und Abschreckungsfunktion dem durch den Kompensationsgedanken beherrschten deutschen Zivilrecht widerspreche.[79] In einer Nebenbemerkung hat der 701

---

73 Zöller/*Geimer* § 328 Rn. 106.
74 Eine sehr anschauliche Prüfung findet sich bei LG München I RIW 1988, 738.
75 *Schütze* JR 1988, 7 (9) mwN; vgl. iÜ den Überblick über die Verbürgung zur Gegenseitigkeit bei BLAH/*Hartmann* Anh. nach § 328 ZPO.
76 Dazu im Einzelnen *Rosengarten* Punitive Damages 47–54.
77 *Thümmel* RIW 1988, 613.
78 Vgl. *Rosengarten* Punitive Damages 43 ff., 47.
79 BGH NJW 1992, 3096; aA wohl OLG Düsseldorf IPRax 2009, 250; zu einer Entscheidung des BGH kam es in diesem Verfahren nicht, da die Beteiligten den Rechtsstreit für erledigt erklärten, vgl. *Rogler* IPRax 2009, 223–230; ausführlich *Rosengarten* Punitive Damages 174 ff. mwN.

BGH angedeutet, dass eine Ausnahme von diesem Grundsatz möglich sein könnte, soweit mit der Verhängung von *punitive damages* ›restliche, nicht besonders abgegoltene oder schlecht nachweisbare wirtschaftliche Nachteile pauschal ausgeglichen oder vom Schädiger durch die unerlaubte Handlung erzielte Gewinne abgeschöpft werden sollen‹. Ob und inwieweit diese Ausnahme Bedeutung erlangen wird, ist unklar.

702 **Hinweis:** Die Zustellung von US-amerikanischen Klagen in der Bundesrepublik verstößt grundsätzlich nicht schon deshalb gegen den *ordre public*, weil der Kläger auch *punitive damages* verlangt.[80] Soweit ein amerikanisches Urteil neben *punitive damages* auch ›normalen‹ Schadensersatz ausurteilt, ist es anerkennungs- und vollstreckungsfähig.

703 Da der Supreme Court von Alaska die *punitive damages* jedoch ausdrücklich als *punishment* für den Beklagten ansah, scheitert nach der Rechtsprechung des BGH eine Anerkennung insoweit an § 328 I Nr. 4 ZPO, eine Vollstreckbarerklärung ist wegen § 723 II ZPO nicht möglich. Die Klage des Amerikaners in Fall 41 ist insoweit unbegründet.

Arbeitsblock

I. Zur Vertiefung

704 **1. Anerkennungsfähige Urteilswirkungen**

Gegenstand der Anerkennung sind diejenigen Wirkungen des ausländischen Urteils, die dieses nach dem ausländischen Recht hat (ausführlich MüKoZPO/*Gottwald* § 328 Rn. 144–176). Dabei können jedoch nach hM nur solche Wirkungen anerkannt werden, die dem deutschen Recht bekannt sind (Zöller/*Geimer* § 328 Rn. 20–23). Dazu gehören alle prozessrechtlichen Urteilswirkungen: **Feststellungswirkung** bzw. **materielle Rechtskraft** (Zöller/*Geimer* § 328 Rn. 35–50), **Präklusionswirkung** (*Geimer/Schütze* IntUrteilsanerkennung Bd. I 1. Hb, § 134 und Bd. I 2. Hb. § 225), **Gestaltungswirkung** (Zöller/*Geimer* § 328 Rn. 52–58), **Streitverkündungs- und Interventionswirkung** (*Geimer/Schütze* IntUrteilsanerkennung Bd. I 1. Hb. § 136 und Bd. I 2. Hb. §§ 227, 228).

705 Bei der **Rechtskraftwirkung** (*res judicata*-Wirkung) ausländischer Urteile ist umstritten, ob eine erneute Klage im Inland als unzulässig abzuweisen ist (so zum Teil die Lehre, vgl. Zöller/ *Geimer* § 328 Rn. 35 mwN) oder ob ein zweites – mit dem Ersturteil inhaltlich übereinstimmendes – Sachurteil möglich ist (so die Rspr., vgl. BGH NJW 1987, 1146 mwN).

706 Zu beachten ist, dass die Anerkennungsfähigkeit des späteren ausländischen Urteils auch Voraussetzung dafür ist, dass die **Rechtshängigkeit einer Sache im Ausland** die **Einrede** des § 261 III Nr. 1 ZPO begründet (dazu BGH IPRax 1989, 104 m. Anm. *Siehr* IPRax 1989, 93–96; vgl. auch *Schütze* IntZivilProzR Rn. 383–406) und dass eine **im Ausland erhobene Klage** die **Verjährung** unterbricht (dazu *Schack* IntZivilverfahrensR Rn. 870 ff. und *Schütze* IntZivilProzR Rn. 412–417).

707 **2. Ehesachen**

Sofern der Anwendungsbereich der EuEheVO (II) nicht eröffnet ist, bedarf es in Ehesachen nach § 107 FamFG (vgl. iE BLAH/*Hartmann* FamFG § 107) ausnahmsweise eines **förmlichen Anerkennungsverfahrens** bei der zuständigen Landesjustizverwaltung. Die Anerkennungsvoraussetzungen richten sich nach § 109 FamFG mit der Maßgabe, dass es auf die Verbürgung der **Gegenseitigkeit nicht** ankommt.

708 **3. Wirkung einer Schiedsvereinbarung**

Im deutschen Anerkennungs- und Vollstreckungsverfahren kann uU auch die im Ausland vergeblich erhobene Einrede der Schiedsgerichtsbarkeit (→ Rn. 759) die Anerkennung eines ausländischen Urteils nach § 328 I Nr. 1 ZPO verhindern: vgl. das illustrative Beispiel bei OLG Hamm IPRax 1988, 166 mit Anm. *Schröder* IPRax 1988, 144.

---

80 Vgl. BVerfG ZIP 1995, 70.

4. Immunitäten

Die Durchführung der Vollstreckung einer (für vollstreckbar erklärten) ausländischen Entscheidung richtet sich nach den für deutsche Urteile geltenden Regeln. Dabei ist zu bedenken, dass **auch im Vollstreckungsverfahren Immunitäten** zu beachten sind (vgl. zum Erkenntnisverfahren → Rn. 574). Nach BVerfGE 46, 342 (406) kann die Zwangsvollstreckung gegen fremde Staaten nicht in solche Vermögensgegenstände erfolgen, die **hoheitlichen Zwecken** dienen (dazu im Einzelnen *Geimer* IntZivilProzR Rn. 589–612 mwN sowie BVerfG NJW 1983, 2766 ff. [Konto einer iranischen Ölgesellschaft]). Teilweise sind die Grenzen (noch) zulässiger Vollstreckung **völkerrechtlichen Verträgen** zu entnehmen, so zB

- Art. XVIII Abs. 2 des **Deutsch-amerikanischen Freundschafts-, Handels- und Schifffahrtsvertrages** v. 29. 10. 1954, BGBl. 1956 II 487, oder
- dem **Internationalen Abkommen zur einheitlichen Feststellung von Regeln über die Immunitäten der Staatsschiffe** v. 10. 4. 1926, RGBl. 1927 II 483; weitere Nachweise bei *Geimer* IntZivilProzR Rn. 589–613.

709

710

711

II. **Literatur:**
Zur Anerkennung nach autonomem Recht bei Hdb. IZVR/*Martiny* Bd. III/1 und zur Vollstreckbarerklärung bei Hdb. IZVR/*Wolff* Bd. III/2 Kap. IV; zur Anerkennung und Vollstreckung nach autonomem Recht *Geimer/Schütze* IntUrteilsanerkennung Bd. I 1. Hb. §§ 221–237; *Kegel/Schurig* IPR § 22 V 1, 1061 ff.; *Kropholler* IPR § 60, 656–685.

712

3. Exkurs: Freiwillige Gerichtsbarkeit

Die Anerkennung und Vollstreckung von Entscheidungen auf dem Gebiet der Freiwilligen Gerichtsbarkeit richtet sich (noch) **teilweise** nach dem **autonomen Recht**: EuGVO, LugÜ und das EuGVÜ schließen den Kernbereich der freiwilligen Gerichtsbarkeit (Vormundschafts- und Nachlasssachen) nach Art. 1 II Nr. 1 ausdrücklich aus. Die bilateralen Abkommen regeln ganz überwiegend nur echte Streitsachen.[81] Jedoch regelt die am 1. 3. 2005 in Kraft getretene **EuEheVO II** (Brüssel IIa)[82] ausdrücklich und ›ungeachtet der Art der Gerichtsbarkeit‹ (Art. 1 I) in ihrem dritten Kapitel auch Fragen der Anerkennung und Vollstreckung von Entscheidungen aus dem Kernbereich der freiwilligen Gerichtsbarkeit und genießt gem. Art. 60 EuEheVO II im Verhältnis der Mitgliedstaaten Vorrang gegenüber den dort aufgezählten multilateralen Übereinkommen.[83] Das **Haager Minderjährigenschutzübereinkommen** v. 5. 10. 1961[84] enthält zwar Bestimmungen zur Anerkennung (Art. 7 S. 1), verweist für die Vollstreckung vollstreckungsbedürftiger Entscheidungen jedoch auf das autonome Recht des Anerkennungsstaates (Art. 7 S. 2). Gleiches gilt für das **Europäisches Übereinkommen über die Anerkennung und Vollstreckung von Entscheidungen über das Sorgerecht für Kinder und die Wiederherstellung des Sorgerechts** v. 20. 5. 1980.[85] Es gilt zB noch im Verhältnis zur Türkei und Island. Das **Haager Übereinkommen über den Schutz von Kindern und die Zusammenarbeit auf dem Gebiet der internationalen Adoption** v. 29. 5. 1993[86] regelt die Anerkennung einer nach seinen Vorschriften bescheinigten Adoption, sofern die

713

---

81 Vgl. *Roth* IPRax 1988, 75 (76) mwN in Fn. 8.
82 → Rn. 686.
83 → Rn. 686 aE.
84 BGBl. 1971 II 217.
85 BGBl. 1990 II 220, in Deutschland in Kraft seit dem 1. 2. 1991, BGBl. II 392 (*Jayme/Hausmann* Nr. 183).
86 → Rn. 513.

Adoption nicht offensichtlich der öffentlichen Ordnung widerspricht (vgl. Art. 23, 24); eines besonderen Anerkennungsverfahrens bedarf es nicht.

714 Das **autonome Recht** hat die Anerkennung ausländischer Entscheidungen für den Bereich der freiwilligen Gerichtsbarkeit mittlerweile zentral in § 109 FamFG geregelt. Auf die Verbürgerung der Gegenseitigkeit kommt es – anders als bei § 328 I Nr. 5 ZPO – nicht an.[87]

715 Arbeitsblock Zur Vertiefung

Kommentierung bei Zöller/*Geimer* FamFG §§ 108, 109.

B. Exkurs: Kollisionsfälle vor Schiedsgerichten

716 Wenn die Streitschlichtung im Verhandlungswege scheitert, bieten **private Schiedsgerichtsverfahren** eine viel genutzte Alternative zur Auseinandersetzung vor staatlichen Gerichten. Im internationalen Wirtschaftsverkehr vereinbaren Handelspartner weit häufiger als in rein nationalen Fällen (vgl. §§ 1025–1059 ZPO) die Zuständigkeit von Schiedsgerichten. In vielen Konstellationen lassen sich Ansprüche ohne Schiedsgerichtsvereinbarung gar nicht durchsetzen. Deshalb ist die Beschäftigung mit dem Internationalen Schiedsverfahrensrecht für den international tätigen Juristen wichtig.[88] Der folgende Exkurs enthält eine **Auswahl** der für den Einstieg in das Schiedsverfahrensrecht wichtigsten Probleme. Sie lassen sich im Wesentlichen mit den bereits vorgestellten Arbeitsmethoden lösen. Da es sich für die meisten Leser um eine ungewohnte Materie handeln wird, empfehlen wir dringend, zunächst nur den Text (ohne Arbeitsblock) zu lesen, um sich einen Überblick zu verschaffen.

I. Grundzüge

717 Mit dem Abschluss einer **Schiedsvereinbarung** (eines **Schiedsvertrages**) einigen sich die Parteien in der Regel darauf, dass **ausschließlich ein Schiedsgericht** für die Entscheidung über bestehende oder künftige Streitigkeiten zuständig sein soll (so auch die Legaldefinition in § 1029 I ZPO). Davon versprechen sie sich eine Reihe von Vorteilen (die allerdings in der Praxis selten alle zugleich erreicht werden):

- fachlich besonders **kompetente und international erfahrene Schiedsrichter** (die meist selbst ausgewählt werden können: Zum Beispiel steht es nach der üblichen Gestaltung von Schiedsklauseln jeder Partei frei, einen Schiedsrichter aus einem geeignet erscheinenden Land – zB dem eigenen – zu wählen; diese einigen sich dann auf einen Obmann, der wiederum aus einem anderen, zB neutralen Staat kommen kann);
- **selbstständige Bestimmung** der **Verfahrenssprache** (zB der Muttersprachen der Parteien, von Englisch als gemeinsamer Sprache oder von einer Verhandlungssprache sowie ggf. einer zweiten Sprache, in der Dokumente auch beigebracht werden können);

---

87 *Althammer* IPRax 2009, 381 (386–388).
88 Vgl. zB *Brödermann* RIW 2004, 721 ff. mit Beispielen aus der Praxis.

- **freie Wahl des Ortes** der Auseinandersetzung (insbesondere ist es möglich, einen neutralen Ort in einem neutralen Land zu bestimmen und gleichwohl Schiedsrichter zu wählen, die in der gewünschten Sprache und kompetent nach dem gewählten Recht verhandeln; die Ortswahl kann Folgen für das anwendbare Verfahrensrecht haben → Rn. 769);
- **vertrauliches Verfahren** (das Verfahren muss – anders als das gerichtliche Verfahren – nicht öffentlich sein; vgl. dagegen für das deutsche Gerichtsverfahren § 169 S. 1 GVG);
- **kurze Verfahrensdauer** (Begrenzung des Verfahrens auf eine Instanz; Vermeidung von Verzögerungen durch die Einholung von Sachverständigengutachten; Verkürzung des Verfahrens durch zeitliche Vorgaben in der Schiedsvereinbarung);
- **kostengünstige Verfahren** (Kosten für nur eine Instanz; Vermeidung von Sachverständigen- und Übersetzungskosten; ggf. Vermeidung der Leistung einer Prozesskostensicherheit für Anwaltskosten des Gegners, dagegen → Rn. 658);
- **größerer Freiraum bei der Bestimmung des anwendbaren materiellen Rechts** (einschließlich der Möglichkeit, ein neutrales Recht oder Regelungsgefüge zu wählen – dazu → Rn. 788 – oder das Schiedsgericht zu einer Entscheidung nach Billigkeit zu ermächtigen);
- **selbstständige Bestimmung des Verfahrensrechts** (Vermeidung diverser Förmlichkeiten eines Gerichtsprozesses; Möglichkeit der Vereinbarung von Modalitäten der Beweiserbringung);
- **mehr Flexibilität bei der Durchführung des Verfahrens** (zB bessere Terminkoordinationsmöglichkeiten; mehr Freiheit bei der Schaffung von Gelegenheiten zum Abschluss eines Vergleichs: Schon die Wahl eines abgelegenen Schiedsortes kann beide Parteien dazu zwingen, sich gleichermaßen auf das Verfahren ›einzulassen‹);
- **bessere Möglichkeiten der Anerkennung und Vollstreckung** des Schiedsspruches im Vergleich zu staatlichen Urteilen (wegen weit reichender Anerkennungsverpflichtungen in völkerrechtlichen Verträgen sind handelsrechtliche Schiedssprüche in den meisten Staaten vollstreckbar).

Arbeitsblock Zur Ergänzung 718

I. Zur **Entscheidung zwischen der staatlichen Gerichtsbarkeit und der Schiedsgerichtsbarkeit** vgl. allgemein *Stumpf*, FS Bülow, 1981, 217–227. In der Praxis sind bei der Abwägung meist **länderspezifische Einzelheiten** zu berücksichtigen. Extreme und kuriose Folgen einer Schiedsgerichtsvereinbarung schildert *Glossner*, The Rt Hon Lord Justice Kerr, Schiedsverfahren oder Zivilprozeßverfahren – Der Macao Sardine Case (Glosse), Jahrbuch 1 (1987) 251–259.

II. Als **Faustregel** lässt sich aus der Praxis heraus beobachten: 719
a) **Innerhalb Europas** – im Anwendungsbereich der EuGVO, des EuGVÜ und des LugÜ (vgl. → Rn. 590, → Rn. 620) – macht die Vereinbarung eines (staatlichen) Gerichtsstandes (vorbehaltlich der Einzelfallberücksichtigung anderer in → Rn. 717 genannter Vorteile) oft Sinn, weil die Titel grundsätzlich mit Hilfe von gut zugänglichen Rechtsinstrumenten vollstreckbar sind. Im **interkontinentalen** Rechtsverkehr (etwa im Verhältnis zu China, Indien oder den USA) bietet das **UN-Übereinkommen (UNÜ)** über die **Anerkennung und Vollstreckung ausländischer Schiedssprüche** v. 10. 6. 1958 hingegen überwiegend wesentlich bessere Anerkennungs- und Vollstreckungsalternativen für Schiedsurteile als sie für gerichtliche Urteile bestehen; im interkontinentalen Rechtsverkehr zB mit **China, Indien** und **USA** lassen sich Ansprüche ohne Schiedsgerichtsvereinbarung oft gar nicht oder nur sehr schwer durchsetzen. Allein dieses Argument zwingt häufig zu einer Schiedsverfahrensvereinbarung. Hinzu treten die in → Rn. 717 genannten Vorteile: Insbesondere die Möglichkeit, Vertraulichkeit zu bewahren

und ein kompetentes internationales Schiedsgericht mit Schiedsrichtern aus verschiedenen betroffenen und/oder neutralen Staaten zusammenzustellen.

b) Für **alle** internationalen Auseinandersetzungen – auch innerhalb Europas – bietet die Vereinbarung eines Schiedsgerichts häufig eine gute Lösung, wenn die Vereinbarung des eigentlich gewollten (zB deutschen) Gerichtsstandes nicht durchsetzbar ist. Die Einigung kann zu **vertrautem Recht an neutralem (Schieds-)Ort in bekannter Sprache** führen. Ferner lassen sich befürchtete **Nachteile vermeiden**, die mit einem Verfahren vor dem nationalen Gericht verbunden sind, das ohne vertragliche Einigung über die Gerichts-/Schiedsgerichtsfrage nach dem IZVR zuständig wäre: zT überlange Verfahrensdauer (s. zB v. *Hase/Krolovitsch* RIW 2009, 836 [837 f.] zu Italien), hohe Kosten für die Übersetzung in die Gerichtssprache oder für die Darlegung oder den Beweis fremden Rechts (→ Rn. 655), erhöhte Anwaltskosten durch zusätzliche Beauftragung lokaler – je nach Gerichtsort auch unterschiedlich teurer – Rechtsanwälte. An einem Schiedsort im Ausland kann eine Partei ›ihr‹ Anwaltsteam oft auch ohne lokale Unterstützung kämpfen lassen.

720

c) Bei möglichen Auseinandersetzungen zwischen **verschiedenen Parteien auf mehreren Ebenen** (Lieferantenketten, Import durch Großhändler, Subunternehmer) ist zu bedenken, dass **nur gerichtliche Verfahren** die Möglichkeit der Streitverkündung oder der Interventionsklage (Art. 6 EuGVO) bieten (Von dieser Frage zu unterscheiden sind Mehrparteienschiedsverfahren, bei denen sich mehrere Parteien auf gleicher Ebene gegenüberstehen, dazu → Rn. 779).

III. Schiedsgerichtsbarkeit ist **abzugrenzen** von **Mediation** und **Streitschlichtungsverfahren** (Ombudsmannverfahren) bzw. obligatorischen Streitschlichtungsverfahren wie nach § 15 a EGZPO. Wenngleich durch die **Richtlinie 2008/52/EG v. 21. 5. 2008** über bestimmte **Aspekte der Mediation in Zivil- und Handelssachen**, ABl. EU 136, 3, eine europaweite Vereinheitlichung gewisser Bereiche der Mediation beabsichtigt ist, bleibt dieses Gebiet grundsätzlich durch das nationale Recht bestimmt. Da in Deutschland gesetzliche Regelungen bisher ganz fehlen, soll die Richtlinie als Anlass für eine einheitliche Kodifikation der Mediation in der ZPO dienen. Die Richtlinie war bis zum 21. 5. 2011 umzusetzen (vgl. Art. 12 I der Richtlinie). Der aktuelle Regierungsentwurf eines Mediationsgesetzes zur Umsetzung der Richtlinie ist unter www.bmj.de unter dem Stichwort ›Mediation – außergerichtliche Streitbeilegung‹ abrufbar. Vgl. auch das UNCITRAL Model Law on International Commercial Conciliation, das von der UNCITRAL im Juni 2002 beschlossen wurde und das im Bereich der gütlichen Streitbeilegung als zweites Regelungswerk der UNCITRAL neben die UNCITRAL Conciliation Rules vom Juli 1980 tritt und wie das UNCITRAL Modellgesetz zur Schiedsgerichtsbarkeit ein Modellgesetz für eine gütliche Streitbeilegung enthält, eingehend hierzu *Friedrich* SchiedsVZ 2004, 297–304; Text und Status unter www.uncitral.org. Für einen europäischen Rechtsvergleich zum **Ombudsmannverfahren in Bankangelegenheiten** s. Derleder/Knops/Bamberger/*Brödermann*, Handbuch zum Deutschen und Europäischen Bankrecht, 2. Aufl. 2009, § 66.

II. Rechtsquellen

721 Die Bearbeitung internationaler Schiedsfälle bringt eine Reihe kollisionsrechtlicher Fragen mit sich

Beispiel: Welches Schiedsverfahrensrecht ist anwendbar?

Für die Beantwortung dieser Fragen sind im Internationalen Schiedsrecht besonders häufig völkerrechtliche Verträge anzuwenden. Da die Falllösung von der **Auswahl der richtigen Rechtsquelle** abhängt und Fehler sich im späteren Verfahren folgenreich auswirken können (Beispiel: Nichtanerkennung eines Schiedsspruchs) ist die

Bestimmung der anwendbaren Übereinkommen besonders wichtig. Die **wichtigsten Übereinkommen** aus deutscher Sicht sind:

- **UN-Übereinkommen (UNÜ)** über die **Anerkennung und Vollstreckung ausländischer Schiedssprüche** v. 10. 6. 1958.[89] 722
  Entgegen seinem Namen regelt das Übereinkommen auch schiedsrechtliche Fragen von allgemeiner Bedeutung, zB die Wirksamkeit von Schiedsvereinbarungen.[90] Dem Übereinkommen gehören insgesamt **146 Staaten** an.[91]
- **Europäisches (Genfer) Übereinkommen über die internationale Handelsschiedsgerichtsbarkeit (EuÜ)** v. 21. 4. 1961.[92] 723
  Das EuÜ wurde von etwa **30 Staaten** ratifiziert, einschließlich mehrerer osteuropäischer Staaten (zB Russische Föderation, Ukraine). Es ist vor allem im **Ost-West-Handel** von Bedeutung.[93] Sämtliche Mitgliedstaaten des EuÜ gehören heute auch dem UNÜ an. Das EuÜ kommt **neben dem UNÜ** zur Anwendung (Art. X Abs. 7 EuÜ). Nach dem **Grundsatz der Meistbegünstigung**, der in Art. X Abs. 7 EuÜ ausdrücklich verankert ist, dürfen sich die Parteien auf das ihnen im Einzelfall günstigere Übereinkommen berufen.[94]
- **Pariser (Zusatz-)Vereinbarung über die Anwendung des Europäischen Übereinkommens über die internationale Handelsschiedsgerichtsbarkeit (EÜZ)** v. 17. 12. 1962.[95] 724
  Das EÜZ, das nur für Mitgliedstaaten des Europarates zur Unterzeichnung aufliegt (Art. 2 I EÜZ), ist zwischen **8 Staaten** (einschließlich der Bundesrepublik) in Kraft. Sinn des Übereinkommens ist es, das teilweise komplizierte, auf den Ost-West-Handel zugeschnittene System des EuÜ im Verhältnis zu den Vertragsstaaten des EÜZ zu vereinfachen.[96] Das **EÜZ geht** daher teilweise **dem EuÜ vor** (vgl. Art. 1 EÜZ).
- **Genfer Protokoll über die Schiedsklauseln (GP)** v. 24. 9. 1923[97] sowie 725
- **Genfer Abkommen zur Vollstreckung ausländischer Schiedssprüche (GA)** v. 26. 9. 1927.[98]

GP und GA werden vom UNÜ (nicht aber vom EuÜ) verdrängt.[99] Sie haben daher im Verhältnis zur Bundesrepublik praktisch keine Bedeutung mehr.

Auch die Übereinkommen zum Internationalen Schiedsverfahrensrecht können **einheitliches Sachrecht** (mit eigenen Rechtsanwendungsregeln) und **einheitliches Kollisionsrecht** enthalten.[100] 726

---

89 BGBl. 1961 II 122 (*Jayme/Hausmann* Nr. 240).
90 Vgl. Reithmann/Martiny/*Hausmann* Rn. 6563.
91 S. www.uncitral.org (Stand: Januar 2012).
92 BGBl. 1964 II 426 (*Jayme/Hausmann* Nr. 241).
93 Stein/Jonas/*Schlosser* Anhang § 1061 Rn. 163–206.
94 Sandrock/*Kornmeier/Sandrock* Abschnitt F Rn. 33; Reithmann/Martiny/*Hausmann* Rn. 6587 ff.
95 BGBl. 1964 II 449, 1965 II 271 (*Jayme/Hausmann* Nr. 242).
96 Stein/Jonas/*Schlosser* Anhang § 1061 vor Rn. 206.
97 RGBl. 1925 II 47.
98 RGBl. 1930 II 1068.
99 Vgl. Sandrock/*Kornmeier/Sandrock* Abschnitt F Rn. 28–32; Reithmann/Martiny/*Hausmann* Rn. 6562.
100 Vgl. Reithmann/Martiny/*Hausmann* Rn. 5283 und 5345 zum UNÜ sowie Rn. 5332 ff. und 5367 ff.

727 Auf Grund von bei der Ratifikation erklärten **Vorbehalten** sind die Übereinkommen nicht in allen Vertragsstaaten im gleichen Maße anwendbar.[101] Insbesondere haben viele Staaten bei der Ratifikation des UNÜ erklärt, dass sie das UNÜ nur auf in handelsrechtlichen Streitigkeiten erlassene Schiedssprüche anwenden werden (sog. **Handelssachenvorbehalt** nach Art. I Abs. 3 S. 2 UNÜ)[102] **und/oder** nur auf solche Schiedssprüche, die im Hoheitsgebiet eines Vertragsstaates des UNÜ gefällt wurden (sog. **Territorialvorbehalt** nach Art. I Abs. 3 S. 1 UNÜ).[103]

728 Zusätzlich zu den genannten Staatsverträgen sind gegebenenfalls **multilaterale Spezialübereinkommen** (vor allem im Verkehrsrecht) und **bilaterale Abkommen** heranzuziehen.[104] EuGVO und LugÜ kommen hingegen für eine Anwendung im Bereich der Schiedsgerichtsbarkeit nicht in Betracht.[105]

729 Bei der Fülle der völkervertraglichen Rechtsquellen im Internationalen Schiedsrecht ist die **Auswahl** der richtigen Rechtsquelle besonders **schwierig**. Vielfach bestimmen die Übereinkommen ihr Verhältnis zu anderen Staatsverträgen selbst. Zum Teil schließen sie die Anwendbarkeit anderer Übereinkommen aus (zB verdrängt das UNÜ – Art. VII Abs. 2 – das GP und das GA), zum Teil ergänzen die Staatsverträge einander (so ergänzt beispielsweise das EuÜ das UNÜ).[106] Im Übrigen gelten – soweit sich der sachliche Anwendungsbereich der Verträge überschneidet – die allgemeinen Regeln (*lex specialis derogat legi generali; lex posterior derogat legi priori*) sowie der Grundsatz der **Meistbegünstigung**.[107] Nach dem Grundsatz der Meistbegünstigung können sich die Parteien auf die ihnen günstigste Rechtsquelle berufen (vgl. zB Art. X Abs. 7 EuÜ).

730 Soweit die völkerrechtlichen Verträge keine Regelungen enthalten, ist auch im Internationalen Schiedsrecht auf **autonomes Schiedsverfahrensrecht** zurückzugreifen (das, wie in Deutschland, auch eine IPR-Norm enthalten kann; → Rn. 782). Das in Deutschland seit dem 1. 1. 1998 geltende autonome Schiedsverfahrensrecht **beruht** ebenso wie zahlreiche ausländische Schiedsverfahrensrechte – die Website der UNCITRAL (→ Rn. 292 aE) nennt per Januar 2012 ca. 65 Staaten[108] – **auf dem** von **UNCITRAL** erarbeiteten **Modellgesetz**[109] und ist damit **international wettbewerbsfähig**. In diesem Zusammenhang ist mit § 1025 ZPO das **Territorialitätsprinzip** verankert worden. Zum Teil gilt der Grundsatz der Meistbegünstigung auch im Verhältnis zwischen völkerrechtlichen und autonomen Regelungen.[110]

---

101 Vgl. die Auflistungen bei Reithmann/Martiny/*Hausmann*, 6. Aufl. 2004, Rn. 3529.
102 Vgl. Reithmann/Martiny/*Hausmann* Rn. 6572.
103 Vgl. Reithmann/Martiny/*Hausmann* Rn. 6571.
104 Vgl. insbes. Stein/Jonas/*Schlosser* Anhang § 1061 Rn. 207–226; *Schwab/Walter* Schiedsgerichtsbarkeit 478 ff.
105 Vgl. Art. 1 II Nr. 4 EuGVO/LugÜ und *Kropholler/v.Hein* EuGVO Art. 1 Rn. 41–46 mwN.
106 Vgl. Reithmann/Martiny/*Hausmann* Rn. 6564, 6587.
107 Sandrock/*Kornmeier/Sandrock* Abschnitt F Rn. 33.
108 www.uncitral.org (Stand: Januar 2012), dort unter ›UNCITRAL Texts & Status‹ und ›International Commercial Arbitration & Conciliation‹, dort unter ›1985 – UNCITRAL Model Law on International Commercial Arbitration‹ und ›Status‹.
109 www.uncitral.org (Stand: Januar 2012) unter ›UNCITRAL Texts & Status‹, ›International Commercial Arbitration & Conciliation‹, ›1985 – UNCITRAL Model Law on International Commercial Arbitration‹ und ›Text of the Model Law (amended in 2006) – Explanatory Note‹.
110 Reithmann/Martiny/*Hausmann* Rn. 6591.

Die Auswahl der richtigen Rechtsquelle ist im Internationalen Schiedsrecht insbesondere für die Beantwortung folgender Fragen notwendig: 731
1. Welches Schiedsgericht soll zuständig sein?
2. Ist die Schiedsvereinbarung wirksam?
3. Wie wird das Schiedsgericht besetzt?
4. Welches Verfahrensrecht ist anwendbar?
5. Welches Recht ist in der Hauptsache anwendbar?
6. Nach welchem Recht richten sich die Anerkennung und Vollstreckung des Schiedsspruches?

Diesen Fragen soll sogleich unter III. nachgegangen werden.

Arbeitsblock
I. Zur Ergänzung 732
 1. Nach dem im **autonomen Recht** geltenden Territorialitätsgrundsatz (§ 1025 ZPO) ist entscheidend, ob der Ort des Schiedsverfahrens iSv § 1043 I ZPO in Deutschland liegt. Ist dies der Fall, gilt zwingend deutsches Verfahrensrecht (das jedoch **große Freiheiten bei der Gestaltung** des Schiedsverfahrens einräumt, vgl. § 1042 III ZPO). Die Anwendung des Territorialitätsprinzips hat zur Folge, dass im Ausland nach deutschem Verfahrensrecht ergangene Schiedssprüche als ausländische Schiedssprüche behandelt werden.
 2. Mit Fragen der Schiedsgerichtsbarkeit beschäftigen sich in Deutschland insbesondere die **Deutsche Institution für Schiedsgerichtsbarkeit (DIS**, www.dis-arb.de, unter anderem mit zahlreichen schiedsgerichtlichen Dokumenten; vgl. *Bredow*, FS Glossner, 1994, 51 ff.) und das **Chinese European Arbitration Centre (CEAC**, s. www.ceac-arbitration.com). Beide Organisationen bieten auch ›Nachwuchsorganisationen‹ (DIS 40; Young CEAC). Siehe auch www.dispute-resolution-hamburg.de. 733
 3. Rechtsgeschichte und Rechtsvergleichung: Schiedsverfahren gibt es als Streitbeilegungsmethode seit dem Altertum. In **England** stammt der erste *Arbitration Act* von 1697. Nach diversen ›New Arbitration Acts‹ ab 1889 ergibt sich das aktuelle englische Schiedsverfahrensrecht aus dem *English Arbitration Act* von 1996. Nach der **französischen Revolution** wurde das Recht des Bürgers auf eine Entscheidung durch frei gewählte Schiedsrichter in den Verfassungen vom 3. 9. 1791 (Art. 5) und vom 5. Fructidor Jahr III (1795) verankert (Art. 210: ›Il ne peut être porté atteinte au droit de faire prononcer sur les différends par des arbitres au choix des parties.‹). Das heutige französische Schiedsverfahrensrecht ist in Art. 1442–1507 *Nouveau Code de Procédure Civile* geregelt. Das englische und französische Schiedsverfahrensrecht beruhen beide nicht auf dem in → Rn. 730 genannten UNCITRAL Modellgesetz. 734
II. Literaturhinweis:
 In seinem Internationalen Teil ab S. 345 druckt *Schwab/Walter* zu jeder dargestellten Einzelfrage (zB Anwendbares Recht, Schiedsfähigkeit) die einschlägigen Auszüge aus den Schiedsgerichtsübereinkommen ab. Eine ausführliche Quellensammlung mit Erläuterungen enthält Band IV der von *Bülow/Böckstiegel* begründeten, nunmehr seit Jahren von *Geimer/Schütze* betreuten Loseblattsammlung ›Internationaler Rechtsverkehr in Zivil- und Handelssachen‹ (unter anderem sechs multilaterale und auszugsweise elf bilaterale Staatsverträge). 735

III. Einzelheiten

Die Lösung von Detailfragen setzt jeweils einige spezielle schiedsrechtliche Kenntnisse voraus, deren Grundzüge im Folgenden vor allem anhand der praktisch wichtigsten Übereinkommen – dem UNÜ und dem EuÜ – und der Regelungen im autonomen Recht dargestellt werden. Sowohl das UNÜ als auch das EuÜ enthalten zum Teil einheitliches Sachrecht, sodass es im Anwendungsbereich der Übereinkom- 736 men insoweit nicht zu einer IPR-Prüfung kommt; sie ist nur für die nicht im einheitlichen Sachrecht geregelten Fragen durchzuführen.

1. Schiedsgerichtsarten

737 Nach dem EuÜ und dem UNÜ steht es den Parteien grundsätzlich frei, zwischen einem **Gelegenheitsschiedsgericht** (*ad hoc*-**Schiedsgericht**) und einem **ständigen (institutionellen) Schiedsgericht** zu wählen (Art. IV I EuÜ; Art. I II UNÜ).

a) Für das Verfahren vor einem *ad hoc*-**Schiedsgericht** können die Parteien die **Verfahrensordnung selbst bestimmen,** wobei sich aus den Übereinkommen gewisse Gestaltungshilfen und Grenzen ergeben. Damit das Schiedsverfahren zu einem vollstreckbaren Titel führt, müssen die Parteien zB darauf achten, dass die Verfahrensordnung hinreichend rechtliches Gehör für die Verfahrensbeteiligten vorsieht (Art. V I b UNÜ; als Beispiel für Gestaltungshilfen vgl. Art. IV II–4 EuÜ). Die Parteien können dabei auch auf sog. **Musterverfahrensordnungen** zurückgreifen, zB die Schiedsordnungen der United Nations Economic Commission for Europe (**ECE**-Schiedsordnung)[111] und der United Nations Commission on International Trade (**UNCITRAL**-Schiedsordnung).[112] Diese Musterverfahrensordnungen enthalten Regelungen zu den meisten Verfahrensfragen des *ad hoc*-Schiedsverfahrens.

738 b) Bei den **institutionellen Schiedsgerichten** handelt es sich um eine ›Zwischenform‹ zwischen den staatlichen Gerichten und den Gelegenheitsschiedsgerichten:[113] Sekretariat, Verwaltung und eine allgemein gültige Verfahrensordnung bestehen schon bei Abschluss des Schiedsvertrages. Die oder der Schiedsrichter werden jedoch erst bei Einleitung des Schiedsverfahrens für die Entscheidung des konkreten Falles gestellt bzw. benannt. Bekannte Beispiele sind die ständigen Schiedsgerichte von örtlichen Handelskammern (zB in Hamburg, Düsseldorf, Stockholm), das Schiedsgericht der **Internationalen Handelskammer** (International Chamber of Commerce in Paris, **ICC**)[114] oder der **London Court of International Arbitration (LCIA)**.[115] In **Deutschland** bietet die **Deutsche Institution für Schiedsgerichtsbarkeit (DIS)** eine gut funktionierende, auch international aktive Schiedsgerichtsinstitution, in der ca. 800 Schiedsrichter als Verein organisiert sind.[116] In der Schweiz – einem Staat mit vielen beliebten Schiedsorten – haben sich die Handels- und Industriekammern in sechs Städten (Basel, Bern, Genf, Tessin, Waadt und Zürich; nicht: zB Lausanne) im Juli 2004 auf eine gemeinsame ›**Schweizerische Schiedsordnung**‹[117] verständigt und dabei die UNCITRAL-Schiedsordnung (→ Rn. 737) an die Bedürfnisse eines institutionellen Schiedsverfahrens angepasst.

739 Im Jahr 2008 ist in Hamburg ein speziell **für den Chinahandel** konzipiertes internationales **Chinese European Arbitration Centre (»CEAC«)** entstanden.[118] Es wurde von der Chinese European Legal Association (CELA) gegründet. CELA ist ein

---

111 Abgedr. unter anderem bei *Aden* 259.
112 Abgedr. unter anderem bei *Aden* 575 ff.; *Schwab/Walter* Schiedsgerichtsbarkeit 550 ff.
113 *Franke*, FS Glossner, 1994, 119–128.
114 www.iccwbo.org/court/arbitration; zur ICC → Rn. 744.
115 www.lcia-arbitration.com.
116 www.dis-arb.de.
117 Unter anderem abgedr. bei *Schwab/Walter* Schiedsgerichtsbarkeit 625 ff.
118 www.ceac-arbitration.com.

internationales, gemeinnütziges Joint Venture: ein Verein mit ca. 250 Mitgliedern aus über 30 Nationen, der für diesen Zweck mit Unterstützung der Freien und Hansestadt Hamburg von der Hanseatischen Rechtsanwaltskammer, der Handelskammer Hamburg und einigen namhaften großen internationalen Rechtsanwaltskanzleien errichtet worden ist (Schirmherr des Projekts ist der jeweilige Hamburger Justizsenator). Auch die **CEAC Hamburg Arbitration Rules** basieren auf der UNCITRAL-Schiedsordnung (→ Rn. 737).

Daneben gibt es auch zahlreiche **branchenspezifische** institutionelle Schiedsgerichte (zB in **Hamburg** – einer deutschen Hochburg für Schiedsverfahren – über 15, so zB: Logistik-Schiedsgericht, Deutsches Seeschiedsgericht, German Maritime Arbitration Association (GMAA), institutionelle Schiedsgerichte von Verbänden wie dem Deutschen Verband des Großhandels mit Ölen, Fetten und Ölrohstoffen e. V., dem Deutschen Kaffeeverband e. V., dem Verein der Getreidehändler, dem Warenverein der Hamburger Börse e. V., dem Börsenverein des deutschen Buchhandels Region Norddeutschland e. V., dem Verband der Deutschen Versicherungsmakler e. V., dem Verein der am Kautschukhandel beteiligten Firmen e. V., und andere mehr). 740

> **Fall 42** (angelehnt an Schiedsgericht der Hamburger Freundschaftlichen Arbitrage, Schiedsspruch v. 11. 11. 1975, auszugsweise abgedr. bei *Straatmann/Ulmer/Timmermann* HandelsR Schiedsgerichtspraxis D 3 a Nr. 6): Eine Hamburger Im- und Exportfirma verkauft 2009 einer italienischen Handelsfirma 200 t raffiniertes Soja-Öl. Erfüllungsort ist Hamburg. Der Kaufvertrag enthält folgende Bestimmung: ›Arbitration, if any, amicably in Hamburg‹. Welches Schiedsgericht soll nach dieser Vereinbarung zuständig sein? Ist die Vereinbarung zulässig? 741

Die Vertragsauslegung ergibt, dass die Parteien eventuelle zukünftige Streitigkeiten durch ein Verfahren nach der **Hamburger Freundschaftlichen Arbitrage** durchführen wollen. Diese ist in § 20 der sog. Platzusancen für den hamburgischen Warenhandel geregelt.[119] Es war lange zweifelhaft, ob die Hamburger Freundschaftliche Arbitrage als institutionelles oder ad hoc-Schiedsgericht anzusehen ist. Nach heutiger Auffassung kann sie nicht mehr als institutionelles Schiedsgericht angesehen werden.[120] Die Beantwortung der Frage kann letztlich dahingestellt bleiben, wenn die anwendbaren Rechtsquellen beide Verfahrensarten zulassen. Auf die Prüfung der Fallfrage sind das EuÜ und das UNÜ anwendbar: Italien und Deutschland sind Vertragsstaaten beider Übereinkommen (damit sind auch die Voraussetzungen des von der Bundesrepublik nach Art. I Abs. 3 S. 1 UNÜ erklärten Territorialvorbehalts – BGBl. 1962 II 102 – erfüllt); andere völkerrechtliche Verträge kommen an dieser Stelle nicht zur Anwendung. Da UNÜ wie auch EuÜ sowohl das Verfahren vor *ad hoc*-Schiedsgerichten als auch vor institutionellen Schiedsgerichten zulassen, ist die Vereinbarung der Hamburger Freundschaftlichen Arbitrage in Fall 42 auf jeden Fall zulässig. 742

> **Arbeitsblock**
> I. **Zur Ergänzung**
> 1. Bei der Entscheidung zwischen einer *ad hoc*-Schiedsklausel und einem institutionellen Schiedsgericht ist im Einzelfall eine **Abwägung** vorzunehmen, bei der ua folgende Fragen zu berücksichtigen sind: 743

---

119 Fassung v. 4. 9. 1958, Hmb. Amtl. Anz. Nr. 237 v. 13. 10. 1958; abgedr. *Schwab/Walter* Anhang B.5, 624 f., bei Schütze/Tscherning/Wais/*Wais* Ausgewählte Texte 4. Teil C I 3.
120 Vgl. Schütze/Tscherning/Wais/*Tscherning* Rn. 792.

- Besteht nach den Umständen des Falles die **freie Wahl** zwischen *ad hoc-* und institutioneller Schiedsgerichtsbarkeit? (In einigen Staaten – zB China – sind Schiedssprüche von *ad hoc*-Schiedsgerichten (jedenfalls derzeit noch) nicht **anerkennungsfähig**; s. *Jingzhou Tao*, Arbitration Law and Practice in China, 2. Aufl. 2008, 68–70).
- Wie regeln die in Betracht kommenden institutionellen Schiedsgerichtsordnungen wichtige **Verfahrensfragen** (zB Umgang mit Verzögerungen durch die Gegenseite, Beweismittelfragen: Hier gibt es traditionell große Unterschiede zwischen angelsächsischen und kontinentaleuropäischen Methoden, vgl. → Rn. 653 und im deutschen autonomen Recht jetzt § 142 ZPO; vgl. *Kaufmann-Kohler/Bärtsch*, Discovery in international arbitration: How much is too much?, SchiedsVZ 2004, 13–21)?
- Welche Regelungen enthalten die in Betracht kommenden Schiedsverfahrensordnungen für die Bestimmung des **anwendbaren Rechts** (→ Rn. 646 ff.)?
- Unter welchen Umständen kann die Einigung auf ein institutionelles Schiedsgericht die **Freiheit bei der Auswahl** des (neutralen, aber selbst ausgewählten) ›eigenen‹ Schiedsrichters beschränken (vgl. zB § 13.2 S. 4 der DIS-Schiedsverfahrensordnung, dazu sogleich → Rn. 745)?
- Erspart die Wahl eines institutionellen Schiedsgerichts wertvolle **Verhandlungszeit** für die Aushandlung eines detaillierten Schiedsvertrags?
- Welches **Verfahrensrecht** gilt ggf. ergänzend bei Nutzung der von der Schiedsgerichtsinstitution ggf. zur Verfügung gestellten Räume?
- Was **kostet** die Dienstleistung des institutionellen Schiedsgerichts im Vergleich zu einem *ad hoc*-Schiedsgericht? (hier bestehen große Unterschiede: Die Durchführung eines verhältnismäßig teuren ICC-Verfahrens – das für große Verfahren Vorteile bieten kann (→ Rn. 774) – passt zB nicht zu einem Handelsvertrag mit kleinem Volumen.)

744   2. a) Die **ICC** hat ihre Schiedsordnung mit Wirkung zum 1. 1. 2012 neu gefasst. Dabei wurden unter anderem neue Regelungen zu Verfahren mit **mehreren Parteien** (Einbeziehung zusätzlicher Parteien, Ansprüche zwischen mehreren Parteien bzw. aus mehreren Verträgen, Verbindung von Schiedsverfahren) und zum **einstweiligen Rechtsschutz** durch die Möglichkeit der Ernennung eines Eilschiedsrichters getroffen. Außerdem wurden – mit Ausnahme der deutschen – alle Sprachfassungen der ICC-Rules geschlechtsneutral gefasst.
b) Das **CEAC-Schiedsgericht** (→ Rn. 739) unterscheidet sich von anderen Schiedsgerichtsinstitutionen durch sein Konzept der **Machtteilung**: In den Gremien von CEAC und CELA, insbesondere in der **Appointing Authority**, arbeiten Chinesen, Europäer sowie Anwälte, Professoren und Unternehmensjuristen aus der ganzen Welt zusammen (s. www.ceac-arbitration.com / CEAC – Our Services 1. Executive Summary). Dies führt zu einerm erhöhten Empfinden für Neutrailität (»**gefühlte Neutralität**«); s. vertiefend *Beneyto/Brödermann/Meyer/Zhao* RIW 2011, 12; 14 ff.

745   3. Die **DIS** (→ Rn. 733) bietet eine aus deutscher Sicht besonders attraktive institutionelle Schiedsgerichtsbarkeit (die Schiedsgerichtsordnung und eine Musterklausel zur Vereinbarung eines DIS-Schiedsverfahrens sind unter www.dis-arb.de (Stand: Januar 2012) abrufbar. Ferner wird die DIS von international erfahrenen, aber mit dem deutschen Rechtsverständnis vertrauten Juristen betrieben. Dies erleichtert die Arbeit bei Problemfällen (zB Umgang mit schwierigen Zustellungsfragen, Befangenheitsanträgen etc.). Instruktiv: KG Berlin Urt. v. 15. 10. 1999 (BB 2000, Beilage 8, 13, 14) zur Zuständigkeit der DIS bei Verweis auf die nicht bestehende Institution ›German Central Chamber of Commerce‹.

II. Zur Vertiefung

746   1. Näheres zur Hamburger Freundschaftlichen Arbitrage und zur Schiedsgerichtsbarkeit in **Hamburg** im Allgemeinen bei *Schröder*, FS Glossner, 1994, 317–332; vgl. auch den im YB. Comm. Arbitr. XIX (1994) 44 abgedruckten Fall (›Hamburger Privat-Arbitrage im Kaffee-Einfuhrhandel‹).

747   2. Mittlerweile beruhen die internationalen Schiedsverfahrensordnungen zahlreicher institutioneller Schiedsgerichte – wie zB die Internationale Schiedsordnung der Schweizerischen Handelskammern (Schweizerische Schiedsordnung), Januar 2004, SchiedsVZ 2004, 31 oder die

CEAC Hamburg Arbitration Rules – auf der **UNCITRAL-Muster-Schiedsgerichtsordnung** (die zu unterscheiden ist vom UNCITRAL-Modellgesetz, → Rn. 730). Dadurch wird die Einschätzung der wahrscheinlichen Qualität einer fremden institutionellen Schiedsgerichtsbarkeit erleichtert. Die UNCITRAL-Schiedsordnung ist abgedruckt und kommentiert bei *Aden* 621 ff. Abweichungen betreffen in der Regel Punkte, die in der auf *ad hoc*-Streitigkeiten ausgelegten UNCITRAL-Muster-Schiedsgerichtsordnung naturgemäß nicht geregelt sind (Beispiel: Zustellung an die Schiedsgerichtsinstitution) oder kulturelle oder sachliche Besonderheiten berücksichtigen (s. zB die Rechtswahlklausel in Art. 35 I der CEAC Arbitration Rules, die ua im Hinblick auf den völkerrechtlichen Vorbehalt Chinas nach Art. 96 CISG zur Form auf das CISG in seiner neutralen Fassung, dh ohne Berücksichtigung von nationalen Vorbehalten, abstellt. S. vertiefend *Beneyto/Brödermann/Meyer/Zhao* RIW 2011, 12–29). Die UNCITRAL-Muster-Schiedsgerichtsordnung ist 2010 in einer über Jahre überarbeiteten Fassung verabschiedet worden. Sie umfasst nun auch moderne Aspekte der Verfahrensgestaltung wie die Mehrparteienschiedsgerichtsbarkeit oder die Möglichkeit der Entscheidung auf der Grundlage von Dokumenten.

3. Es kann vorkommen, dass **privatrechtliche** Streitigkeiten aufgrund **völkerrechtlicher** Vereinbarungen vor einem Schiedsgericht ausgetragen werden. Beispiele: 748
   - Nach der iranischen Revolution wurde die Krise um die US-amerikanische Botschaft in Teheran durch die Vereinbarungen von Algier beigelegt, in denen die USA und der Iran die Einrichtung des **Iran-US Claims Tribunal** in Den Haag vereinbarten, das eine Vielzahl privatrechtlicher Streitigkeiten unter Anwendung der **UNCITRAL**-Schiedsgerichtsordnung (in leicht abgeänderter Form) entschieden hat (vgl. statt aller *Baker/Davies*, Establishment of an Arbitral Tribunal Under the UNCITRAL Rules: The Experience of the Iran-United States Claims Tribunal, in: The International Lawyer 23 (1989) 81–135; vgl. ferner die Bibliographie zu Entscheidungen des Iran-US Claims Tribunal bei: *van den Berg* (Hrsg.), Yearbook Key 1987 accompanying YB. Com. Arb. XII (1987), 15–18). Die Entscheidungen sind eine Fundgrube für den Umgang mit Verfahrensfragen in UNCITRAL-Verfahren.
   - Zum **Iraq Claims Tribunal**, einer vergleichbaren Einrichtung, die im Zusammenhang mit den Folgen des 1. Golfkrieges eingerichtet wurde: *Huth* International Business Lawyer 1995, 430.
   - Seit 1997 ist ein **Claims Resolution Tribunal** für Ansprüche von Holocaust-Opfern und ihrer Erben gegen Schweizer Banken zuständig (ähnlich seit 1998 die Einrichtung einer **International Commission on Holocaust Era Insurance Claims** für Ansprüche von Holocaust-Opfern und ihrer Erben aus Versicherungspolicen, die aus der Zeit vor oder während des Holocaust stammen, s. www.icheic.org/claims-appeals.html [Stand: Januar 2012]).

   Von solch einem Schiedsgericht zu unterscheiden sind völkerrechtliche Schiedsverfahren, die insbesondere Streitigkeiten **zwischen Staaten** entscheiden (vgl. Art. 24 III GG und *Doehring* VölkerR § 22 Rn. 1063 ff.). 749

4. Für Streitigkeiten infolge von Investitionen in ausländische Staaten, mit denen der Heimatstaat des Investors ein bilaterales Investitionsschutzabkommen **(Bilateral Investment Treaty)** geschlossen hat, bestehen häufig besondere Schiedsverfahrensregelungen nach dem **ICSID** (International Centre for Settlement of Investment Disputes)-Übereinkommen v. 18. 3. 1965, das in 136 Staaten in Kraft ist: vgl. *Semler* SchiedsVZ 2003, 97 sowie *Lörcher* SchiedsVZ 2005, 11. Mittlerweile gibt es weltweit ca. 1.800 BITs. **Deutschland** hat ca. 120 BITs abgeschlossen und ist damit hinsichtlich der Zahl der BITs führend (abrufbar unter www.unctad.org). Kernstück dieser Abkommen ist, dass entschädigungslose Beeinträchtigungen privater deutscher Investitionen in den Vertragsstaaten durch eine Schiedsklage vor dem ICSID angegriffen werden können; dabei wird der Begriff der »**Investition**« in den modernen BITs sehr **weit gefasst**. Jede Geldforderung kann Investition sein. Umgekehrt können sich private Investoren aus BIT-Vertragsstaaten vor einem ICSID-Schiedsgericht gegen Eingriffe durch den deutschen Staat wehren. Das **erste Verfahren gegen Deutschland** hatte Vattenfall (Schweden) aufgrund von nachträglichen ökologischen Auflagen zur Betreibung des Kraftwerks Moorburg (Hamburg) angestrengt, welches aber durch Vergleich vom 11. 3. 2011 beendet wurde. 750

2. Wirksamkeit der Schiedsvereinbarung

751 UNÜ und EuÜ nennen beide sachrechtliche Wirksamkeitsvoraussetzungen für Schiedsvereinbarungen. Sind beide Übereinkommen anwendbar, reicht es jedoch nach dem Grundsatz der Meistbegünstigung aus, wenn eine Schiedsvereinbarung den Anforderungen von einem der Übereinkommen gerecht wird. Wirksamkeitsvoraussetzungen sind zB:

- die **Schiedsfähigkeit** des Streitgegenstandes (vgl. Art. V Abs. 2 a UNÜ, ebenso § 1030 I ZPO);
- die Bezugnahme auf ein **bestimmtes Rechtsverhältnis** (Art. II Abs. 1 UNÜ);
- die **Schriftform** (Art. I Abs. 2 a EuÜ, Art. II Abs. 1–2 UNÜ, ebenso § 1031 ZPO).

Für die Lösung von Wirksamkeitsfragen, die nicht durch einheitliches Sachrecht im UNÜ oder EuÜ geregelt sind, ist das **Schiedsvertragsstatut (Arbitragestatut)** zu bestimmen. Zu diesem Zweck enthalten das UNÜ und das EuÜ völkerrechtliches Kollisionsrecht (Art. V Abs. 1 a UNÜ, Art. VI II EuÜ): Es gilt **das gewählte Statut**, hilfsweise das **Recht des Schiedsortes**.[121]

Das deutsche Recht enthält zwar keine ausdrückliche allgemeine Kollisionsnorm für die Anknüpfung des Schiedsvertragsstatuts. Im Ergebnis entspricht das autonome Recht jedoch der Regelung des Art. V Abs. 1 a UNÜ: Zur Bestimmung des Schiedsvertragsstatuts bei Verfahren zur Vollstreckung ausländischer Schiedssprüche verweist § 1061 ZPO in vollem Umfang auf die Vorschriften des UNÜ (und damit auch auf Art. V Abs. 1 a UNÜ), für alle sonstigen Verfahren gilt § 1059 II Nr. 1 lit. a ZPO, der ebenso wie Art. V Abs. 1 a UNÜ das gewählte Statut, hilfsweise das Recht des Schiedsortes für maßgeblich erklärt.

752 **Fall 42 a** (Abwandlung von Fall 42): Eine italienische und eine deutsche Firma vereinbaren am 20. 12. 2009 in einem Kaufvertrag über 200 t Soja-Öl, dass zukünftige Streitigkeiten im Verfahren der Hamburger Freundschaftlichen Arbitrage beizulegen sind. Der Kaufvertrag wird durch den Austausch von Fernschreiben geschlossen. Ist die Schiedsvereinbarung wirksam zustande gekommen?

753 Zweifelhaft ist in Fall 42 a zunächst die Frage, ob die Schiedsvereinbarung mit dem Hauptvertrag **in einer Urkunde** enthalten sein durfte. Art. I Abs. 2 a EuÜ und Art. II Abs. 2 UNÜ lassen jedoch sowohl getrennte **Schiedsabreden** (franz.: *compromis*) zu, in denen die Parteien allein die Zuständigkeit eines Schiedsgerichts vereinbaren, als auch **Schiedsklauseln** (franz.: *clause compromissoire*), in denen die Parteien schon im Hauptvertrag die Beilegung künftiger Streitigkeiten vereinbaren. Daher konnten die Parteien in Fall 42 a die Hamburger Freundschaftliche Arbitrage in der Urkunde des Hauptvertrages durch eine Schiedsklausel bestimmen.

754 Darüber hinaus ist fraglich, ob die Parteien durch den **Austausch von Fernschreiben** etwaigen Formerfordernissen gerecht geworden sind. Die Antwort ergibt sich bereits aus der Rechtsanwendungsregel des Art. I Abs. 2 a EuÜ selbst:[122] Es genügt der Austausch von Fernschreiben.

---

121 Vgl. Reithmann/Martiny/*Hausmann* Rn. 6611–6616.
122 Vgl. Reithmann/Martiny/*Hausmann* Rn. 6699–6705.

Nach dem Grundsatz der Meistbegünstigung reicht die Übereinstimmung des 755
Schiedsvertrages mit den Formvorschriften des EuÜ bereits aus (vermieden wird auf
diese Weise die Subsumtion unter Art. II Abs. 2 UNÜ, der den Austausch von
Fernschreiben nicht nennt). Daher haben die Parteien wirksam vereinbart, dass ein
Schiedsgericht nach der Hamburger Freundschaftlichen Arbitrage zuständig sein soll.
Weitere Zweifel an der Wirksamkeit der Schiedsvereinbarung stellen sich in Fall 42 a
nicht; das Arbitragestatut muss deshalb zur Falllösung nicht mehr ermittelt werden.
Nach Art. 3 I Rom I-VO muss es sich eindeutig aus den Umständen ergeben. Dabei
stellt die Wahl der Hamburger Freundschaftlichen Arbitrage ein Indiz für die konkludente Rechtswahl deutschen Rechts.[123]

Arbeitsblock
I. Zur Ergänzung
   1. Schiedsfähigkeit 756
   Zur Schiedsfähigkeit **im Allgemeinen** vgl. *Nagel/Gottwald* IntZivilProzR § 16 Rn. 17–37
   (mit rechtsvergleichenden Hinweisen); *Lachmann* HdB Schiedsgerichtsbarkeit Rn. 278–296;
   Schwab/Walter Schiedsgerichtsbarkeit Kap. 44. I, S. 385 ff.; *Kronke* RIW 1998, 257 (258 f.).
   Umstritten war lange, ob **gesellschaftsrechtliche Beschlussstreitigkeiten** einen schiedsfähigen Streitgegenstand darstellen. Ursprünglich hatte der BGH die Auffassung vertreten, dass
   die gem. §§ 248, 249 AktG (analog) vorgesehene Rechtskrafterstreckung *inter omnes* einem
   privaten Schiedsspruch nur kraft gesetzlicher Anordnung – woran es bis heute fehlt –
   zukommen könne (BGHZ 132, 278). Mit Urteil v. 6. 4. 2009 (BGHZ 180, 221) hat der BGH
   in dieser Frage eine Kehrtwende vollzogen. In seiner Entscheidung stellte der BGH klar, dass
   künftig auch Beschlussstreitigkeiten einer Klärung durch ein privates Schiedsgericht unterstellt
   werden können, knüpfte die Wirksamkeit der Schiedsabrede aber an bestimmte **Mindestanforderungen**. Danach muss eine wirksame Schiedsabrede mit Zustimmung sämtlicher
   Gesellschafter in der Satzung verankert sein. Alternativ reicht eine außerhalb der Satzung
   unter Mitwirkung sämtlicher Gesellschafter und der Gesellschaft getroffene Abrede aus.
   Außerdem müssen bestimmte Verfahrensgarantien gewährleistet sein. Beim Entwurf einer
   Schiedsklausel ist darauf zu achten, dass jeder Gesellschafter über die Einleitung und den
   Verlauf des Schiedsverfahrens informiert wird und eine Beteiligung am Verfahren zumindest
   als Nebenintervenient möglich ist. Außerdem muss jeder Gesellschafter in gleicher Weise an
   der Auswahl und Bestellung der Schiedsrichter mitwirken können, sofern nicht die Auswahl
   durch eine neutrale Stelle erfolgt. Ferner muss die Schiedsklausel gewährleisten, dass alle
   denselben Streitgegenstand betreffenden Beschlussmängelstreitigkeiten bei einem Schiedsgericht konzentriert werden. Andernfalls sei die Schiedsabrede wegen Verstoßes gegen § 138
   I BGB nichtig. Ausführlich dazu *Hilbig* SchiedsVZ 2009, 247 ff.
   2. Form 757
   Nach deutschem Schiedsverfahrensrecht (§ 1031 ZPO) ist die Vereinbarung der Kompetenz
   eines Schiedsgerichtes nur unter Kaufleuten durch Aufnahme einer einfachen Schiedsgerichtsklausel in den Hauptvertrag wirksam. Gegenüber **Verbrauchern** wirkt die einfache Schiedsklausel nicht. Da **Gesellschafter**, die einem Vertrag beitreten, häufig keine Kaufleute sind,
   besteht die Gefahr ihrer Qualifikation als Verbraucher und damit der Unwirksamkeit der
   Klausel. Deshalb ist es in der anwaltlichen Praxis häufig erforderlich, die Schiedsvereinbarung
   in einem separaten Dokument vorzubereiten (zB bei Vorbereitung eines internationalen Joint-
   Venture-Vertrags).
   3. Kompetenz-Kompetenz 758
   Im Schiedsverfahren hat das Schiedsgericht selbst über seine Zuständigkeit zu entscheiden
   (Kompetenz-Kompetenz), doch können staatliche Gerichte diese Entscheidung später (im
   Verfahren der Vollstreckbarerklärung) nachprüfen: vgl. zB Art. VI Abs. 3 EuÜ und die ausdrück-

---

123 Vgl. *Straatmann/Ulmer/Timmermann* HandelsR Schiedsgerichtspraxis D 3 a Nr. 4 und 5, noch
    zum alten IPR.

lichen Regelungen in Art. 6 II der Schiedsverfahrensordnung der Internationalen Handelskammer Paris (ICC-Regeln, abgedruckt und kommentiert bei *Aden* 146 (148 ff.) und in Art. 21 I UNCITRAL-Schiedsordnung (→ Rn. 747) sowie im autonomen Recht § 1040 I 1 ZPO). In Fall 42 a haben die Parteien mit der Vereinbarung der Hamburger Freundschaftlichen Arbitrage dem Schiedsgericht konkludent die Kompetenz-Kompetenz übertragen (vgl. BGHZ 68, 356 [365 f.]); zur Kompetenz-Kompetenz siehe auch *Heiermann*, FS Glossner, 1994, 129–136; *Lachmann* HdB Schiedsgerichtsbarkeit Rn. 687–694; *Kronke* RIW 1998, 257 (260).

Hinweis: Die Kompetenz-Kompetenz gehört zu den zentralen Grundbegriffen des Schiedswesens, wird aber nicht überall gleich verstanden (s. das Beispiel aus **Indien** → Rn. 767).

759 **4. Einrede der Schiedsgerichtsbarkeit**
Klagt der Hamburger Verkäufer in Fall 42 a in Italien (Art. 2–4 EuGVO) oder Hamburg (Art. 5 Nr. 1 EuGVO) vor einem staatlichen Gericht, so könnte die italienische Partei die **Einrede der Schiedsgerichtsbarkeit** erheben. Das staatliche Gericht hat die Parteien dann auf das schiedsrichterliche Verfahren zu verweisen (vgl. Art. II Abs. 3 UNÜ und Art. VI Abs. 1, 3 EuÜ; im autonomen Recht § 1032 I ZPO); vgl. Reithmann/Martiny/*Hausmann* Rn. 6623 (UNÜ), 6778 (EuÜ).

5. Literatur: *Kronke* RIW 1998, 257–265 (guter Überblicksaufsatz); *Schwab/Walter* Schiedsgerichtsbarkeit Kap. 57 I, 458 f.

II. Zur Vertiefung
760 **Literatur:** *K. Schmidt*, Präklusion und Einlassung auf die schiedsgerichtliche Verhandlung zur Hauptsache – Vertragsdenken und Prozessdenken in der jüngeren Praxis –, FS Nagel, 1987, 373–391; zur Vereinbarung von Schiedsklauseln mittels AGB vgl. *Hanefeld/Wittinghofer* SchiedsVZ 2005, 217–229 sowie *Friedrich* SchiedsVZ 2007, 31–36.

3. Besetzung des Schiedsgerichts

761 Im Schiedsvertrag können die Parteien grundsätzlich die Schiedsrichter (oder einen Schiedsrichter) **frei wählen** und auch namentlich nennen. In der Regel werden sie jedoch nur die Art und Weise der Schiedsrichterbestimmung regeln (und zwar direkt oder durch Bezugnahme auf eine Verfahrensordnung).

762 Mit dem Schiedsgericht schließen die Parteien **gemeinsam** einen **Schiedsrichtervertrag** (bei der Anrufung eines institutionellen Schiedsgerichts wird der Vertrag jedoch allein mit dem Träger des Schiedsgerichts geschlossen).[124] Der Schiedsrichtervertrag ist nach der Rspr. des BGH ein **Vertrag *sui generis*.**[125]

Das **Schiedsrichtervertragsstatut** ist mangels Regelung in internationalen Übereinkommen mit Hilfe des autonomen Kollisionsrechts (Art. 3, 4 Rom I – VO bzw. – bei Altverträgen aus der Zeit vor dem 17. 12. 2009 – Art. 27 ff. EGBGB aF) zu ermitteln, str.[126]

763 **Fall 42 b** (Abwandlung von Fall 42): Eine italienische und eine deutsche Partei vereinbaren die Beilegung von Streitigkeiten nach der Hamburger Freundschaftlichen Arbitrage. Nach welchem Verfahren wird im Streitfall das Schiedsgericht zu besetzen sein? Welches Recht ist Schiedsrichtervertragsstatut?

Aus der Entscheidung der Parteien für die Hamburger Freundschaftliche Arbitrage folgt die Anwendung von § 20 der Platzusancen für den Hamburgischen Waren-

---

124 Vgl. Schütze/Tscherning/Wais/*Schütze* Rn. 573.
125 Vgl. Schütze/Tscherning/Wais/*Wais* Rn. 172.
126 Für Art. 27 ff. EGBGB, *Lachmann* HdB Schiedsgerichtsbarkeit Rn. 4156–4163; aA *Geimer* IntZivilProzR Rn. 3851; *Schwab/Walter* Schiedsgerichtsbarkeit Kap. 48 II.

handel (→ Rn. 742). Die Regelung in § 20 Nr. 2 bestimmt, dass jede Partei einen Schiedsrichter ›benennt‹. Nur wenn sich die Schiedsrichter nicht einigen können, sollen sie ihrerseits einen Obmann ernennen (§ 20 Nr. 4 S. 1). Zur Einleitung des Verfahrens muss die Klägerin unter Angabe des von ihr gewählten Schiedsrichters (in Verfahren nach der Hamburger Freundschaftlichen Arbitrage ist dies meist ein Kaufmann) die Gegenseite schriftlich auffordern, binnen einer angemessenen Frist ihrerseits einen Schiedsrichter zu ernennen (§ 20 Nr. 2 S. 1). Der Schiedsrichter kann jede Nationalität haben, muss aber seinen Wohnsitz und seinen Aufenthaltsort in der Bundesrepublik haben (§ 20 Nr. 2 S. 8).

Auf Grund dieser Wohnsitzregelung wird das Schiedsverfahren grundsätzlich in der Bundesrepublik durchgeführt werden, sodass das **Schiedsrichtervertragsstatut** mangels Rechtswahl deutsches Recht sein wird (Ort der charakteristischen Leistung iSv Art. 28 II EGBGB).

Fall 42 c (Abwandlung von Fall 42 in Anlehnung an ein vor einem Schweizer Schiedsgericht erlebtes Beispiel): Ein Staatsunternehmen aus einem Staat X mit einer Pseudo-Demokratie und eine deutsche Gesellschaft einigen sich auf die Beilegung von Streitigkeiten nach der Hamburger Freundschaftlichen Arbitrage. Das Staatsunternehmen benennt seinen (ehemaligen) Justitiar, der auch die Schiedsklage entworfen hat, als Schiedsrichter. 764

Die **Beachtung ethischer Mindeststandards** in internationalen Schiedsverfahren ist gegenwärtig ein sog. ›hot topic‹ in der internationalen Diskussion. Die International Bar Association (IBA) hat sowohl die **IBA Rules of Ethics for International Arbitrators** (1987)[127] als auch 2004 die **IBA Guidelines on Conflicts of Interest in International Arbitration** (›IBA Conflict Guidelines‹) erlassen, deren Geltung einzelfallbezogen vereinbart werden kann. Sie fassen Grundregeln und Leitlinien zusammen, die für viele Teilnehmer am internationalen Wirtschaftsverkehr selbstverständlich sind, für andere aufgrund völlig anderen kulturellen Hintergrunds und wirtschaftlicher Zwänge nicht. In Fall 42 c verstieße die Annahme des Schiedsrichteramtes durch den Justitiar gegen die so genannte ›**Red List**‹ der IBA Conflict Guidelines (im Gegensatz zur ›*Green List*‹ und zur ›*Orange List*‹), deren Geltung aber nicht vereinbart ist. Stattdessen ist auf § 20 III der Hamburger Platzusancen[128] zurückzugreifen, die auf dieselben Gründe und Voraussetzungen verweisen, die zur Ablehnung eines Richters berechtigen, §§ 41 f. ZPO. Offen bleiben kann, ob der ehemalige Justitiar zu der ihn benennenden Partei aufgrund seiner Tätigkeit in einem ›Regressverhältnis‹ steht (§ 42 I iVm § 41 Nr. 1 ZPO). Es besteht jedenfalls Besorgnis zur Befangenheit iSv § 42 II ZPO. 765

Hinweis: In dem dem gebildeten Sachverhalt zugrunde liegenden Fall wurde die Befangenheit spät entdeckt und dann im Hinblick auf die Kompetenz und Erfahrung des Vorsitzenden bewusst nicht gerügt: Der ehemalige Justitiar agierte so offensichtlich parteiisch, dass dies nichts nutzte und das Verfahren im Wesentlichen von den anderen beiden Schiedsrichtern gestaltet wurde. Nur ein unparteiischer Schiedsrichter kann der sie benennenden Partei dienen: durch Sicherstellung eines beidseitig fairen Verfahrens, Vermeidung zusätzlicher Kosten – etwa für Zwischenverfahren über die Befangenheit – und ggf. Erwirkung eines vollstreckbaren Titels.

---

127 Abgedr. bei *Schwab/Walter* Schiedsgerichtsbarkeit, Anhang D., 673 f.
128 → Rn. 732; s. zB *Schwab/Walter* Schiedsgerichtsbarkeit 624.

> **Arbeitsblock Zur Ergänzung**
>
> 766 1. Bei der **Besetzung des Schiedsgerichts** sind zahlreiche Umstände zu berücksichtigen: Ausbildung des Schiedsrichters, internationale Erfahrung, Erfahrung in bestimmten Rechtsgebieten, ggf. technisches Verständnis. Ein angelsächsisch ausgebildeter und ein im kontinentaleuropäischen Recht ausgebildeter Jurist haben zum Beispiel in der Regel ein unterschiedliches Training in der Auslegung von Verträgen erfahren. Der Grundsatz von Treu und Glauben – ein durch Rechtsvergleichung zu ermittelndes internationales Rechtsprinzip (vgl. Art. 1.7 der in → Rn. 310 erwähnten UNIDROIT *Principles*) – wird zum Beispiel je nach Ausbildung und Rechtsordnung anders gehandhabt (im englischen Recht kann die Geltung ua als *implied term of contract* vereinbart werden; sonst gilt nur der Wortlaut). In **England** wurde zuletzt intensiv diskutiert, ob eine Schiedsvereinbarung auch die Zugehörigkeit des Schiedsrichters zu einer ethnischen Gruppe vorsehen kann (schlussendlich bejahend Supreme Court in Jivraj v Hashwani [2011] UKSC 40).
>
> 767 2. **Ernennende Stelle**
>
> (a) Häufig regeln die Parteien im Schiedsvertrag mit einer **ad hoc-Schiedsgerichtsvereinbarung**, welche Stelle (zB der Präsident einer Handelskammer) einen Schiedsrichter ernennen soll, falls eine Partei der vertraglich festgelegten Schiedsrichterernennungspflicht nicht nachkommt (vgl. zu Fall 42 c: § 20 II 6 der Platzusancen für den Hamburgischen Warenhandel; allgemein zur **Schiedsrichterbenennung durch Dritte**, auch durch ein Gericht, Schütze/Tscherning/Wais/*Schütze* Rn. 570–571). Haben die Parteien ein *ad hoc*-Schiedsgericht nach den UNCITRAL Schiedsgerichtsregeln vereinbart (→ Rn. 737), müssen die Parteien sich auf eine ernennende Stelle einigen oder es ist im Zweifel der »*Secretary-General of the Permanent Court of Arbitration*« in Den Haag **zuständig** für die Bestimmung der ernennenden Stelle (Art. 6 II, Art. 7 II lit.b UNCITRAL Schiedsgerichtsregeln).
>
> (b) Bei **institutionellen Schiedsgerichten** stellt die Schiedsgerichtsinstitution die benennende Stelle (bei der DIS ist dies zB die DIS-Geschäftsführung; bei CEAC ist dies die internationale »**Appointing Authority**« mit ihren Kammern, in denen jeweils je ein Schiedssgerichtsexperte aus China, Europa und der Welt vertreten ist; → Rn. 744).
>
> **Hinweis:** Der *Supreme Court of India* hat 2005 in einem auch in Indien umstrittenen Urteil die Benennungspflicht des Gerichts für den Fall der Nichteinigung der Parteien auf einen Schiedsrichter als eine richterliche Aufgabe (*judicial power* im Gegensatz zur *administrative power*) verstanden und den entsprechenden Antrag auf Benennung eines Schiedsrichters dazu genutzt, inzident als Vorfrage die Frage der Kompetenz des Schiedsgerichts zu prüfen (*The Patel Engineering Judgment*, s. *Kachwaha*, The Indian Arbitration Law: Towards a New Jurisprudence, Int. A. L. R. 2007, 13, 15 ff.). Dadurch wird die Kompetenz-Kompetenz des Schiedsgerichts (→ Rn. 758) unterlaufen und das Verfahren erheblich verzögert (Praktiker berichten von ca. 12 Mio. rechtshängigen Fällen allein in Neu Delhi.).
>
> 768 3. **Literatur zum Schiedsrichtervertrag**
> *Geimer* IntZivilProzR Rn. 3851–3853; *Lachmann* HdB Schiedsgerichtsbarkeit Rn. 4106 ff.; Schütze/Tscherning/Wais/*Schütze* Rn. 572–579 (mit Muster); *Basedow*, Jahrbuch Bd. 1, 1987, 19 ff.

4. Anwendbares Verfahrensrecht

769 Anders als im IZVR der staatlichen Gerichtsbarkeit ist im Schiedsrecht nicht die *lex fori* das grundsätzlich anwendbare Verfahrensrecht. Die Parteien haben vielmehr die Möglichkeit, das anwendbare Verfahrensrecht zu **wählen** (vgl. Art. IV Abs. 1 EuÜ, V Abs. 1 d UNÜ, im autonomen Recht § 1042 III ZPO). Die **Rechtswahl** kann konkludent **in der Bestimmung des Schiedsortes** oder **in der Wahl des Schiedsvertragsstatuts** liegen.[129] Die Parteien können im Schiedsverfahrensrecht darüber hinaus praktisch jede einzelne Frage selbst regeln, die in einem gerichtlichen Verfahren den nationalen Zivilprozessgesetzen entnommen wird.

---

129 Vgl. Schütze/Tscherning/Wais/*Schütze* Rn. 581 und *Basedow*, Jahrbuch Bd. 1, 1987, 15 bei Fn. 50.

Fall 42 d (Abwandlung von Fall 42): Eine italienische und eine deutsche Partei vereinbaren die 770
Beilegung von Streitigkeiten durch ein Verfahren nach der Hamburger Freundschaftlichen Arbitrage.
Welches Recht ist anwendbares Verfahrensrecht?

Da EuÜ und UNÜ die Rechtswahl gestatten, sind die in § 20 der Platzusancen für 771
den Hamburgischen Warenhandel (→ Rn. 742) enthaltenen Verfahrensregeln für das
Verfahren nach der Hamburger Freundschaftlichen Arbitrage zu beachten (vgl.
zB das Schriftformerfordernis für den Schiedsspruch in § 20 Nr. 4 S. 5). Im Übrigen ist
die Verfahrensordnung der ZPO anzuwenden, da aus der Bestimmung des Schiedsortes Hamburg und der konkludenten Wahl des deutschen Schiedsrichtervertragsstatuts
(vgl. Darstellung zu Fall 42 b am Ende) die Vereinbarung deutschen Verfahrensrechts
folgt.

Arbeitsblock
I. Zur Ergänzung 772
   1. Vereinbarung des Verfahrensrechts
      a) Der den Parteien vom anwendbaren Verfahrensrecht in der Regel eingeräumte **Grundsatz der Parteiautonomie** gibt den Parteien die Möglichkeit, den Ablauf des Schiedsverfahrens umfassend (im Schiedsvertrag) zu regeln. Soweit die Parteien nicht institutionelle Schiedsgerichte anrufen oder auf Musterverfahrensordnungen zurückgreifen (die sie abändern und ergänzen können), kann der Schiedsvertrag eine Vielzahl von Einzelpunkten regeln (vgl. das Muster für einen internationalen Schiedsvertrag bei *Lachmann* HdB Schiedsgerichtsbarkeit Rn. 4734); soweit keine Regelung getroffen wird, gilt das anwendbare Verfahrensrecht (in Deutschland §§ 1025 ff. ZPO).
      Sinnvoll ist vor allem eine Regelung der Punkte, in denen Verfahrensstreitigkeiten andern- 773
      falls vorprogrammiert sind (zB wegen grundverschiedener Rechtsvorstellungen von Par-
      teien, die durch ihre Erziehung in unterschiedlichen Rechtssystemen geprägt sind). Hierzu
      gehören insbesondere Regelungen von:
      • **Kosten(vorschuss)pflichten** und ggf. Bestellung von **Sicherheiten** für Prozesskosten;
      • **Zustellungsfragen**, zB Zustelladressen und Zustellungsbevollmächtigte; vgl. Schütze/
        Tscherning/Wais/*Schütze* Rn. 594 ff.; zu den Problemen der Zustellung des Schiedsspru-
        ches an die Parteien und der Niederlegung beim zuständigen Gericht vgl. *Sandrock*, Das
        Gesetz zur Neuregelung des Internationalen Privatrechts und die internationale Schieds-
        gerichtsbarkeit, Beilage 2 zur RIW 1987, 7;
      • **Beweisfragen** (siehe zB die sinnvolle Kompromisslösung im Umgang mit Anträgen auf
        Beibringung von Dokumenten in **§ 142 ZPO**; → Rn. 743; uU kommt eine Einigung auf
        die **IBA Rules on the Taking of Evidence in International Commercial Arbitration** in
        Betracht (abgedr. bei *Schwab/Walter* Schiedsgerichtsbarkeit Anh. C, 665 ff., vgl. zur
        deutschen Übersetzung SchiedsVZ 2007, 40), die in Art. 3 iVm Art. 9 eine aus deutscher
        Sicht weitgehende, aber international – insbesondere im Verhältnis zur USA – gesehen
        begrenzte Pflicht zur Produktion von Dokumenten vorsehen (Dass hier unterschiedli-
        che Konzepte in den USA und Europa bestehen, sollte aus der Darstellung des Justiz-
        konflikts, → Rn. 653, bekannt sein.). Vgl. auch zu den Ermessensgrenzen eines Schieds-
        gerichts bei der Bestimmung der Beweisregeln *Schütze* SchiedsVZ 2006, 1; *Elsing*
        SchiedsVZ 2011, 114–123 (guter Überblick zum Vergleich kontinentaler und angelsäch-
        sischer Herangehensweise an Schiedsverfahren);
      • Verfahren bei Säumnis, beim Fortfall eines Schiedsrichters etc. (vgl. die ›Checklisten‹ bei
        Maier HdB Schiedsgerichtsbarkeit 559–562 und Sandrock/*Kornmeier*/Sandrock Abschnitt
        F Rn. 201).
      Mit der Wahl eines **institutionellen Schiedsgerichts** bestimmen die Parteien inzident 774
      zahlreiche Verfahrensregeln. Beispiel **ICC-Schiedsgerichtsordnung**: Das Schiedsgericht ist
      nach Art. 23 (abgedr. zB bei *Schwab/Walter* Schiedsgerichtsbarkeit 537 f.) dazu verpflich-
      tet, ›aufgrund der Akten oder in Gegenwart der Parteien unter Berücksichtigung ihres

aktuellen Vorbringens‹ einen **Schiedsauftrag** (*Terms of Reference*) zu formulieren, und zwar idR binnen zwei Monaten (Abs. 2, Verlängerungen gewährt der Gerichtshof nur auf begründeten – und deshalb ungern gestellten – Antrag des Schiedsgerichts). Das zwingt zur Konzentration des Verfahrens, Einigung auf den Streitgegenstand und ggf. erheblichen Aufwand für alle Beteiligten.

775   b) Das Schiedsgericht hat diese Regelungen zu beachten. Staatliche Gerichte werden sie im Vollstreckungsverfahren **überprüfen** (da die Parteien bei Abschluss des Schiedsvertrags nicht mit letzter Sicherheit bestimmen können, welche Gerichte mit dem Fall beschäftigt werden und welches Recht diese Gerichte anwenden werden, sollte der Schiedsvertrag nach allen für eine Anwendung in Betracht kommenden Rechtsordnungen ›hieb- und stichfest‹ sein, vgl. Sandrock/*Kornmeier*/Sandrock Abschnitt F Rn. 5–6).

776   c) Für den Fall der **Aufhebung des Schiedsspruchs** können die Parteien bereits im Schiedsvertrag bestimmen, dass dann erneut ein Schiedsverfahren durchgeführt werden soll. Auch salvatorische Klauseln, die die Folgen von (teil-)unwirksamen Bestimmungen oder Lücken im Vertrag regeln, sind im Schiedsvertrag zulässig (vgl. Schütze/Tscherning/Wais/*Wais* Rn. 125).

777   **2. Einstweiliger Rechtsschutz**
Grundsätzlich können Schiedsgerichte auch Maßnahmen des vorläufigen Rechtsschutzes erlassen. Entsprechende Ermächtigungen enthalten zB Art. 26 der **UNCITRAL-Schiedsordnung** und Art. 27 der **ECE-Schiedsordnung** (abgedr. bei Schütze/Tscherning/Wais/*Wais* Rn. 589 bzw. 569) sowie im autonomen deutschen Schiedsverfahrensrecht **§ 1041 I ZPO**. Allerdings besteht selbst bei Vorliegen der Voraussetzungen dieser Normen keine Pflicht zum Erlass einer einstweiligen Verfügung. Die Vollziehung der einstweiligen Maßnahme des Schiedsgerichts kann nur durch das staatliche Gericht angeordnet werden, § 1041 I, III iVm §§ 1062 I Nr. 3, 1063 ZPO.

778   **3. Literatur**
- Zur Bestimmung des anwendbaren Verfahrensrechts:
  Schütze/Tscherning/Wais/*Schütze* Rn. 580–586; Reithmann/Martiny/*Hausmann*, 6. Aufl. 2004, Rn. 3331–3339 (UNÜ), 3380 (EuÜ); *Basedow*, Jahrbuch Bd. 1, 1987, 13 ff.;
- zum deutschen autonomen Verfahrensrecht:
  Schütze/Tscherning/Wais/*Schütze* Rn. 588–610; *Kronke* RIW 1998, 256–265;
- zum internationalen Schiedsverfahren im Allgemeinen:
  Aden 1–21, 36–84 (Übersicht über mehrere Verfahrensordnungen, einschließlich der der ICC, der UNCITRAL und der ECE).

II. Zur Vertiefung

779   1. Ein in der Praxis wichtiges Thema sind **Mehrparteienschiedsverfahren**, in denen auf einer Seite (oder jeweils auf einer Seite) mehrere Parteien gemeinsam streiten (zB Fälle der Gesamtschuld und der Gläubigermehrheit). Siehe hierzu beispielhaft die Lösung in § 13 der DIS-Schiedsordnung, Art. 10 der CEAC Hamburg Arbitration Rules und Art. 8 der ICC-Schiedsordnung, Art. 4 der Schweizerischen Schiedsordnung (→ Rn. 738) sowie *v. Hoffmann*, FS Nagel, 1987, 112–122; Urteil der französischen *Cour de Cassation* in Beilage 15, 27, zu BB 1992, Heft 28; *van den Berg*, FS Glossner, 1994, 19 ff.; *Nicklisch*, FS Glossner, 1994, 221 ff.

780   2. **Literatur zum Schiedsverfahrensrecht im Allgemeinen**
- Grundlegend: die seit 2003 erscheinende Zeitschrift für Schiedsverfahren (**SchiedsVZ**). Über neueste Entwicklungen im nationalen und Internationalen Schiedsrecht wird seit einiger Zeit auch in einer regelmäßig erscheinenden Beilage zum Betriebsberater (**BB**) berichtet;
- umfassend *Lachmann* HdB Schiedsgerichtsbarkeit (mit Abdruck vieler Muster) und *Schwab/Walter* Schiedsgerichtsbarkeit (→ Rn. 735);
- ausführliche **Quellensammlung** mit Erläuterungen bei *Geimer/Schütze* Europ. ZivilVerfahrensR (→ Rn. 735);
- eingehende Behandlung vom UNÜ und EuÜ bei Reithmann/Martiny/*Hausmann* Rn. 6550 ff. sowie bei Stein/Jonas/*Schlosser* Anhang § 1061;

- zur **Kommentierung** diverser, internationaler **Verfahrensordnungen** (einschließlich der der ICC, der UNCITRAL und der ECE), vgl. *Aden* 85–772;
- ausführliche **Berichte** über ausländische Schiedsverfahrensrechte, Entscheidungen, Schiedsordnungen etc. enthalten das jährlich seit 1976 erscheinende Yearbook Commercial Arbitration (hrsg. von *van den Berg* in Rotterdam/Den Haag) und das International Handbook on Commercial Arbitration (Loseblatt, Stand: August 1988), hrsg. vom International Council for Commercial Arbitration (General Editor: *Peter Sanders*).

5. Hauptvertragsstatut

Zum Statut des Hauptvertrages enthält das UNÜ keine Regelung. Anders Art. VII EuÜ: Grundsätzlich können **die Parteien** das anwendbare Recht wählen; im Zweifel hat **das Schiedsgericht** ›das Recht anzuwenden, auf das die Kollisionsnormen hinweisen, von denen auszugehen das Schiedsgericht jeweils für richtig erachtet.‹ Mit anderen Worten: Das Schiedsgericht kann das anwendbare Recht weitgehend selbst wählen. Dabei sind in jedem Fall **Handelsbräuche** zu berücksichtigen (vgl. für das autonome Recht § 1051 IV ZPO). Unter bestimmten Voraussetzungen kann das Schiedsgericht (als sog. *amiable compositeur*) eine **Entscheidung nach Billigkeit** (*ex aequo et bono*) treffen.

781

Im **autonomen Schiedsverfahrensrecht** hat der Gesetzgeber mit § 1051 ZPO eine Sonderkollisionsnorm für internationale Schiedsverfahren geschaffen. Schiedsgerichte mit Sitz iSv § 1043 I ZPO in der Bundesrepublik haben nach § 1025 I ZPO die Kollisionsregel des § 1051 I und II ZPO anzuwenden, sofern keine völkerrechtlichen Verträge Anwendung finden.[130] Nach **§ 1051 I ZPO**, der der allgemeinen Regelung des Art. 28 UNCITRAL Modelgesetz entspricht, gilt der **Vorrang der Parteiautonomie**. Auch eine Entscheidung nach Billigkeit ist nach § 1051 III ZPO zulässig, jedoch nur aufgrund ausdrücklicher Ermächtigung durch die Parteien.[131]

782

Teilweise ergibt sich das Hauptvertragsstatut auch **mittelbar aus der Wahl einer Verfahrensordnung**, die ihrerseits eine Kollisionsnorm enthält.[132]

783

Fall 43 (in Anlehnung an einen Fall aus der Praxis): Ein rumänisch-deutscher IT-Entwicklungsvertrag über die Erstellung einer komplexen IT-Anlage in Rumänien enthält eine Schiedsgerichtsklausel zu Gunsten der DIS sowie – an unterschiedlichen Stellen des dicken Vertrages – sowohl eine Klausel zugunsten des französischen Rechts als auch eine Klausel zugunsten des englischen Rechts.

784

Solche widersprüchlichen Klauseln kommen immer wieder vor. Die Rechtswahl geht ins Leere. Deshalb hat das Schiedsgericht nach § 23.2 der DIS-Schiedsordnung das Recht des Staates anzuwenden, mit dem der Gegenstand des Verfahrens die engsten Verbindungen aufweist, im vorliegenden Fall also das rumänische Recht. Alternativ besteht die Möglichkeit der nachträglichen Rechtswahl während des Schiedsverfahrens.

Arbeitsblock Zur Ergänzung
1. **Schiedsverfahren in der EU:** Im Hinblick auf den allgemeinen Vorrang der Rom I-VO vor nationalem Recht ist streitig, ob § 1051 ZPO in der EU durch die Rom I-VO verdrängt wird. In

784a

---

130 Vgl. nur BLAH/*Hartmann* § 1025 Rn. 6.
131 OLG München SchiedsVZ 2005, 308 (309 f.).
132 So zB Art. 33 der UNCITRAL-Schiedsordnung, vgl. Schütze/Tscherning/Wais/*Tscherning* Rn. 583–587.

diesem Sinne *Mankowski* RIW 2011, 30–44, dagegen *Brödermann* Uniform Law Review 2011, 589 (598–604).

785 **2. Zur Auslegung als Sachnormverweisung:** Haben die Parteien das Recht bzw. die Rechtsordnung eines bestimmten Staates bezeichnet, ohne zu bestimmen, ob auf dessen Sachvorschriften oder aber auf dessen Kollisionsrecht Bezug genommen wird, so liegt – falls dieses anwendbar ist (→ Rn. 635 ff.) – im **autonomen deutschen Internationalen Schiedsverfahrensrecht** nach der Auslegungshilfe des § 1051 I 2 EGBGB eine unmittelbare Verweisung auf die Sachvorschriften vor; der im autonomen IPR geltende Grundsatz der Gesamtverweisung (→ Rn. 108) wird durchbrochen (Art. 4 I EGBGB kommt nicht zur Anwendung). Haben die Parteien die anzuwendenden Rechtsvorschriften dagegen nicht bestimmt, so hat das Schiedsgericht nach § 1051 II ZPO (in Anlehnung an Art. 28 EGBGB) das Recht des Staates anzuwenden, mit dem der Gegenstand des Verfahrens die **engsten Verbindungen** aufweist.

786 **3. Zwingendes Recht**
Abweichend vom Vertragsstatut kann auch im Internationalen Schiedsrecht die Berücksichtigung zwingenden Rechts geboten sein (vgl. auch Art. V II lit. b UNÜ), schon um die Anerkennungs- und Vollstreckungschancen des Schiedsspruches zu erhöhen. Vgl. zB zur zwingenden Geltung **europäischen Kartellrechts** im Schiedsverfahren EuGH 1. 6. 1999 – C-126/97, Slg. 1999 I-3055 – Eco Swiss China Time Ltd gegen Benetton International NV.; *Blessing*, Arbitrating Antitrust and Merger Control, Swiss Commercial Law Series, hrsg. v. Vogt, Nr. 14, 2003). Ferner allgemein: *Geimer* IntZivilProzR Rn. 3909 ff.; *Raeschke-Kessler* EuZW 1990, 145; Zöller/*Geimer* § 1061 ZPO Rn. 30 ff.; eine gute Zusammenfassung der neueren Rechtsprechung findet sich bei *Horn* SchiedsVZ 2008, 209 ff.

787 **4. Ermittlung ausländischen Rechts**
Grundsätzlich trifft Schiedsgerichte – jedenfalls wenn sie deutsches Verfahrensrecht anwenden – die Pflicht, den Inhalt des anwendbaren nationalen Rechts zu ermitteln (vgl. dazu Schütze/Tscherning/Wais/*Schütze* Rn. 603–606). Praktisch werden sie den Parteien auferlegen, ausführlich dazu vorzutragen und die zitierten Quellen in Kopie einzureichen. Nach angelsächsischem Rechtsverständnis ist die Feststellung des ausländischen Rechts hingegen Tatsachenfrage.

788 **5. ›Internationales Recht‹, UNIDROIT *Principles*, allgemeine Rechtsprinzipien, *lex mercatoria***
Häufig wählen die Parteien in ihren Verträgen nicht eine staatliche Rechtsordnung, sondern internationale Rechtsregeln oder -prinzipien (nachfolgend dargestellt in abnehmendem Grad rechtlicher Verbindlichkeit):

- teils wird (mit oder ohne Bewusstsein über die einhergehenden Auslegungsrisiken) ›**Internationales Recht**‹ gewählt (Beispiel: ›*This contract is governed by International Commercial Law*‹): Solche Klauseln lassen sich im Einzelfall etwa als eine Einbeziehung des **CISG** (so zB ICC Schiedssprüche Nr. 7331, 8502, 9474, 12111, s. www.unilex.info (Stand: Januar 2012)) und/oder der **UNIDROIT** *Principles* verstehen (zB ICC Schiedsspruch Nr. 8502; im Einzelnen ist in diesem Bereich vieles str., weil international anerkannte Grundsätze und Regeln wie die UNIDROIT *Principles* kein staatlich gesetztes Recht sind [→ Rn. 400]);

- teils werden ausdrücklich die **UNIDROIT** *Principles* gewählt (→ Rn. 310): Im Gegensatz zu einem staatlichen Gericht kann ein Schiedsgericht die UNIDROIT *Principles* ohne Auslegungsaufwand oft direkt anwenden. Dies hängt vom anwendbaren Verfahrensrecht bzw. der gewählten Schiedsordnung ab: Sie bietet den Schiedsrichtern einen großen Freiraum, soweit sie die Anwendung von ›*Rechtsvorschriften*‹ (›*rules of law*‹) – in Abgrenzung von ›Recht‹ – gestatten, so zB Art. 17 der ICC-Schiedsverfahrensordnung, Art. 14.2 der LCIA-Schiedsverfahrensordnung (vgl. → Rn. 738), § 23.1 der DIS-Schiedsgerichtsordnung;

- teils werden **allgemeine Rechtsprinzipien** gewählt (Beispiel: ›*This contract is governed by the general principles of international contract law*‹): Die UNIDROIT *Principles* lassen sich (auch) als Ausdruck solch internationaler Prinzipien verstehen, s. *Brödermann* RIW 2004, 721 ff. und ders. Unif. L. Rev. 2006, 749770;

- teils wird **außerstaatliches Internationales Handelsrecht** gewählt: die *lex mercatoria*. Es ist umstritten, ob Schiedsgerichte Entscheidungen allein auf die *lex mercatoria* stützen können, ohne auf nationales Recht zurückzugreifen (vgl. die Darstellung des Falles ›Pabalk‹ bei *v. Hoffmann* IPRax 1984, 106 und bei *W. Lorenz*, FS Neumayer, 1985, 407). Zur *lex mercatoria* sollen insbesondere international gebräuchliche Handelsklauseln gehören, zB die International Commercial Terms (**INCOTERMS**; abgedr. bei *Baumbach/Hopt*, HGB, 33. Aufl. 2008, Nebengesetze (6); vgl. auch Reithmann/Martiny/*Martiny* Rn. 952. Ab dem 1. 1. 2011 gelten die neuen INCOTERMS 2010). Zum Teil ziehen Schiedsgerichte die **UNIDROIT** *Principles* (→ Rn. 310) auch als Ausdruck der *lex mercatoria* heran (so zB ICAC Schiedsspruch Nr. 11/2002, zu finden über www.unilex.info (Stand: Januar 2012); *Bonell* Contract Law 283 ff.; *Brödermann* RIW 2004, 721 ff. unter II.2.a).

Inwieweit ein **allein** auf die *lex mercatoria* gestützter Schiedsspruch in Deutschland **anerkennungs- und vollstreckungsfähig** ist, ist zweifelhaft, wenn das Schiedsgericht nicht zur **Entscheidung nach Billigkeit** (vgl. Art. VII Abs. 2 EuÜ) ermächtigt war (ablehnend zB OLG Frankfurt RIW 1984, 400 (401); vgl. zum Ganzen noch: Reithmann/Martiny/*Hausmann*, 6. Aufl. 2004, Rn. 3520–3522). Entscheidend ist wieviel **Freiraum** der Schiedsvertrag und die ggf. anwendbare Schiedsverfahrensordnung den Schiedsrichtern einräumen (großen Ermessensspielraum und damit die Möglichkeit zur Anwendung der *lex mercatoria* bieten die in → Rn. 788, 2. Spiegelstrich, genannten Verfahrensordnungen). Sofern die Anwendung der *lex mercatoria* auf einer – auch konkludenten – **Rechtswahl** der Parteien beruht, wird der auf dieser Grundlage ergangene Schiedsspruch grundsätzlich von der ordentlichen Gerichtsbarkeit anerkannt und vollstreckt werden (Reithmann/Martiny/*Hausmann*, 6. Aufl. 2004, Rn. 3525 mwN, vgl. auch § 1051 III, IV ZPO). Entsprechende Überlegungen gelten für auf die **UNIDROIT** *Principles* oder auf allgemeine Rechtsgrundsätze gestützte Schiedssprüche.   789

6. **CEAC** Rechtswahlklausel   790
Das Chinese European Arbitration Centre hat die Frage der Rechtswahl in der Hauptsache mit der Entscheidung über das zuständige Schiedsgericht kombiniert. CEAC bietet eine Muster-**Rechtswahlklausel** mit Optionen an, die sowohl die Wahl des Rechtes eines bestimmten Landes, des CISG ohne Berücksichtigung etwaiger nationaler Vorbehalte und ergänzt durch die UNIDROIT *Principles* oder die Wahl der UNIDROIT Principles als neutrales Recht zulässt (Art. 35 I CEAC Hamburg Arbitration Rules).

7. **Literatur zur Ermittlung des Vertragsstatuts:** Eine Auflistung der wichtigsten internationalen Handelsbräuche enthält *Sandrock* RIW 2000, 321 (325).   791

6. Anerkennung und Vollstreckung

Ebenso wie Urteile von staatlichen Gerichten müssen ausländische Schiedssprüche im Vollstreckungsland für **vollstreckbar erklärt werden**, bevor der Gläubiger sie dort vollstrecken kann. Voraussetzung ist auch hier, dass der Schiedsspruch im Vollstreckungsland anerkennungsfähig ist.   792

Der für die Anerkennung und Vollstreckung bei weitem wichtigste völkerrechtliche Vertrag ist das **UNÜ** (→ Rn. 722), das zum einen Anerkennungsvoraussetzungen nennt, die von Amts wegen zu prüfen sind, und zum anderen solche, die nur auf Antrag einer Partei geprüft werden. (In der Praxis werden Anerkennungs- und Vollstreckungsverfahren leicht dadurch verzögert, dass sich der Beklagte auf das Fehlen sämtlicher Anerkennungsvoraussetzungen einredeweise beruft.) Nach dem UNÜ kommt es zu keiner Nachprüfung in der Sache selbst (**Verbot der** *révision au fond*).

Von Amts wegen sind vom Vollstreckungsgericht insbesondere zu überprüfen: 793
- Vorliegen eines **ausländischen Schiedsspruches** (Art. I Abs. 1, 2 UNÜ);
- **gültige Schiedsvereinbarung** (Art. II Abs. 1, 2 UNÜ);
- **beglaubigte Urschrift bzw. Kopie** des Schiedsspruches und der Schiedsvereinbarung nebst Übersetzungen (Art. IV UNÜ);

- **Schiedsfähigkeit** des Streitgegenstandes nach dem Recht des Staates, in dem der Schiedsspruch anerkannt und vollstreckt werden soll (Art. V Abs. 2 a UNÜ);
- kein Verstoß gegen den *ordre public* des Staates, in dem der Schiedsspruch anerkannt und vollstreckt werden soll (Art. V Abs. 2 b UNÜ).

794 Darüber hinaus prüft das Gericht **auf Antrag** Einreden des Schuldners, für die dieser die Beweispflicht hat. So zB:
- Einrede mangelnder **Geschäftsfähigkeit** bei Abschluss des Schiedsvertrages (Art. V Abs. 1 a UNÜ);
- Einrede mangelnden **rechtlichen Gehörs** (Art. V Abs. 1 b UNÜ);
- Einrede der **Überschreitung der Kompetenz** des Schiedsrichters (Art. V Abs. 1 c UNÜ).

Im autonomen Recht verweist § 1061 ZPO für die Anerkennung und Vollstreckung ausländischer Schiedssprüche generell auf das UNÜ.

795 **Fall 44** (weitere Abwandlung von Fall 42): Ein deutscher Exporteur hat im Verfahren nach der Hamburger Freundschaftlichen Arbitrage gegen seinen italienischen Kontrahenten obsiegt. Wie kann er den Schiedsspruch in Italien vollstrecken lassen?

Als Rechtsquellen kommen für die Durchführung eines Anerkennungs- und Vollstreckungsverfahrens in Italien in Betracht:
- das UNÜ (das EuÜ enthält insoweit kaum Regelungen);
- das Deutsch-italienische Abkommen über die Anerkennung und Vollstreckung gerichtlicher Entscheidungen in Zivil- und Handelssachen v. 9. 3. 1936;[133]
- autonomes italienisches Recht.[134]

796 Nach dem **Grundsatz der Meistbegünstigung** (Art. VII Abs. 1 UNÜ) kann der deutsche Exporteur wählen, auf welche Rechtsquelle er sein Verfahren stützen will.

Die **Zulassung zur Vollstreckung** erfolgt nach italienischen Verfahrensvorschriften.[135]

Arbeitsblock

797 I. Zur Ergänzung
Lachmann HdB Schiedsgerichtsbarkeit Rn. 2502 ff.

II. Zur Vertiefung

798 1. Anerkennung und Vollstreckung ausländischer Schiedssprüche in Deutschland
Voraussetzung für die Anwendung des § 1061 ZPO (→ Rn. 794 aE) ist das Vorliegen eines ›ausländischen Schiedspruchs‹. Dies ist bei konsequenter Anwendung des in § 1025 ZPO verankerten Territorialitätsprinzips stets dann der Fall, wenn der Ort des dem Schiedsspruch zugrunde liegenden schiedsrechtlichen Verfahrens außerhalb der Bundesrepublik liegt. Einzelheiten bei *Lachmann* HdB Schiedsgerichtsbarkeit Rn. 2525–2527.

799 Ist die Vollstreckbarerklärung abzulehnen (vgl. die in Betracht kommenden Versagungsgründe → Rn. 793), so stellt das Gericht fest, dass der Schiedsspruch im Inland nicht anzuerkennen ist, § 1061 II ZPO.

---

133 BGBl. 1952 II 986; zu dem in diesem Abkommen enthaltenen Verweis auf das UNÜ (Einzelheiten str.) vgl. Schütze/Tscherning/Wais/*Schütze*.
134 Vgl. dazu *Bernini* Italy (Länderbericht Italien), YB. Com. Arbitr. VI (1981) 24 (57); *Walter* RIW 1982, 693 (695 unter II).
135 Art. III S. 1 UNÜ; *Bernini* Italy (Länderbericht Italien), YB Com. Arbitr. VI (1981) 24 (57).

2. **Doppelexequatur**
Anstelle der Anerkennung und Vollstreckung des ausländischen **Schiedsspruches** im Inland   800
könnte man überlegen, ob man den Schiedsspruch im Ausland (bei einem Gericht am
Schiedsort) für vollstreckbar erklären lässt, um sodann die **Anerkennung und Vollstreckung
des ausländischen Exequatururteils** nach §§ 722, 723 ZPO zu erwirken. Der BGH hat diesen
Weg der **Doppelexequatur** mittlerweile für unzulässig erklärt, vgl. BGH SchiedsVZ 2009,
285. Die zuvor (BGH NJW 1984, 2763; 2765) für möglich gehaltene Ausnahme im Fall der
besonderen Exequaturwirkungen des New Yorker Zivilprozessrechts (die ›*doctrine of merger*‹)
ist damit ausdrücklich aufgegeben worden, vgl. auch *Kegel*, FS Müller-Freienfels, 1986, 377
(384–388); *Schwab/Walter* Schiedsgerichtsbarkeit Kap. 30 Rn. 15. Ausführlich zum Exequaturverfahren *Lachmann* HdB Schiedsgerichtsbarkeit Rn. 2517–2521.

3. **Schiedsvergleich**   801
Soweit die Parteien das Schiedsverfahren durch einen Schiedsvergleich (im autonomen
Schiedsverfahrensrecht seit dem 1. 1. 1998 ersetzt durch den Begriff ›**Schiedsspruch mit
vereinbartem Wortlaut**‹, § 1053 ZPO) beenden (vgl. dazu Schütze/Tscherning/Wais/*Wais*
Rn. 498–508; RWW/*Brödermann* § 799 Rn. 49–51), kommt wie beim Schiedsspruch ein
Anerkennungs- und Vollstreckungsverfahren aufgrund internationaler Übereinkommen oder
nach autonomem Recht in Betracht (vgl. Stein/Jonas/*Schlosser* § 1053 Rn. 1 ff.; Schütze/
Tscherning/Wais/*Schütze* Rn. 756–774). In Fall 42 d wäre für einen Verfahrensabschluss durch
einen Schiedsvergleich die Durchführung des Anerkennungs- und Vollstreckungsverfahrens in
Italien unter Anwendung von Art. 8 III des Deutsch-italienischen Anerkennungs- und Vollstreckungsabkommens möglich (vgl. Schütze/Tscherning/Wais/*Schütze* Rn. 759).

4. Zur Problematik der Vollstreckung aus einem Schiedspruch in das Vermögen eines **auslän-**   802
dischen Staates beispielhaft OLG Köln SchiedsVZ 2004, 99 bzw. zur Vollstreckbarerklärung
eines ausländischen Schiedsspruches gegen einen Staat: KG SchiedsVZ 2004, 109.

5. **Rechtsvergleichender Hinweis:** Das indische Schiedsrecht in dem am 1. 1. 1996 in Kraft   803
getretenen *Arbitration and Conciliation Act* beruht auf dem UNCITRAL Modellgesetz
(→ Rn. 730). Damit ist die Verhinderung der Vollstreckung aus einem Schiedsspruch auch in
Indien nur begrenzt möglich (s. Art. 34 des Modellgesetzes). 2005 hat der *Supreme Court of
India* in einer (national und international) umstrittenen Entscheidung indes entschieden, eine
wegen Verstoßes gegen das anwendbare Recht falsche – ›patently illegal‹ – Entscheidung
verstoße gegen den *ordre public* und sei deshalb nicht vollstreckbar (*The Saw Pipes Case*, s.
Kachwaha Int. A. L. R. 2007, 13 [14 f.]). Der Sache nach führt das zur *révision au fond*. Einer
nach einem (zB deutschen) Rechtsverständnis klaren Regelung kommt in einem anderen
rechtskulturellen Umfeld eine ganz andere Bedeutung zu.

6. **Literatur:** *Raeschke-Kessler/Berger* Schiedsverfahren Rn. 1016 ff.; Stein/Jonas/*Schlosser*   804
§§ 1060 ff. ZPO; zur Anerkennung von Schiedssprüchen in Indien: *Sharma/Pfaff* RIW 2011,
817 ff.

Anhang: Aufbauschema und praktische Tipps

A. Prüfungsschritte bei der Bearbeitung eines Falles mit Auslandsbezug

> I. Prozessvoraussetzungen
> 1. Deutsche Gerichtsbarkeit
>   - Immunitäten (→ Rn. 574 ff.)
> 2. Internationale Zuständigkeit
>   a) EU-Verordnungen, insbes. EuGVO (→ Rn. 592 f. Prüfungsschema)
>   b) Völkerrechtliche Verträge (→ Rn. 620 f.)
>   c) Autonomes Recht (→ Rn. 628 f. Prüfungsschema)
> 3. Sonstige Prozessvoraussetzungen (→ Rn. 643 ff.), auch
>   - Einrede der Schiedsgerichtsbarkeit (→ Rn. 759)
>
> II. Anwendbares Recht
> 1. Einheitliches Sachrecht mit eigenen Rechtsanwendungsnormen
>   a) Unionsrechtliches Sachrecht (→ Rn. 277 ff.)
>   b) Sonstiges Einheitliches Sachrecht (→ Rn. 288 ff.)
> 2. Internationales Privatrecht (→ Rn. 305 Prüfungsschema)
>   a) Völkerrechtliche Verträge (→ Rn. 4 ff.)
>   b) Unionsrechtliches IPR (→ Rn. 10 ff., 51 ff. sowie → Rn. 369 Prüfungsschema zur Rom I-VO)
>   c) Autonomes Recht (→ Rn. 15 ff.)
> 3. Anwendung des Statuts (Falllösung),
>   ggf. unter Einbeziehung von vereinheitlichtem Sachrecht (→ Rn. 299 ff.)
>
> III. Anerkennung und Vollstreckung einer ausländischen Entscheidung
> - Völkerrechtliche Verträge (→ Rn. 676, → Rn. 688 ff.)
> - EU-Verordnungen, insbes. EuGVO (→ Rn. 678 f. Prüfungsschema)
> - autonomes Recht (→ Rn. 698 Prüfungsschema).

805

B. Praktische Tipps

Neben den juristischen Problemen der IPR-Fallbearbeitung sind auch **praktische Schwierigkeiten** bei der **Suche nach den Rechtsquellen** zu meistern. In der Regel führen die Recherchen im Internet sowie in den nachfolgend genannten Werken weiter.

806

> **Achtung:** Nicht immer geben diese Informationsquellen den neuesten Stand wieder. Dies gilt – so die Erfahrung aus der Praxis – auch für ins Internet eingestellte Gesetze fremder Staaten. Generell ersetzt die Recherche im Internet nicht die Auseinandersetzung mit der einschlägigen Literatur. Das Internet bietet ein sehr nützliches, aber nur ergänzendes Hilfsmittel.

I. Völkerrechtliche Verträge

1. Allgemeine Hinweise

807
- Bei der Recherche von Völkerrecht hilft häufig das **Internet**. Beispielhaft ist folgende Internetadresse mit einer Übersicht über die **Haager Übereinkommen** und dem Stand der Ratifikationen: www.hcch.net (Stand: März 2012, aber nicht immer aktuell!).
- Ein **offizielles Verzeichnis** stellt der jährlich neu erscheinende **Fundstellennachweis B** zum BGBl. II (DIN A4 Format, in rosa Färbung) dar, hrsg. vom Bundesministerium der Justiz (mit ausführlichen Sachverzeichnissen). Mit Hilfe dieses Fundstellennachweises sind die Fundstellen im BGBl. II sowie die Vertragsstaaten völkerrechtlicher Verträge leicht festzustellen, soweit die Bundesrepublik Vertragsstaat ist.
- Ist die Bundesrepublik nicht Vertragsstaat, so finden sich völkerrechtliche Verträge häufig abgedruckt in **RabelsZ** sowie den von der *American Society of International Law* herausgegebenen **International Legal Materials** (in englischer Sprache).
- Die wichtigsten völkerrechtlichen Verträge sind abgedruckt bei *Jayme/Hausmann* (jeweils mit Hinweisen auf die **Vertragsstaaten** in den Fußnoten).

> **Achtung:** Die Durchnummerierung ändert sich in diesem, alle zwei Jahre erscheinenden Werk mit jeder Ausgabe.

- Die **neuesten Entwicklungen** (neue Vertragsstaaten, Kündigungen, neue Verträge) können idR der **IPRax** (jeweils unter dem Abschnitt ›Internationale Abkommen zum internationalen Privat- und Verfahrensrecht‹) sowie den neuesten Ausgaben des **BGBl. II** entnommen werden.

808
> **Arbeitsblock**
> **Hinweis:** Bei der Auswahl der **völkerrechtlichen Verträge** ist stets sorgfältig zu prüfen, in welchem Verhältnis mehrere, für eine Anwendung in Betracht kommende Verträge zueinander stehen.
>
> Geht ein Vertrag einem anderen vor?
> - Meist ergibt sich die Antwort aus dem Text der Verträge. Im Übrigen ist auf die allgemeinen Abgrenzungsgrundsätze zurückzugreifen: Vorrang des jüngeren Vertrags (*lex posterior derogat legi priori*), Vorrang des spezielleren Vertrags (*lex specialis derogat legi generali*), ggf. Meistbegünstigungsgrundsatz (Schiedsrecht) bzw. Günstigkeitsprinzip (Anerkennung und Vollstreckung von Urteilen).
> - Sind bei der Ratifikation gemachte Vorbehalte zu beachten?
>   Der Inhalt von Vorbehalten ist im BGBl. II in der Fundstelle zur Bekanntmachung der Ratifikation des jeweiligen Vertrages zu finden.
> - Gilt ein Vertrag als *loi uniforme*, sodass es nicht darauf ankommt, ob auch andere, vom Fall betroffene Staaten Vertragsstaaten sind? Die Antwort ergibt sich immer aus dem Vertragstext iVm der Bekanntmachung der Ratifikation (erklärter Vorbehalt?).

2. Völkervertragliches Sachrecht

809 → Rn. 310, insbesondere www.unidroit.org zum CISG.

3. Völkervertragliches Kollisionsrecht

- Häufig sind Verträge zum einheitlichen Kollisionsrecht in den **Kommentaren** bei den Kommentierungen zu thematisch entsprechenden Normen des autonomen Rechts **abgedruckt**, so bei:
  – Palandt
  – Prütting/Wegen/Weinreich (PWW) und
  – Staudinger.
- Umfangreiche **Hinweise** geben außer den genannten Kommentaren zB auch MüKoBGB/*Sonnenberger* Einleitung IPR Rn. 271 ff. (mit tabellarischer Übersicht bei Rn. 318, Stand März 2012).
- **Materialien** zu den **Haager Übereinkommen** finden sich in: Conférence de la Haye du droit international privé, Actes et documents (erscheinen – mit gewisser Verspätung – nach jeder Haager Konferenz zweisprachig in englischer und französischer Sprache).

II. Unionsrecht

Unionsrecht lässt sich meist über das Portal zum Recht der Europäischen Union (EUR-Lex) unter der Internetadresse eur-lex.europa.eu/de/index.htm finden. Mit Hilfe dieser offiziellen Suchmaschine der Europäischen Union lassen sich Amtsblätter der Union, Verträge, Kommissionsentscheidungen, Urteile des EuGH und des Gerichts 1. Instanz, parlamentarische Anfragen und Dokumente über in Entstehung begriffenes Unionsrecht auffinden. Ergänzend sollte mit den traditionellen unionsrechtlichen Informationsquellen (zB Amtsblatt, Sammlung des Gerichtshofs) gearbeitet werden, die sich über europarechtliche Lehrbücher erschließen lassen. Für Literatur zu Rom I-VO → Rn. 408. 810

III. Autonomes Recht

1. Deutsches IPR

Beachte zusätzlich zu den bekannten Kommentaren und Lehrbüchern (Auflistung bei *Rauscher* Internationales Privatrecht, 2009, XXV f.): 811
- **Materialien zum EGBGB** bei *Pirrung* IPR 29–194; BT-Drs. 10/504 und 10/5632 sowie BR-Drs. 222/83; zu den Neuregelungen des Jahres 1999 BT-Drs. 14/343 sowie BR-Drs. 210/99.
- **Autonomes IPR außerhalb des EGBGB** bei *Jayme/Hausmann* Inhaltsverzeichnis, V-XVII, jeweils unter ›Innerstaatliches Recht‹; MüKoBGB/*Sonnenberger* Einleitung IPR Rn. 275; oder Staudinger/*Sturm* Einl. zum IPR Rn. 529–539.
- **Rechtsprechung**: IPRax, IPRspr., RIW, EuZW, NJW, WM.

2. Fremdes Recht

a) Allgemeine Hinweise (zum Kollisions- und Sachrecht)

- Häufig enthalten die **Websites der ausländischen Staaten** Links zu ihren Gesetzen. 812

- **Darstellungen** fremden Rechts finden sich in der International Encyclopedia of Comparative Law, Vol. I, National Reports (in engl. Sprache); zT auch in der IPRax und der RIW.
- **Ausführliche Literaturhinweise** bei Soergel, jeweils am Beginn der Kommentierung der einzelnen Artikel; bei MüKoBGB/*Sonnenberger* Einleitung IPR Rn. 319 und Staudinger/*Sturm* Einl. zum IPR Rn. 565–673 (jeweils nach Rechtskreisen und Staaten geordnet) sowie bei *v. Bar* Ausländisches Privat- und Privatverfahrensrecht in deutscher Sprache, Systematische Nachweise aus Schrifttum, Rechtsprechung und Gutachten 1980–1992, 1993.
  - zum **Internationalen vertraglichen Schuldrecht** *Reithmann/Martiny* (vor der Darstellung der jeweiligen einzelnen Vertragstypen)
  - zum **Internationalen Deliktsrecht** Staudinger/*v. Hoffmann* (2001) EGBGB Art. 38 Rn. 27–99 b,
  - zum **Internationalen Sachenrecht** Staudinger/*Stoll* (1996) IntSachenR Rn. 21–103,
  - zum **Internationalen Ehe- und Kindschaftsrecht** *Bergmann/Ferid*,
  - zum **Internationalen Erbrecht** *Ferid/Firsching*,
- zum **Internationalen Gesellschaftsrecht** Hachenburg/Ulmer/*Behrens* (→ Rn. 426); *Spahlinger/Wegen* Internationales Gesellschaftsrecht in der Praxis 2005 Rn. 1104 ff. (für 10 Staaten jeweils im Abschnitt Kollisionsregel).

b) Nachweise speziell zum fremden Kollisionsrecht

813
- MüKoBGB/*Sonnenberger* IPR Einleitung Rn. 319.
- *Kegel/Schurig* IPR § 5 II–V, 272–298.

c) Nachweise speziell zum fremden Sachrecht

814
- zum **ausländischen Erbrecht** *Ferid/Firsching*,
  - zum **ausländischen Ehe- und Kindschaftsrecht** *Bergmann/Ferid*,
  - zum **ausländischen Schuldrecht** vgl. jeweils die Anmerkungen zu einzelnen Ländern in den Veröffentlichungen der Principles of European Law der *Study Group on a European Civil Code*,
- zum **ausländischen Gesellschaftsrecht** *Wegen/Spahlinger/Barth*, Gesellschaftsrecht des Auslands in Einzeldarstellungen (ca. 50 Staaten; mehrbändig in Faszikel-Form, 2012).

Stichwortverzeichnis

Hinweis: Um den praktischen Nutzen zu erhöhen und jedenfalls den Einstieg zu einer IPR- oder IZVR-Frage sicherzustellen, wurden auch solche Stichworte aufgenommen, die nur zu einem Literaturhinweis führen.

Abkommen
– Begriff 7
– Verhältnis zum innerstaatlichen Recht 7
Abstammung
– eheliche 503
– nichteheliche 507
Abstammungserklärung 508
Abstammungsstatut 503
acta jure gestionis 472
  s. auch Immunität, Staatenimmunität
acta jure imperii 473
  s. auch Immunität, Staatenimmunität
actor sequitor forum rei 597
acquis communautaire 312
Adoption 155, 508, 511 ff.
– Adoptionsverbot 155, 159
– deutsch-iranisches Niederlassungsabkommen 154, 511
– internationale Zuständigkeit 511
AEUV (Vertrag über die Arbeitsweise der Europäischen Union) 8
Allgemeine Reisebedingungen 260
Allgemeiner Teil des BGB 325 ff.
allseitige Kollisionsregeln 48
amiable compositeur 781
Anerkennung
– ausländischer Urteile 673 ff., 676 ff., 696 ff., 713 ff.
– ausländischer Insolvenzverfahren 552
– der Rechtsfähigkeit ausländischer Gesellschaften 139
– deutscher Urteile im Ausland 693
– gerichtlicher Entscheidungen innerhalb der EU 69, 252 a
– von Entscheidungen der Freiwilligen Gerichtsbarkeit 713
– von Entscheidungen in Ehesachen 676, 681, 685
– der ausländischen Privatscheidungen 486
– von Schiedssprüchen 792
– von Unterhaltsentscheidungen 9, 53, 623
Anerkennungsfähigkeit
– von Urteilen (autonomes Recht) 698
– von Urteilen (Europa) 679, 681
– von Urteilswirkungen 704 ff.
Anerkennungs- und Vollstreckungsausführungsgesetz
  s. AVAG
Anerkennungszuständigkeit, internationale 699

Anfechtung
– der Abstammung 506
– durch den Insolvenzverwalter 560
angeglichenes IPR
  s. harmonisiertes IPR
Angleichung 164 ff., 176 ff.
– Abgrenzung
  – zum Handeln unter falschem Recht 183
  – zum ordre public 181
  – zur Qualifikation 182
– auf kollisionsrechtlicher Ebene 174
– auf sachrechtlicher Ebene 174
– Prüfungsschritte 177
Anknüpfung 21 ff.
– alternative 39
– Grundsatz der Gerechtigkeit 37
– kumulative 39
– selbständige 126, 134, 136 ff.
– subsidiäre 39
– unselbständige 126 f., 131, 135 ff.
– Vorrang des europäischen Unionsrechts 42
Anknüpfungsgegenstand 21, 23, 25 f., 101, 138
Anknüpfungsleiter 39, 423, 441 ff.
Anknüpfungsmoment
  s. Anknüpfungspunkt
Anknüpfungspunkt 20 ff., 34 ff., 78, 142 ff., 164, 209, 280
Anpassung 164, 178 f.
Anti-Suit-Injunctions 593
Apostille 654
Arbeitskampfmaßnahmen 429
Arbeitnehmerschutzrecht/Zwingendes Recht 251
Arbeitsverträge 362, 365, 371, 392
Arbitragestatut 751, 755
Asylanten 232, 507
Aufbauschema/Generalschema 324
Aufenthalt, gewöhnlicher 5, 9, 14, 20, 24 ff., 40, 206, 419
Aufenthaltsrecht 24, 128, 175, 392, 492
Aufrechnung 368, 374, 377, 385, 388
Ausbürgerung 232
Ausfuhrverbot 236
Auslandsbeurkundung 342
Auslandsbezug 5 f., 18, 137, 275
Auslandsunterhaltsgesetz 688
Auslandszustellung
  s. Zustellung
Auslegung
– Auslegungsmethoden 45, 52, 62, 295

213

– bei Gesetzesumgehung 144
– der Anwendungsgebote von zwingendem Recht 250, 250 c
– im englischen Recht 632
– nach Treu und Glauben 45, 96
– Schuldvertragsrecht 359, 369, 375, 384, 396
– von harmonisiertem IPR 57
– von Übereinkommen 101
– von unionsrechtlichem IPR (Europarecht) 52, 69
Auswirkungsprinzip 280
Autonomes Kollisionsrecht 6
AVAG 677 ff., 692 f.
– Beschwerde 677
– formelle Einwendungen 677
– Rechtsmittel 677
– Vollstreckung deutscher
  – Arrestbefehle 693
  – einstweiliger Verfügungen 693
  – Versäumnisurteile 693
  – Vollstreckungsbescheide 693

Bagatellbekanntmachung (Kartellrecht) 281
Bagatellforderungen 659
Bartholo-Fall 100
Bedingte Verweisung 188
Beibringungsgrundsatz 655
Beistandschaft 514 ff.
Beitritt der ehemaligen DDR 203, 216
Belegenheitsort, Recht des
– Begriff 34, 186, 191
– Immobilie 250 a
Belegenheitsstaat 187 f., 210
Berufen (Begriff) 6
Besitz 459
Betreuung/Unterbringung
– internationale Zuständigkeit 516 f.
Besonderer Teil 325
Beurkundung im Ausland 139, 343
Beweis
– Beweisaufnahme (im Ausland) 643, 652 ff.
– Beweis im Schiedsverfahren 717, 773
– Beweislast (IPR) 380
Bigamie 149
Bilateral Investment Treaty 530, 537, 539 f.
Billigkeitsentscheidung im Schiedsrecht 717, 781, 789
Borax-Fall 269
Bretton Woods Übereinkommen 238 ff., 645

Cartesio 552
Centros 528, 551
CFR
  s. Gemeinsamer Referenzrahmen
Charakteristische Leistung 14, 300
Chilenischer Kupferfall 466
CIEC-Übereinkommen (betreffend) 313
– Anerkenntnis nichtehelicher Kinder 507
– Änderung von Namen 223, 348

– Eheschließung 471
– Feststellung der Abstammung 501
CISG 292 ff., 316
  s. auch Wiener Übereinkommen
Claims Resolution Tribunal 748
CMR 289, 316, 344 f., 357, 370, 403, 413
Comité Maritime Internationale 313
Culpa in contrahendo 89, 450 ff.

Daily Mail-Entscheidung 550 ff.
Datumslehre 269
DDR
– Beitritt zur Bundesrepublik
  – interlokales Recht 216
  – Intertemporale Folgen 216
– Hypothekenrecht 203
Deutsch-Amerikanischer Freundschafts-, Handels- und Schifffahrtsvertrag 536
Deliktsfähigkeit 138, 327
Deliktsrecht 255, 268, 410 ff.
– Anknüpfungsregeln der Rom II-VO 415 ff.
– Anwendungsbereich des Deliktsstatuts 420 ff.
Dépeçage 138
Deutsche Sprache (Unkenntnis)
  s. Sprache
Deutsche Gerichtsbarkeit 573 ff.
Deutsche Institution für Schiedsgerichtsbarkeit (DIS) 733, 744
Deutsch-Iranisches Niederlassungsabkommen 154, 471, 475 ff., 489, 502
Deutsch-Österreichisches Vormundschaftsabkommen 514
Devisenausfuhrverbot 236
Devisenkontrakt 238 ff.
Devisenrecht, internationales 238 ff.
Dienstleistungsfreiheit
– Auswirkung auf Art. 5 I Satz 2 EGBGB 226
– im internationalen Gesellschaftsrecht 528 ff.
– im internationalen Privatrecht 528, 533 ff., 551 ff.
– Prozesskostensicherheit 646, 717
Dingliche Rechte 14, 250 a, 362, 374, 460
Dingliche Verträge 341
DIS (Schiedsgerichtsbarkeit) 733, 744
Distanzdelikte 431
Distanzgeschäft 340, 343
Doppelstaater 220, 225 f.
Draft Common Frame of Reference DCFR 70, 308
Drittstaatensachverhalt (EuGVO) 592, 594

ECE
– und Einheitsrecht 313
– Schiedsordnung 737, 777
E-commerce-Richtlinie 59, 395, 435
effektive Staatsangehörigkeit 220, 224, 228
effektiver Verwaltungssitz 540 ff.
effet utile (als Auslegungsmethode) 52, 70, 104, 369, 533, 607

EG-Gerichtsstands- und Vollstreckungs-
    übereinkommen
    s. EuGVÜ
EG Schuldrechtsübereinkommen (= EVÜ)
    s. Europäisches Schuldrechtsübereinkommen
EG-Insolvenzübereinkommen 566
EG-Prozesskostenhilferichtlinie 656
EG-Prozesskostenhilfegesetz 656
EG-Verordnung über das auf vertragliche
    Schulverhältnisse anzuwendende Recht
    s. Rom I VO
EG-Verordnung über das auf außervertragliche
    Schuldverhältnisse anzuwendende
    Recht
    s. Rom II VO
EG-Verordnung über die Zusammenarbeit
    zwischen den Gerichten der Mitgliedstaaten
    auf dem Gebiet der Beweisaufnahme in Zivil-
    oder Handelssachen
    s. EuBVO
EG-Verordnung über die Zuständigkeit und
    das anwendbare Recht in Unterhaltssachen,
    die Anerkennung und Vollstreckung von
    Unterhaltsentscheidungen und die Zu-
    sammenarbeit im Bereich der Unterhalts-
    pflichten
    s. EuUnthVO
EG-Verordnung über die Zuständigkeit und
    die Anerkennung und Vollstreckung von
    Entscheidungen in Ehesachen und in
    Verfahren betreffend die elterliche Verant-
    wortung
    s. EuEheVO II
EG-Verordnung zur Einführung eines
    europäischen Verfahrens für geringfügige
    Forderungen
    s. EuBagatellVO
EG-Verordnung zur Einführung eines
    Europäischen Vollstreckungstitels für
    unbestrittene Forderungen
    s. EuVTVO
EG-Vollstreckungstitel-Durchführungs-
    gesetz 687
Ehe 133 ff., 154
– Einehe 172 f.
    s. auch Polygamie
ehelicher Güterstand 479 ff.
eheliches Güterrecht 166, 479 ff.
Ehegattenunterhalt (nach Scheidung)
    493
Eherecht 470 ff.
    s. auch internationale Zuständigkeit
Ehescheidung 482 ff., 493
Eheschließung 39, 471 ff.
– Formwirksamkeit 473
Ehewirkungen 154, 475 ff.
Ehewirkungsstatut
– Anknüpfung 476 ff.
– Form der Wahl 339 ff.

– Grundstatut des ehelichen Familien-
    rechts 475 ff., 480 f., 503, 512
– Rechtsquelle 475
Ehewohnung 262, 474, 478
Eindeutschungserklärung 352
Eigentumsvermutung 463
Eigentumsvorbehalt 461
eingetragene Lebenspartnerschaft 496 ff.
Eingriffskondiktion 443 f.
Eingriffsnormen
– ausländische/fremde 269 f.
– Definition in Rom I-VO 247 ff.
– des angerufenen Gerichts 258
– Unionsrecht als Eingriffsnorm 284
– Zweck 235
Einheitliche Auslegung (Schuldvertragsrecht)
    s. Auslegung
Einheitliches Kaufrecht 292 ff.
    s. auch Wiener Kaufrechtsübereinkommen
Einheitliches Sachrecht
– Abstammung nichtehelicher Kinder 501
– Adoption 154 ff., 513
– Beförderungsvertrag 289
– erarbeitende Organisationen 313
– EU-Sachrecht 277
– mit eigenen Rechtsanwendungsnormen
    288 ff.
– ohne eigene Rechtsanwendungsnormen 303
– nach Anwendung von IPR 299 ff.
– Prüfungsschema 324
– staatsvertraglich vereinheitlichtes Sachrecht
    288 ff.
– Vorrang vor IPR 289 f., 299 ff.
– zum Schiffsverkehrsrecht 412
– zur Kernenergie 465
Einheitsanknüpfung 273
Einheitsprivatrecht 276, 288, 290, 302
    s. auch einheitliches Sachrecht
Einheitsrecht
– Auslegung 295
    s. auch. einheitliches Sachrecht
Einrede
– der Rechtshängigkeit 593, 642, 706
– der Schiedsgerichtsbarkeit
    – im Anerkenntnis- und Vollstreckungs-
        verfahren 792
    – im Erkenntnisverfahren 759
Einstweiliger Rechtsschutz
– Anerkennung und Vollstreckung 693
– im Schiedsverfahren 777
– im streitigen Verfahren 595, 616, 639, 659, 685
Einzelstatut 188
Einzelstatut vor Gesamtstatut 190
Eisenbahnverkehr 413
elterliche Nachlassteilung (im niederländischen
    Recht) 145
engste Verbindung
– als Grundprinzip 37
– im Erbrecht 520

215

– im interlokalen Privatrecht 209
– bei Mehrstaatern 220
Enteignung 466 ff., 556
Entscheidungseinklang
– internationaler s. dort
– interner 136 f.
Entscheidungsrecht 275
Erbausgleich, vorzeitiger 77 ff.
Erbfähigkeit 327
Erbrecht
– Angleichung 166 ff.
– Anknüpfungsregeln 519 ff.
– Einzelstatut vor Gesamtstatut 186
– Rechtsquellen 518
– Vorfragenfall 132
Erbrechtsübereinkommen 520
Erbschein 665 f.
– Verfahren 112 ff., 208
– Vergleich zum schwedischen Recht 179
Erbscheinverfahren 112 ff., 179, 208
Erbstatut
– Anknüpfung 519 ff.
– Begriff 23 f.
– Kollision mit Güterrechtsstatut 166
– Nachlassspaltung 190
– renvoi 106 ff.
Erbvertrag 141
– Beurkundung im Ausland 523
– Form 339, 518
– italienisches Recht 141 ff.
Erfolgsort 421 ff., 431, 451
Erfüllung
– Art und Weise (Art. 12 II Rom I-VO) 376
– Erfüllungsanspruch (Klagbarkeit) 644
– Erfüllungsort (Auslegung) 252 ff.
– Erfüllungsort (Gerichtsstand) 598 f., 612
Ermittlung fremden Rechts 655
– praktische Tipps 812
Ersatzrecht 159, 163, 226
Erstattungsansprüche öffentlicher
  Einrichtungen 493
Erstfrage 125 ff., 319
EuBagatellVO (EG-Verordnung zur
  Einführung eines europäischen Verfahrens für
  geringfügige Forderungen) 659
EuBVO (EG-Verordnung über die
  Zusammenarbeit zwischen den Gerichten
  der Mitgliedstaaten auf dem Gebiet der
  Beweisaufnahme in Zivil- oder Handels-
  sachen) 652
EuEheVO II (EG-Verordnung über die
  Zuständigkeit und die Anerkennung und
  Vollstreckung von Entscheidungen in Ehe-
  sachen und in Verfahren betreffend die elter-
  liche Verantwortung) 622, 624, 637, 640, 662,
  686, 713
EuUnthVO (EG-Verordnung über die Zu-
  ständigkeit und das anwendbare Recht in
  Unterhaltssachen, die Anerkennung und
  Vollstreckung von Unterhaltsentscheidungen
  und die Zusammenarbeit im Bereich der Unter-
  haltspflichten) 490
EuVTVO (EG-Verordnung zur Einführung
  eines Europäischen Vollstreckungstitels für
  unbestrittene Forderungen) 687
EuGH, Auslegungszuständigkeit 52
EuGVO (= Verordnung) 252 a, 459
EuGVÜ (= Übereinkommen) 252 a, 459
EU-Richtlinien 320
Europäische Insolvenzverordnung 547 ff.
Europäischer Wirtschaftsraum
  s. EWR-Vertrag
Europäisches Unionsrecht
– Abgrenzung zum ausländischen Recht von
  Drittstaaten 287
– IPR im 42, 67, 95
– Kartellrecht 278
– Vorrang
  – des unionsrechtlichen IPR 53, 284
  – des unionsrechtlichen IZVR 571
  – Grenzen des Vorrangs 285 f.
– Grundprinzip 42, 318
– Grundsatz der Unionstreue 42, 69
  s. auch Konformitätsgebot
Europäische Privatgesellschaft 556
Europäisches Schuldvertragsrechtsüberein-
  kommen (EVÜ)
– Auslegung 69, 407
– als IPR unionsrechtlichen Ursprungs 407
– Dänemark 68, 339
– Nichtanwendung 47
– Umsetzung in deutsches Recht 407
– zwingendes Recht 243
Europäisches Übereinkommen/Adoption
  513
Europäische Union 8, 12
Europäische wirtschaftliche Interessen-
  vereinigung
  s. EWIV-Verordnung
Europarecht
– Auslegung 52
– und IPR 28, 553
– Vorrang 42
  s. auch EU-Vertrag, Europäisches Unionsrecht,
  harmonisiertes IPR, IPR unionsrechtlichen
  Ursprungs, unionsrechtliches IPR, Grund-
  freiheiten
Europäisches Vertragsrecht 308 f.
EU-Recht
  s. EU-Vertrag, Europäisches Unionsrecht,
  harmonisiertes IPR, IPR unionsrechtlichen
  Ursprungs, unionsrechtliches IPR, Grundfreiheiten
EU-Sachrecht 277
EuUnthVO
  s. Verordnung über die Zuständigkeit und das
  anwendbare Recht in Unterhaltssachen, die
  Anerkennung und Vollstreckung von Unter-

haltsentscheidungen und die Zusammenarbeit
  im Bereich der Unterhaltspflichten
EU-Verordnungen, Anwendbarkeit der 305
EU-Vertrag 8
– Grundfreiheiten 277
– Vorrang vor Verordnungsrecht 284
EVÜ
  s. Europäisches Schuldvertragsrechts-
  übereinkommen
EWIV-Verordnung 71, 534
EWR-Vertrag 528 ff., 547 f., 555
– acquis communautaire 312
– Gesellschaftsrecht 528 ff.
Exequaturverfahren
– Freiwillige Gerichtsbarkeit 623
– für Schiedssprüche 800
– für staatliche Urteile 595, 673

Familienplanung 156
Familienrecht 469 ff.
– Einzelstatut vor Gesamtstatut 186 f., 319
– intertemporales 195 ff.
Familienstatut 475
favor negotii 340
Feststellungsklage (über Anerkennungs-
  fähigkeit) 685
Flüchtlinge
– ehelicher Güterstand 479
– Rechtsstellung 20, 232, 328, 479, 507
Flugzeugunfälle 438
Forderungen
– Bagatellforderungen 659
– Forderungsstatut 347, 458
Forderungsübergang, gesetzlicher 386
Foreign Court Theory 120
Form 339 ff.
– Auslandsbeurkundungen 343
– Distanzgeschäfte 343
– Eheschließung 339, 473
– Grundstückskauf 343
– Rechtsgeschäfte 340 f.
– Testamente 339
– Verbraucherverträge 340
forum non conveniens 640
Forum shopping 641
fraus legis 142
Frachtvertrag 413
Freiwillige Gerichtsbarkeit 660 ff., 713 ff.
– Anerkennung und Vollstreckung 713 ff.
– Zuständigkeit 662 ff.
Fremdes Recht
– Ermittlungspflicht 655, 787
– ordre public 181
– praktische Tipps zur Ermittlung 812
– Revisibilität 645
  s. auch zwingendes Recht

Gebot der Unionsrechtskonformität
  s. Konformitätsgebot

Gebrauchsort, Recht des 334
Gegenseitigkeit, Prinzip der 46 ff.
gegenständlich beschränktes Insolvenz-
  verfahren 563
Geldschulden 397
Gemeinsamer Markt 279 f.
Gemeinsamer Referenzrahmen 308, 400
gemeinschaftliches Testament 524
Genfer Abkommen/Übereinkommen
– Luftfahrzeuge 455
– Straßengüterverkehr 289, 413
– Scheckrecht 304
– Wechselrecht 304
Gerechtigkeit
– Grundsatz im IPR 37
– Vorstellungen 147
Gerichtsbarkeit, deutsche 573 ff.
Gerichtsstände
– autonomes Recht 625 ff.
– EuGVO/Luganer Übereinkommen 590 ff.
Gerichtsstandsvereinbarung 292, 299, 597 ff.,
  605 ff.
Gesamtstatut 186 ff.
Gesamtverweisung
– Ausnahmen 116
– Begriff 107
– Folge für Qualifikation 121 f.
– Grundsatz 113
Gesamtvollstreckungsrecht
  s. Insolvenzrecht
Geschäftsfähigkeit 138, 325 ff.
– Auswirkungen des unionsrechtlichen
  Konformitätsgebots 226
– Mehrstaater 219 ff.
Geschäftsführung ohne Auftrag 446 ff.
Geschäftsführung, Ort der Vornahme 448
Geschäftsgrundlage 269
Geschäftsstatut 340
Geschichte des IPR 33
Gesellschaftsrecht 526 ff.
– Anerkennung von ausländischen
  Gesellschaften 545
– Ausschluss des renvoi 533
– Bedeutung des EU-Rechts 532
– Bedeutung des EWR-Vertrags 528 ff.
– Bedeutung von Staatsverträgen 530, 537, 545
– Einheitslehre 526
– Rechtsfähigkeit 329
Gesellschaftsstatut
– Bestimmung 526 ff.
– Namensrecht 348
– Organschaftliche Stellvertretung 337
– Rechtsfähigkeit 329
Gesetz zum internationalen Familienrecht
  (IntFamRG) 624
Gesetzesumgehung 141 ff.
gesetzliche Schuldverhältnisse 409 ff.
gesetzliche Sicherungsrechte 458
gesetzliche Vermutungen

– im IPR (Schuldrecht) 380, 407
– im IPR (Deliktsrecht) 425
gesetzliche Vormundschaft/Pflegschaft 516
gesetzlicher Forderungsübergang 386
gesonderte Anknüpfung 261
Gewährleistung
s. Mängelrüge
gewöhnlicher Aufenthalt
– Literatur 40
– Minderjährige 502
– Staatenlose 230
– Staatsangehörigkeit 220
– Unterhaltsrecht 9
Gleichlauf
– der berufenen Rechtsordnungen 201
– im ESÜ 517
– zwischen Güter- und Ehewirkungsstatut 480
– zwischen anwendbarem Recht und Zuständigkeit im Nachlassverfahren 655
Gleichlaufprinzip 665
Gran Canaria-Fälle 285
Green List (Schiedsverfahrensrecht) 765
Grünbuch Erb- und Testamentrecht 518
Grünbuch zu den Kollisionsnormen im Güterrecht unter besonderer Berücksichtigung der gerichtlichen Zuständigkeit und der gegenseitigen Anerkennung 479
Grünbuch zur vorläufigen Kontenpfändung 687
Grundbuchsachen (Zuständigkeit) 668
Grundfreiheiten
– Gesellschaftsrecht 528, 551
– im EWR-Vertrag 312
– im Vertrag über die Arbeitsweise der Europäische Union (AEUV) 42, 277, 312
– Konformitätsgebot 42, 226
– ordre public 163
Grundgesetz
– Auswirkung seiner Werteordnung 41
s. auch Grundrechte
Grundpfandrechte 463
Grundrechte/ordre public 41, 147
Grundsatz der engsten Verbindung 211, 214
Grundregeln des europäischen Vertragsrechts 307
Grundsatz der Gerechtigkeit im IPR 37
Grundsatz der Unionstreue und IPR 42
Grundsatz der Gesamtverweisung 113, 117
Grundsatz wohlerworbener Rechte 232
Grundstückimmissionen 411, 436, 465
Gründungsrecht 546
Gründungstheorie 541 ff.
– eingeschränkte 547
Günstigkeitsprinzip
– bei Anerkennung und Vollstreckung von Urteilen 691
– bei Formwirksamkeit der Verträge 340
– zum Schiedsrecht s. Meistbegünstigung

Günstigkeitsvergleich (Verbraucherschutz) 263
Güterrechtsstatut
– Bestimmung 480 f.
– von Flüchtlingen 479
– Kollision mit Erbstatut 166 ff.
– Qualifikation 166 ff.
– Rechtswahl 339, 480
– Vertriebene 479
Güterstand, ehelicher 479 ff.
Güterstatut
s. Güterrechtsstatut
Güterverkehrsübereinkommen (CMR) 689

Haager Abkommen/Übereinkommen
– Annahme an Kindes statt 513
– Beweisaufnahme im Ausland 652
– Eigentumserwerb 464
– Eheschließung 471
– Entführungsabkommen (HKÜ) 204, 653
– Entmündigung 325
– Form letztwilliger Verfügungen 34, 339
– internationale Käufe beweglicher Sachen (1955) 402
– internationale Warenkäufe (1986) 402
– Legalisation 654
– Minderjährigenschutz 124, 225, 502
  – Anknüpfungsregeln 503 ff.
  – Beistandschaft 514
  – eheliche Kindschaft 504
  – KSÜ 195 ff., 669
  – Minderjährigkeit 125 ff.
  – nichteheliche Kindschaft 507 (Ziff. 5)
  – Pflegschaft 514
  – Vormundschaft 514
– Produkthaftpflicht 414
– Stellvertretung 336
– Straßenverkehrsunfälle 414
– Testamentsformübereinkommen 34, 39
– Unterhaltübereinkommen (1956) 9, 20, 49
– Unterhaltübereinkommen (1973) 49
  – Angleichung 175
  – Anknüpfung 492 ff.
  – Erstattungsansprüche öffentlicher Einrichtungen 493
  – loi uniforme 48
  – ordre public 149
  – Qualifikation 82
  – Vorrang vor autonomem IPR 491
  – Zweck 175
– Vormundschaft 514, 669
– Zustellung (HZÜ) 649 ff.
Haager interlokalrechtliche Formel 205 f.
Haager Konferenzen
– Beitritt der EU 314
– Kollisionsrechtsvereinheitlichung 314
Haager Programm 12, 69, 252 a
Haager Protokoll über das auf Unterhaltspflichten anzuwendende Recht 9, 49, 490

Hamburger Freundschaftliche Arbitrage 742, 763
Handeln unter falschem Recht 145
Handelsbräuche 781, 791
  s. auch INCOTERMS
Handelssachenvorbehalt (im UNÜ) 727
Handlungsort 327, 422 ff.
Handlungsstatut 24
Harmonisiertes IPR 57 f., 62, 96, 116, 259
Hauptfrage 130
Hauptvertragsstatut (im Schiedsrecht) 781 ff.
Hauptverwaltung 540
Heimatrecht
– Begriff 24
– bei statusverändernden Vorgängen 508
– im Erbrecht 519
– Familienrecht 472
– für die Rechts- und Geschäftsfähigkeit 326
– im Unterhaltsrecht 492
Herkunftslandprinzip 395, 435
Hinnahmetheorie 460
Holocaust (Schiedsgericht) 748
Hypotheken 203
– innerdeutsches Kollisionsrecht 216

IBA Guidelines on Conflicts of Interest in International Arbitration 765
IBA Rules of Ethics for International Arbitration 765
IBA Rules of Taking Evidence in International Commercial Arbitration 773
ICC-Verfahren 738, 743, 774
– Kompetenz-Kompetenz 758
– Mehrparteienschiedsverfahren 779
ICSID 750
Immaterialgüterrechte 468
Immunitäten
– im Erkenntnisverfahren 564 ff.
– im Vollstreckungsverfahren 709
– Staatenimmunität 580 ff.
– staatlicher Repräsentanten 574 ff.
– von internationalen Organisationen 585
– von Staatshandelsunternehmen 586
Implied terms of contract 766
INCOTERMS 788
Indonesischer Tabakfall 466
Inlandsfall 592
Innerdeutsches Kollisionsrecht 216
– Hypothekenrecht 203
– Insolvenzrecht 439
Insolvenzrecht 557 ff.
– innerdeutsches 568
Insolvenzverfahren, gegenständlich beschränktes 563
Insolvenzverordnung (Europäische) 557 ff.
Insolvenzverwalter 564
Inspire Art 528, 551
Institut de Droit International 313

Inter-American Convention on the Law applicable to International Contracts 401
Interlokales Kollisionsrecht
  s. innerdeutsches Kollisionsrecht
Interlokales Privatrecht 204 ff.
– innerdeutsches Kollisionsrecht 203, 216
– Mehrrechtsstaaten 204
– unionsrechtlich 217
Interlokales Recht 204 ff.
  s. auch innerdeutsches Kollisionsrecht
Interlokalrechtliche Frage 211
IntFamRG
  s. Gesetz zum internationalen Familienrecht
International Commission on Holocaust Era Insurance Claims 748
Internationale Handelskammer 738
Internationale Zuständigkeit 587 ff., 758
– Adoptionsverfahren 668, 713
– autonomes Recht 625
– Betreuungssachen 667
– Ehesachen 622
– Familiensachen 622
– Faustregel 626
– Grundbuchsachen 668
– Insolvenzverfahren 561
– Minderjährigenschutzrecht 661 ff.
– Nachlasssachen 664 ff.
– nichteheliches Kindschaftsrecht 507
– Todeserklärungen 522
– Vormundschaftssachen 669
Internationaler Entscheidungseinklang 115, 119
– Auswirkung auf Anknüpfung 101
– Auswirkung auf Verweisung 119
– Auswirkung auf Vorfragenanknüpfung 126 f.
– und einheitliches Kollisionsrecht 7
Internationales Privatrecht
– Aufbauschema 324, 805
– Begriff 6, 29
– Geschichte 33
– nationales Recht 28
– und Zivilrechtsvereinheitlichung 323
– Verhältnis zum einheitlichen Sachrecht 275 ff.
– Verhältnis zum Europarecht 275 ff.
– Verhältnis zum Völkerrecht 73, 77
  s. auch IPR
Internationales Zivilverfahrensrecht 570 ff.
Internet
– Deliktsrecht 435
– Kauf im 251
Interpersonales Recht 215
Intertemporales Recht 195 ff.
– autonomes Recht 201
– im innerdeutschen Kollisionsrecht 203, 216
Interventionsklage 719
Investitionsschutzabkommen 750
IPR, ausländisches 107, 813

219

IPR unionsrechtlichen Ursprungs 98
– im EVÜ 407
– Mehrrechtsstaaten 201
IPR, unionsrechtliches 51 ff., 61, 67 ff., 244
IPR, harmonisiertes nationales 57, 61
IPR, staatsvertragliches 61, 64
– Begriff 6
– Vorrang 7
   s. EVÜ, Haager Übereinkommen, völkervertragliches IPR
IPR, völkervertragliches, s. dort
Iran-US Claims Tribunal 748
Iraq-Claims Tribunal 748
Irrevisibilität ausländischen Rechts 655
Istanbuler CIEC-Übereinkommen/Änderung von Namen 348

Juristische Personen
   s. Gesellschaftsrecht, Gesellschaftsstatut
Justizgewährungsanspruch 640, 656
Justizkonflikt 653

Kapitalanlegerschutz 439
Kartellrecht
– europäisches 279, 287, 427
Kaufrecht, Internationales
– einheitliches Kaufrecht 292 ff.
– IPR 357 ff.
   s. auch Schuldvertragsrecht
Kegelsche (Anknüpfungs-) Leiter 476
Kernenergie 412, 465
Kindesannahme 156
Kindesentführung 653
Kindesschutz 659
Kindesunterhalt 489
Kindschaft, eheliche 507
Kindschaft, nichteheliche 507 ff.
Kindschaftsrecht 469, 500 ff.
Kollisionsnormen
– allseitige 13
– Begriff 6
– einseitige 458, 478, 519
Kollisionsrecht
– autonomes (Begriff) 6
– einheitliches 7, 304
– innerdeutsches, s. dort
– öffentliches 270
– vereinheitlichtes 288
– völkervertragliches, s. dort
Kollisionsrechtlicher Verweisungsvertrag (im Schuldvertragsrecht) 377
Kollisionsrechtsvereinheitlichung 314
Kompetenz-Kompetenz 758
Konformitätsgebot (unionsrechtliches)
– Ableitung 42
– Auswirkung auf
   – Anknüpfung 42
   – Geschäftsfähigkeit 42

– IZVR 646
– Prozesskostensicherheit 646
Konkursrecht
   s. Insolvenzrecht
Konsulartestamente 523
Konsularverträge 471
Kontenpfändung (Grünbuch) 687
Konzernkollisionsrecht 549
Kulturgüterrückgabegesetz 468

Legalisation 654
Legitimation 509
Leistungskondiktion 444 f.
lex causae
– Begriff 98, 127
– Qualifikation 98
– Vorfrage 137
lex causae-Anknüpfung 137
lex causae-Theorie 98
lex fori
– Begriff 80
– Familienrecht 492
– Qualifikation 80, 90
– Vorfrage 134
lex fori-Anknüpfung 134
lex fori concursus 559 ff.
lex fori-Theorie 80, 98
lex loci actus 340 f.
lex loci delicti 431
lex mercatoria 788 f.
lex rei sitae
– Begriff 24, 456
– als Einzelstatut 186 ff.
– im französischen IPR 186
– Sachenrecht 459 ff.
loi uniforme
– Begriff 48, 74
– Haager Unterhaltsübereinkommen (1973) 49, 489
– New Yorker Übereinkommen (Staatenlose) 230
– Rom I, II 48
– Straßenverkehrsunfälle (Übereinkommen) 414
Luftfahrzeuge 455, 458
Luganer Übereinkommen 620

Mängelgewährleistung 291
Mängelrüge (im UN-Kaufrecht) 300
Mahnverfahren, internationales 617
Marktaufteilungsklausel 283
Mediation 720
Mehrfachanknüpfung 39
Mehrparteienschiedsverfahren 744, 779
Mehrrechtsstaaten 204 ff.
Mehrstaater 219 ff.
Meistbegünstigung
– im Schiedsrecht 723, 729
– bei der Anerkennung und Vollstreckung von Urteilen s. Günstigkeitsprinzip

Mieterschutz/Zwingendes Recht 246
Minderjährigenschutzübereinkommen
- im Verfahren der Freiwilligen Gerichtsbarkeit 713 ff.
  s. Haager Übereinkommen, Minderjährigenschutz
Mobiliarsicherheiten 463
MoMiG 554
Morgengabe 84 ff., 481
Mosaikprinzip 421, 433
MSA
  s. Haager Übereinkommen (Minderjährigenschutz)
Musterverfahrensordnungen 737

nachehelicher Unterhalt 488
Nachlassspaltung 190
Nachlassteilung (elterliche) 145
Nachlassverfahren, internationales 664 ff., 671
Näheprinzip 37
- im Schuldrecht 362, 365
Namenserteilung 508
Namensrecht 348 ff.
Neugründung (bei Sitzverlegung) 542
New Yorker Übereinkommen/Staatenlose (1954) 230 f.
nichteheliche Kinder
- Abstammung 501
- Abstammungserklärung 508
- Legitimation 509 f.
- Rechtsverhältnis zu Eltern 502
- Rechtswahl im Namensrecht 349
nichteheliche Kindschaft 507
nichteheliche Lebensgemeinschaft 486
Niederlassungsfreiheit 528, 551
Normenhäufung 167, 173
Normenmangel 167, 178
  s. auch Angleichung, Normenwiderspruch
Normenwiderspruch 167, 177 f.
- durch Normendiskrepanz 178 ff.
- durch Normenhäufung 167
- durch Normenmangel 167
Nottebohm-Fall 228

Off-shore Windparks 468
Öffentliches Kollisionsrecht 270
optionales Instrument (GRR/CFR) 309
Orange List (Schiedsverfahrensrecht) 765
ordre public 147 ff.
- Abgrenzung zur Angleichung 181
- bei der Anerkennung von Enteignungen 466
- bei der Anerkennung und Vollstreckung
  - Urteile 678, 681, 698, 701
  - Schiedssprüche 793
- im autonomen IPR 147 ff.
- im völkervertraglichen IPR 149 f.
- Rechtsfolge bei Verstoß 157 f.
- Relativität 147

- Gesetzesumgehung 144
- zur Durchsetzung
  - von Grundfreiheiten 163
  - von Grundrechten 163
organschaftliche Stellvertretung 337
Ort der Belegenheit
  s. Belegenheitsort
Ortsstatut 340

Parteiautonomie
  s. Rechtswahl
Patentrechte 468
Pauschalreise 260
PECL 400
Personalstatut 24 ff.
- Begriff 24
- Staatenloser 230 ff.
- von Doppel- und Mehrstaatern 219 ff.
- von Gesellschaften 532
Personengesellschaften 526 ff.
Persönlichkeitsverletzung 421, 433, 437
Pflegschaft 514 ff.
Pflichtteil 15 ff.
Platzgeschäfte 340
Polygamie 147 f.
- Angleichung 172
- ordre public 147
Pre-trial discovery 653
Principles of European Contract Law 307
Principles of International Commercial Contracts
  s. UNIDROIT Principles
Prinzip der engsten Verbindung 37
- Rom I-VO 37
Prinzip der Gegenseitigkeit 46
Produkthaftung 303, 418, 423
- Anknüpfungsleiter 423
- Ausweichklausel 423
- Vorsehbarkeitsklausel 423
- Produkthaftpflichtrecht 438, 696
- Produkthaftungsgesetz 303
Prospekthaftung 439
Prozesskostenhilfe (für Ausländer) 656 f.
Prozesskostensicherheit 646, 717
- und unionsrechtliches Konformitätsgebot 646
Prozessvoraussetzungen 561 ff.
Prüfungsschemata
- Angleichung 177
- für die Bearbeitung eines Falles mit Auslandsbezug 805
- für die Prüfung der Rom I-VO 363 ff.
- internationale Zuständigkeit
  - nach EuGVO/Luganer-Übereinkommen 592 ff.
  - nach autonomem Recht 628
- IPR (großes Schema) 324
- Mehrstaatenfrage 222 ff.
- Teilrechtsordnungsbestimmung 213 f.

– Qualifikation 96 ff.
– renvoi 118
Punitive Damages 696 ff.

Qualifikation 76 ff.
– Abgrenzung zur Angleichung 182
– Begriff 76
– des Anspruchs auf Zuweisung einer Ehewohnung 474
– der Morgengabe 86
– der Stellvertretung 337
– des vorzeitigen Erbausgleichs 77 ff.
– ersten Grades 96, 122 ff.
– fremder Rechtsinstitute 85 ff.
– Geschichte 99
– im autonomen IPR 98
– im völkervertraglichen IPR 100, 123
– international-privatrechtliche 98
– Klagbarkeit von Erfüllungsansprüchen 644
– nach der lex causae 98
– nach der lex fori 80, 94, 96 ff.
– prozessrechtliche 644
– Prüfungsschema 96 ff.
– rechtsvergleichende 98
– Trennung ohne Auflösung des Ehebandes 97
– Trennung von Tisch und Bett 97
– Verjährung 511
– zweiten Grades 122 f.
Qualifikationsrückverweisung 122
Qualifikationsverweisung 122

Ratifikation 64
Realstatut 24
Rechtsangleichung (Gesellschaftsrecht) 556
Rechtsanwendungsnormen 275, 288 ff.
Rechtsfähigkeit
– juristischer Personen 329, 526 ff.
– natürlicher Personen 325 ff.
Rechtsgeschichte
– IPR 33
– Schiedsrecht 724
Rechtshängigkeit, Einrede der 593, 642, 706
Rechtshilfe, internationale 643, 647, 650 ff.
Rechtskraftwirkung (ausländischer Urteile) 705 f.
Rechtsvergleichung 543
– Fundstellen zum fremden Recht 812
– Gesetzgebung 56
– renvoi 118
– Qualifikation 98
Rechtswahl
– Grenzen durch zwingendes Recht 236, 386 ff.
– im Deliktsrecht 416 f., 431
– im Eherecht 476, 480
– im Einheitskaufrecht 293, 297
– im Erbrecht 520
– im Namensrecht 349
– im Sachenrecht 462

– im Schiedsrecht
  – Wahl des Hauptvertragsstatuts 781
  – Wahl der lex mercatoria 788
  – Wahl des Verfahrensrechts 769 ff.
– im Schuldvertragsrecht 360 ff.
– im Vollmachtsrecht 334
– kollisionsrechtlicher Verweisungsvertrag 377
– stillschweigende 360
– renvoi 116
– Sachnormverweisung 107 ff.
– von allgemeinen Rechtsprinzipien 788
– von Internationalem Handelsrecht 788
Red List (Schiedsverfahrensrecht) 765
Registrierte Partnerschaft 496 ff.
Reiseverträge
s. Pauschalreisen
renvoi 101 ff.
– Ausschluss im Vollmachtsrecht 334
– Ausschluss im Gesellschaftsrecht 533
– Begriff 105
– kraft anderer Qualifikation 121 ff.
– Prüfungsschritte 118
– Teilweiterverweisung 192
– Unbeachtlichkeit 110 ff.
s. auch Rückverweisung
res in transitu 458
Revisibilität
s. Irreversibilität ausländischen Rechts
révision au fond 680, 698, 792, 803
Rheinverschmutzungsfälle 439
Richtlinien (EU)
– e-commerce 395, 435,
– Produkthaftung 303
– Verbraucherverträge 251
– Versicherungsrecht 404
Richtlinienkonform 95
Rom I VO (EG-Verordnung über das auf vertragliche Schulverhältnisse anzuwendende Recht) 12
– Auslegung 69 f.
– als loi uniforme 48
– Dänemark 68
– Eingriffsnorm 245 ff.
– Erfüllungsort 252
– Stellvertretung 333
– Wahl internationaler Grundsätze 400
– Anwendungsbereich 370
Rom II VO (EG-Verordnung über das auf außervertragliche Schuldverhältnisse anzuwendende Recht) 12
– als loi uniforme
– Anknüpfung 336 a
– Eingriffsnorm 245 ff.
– ordre public
– Zeitlicher Anwendungsbereich 200
Römisches CIEC-Übereinkommen (Behördenzuständigkeit) 507

Rückverweisung 105 ff.
– hypothetische 120
– versteckte 120
s. auch renvoi

Sachenrecht, Internationales 455 ff.
Sachnormverweisung 101 ff.
– aufgrund des Verweisungssinns 116
– ausdrückliche 116
– Begriff 101
– im auf Völkerrecht basierenden nationalen IPR 115 ff.
– im Schuldvertragsrecht 358, 375
– im unionsrechtlichen IPR 103 f.
– Versorgungsausgleich 116
Sachrecht 455 ff.
– anwendbares 7
– einheitliches 273 ff.
  – EU-Sachrecht 277 ff.
  – staatsvertragliches mit eigenen Rechtsanwendungsnormen 288
  – staatsvertragliches ohne eigene Rechtsanwendungsnormen 304
Sachrechtsübereinkommen 303 f.
Scheckrecht 304
Scheidungsstatut 483 ff.
– Anknüpfung 483
– Maßgeblichkeit für
  – Unterhaltsstatut 493
  – Versorgungsausgleich 485
– Unwandelbarkeit 483
Schiedsabrede 717 ff., 751 ff.
Schiedsfähigkeit 756, 793
– Wirkung in Anerkennungs- und Vollstreckungsverfahren 793 ff.
Schiedsgericht 716 ff.
– Arten (ad hoc/institutionell) 737 ff.
– Besetzung 761 ff.
– bestimmter Branchen 740
– Zuständigkeit s. Schiedsvereinbarung
Schiedsgerichtsbarkeit 716 ff.
– Einrede der 759
– Geschichte 734
– in Hamburg 738 ff.
– in Indien 767, 803
Schiedsklauseln 717, 753
– ad hoc 743
Schiedsordnungen 747, 774 ff.
Schiedsspruch
– Anerkennung und Vollstreckung 792 ff.
– Aufhebung 776
Schiedsrichter 761 ff.
Schiedsrichtervertragsstatut 762 ff.
Schiedsvereinbarung 717 ff., 751 ff.
Schiedsverfahrensrecht, internationales 769 ff.
– anwendbares 769
– ausländisches 780
Schiedsvergleich 801

Schiedsvertrag
s. Schiedsvereinbarung
Schiedsvertragsstatut 751, 769
Schifffahrtsvertrag 536
Schiffsunfälle 438
Schiffsverkehr 412
schlichter Statutenwechsel 457
Schuldvertragsrecht 357 ff.
– Altfälle 407
– Anwendungsbereich 370
– Arbeitsverträge 392
– Aufrechnung 388
– Beweislast 380
– Gesamtschuldnerausgleich 387
– gesetzlicher Forderungsübergang 386
– gesetzliche Vermutungen 380
– Grundschema Rom I-VO 363 ff.
– Rechtswahl (subjektive Anknüpfung) 360 f.
– keine Rechtswahl (objektive Anknüpfung) 362
– rechtsgeschäftliche Forderungsübertragung 385
– Sprache 398
– Verbraucherverträge 389
– Versicherungsverträge 404 ff.
– Wahl eines staatlichen Rechts 400
– Werkverträge 384
– Auslegung 375 ff.
– intertemporales Recht 195
– Näheprinzip 37, 365
– stillschweigende Rechtswahl 360
– zwingendes Recht 234
s. auch EVÜ
Schwangerschaft 506
selbständige Anknüpfung (lex fori Anknüpfung) 134 ff.
– Abgrenzung zur unselbständigen Anknüpfung 135 f.
– Begriff 134
– Begründung 134 ff.
– Vollmacht 332
Sicherungsrechte (gesetzliche) 458, 463
Sitztheorie (im Gesellschaftsrecht) 536 ff., 540
Sitzverlegung 542
Societas Europae 534
Sonderanknüpfung 138
– ausländischen zwingenden Rechts 243, 272
– Begriff 239, 261
– im Devisenrecht 238 f.
– in der Lehre 272
– von Teilfragen 138
s. auch zwingendes Recht
Spaltgesellschaft 466
Spanier-Beschluss 163
Sprachrisiko
– bei Nichtübersetzung der Klagschrift 684
– bei Vertragsabschluss 398
'Sprung ins Dunkle' 147
Staatenlose 219 ff.
Staatsangehörigkeit
– Bestimmung 40

223

– effektive 220, 224, 228
– mehrfache 220 ff.
– Mehrrechtsstaaten 221 f.
– Rechts- und Geschäftsfähigkeit 40, 326 f.
Staatsangehörigkeitsprinzip 36
Staatshandelsunternehmen 586
Staatsvertragliches IPR
   s. völkervertragliches IPR
Staatsverträge 288 ff., 325
– Anwendbarkeit auf Nichtvertragsstaaten 48
– praktische Tipps 807
– Prüfungsschema 805
   s. auch loi uniforme, Genfer Abkommen, Haager Übereinkommen, völkervertragliches IPR
statusändernde Rechtsvorgänge 500
statusbegründende Rechtsvorgänge 501 ff.
statusverändernde Rechtsvorgänge 508 ff.
Statut 22 ff.
– Begriff 22
– durch Anknüpfung zum Statut 25 ff.
Statutenwechsel 31, 142, 457
– gewillkürter 142
– im Gesellschaftsrecht 542
– im Sachenrecht 457
– qualifizierter 457
– schlichter 457
Stellvertretergeschäfte (Form) 339
Stellvertretung 332 ff.
– gesetzliche 337
– organschaftliche 337
– Vollmacht 332 ff.
stillschweigende Rechtswahl 360
Straßengüterrecht 344
– Deliktsrecht 413
– Verjährung 344
   s. auch CMR
Straßenverkehrsunfälle 414
Streitverkündung, internationale 642, 704, 719
Streudelikt 421, 433
Substitution 139

Talaq Scheidung 163
Tatbestand
– abgeschlossener 457
– offener 457
Tatort, Recht des 431
Teilfrage 138
Teilrechtsordnungen 204 ff.
– Bestimmung 204 ff.
   – Haager Interlokalrechtliche Formel 205
   – im autonomen IPR 214 f.
   – im unionsrechtlichen IPR 207
– im Insolvenzrecht 568
– in Mehrrechtsstaaten 204 ff.
Teilzeitwohnrechteverträge 263
Tennessee-Wechsel-Fall 100, 346
Terms of Reference (Schiedsrecht) 774

Territorialitätsgrundsatz 270, 466
Territorialvorbehalt (UNÜ) 727
Testament
– Form 518
– gemeinschaftliches 524
– Konsulartestament 523
Testierfähigkeit 520
Tochtergesellschaften 549
Todeserklärung
– Statut 522
Trabrennbahn 540
Transformationsgesetz 64
Transportmittel 458
Transpositionslehre 460
Treu und Glauben 45, 310
Tschernobyl-Fälle 439, 580 ff.

Übereinkommen
– Anerkennung von Gesellschaften und juristischen Personen 542
– Begriff (Abgrenzung zu Abkommen) 7
– Bretton Woods Übereinkommen 238 ff.
– Deliktsrecht 412 ff.
– Europäisches Übereinkommen über die Adoption von Kindern 513
– Europäisches Übereinkommen über die Staatenimmunität 584
– EÜZ 724
– Insolvenzverfahren 558
– kindschaftsrechtliche 670
– Luganer Übereinkommen 620 ff.
– Minderjährigenschutz 124, 225, 663
– Römisches CIEC Übereinkommen 507
– über den Beförderungsvertrag im internationalen Straßengüterverkehr (CMR) 344, 689
– Umsetzung in nationales Recht 64
– UNÜ 719, 722 ff.
– Wiener Übereinkommen über das Recht der Verträge 45
– Wiener Übereinkommen über diplomatische/konsularische Beziehungen 574 ff.
   s. auch Staatsverträge, staatsvertragliches IPR, IPR unionsrechtlichen Ursprungs, Haager Übereinkommen
Überseering 528, 551
Ubiquitätsregel 431
Umsetzung von Richtlinien
– Erfordernis der Umsetzung 57
– überschießendes Umsetzungsrecht 264
Umwelthaftpflichtrecht 439
Umweltschäden 423
unbekannte Personen (Pflegschaft) 516
UNCITRAL
– Begriff 292
– Erarbeitung von Sachrecht 313
– Kaufrechtsübereinkommen 292
– Modellgesetz
– zur Mediation 720

- zum Insolvenzrecht 557
- zum Schiedsverfahrensrecht 730
- Muster-Schieds(gerichts)ordnung 737 ff., 746 f.
UNESCO-Kulturgüterübereinkommen 240, 455
ungerechtfertigte Bereicherung 440 ff.
UNIDROIT Principles
- Einfluss auf Gesetzgeber 311
- als lex mercatoria 788
- Rechtswahl
  - als internationales Recht 788
  - als rules of law 788
  - bei deutschem Vertragsstatut 400
  - Ergänzung zu staatlichem Recht 400
  - Anerkennung und Vollstreckung 789
- Treu und Glauben 310
- Zielgruppe 310
Unionsrecht, Vorrang des 67, 572
unionsrechtskonforme Auslegung 69 f.
unionsrechtliches IPR 10 ff., 51 ff.
- Auslegung 52
- in der EWIV-Verordnung 71, 217
- Subsidiarität 53
- Vorrang 53
- zu Mehrrechtsstaatenfragen 207
Unionsrechtliches Sachrecht 277 ff., 305, 588, 676
- Vorrang vor IPR 277
Unionstreue, Grundsatz der 42
Universalitätsprinzip (im Insolvenzrecht) 561
UN-Kaufrecht 292 ff., 296, 357
s. auch Wiener Übereinkommen
unlauterer Wettbewerb 427
unselbständige Anknüpfung
- Begriff 131
- Verjährung 345
- Vorfragen 126 ff.
Unterbrechung der Verjährung durch Klage im Ausland 706
Unterhaltsanspruch der Zweitfrau 148 f., 172 ff.
Unterhaltspflicht (Begriff) 83, 489
Unterhaltsrecht 489 ff.
Unterhaltsübereinkommen
  s. Haager Übereinkommen, Unterhalt (1956) und Unterhalt (1973)
Unterhaltsverzicht 158
Unwandelbarkeit
- des Abstammungsstatuts 503
- des Adoptionsstatuts 512
- des Güterrechtsstatuts 480
- des Scheidungsstatuts 483
Urheberrechte 468
Urkunden
  s. Legalisation
Ursprungserklärung 352

Vater
- Verpflichtungen gegenüber der Mutter aufgrund Schwangerschaft 506

Verbraucherschutz 258 ff.
Verbrauchervertrag
- allgemeine Anknüpfung 389 ff.
- Form 340
- Pauschalreisevertrag 260 ff.
- zwingendes Recht 251
vereinheitlichtes Sachrecht
  s. einheitliches Sachrecht
Vereinheitlichung von IPR 288 ff.
  s. auch staatsvertragliches IPR
Verfassung
  s. Grundgesetz
Vergleich
- Schiedsvergleich 801
Verjährung 344 ff.
- CMR 344
- Wiener Kaufrechtsübereinkommen 347
Verjährungsstatut 345
Verjährungsunterbrechung
  s. Unterbrechung
Verkehrsunfälle 437
Verlöbnis 474
Vermutungen (IPR)
  s. gesetzliche Vermutungen
Verordnung über die Zuständigkeit und das anwendbare Recht in Unterhaltssachen, die Anerkennung und Vollstreckung von Unterhaltsentscheidungen und die Zusammenarbeit im Bereich der Unterhaltspflichten 490
Verordnungsrecht (EU)
- EWIV-Verordnung 71
- unmittelbare Wirkung 8, 277 f.
Versäumnisurteil (Anerkennung) 693
Verschleppte 232
Verschulden bei Vertragsverhandlungen 450 ff.
Versicherungsrecht
Versorgungsausgleich 485
Vertrag von Nizza 285
vertragliches Schuldrecht
  s. Schuldvertragsrecht
vertragscharakteristische Leistung 252 a
Vertragserfüllung
  s. Erfüllung
Vertragskonvention, Wiener 45
Vertragsstatut
- Auswirkungen auf Leistungskondiktion 443
  s. auch Schuldvertragsrecht
Vertriebene 232, 479
Verweisung 105 ff.
- bedingte 188
- Begriff 6, 107
- Rückverweisung 110 f.
- Weiterverweisung 113 f.
  s. auch Gesamtverweisung, Sachnormverweisung, renvoi
Verweisungsnormen 6
Verweisungsrecht 275
Verweisungsvertrag 377

Vielehe 148
Völkerrechtliche Verträge
  s. Staatsverträge
Völkervertragliches IPR
– Angleichung 171 ff.
– Anknüpfung 20 f.
– Begriff 6 f.
– einheitliches Sachrecht 275 ff.
– Erstfrage 125 ff.
– interlokales Recht 204 ff.
– internationaler Entscheidungseinklang 7
– intertemporales Recht 195 ff.
– Mehrstaater 219 ff.
– ordre public 147 ff.
– praktische Tipps zum Suchen 806 ff.
– Qualifikation 76 ff.
– renvoi 105 ff.
– Sachnormverweisung 107, 110
– Staatenlose 219 ff.
– Vorfrage 124 ff.
– Vorrang vor autonomem IPR 7
– zwingendes Recht 234 ff.
Vollmacht 332 ff.
Vollmachtsstatut 336
Vollstreckbarerklärung
– von Schiedssprüchen 792
– von Urteilen (autonomes Recht) 698 ff.
– Vollstreckbarkeitserklärung (EuGVÜ) 676
Vollstreckung
– aus Entscheidungen der freiwilligen Gerichtsbarkeit 713 ff.
– ausländischer Urteile 673
– deutscher Urteile im Ausland 693
– Europäischer Vollstreckungstitel 687
– gegen ausländischen Staat 709
– in Indien (Schiedsspruch) 767
– Vollstreckungstiteldurchführungsgesetz 687
– von Schiedssprüchen 792 ff.
Vorabentscheidungsverfahren 618
Vorbehaltsklauseln 147 ff.
– im EGBGB 149, 153
– spezielle 160
Vorfrage 124 ff.
– Abgrenzung
  – zur Substution 139
  – zur Teilfrage 138
– Vorfrage als Erstfrage 124 ff.
– im autonomen IPR 124 ff.
– selbständige Anknüpfung 126
– unselbständige Anknüpfung 127
Vorlage an den EuGH
– fakultatives Recht 52, 57, 248,
  s. auch Vorabentscheidungsverfahren (nach EuGVO)
Vormundschaft 514 ff.
– internationale Zuständigkeit 667 ff.
Vornahmeort 448

Vorrangprinzip (Unionsrecht) 285 ff.
– Auswirkungen auf Konformitätsgebot 42
Vorsehbarkeitsklausel 423
Vorzeitiger Erbausgleich 77 ff.

Warenkauf, Internationaler 292 ff.
Warenverkehrsfreiheit 312
Wechselrecht 304
Weiterverweisung 113
  s. auch renvoi
Werteordnung der Verfassung 41
Wertpapierrecht 468
Wiener (Kaufrechts-)Übereinkommen = UN-Kaufrecht = CISG 292 ff.
– Auslegung 295
– Begriff 292
– ergänzendes Vertragsstatut 297
– Haftungsrisiko bei Unkenntnis 296
– Literatur 298
– Quelle des deutschen Schuldrechts 296
– Vergleich zum autonomen deutschen Kaufrecht 296
– Vertragsstaaten 293
– Vorrang vor IPR 292 ff.
Wiener Vertragsrechtskonvention 45, 68
Wirkungsstatut 334
Wirtschaftskollisionsrecht 274
wohlerworbene Rechte
– von Staatenlosen 232
Wohnsitz
– als Anknüpfungspunkt 20
– Anknüpfung bei Staatenlosen 230
– Haager Interlokalrechtliche Formel 213

Zeitlicher Anwendungsbereich
  (von IPR-Normen) 196
Zessionsgrundstatut 386
Zivilverfahrensrecht, Internationales 570 ff.
Zugewinngemeinschaft 166
Zustellung
– im Ausland 647 ff.
– Inlandszustellung 702, 744
– von Schiedssprüchen 773
Zustimmungsgesetz 64
Zwingendes Recht
– Arbeitnehmerschutz 251
– Auswirkung auf
  – Anknüpfung im Gesellschaftsrecht 546
  – Rechtswahl 261
  – Verbraucherverträge 251
– Berücksichtigung nach deutschem Sachrecht 266 ff.
– Eingriffsnorm oder schlichte Beachtung 234 ff.
– im europäischen Unionsrecht 277 ff.
– kollisionsrechtliches Anwendungsgebot 258 ff.
– überschießendes Umsetzungsrecht 264
– völkerrechtliches 236 ff.